헤게모니의
미래

1990
1992
1994
1996
1998
2000
2002
2004
2006
2008
2010
2012
2014
2016
2018
2020
2022
2024
2026
2028
2030
2032
2034
2036
2038
2040
2042
2044
2046
2048
2050

헤게모니의 미래

현인택

KOREA UNIVERSITY PRESS
고려대학교 출판문화원

서문

오늘의 국제정치 시간은 마치 트윗의 속도만큼이나 빨라졌다. 미디어와 특히 소셜 네트워크의 발달로 국제정치 뉴스가 그 쏟아져 나오는 양도 어마어마하지만, 속도는 더할 나위도 없이 빨라졌다. 어제의 뉴스는 벌써 구문舊聞이 되어 버리고 사람들로 하여금 바로 몇 분 전 뉴스에 매달리게 한다. 미디어에 종사하는 사람들이나 분석가들은 그 속도를 따라가기에 노심초사하는 것이 일상이 되었다. 더욱이 미국의 트럼프 대통령 같은 트윗 마니아가 보통의 언어로, 전통적인 정책결정 과정을 거치지 않고, 국가와 세계 중대사를 마구 트윗해 대니 그 밑의 관료들은 그것을 수습하기에 바쁘다. 그것이 세계 최강국인 미국의 대통령 손끝에서 나오는 것이다 보니 당연히 전 세계로 큰 파장을 일으키며 확산되는 것이 오늘날의 국제정치이다. 이제 세계의 분석가들은 트럼프 대통령의 트위터도 매시간 모니터해야 할 판이다. 이처럼 빨리 변화하는 국제정치의 시간에서 그럼 과거는 아무런 쓸모가 없는 것인가? 또한 미래는 오늘의 트윗이 가르쳐 주는가?

《헤게모니의 미래》는 지난 30여 년의 국제정치의 단면들을 보여

주는 책이다. 그리고 그것을 바탕으로 미래의 국제정치를 조망하는 책이다. 트윗이 일상화된 오늘날의 국제정치 시계에서 30여 년은 너무나 긴 시간이다. 과연 그러한 시간 속의 국제정치가 오늘과 내일의 국제정치에 어떤 함의를 가질 수 있는 것인가 하는 의문을 가질 수도 있겠다. 그러나 그 긴 시간 속에서 흘러나온 국제정치 변화의 조그마한 부분이라도 제대로 짚어 낼 수 있다면 오늘의 트윗 속도처럼 변해 가는 국제정치의 흐름을 잡아 내는 데 도움이 되지 않을까 한다. 마치 영화의 '롱 테이크long take' 기법에서 보여주는 것처럼 초 단위로 변해 가는 국제정치의 흐름에서 잠시 한 호흡으로 이어지는 어떤 장면에서 우리는 현재와 미래를 위한 혜안을 얻을 수 있다. 기본적으로 국가에게는 30년이 그렇게 긴 시간이 아니다. 100년의 역사도 그리 길지 않다. 그리고 무엇보다도 중요한 것은 역사의 교훈은 재생산된다. 과거가 현재의 거울이 되고 미래의 지침이 되는 것이 역사이다. 그렇기 때문에 국제체제가 변하는 모습을 보기 위해서는 적어도 수십 년은 관찰을 해야 한다. 그래서 국제정치의 관찰자들은 일상화된 트윗도 주시하면서도 긴 호흡으로 역사의 흐름을 살필 수밖에 없다.

《헤게모니의 미래》는 총 10장으로 구성되어 있다. 그중 첫 8개 장은 기존에 발표되었던 논문들을 재수록하였다. 국제정치 시간의 흐름 속에서 당시 가장 첨예한 이슈에 대해서 필자가 썼던 논문 중에 적당한 것을 골라 시기별로 배치를 하였다. 따라서 하나의 일관된 주제라기보다는 다양한 이론적, 정책적 주제들이 담겨 있다. 또한 분석의 수준으로서도 국제 수준에서부터 지역 수준, 그리고 한국이라는 국가 수준까지 다양하다. 그러면서도 일관되게 관통하는 것은 과연 한국이 그러한 국제정치의 변화 속에서 어떻게 할 것이냐 하는 물음이다. 그렇기 때문에 마지막 장은 미래의 세계를 분석하였다. 즉, 작금의 국제정치의 가장 중요한 이슈인 미국과 중국의 헤게모니 경쟁의 미래가 어떻게 전개될 것인가 하는 문제와 그것에 대한 한국의 대안은 무엇인가 하는 것이다.

제1장은 1991년에 쓰였고 마지막 장은 2019년에 탈고되었다. 필자 스스로도 30여 년의 학문의 여정 속에서 시기마다 학문과 현실 세계에 대한 경험이라는 관점에서 그 깊이가 같지 않을 것임에도 불구하고 함께 수록하는 결정을 내렸다. 30대 후반의 필자와 60대 중반의 필자가 이 책에서는 함께 있는 것이다. 평가는 그러나 오롯이 독자들의 몫이다. 다만 그 중 몇 장에서는 현재의 시각에서 후기를 붙였다. 일부의 장에서 다룬 내용을 업데이트할 필요도 있었고, 또한 필자 스스로 자기 비평의 필요도 있다고 느꼈기 때문이다.

이 책을 출판하는 데 있어 여러 지인의 많은 도움이 있었다. 특히 책의 편집과정을 도와준 필자의 여러 연구조교의 도움이 컸다. 또한 이름을 일일이 밝히지는 않지만 많은 국내외 전문가들과 학자들에게도 감사를 드린다. 오랜 세월 동안 그들과 수많은 토론과 대화가 이 책의 내용을 구성하는 데 많은 도움이 되었다. 그리고 이 책을 기꺼이 출판해 준 고려대학교출판문화원에도 감사를 드린다. 마지막으로 오랫동안 곁에서 깊은 믿음으로 한결같이 함께해 준 가족들에게 무엇보다도 출판의 공을 돌리고 싶다.

고려대 정경관 303호 연구실에서

현인택

차례

제1장

탈냉전의 미지의 세계

"핵 확산의 문제, 극단적 민족주의의 발흥, 민주주의의 확산 또는 퇴조, 인종분쟁, 민족분규 등 수많은 문제들에 대한 해답이 지금으로서는 열려 있고 불확실하다. 이러한 의미에서 탈냉전의 시대는 불안한 시대라고 볼 수 있다. 무엇이 새로운 평화의 보장 장치가 되어줄지 알지 못한다."

1_ 냉전의 종식과 새로운 세계질서의 문제들

미증유의 대변혁

1991년의 세계는 지난 45년 이래 처음으로 미증유의 대변혁을 겪고 있다.[1] 탈냉전의 서막이라고 할 수 있는 이러한 변화는 기본적으로 국제질서의 구조적 모습의 새로운 창출을 의미하는 것이다. 역사적으로 현대 세계정치의 전통, 규범 및 힘의 논리를 구현한다고 볼 수 있는 국제체제는 이미 17세기에 시작되었다. 그것이 즉 '고전적 세력균형 체제'라고 할 수 있는 1648년의 웨스트팔리아 조약으로부터 프랑스 혁명에 이르는 국제체제이다. 이러한 체제는 이른바 '유럽협조체제the Concert of Europe'라고 불리는 1815년의 비엔나 회의로부터 제1차 세계대전에 이르는 국제체제로 이어진다. 다음으로 국제연맹의 창출과 제2차 세계대전 후 국제연합의 초기까지의 이른바 국제기구에 의한 '집단안보'체제가 나타나며, 그 후 1990년까지의 냉전체제

라 할 수 있다.[2]

주지하시다시피 2차 세계대전의 산물인 냉전체제는 초기의 미·소 간의 깊은 반목으로 결과하는 경직된 냉전과 1969년 닉슨 행정부의 출범으로 시작된 화해détente, 그리고 1980년 레이건 행정부의 신냉전new cold war[3] 등으로 그 내용은 조금씩 달라져왔지만, 그 구조적 특징은 변하지 않았다고 볼 수 있다. 이런 점에서 일부 학자들은 냉전cold war과 냉전체제cold war system를 구별하기도 한다.[4] 냉전체제의 구조적 특징은 무엇보다도 미국과 소련의 두 초강대국에 의해 주도되는 동서진영의 정치, 군사, 이데올로기 및 경제적인 면에서의 대결구조라고 할 수 있다. 따라서 냉전체제 자체를 해석하는 데는 다양한 견해가 있으나[5] 대체적으로 냉전체제의 구조적 특징은 두 초강대국의 존재, 양극화 현상, 및 핵무기의 존재와 핵무기에 의한 '안보 레짐security regime'[6] 등으로 대별해 볼 수 있다.

냉전체제 종식의 구조적 특징

냉전체제의 종식은 무엇을 의미하는가? 그것은 냉전체제가 '혁명적 변화'를 통해서 그 구조적인 모습이 바뀌었다는 것을 의미하며, 우리가 목도하고 있는 국제질서의 대大지각변동은 혁명적 변화라 하기에 충분한 몇 가지 특징적 양상을 띠고 있다는 점이다. 무엇보다도 소련은 탈냉전 이후 초강대국의 대열에서 이탈하고 있다. 아이러니컬하게도 그것은 소련 자신이 선택한 운명이며 1985년 고르바초프가 페레스트로이카라는, 우리에게 이름마저 생소했던, 이른바 '신사고新思考'를 추진하면서부터 시작되었다. 그리고 1991년 벌어진 사산死産된

3일의 쿠데타와 급격히 무너지는 과거의 연방체제 및 각 공화국들의 자주권의 확립은 소련이 정치, 경제체제뿐만 아니라 국가의 형태에 있어서도 커다란 변혁을 겪고 있음을 의미한다. 더욱이 그러한 변혁의 국제적 의미, 즉 과거의 소련의 국제적 지위에서도 완전히 탈락함을 의미하는 것이다.

두 번째 요소는 따라서 이제 미·소의 양극체제는 더 이상 존재하지 않는다는 사실이다. 이것은 소련의 초강대국으로서의 지위 격하와 밀접하게 연결되는 것이지만 특히 유럽의 재편과정을 보면 더욱 뚜렷해진다. 동유럽 국가들의 체제개혁, 독일 통일, 바르샤바 조약기구의 해체 등으로 유럽은 지난 45년 동안 유지시켜 왔던 양극 현상의 핵심구조에서 완전히 벗어나고 있으며 이제 새로운 통합의 실현을 눈앞에 두고 있다.

셋째가 핵무기에 의한 안보 레짐의 변화이다. 이것은 첫째 미·소 간에 유지해 왔던 여러 가지 안보 레짐(위기관리 레짐, 핵 확산 레짐, 군비 안정 레짐 등)의 내용이 변하게 됨을 의미한다. '안보 딜레마 속의 협력'[7]의 제도화인 이 안보 레짐은 미·소가 합리적 판단을 하는 적으로서 '양자 게임'을 하는 것을 가정하고 있다. 소련의 변혁으로 이제 소련이 미국에 더 이상 '적'으로 남아 있지 않게 됨으로써 안보 레짐의 성격도 바뀌어 가고 있다. 이미 미국의 전술핵 철수 선언 및 소련의 일방적인 핵 및 재래식 무기 감축 등으로 이것이 현실화되고 있다. 특히 탈냉전의 구조는 미·소 간의 양자의 안보 레짐을 유럽(특히 영국 및 프랑스)을 포함하는 다자간 레짐으로 변화시킬 것이다.

이처럼 국제질서는 냉전체제하의 대결의 구조에서 벗어나 새로운

장章을 열고 있는 것이 분명하다. 그렇다면 냉전의 종식이 평화를 의미하는가? 아니면 '오랜 평화long peace'[8]의 종말인가? 새로 형성될 탈냉전 체제의 구조는 무엇이며 이러한 구조가 탈냉전의 평화와 어떠한 관계를 가질 것인가? 어떠한 국제구조가 안정적인가? 그리고 탈냉전하의 강대국들의 전략은 무엇이며 그들의 어떠한 전략적 선택이 국제질서 유지에 어떻게 작용할 것인가? 이러한 질문들에 대한 해답은 그것이 설령 단편적인 것에 그친다 하더라도 앞으로 형성될 국제질서의 구조적 모습을 이해하는 데 도움을 줄 것이다.

2_탈냉전의 평화

낙관론과 비관론

탈냉전은 그 자체로 평화를 의미하는가? 그 해답은 반드시 그렇지만은 않다는 것이다. 탈냉전의 평화에 대한 전망은 낙관론과 비관론 두 가지가 모두 존재한다.[9] 낙관론은 다음의 세 가지로 요약될 수 있다. 첫째는 탈냉전의 진정한 의미는 미·소의 대결에 연유하는 냉전의 종식을 의미하므로 이러한 대결의 종식 시대에는 전쟁의 가능성이 더욱 줄어든다고 보는 것이다. 즉 미·소 양국은 지금까지 진행시켜 왔던 여러 가지 군축회담을 더욱 가속화시켜서 대결이 아닌 화해와 협조의 시대를 낳을 수 있다는 것이다. 소련이 미국에 더 이상 적으로 남아 있지 않고 유럽의 대결구조인 나토와 바르샤바 조약기구가 해체된 상황에서 소련이 더 이상 팽창 정책을 펼 수도, 펼 이유도 없다는 것이다. 따라서 이러한 시대에 강대국끼리의 핵전쟁의 가능성은 더욱 줄어들고 재래식 전쟁의 경우도 미·소 간에는 물론, 유럽의 강국 사이에도 얻을 수 있는 것보다 잃을 것이 훨씬 더 크기 때문에 가능하지 않다는 견해이다. 결국 이러한 견해는 냉전체제 자체가 상당히 불안정한 체제이며 불안한 평화를 지속시켜 왔기 때문에 냉전체제 붕괴 자체만으로도 좀 더 진정한 평화의 서막을 의미한다고 보고 있다. 이것은 현실주의자들의 기본적 가정과는 상당히 반대적 입장이라고 할 수 있다.

경제적 자유주의

두 번째는 '경제적 자유주의economic liberalism'의 견해인데 이는 자유경제질서가 평화를 고양시킨다는 것이다. 즉, 향후 유럽의 단일 경제시장 등의 경제통합은 국가들 사이의 자유로운 경제교환을 가속화시킴으로써 지역 내의 갈등을 완화시키고 정치적 협력을 높여준다는 것이다. 이러한 주장은 세 가지 갈래를 가지고 있다. 첫째는 새로운 자유경제 질서의 창출은 좀 더 부유한 사회를 만들고 국가들은 좀 더 부유한 상태에 만족하기 때문에 평화가 고양된다는 것이다. 둘째는 상호의존interdependence에 초점을 맞추는 것으로서 자유로운 경제질서는 국가들 사이의 상호의존을 증가시키고 상호의존은 국가들이 호전적으로 행동하는 것을 억제시킨다는 것이다. 셋째는 '국제 레짐international regime'에 초점을 맞추는 것으로 정치적 협력을 도모하는 국제 레짐이 보다 강력해지면 이러한 국제 레짐은 국가들 간의 이해를 적절히 조정함으로써 보다 갈등 해소에 기여할 것이라는 견해이다.[10] 경제적 자유주의에 대한 두 번째 및 세 번째 주장은 특히 국제정치의 본질을 보는 기본적 시각에서 기존의 현실주의자들이 갖는 홉스적 시각과는 상당히 다르다는 점을 발견하게 된다.

민주주의 확산과 평화

세 번째 주장은 민주주의의 확산과 관계가 있는 것으로서 국제체제에서 민주주의 국가가 확산되면 될수록 국제체제의 안정성에 기여한다는 것이다. 이러한 주장은 민주주의 자체가 다른 국가 형태(예로 권위주의 국가)보다도 덜 전쟁에 개입된다는 것과 민주주의 국가가 다른 민주주의 국가와 전쟁할 가능성이 작다는 것이다.[11] 하지만 이러한 주장에 대해서는 여러 가지 논란이 있어 왔다. 많은 학자들은 민주주의가 권위주의 체제보다 더 평화적이라는 가정을 부정하고 있다.[12] 이러한 주장들은 또한 국가체제의 유형에만 초점을 맞춤으로써 다른 요소들을 배제하고 있다. 예를 들어 같은 민주주의 국가들의 경우도 민족주의, 인종, 종교 및 역사적 유산 등의 변수가 고려되지 않고 있다. 프랑스와 독일은 같은 민주주의 국가이면서도 역사적 유산으로 인해 갈등의 잠재성이 높고, 동구와 소련의 민주화가 이 지역의 평화를 반드시 높인다고 볼 수 있느냐의 문제도 제기할 수 있을 것이다. 일례로 1차 세계대전 전의 독일은 민주주의 또는 유사 민주주의 체제였으나 결국 1차 세계대전은 민주주의 국가 간의 전쟁이 되었다는 것이다.[13] 또한 체제 성격이 전쟁의 원인이 된다면 기타 다른 수준, 즉 국제체제 수준 및 개인적 수준의 변수들은 어떻게 할 것이냐가 문제가 된다.

비관론-전쟁의 가능성 증가할 것

이러한 낙관론에 대해서 미어샤이머Mearsheimer는 강력한 비판을 전개하면서 냉전의 종말은 오히려 유럽에서 전쟁과 위기의 가능성을 증가시킬 것이라고 주장한다. 그는 냉전체제를 대단히 안정적인 체제로 보고 있으며 냉전체제하의 전쟁의 부재 상태는 다음의 세 가지 요소에 의해서 결과한 것이라 보고 있다. 첫째는 유럽 대륙에서의 군사력의 양극화 현상, 둘째는 미국과 소련에 의해 주도되는 유럽의 양진영 사이의 군사력 균형, 셋째는 미·소 초강대국이 엄청난 핵무기로 무장하고 있다는 사실이다. 결국 냉전체제의 종식은 미소 양 세력이 유럽에서의 초강대국으로서의 대결을 종식시키는 것으로써 유럽은 양극체제에서 다극체제로 변할 것이라고 지적한다. 소련의 초강대국으로서의 지위 약화로 결국은 유럽이 미국, 소련, 통일된 독일, 프랑스, 영국 등의 5개국 지배체제가 되는 다극체제로 전환될 것이라는 것이다. 따라서 국제체제는 다극체제하의 공통현상인 불안정성이 증가할 것이고 여기에 각 세력 간의 힘의 불균형이 나타나면 불안정은 급속도로 가속화될 수 있다고 주장한다.

여기에 덧붙여 미·소가 보유하고 있는 핵무기도 상당히 큰 변수가 되는데 냉전체제하에서는 이러한 핵무기의 존재가 억지deterrence를 더욱 강화시켜 주는 역할을 해왔지만 유럽 대륙에서의 미·소의 후퇴는, 첫째 유럽이 핵으로부터 자유로운 지역이 되든가, 둘째 지금과 같이 영국, 프랑스 정도가 핵을 갖는 시대가 되든가, 셋째 핵 확산이 실현되고 이것이 미·소에 의해 잘 통제가 안 되든가, 넷째 핵 확산이 되지만 잘 통제되는 경우가 될 것이라 전망한다. 이 경우 처음부터 세 번째까지의 시나리오는 유럽의 질서를 대단히 불안정하게 만들고 전쟁의 가능성을 높여준다고 그는 보고 있다.[14]

신현실주의 주장

이러한 미어샤이머의 주장은 월츠Waltz류의 전통적인 신현실주의neorealism의 입장이라고 볼 수 있다.[15] 따라서 낙관론과 비관론 사이의 초점은 세 가지로 좁혀서 생각해 볼 수 있다. 첫째는 국제질서의 상태, 즉 무정부적 상태에 대한 논쟁, 둘째는 안정성의 문제, 셋째는 분석 수준의 문제이다.

첫째, 불Bull에 의하면 무정부적 상태란 중심적 권위의 부재 상태를 의미한다는 것이다.[16] 현실주의자들의 국제정치에 대한 가정은 이러한 무정부적 상태를 바탕으로 하는 것이다. 따라서 이러한 사회에서 생존하기 위해서는 오로지 자기 자신에게 의존할 수밖에 없고self-help, 결국 이러한 기본적 가정이 국제사회에서의 국가들의 행태와 동기의 근원이 된다는 것이다.[17] 결국 미어샤이머도 지적한 것처럼 국가가 유일한 행위자인 국제사회에서 국가는 항상 힘power을 극대화하려고 하고 또한 국제사회가 평화롭다는 것은 이러한 국가들이 상대적인 힘의 분포에 의해 득과 실을 계산한 결과라는 것이다. 따라서 다른 행위자, 특히 국제기구와 제도는 평화를 보장해 주기 어렵다고 보고 있다. 결국 탈냉전 시대도 이러한 국제사회의 무정부적 상태의 가정이 그대로 적용이 되기 때문에 국제제도 등에 의한 협력의 증진과 평화의 가능성은 희박하다는 것이다.

신자유주의자와 평화

이러한 현실주의자들에 대해 반대의 입장을 취하는 자유주의적 제도주의liberal institutionalism와 신자유주의적 제도주의neoliberal institutionalism에 대해서는 그리코Grieco가 잘 설명해 주고 있다.[18] 그에 의하면 자유주의적 제도주의가 현실주의의 대부분의 가정들—국가가 유일한 행위자이며 무정부적 상태가 국가의 주요 동인이라는 가정—에 반대 입장을 취하는 데 반해[19] 신자유주의적 제도주의는 기본적으로 이러한 가정들에 대해서 현실주의자들에 동의한다.[20] 그러나 기본적인 상이점은 신자유주의적 제도주의는 국제제도가 국제사회의 독자적 행위자이며 협력을 증진시킨다는 것이다. 이러한 점에서 코헤인Keohane은 미어샤이머가 유럽 공동체 등의 국제제도의 세계정치에 대한 영향력을 너무 과소평가하고 있다고 비판하면서 국제제도의 본질과 힘이 국가행위의 중요한 결정요인이라 보고 있다.[21]

두 번째로 지적할 수 있는 것은 국제체제의 안정성 문제인데 여기서는 대체로 국제체제의 극성polarity과 연관시키고 있다. 이 문제는 국제정치의 가장 고전적 논쟁 중의 하나라 할 수 있는데 대체로 양극체제와 다극체제 사이의 안정성의 문제를 다루고 있다.[22] 즉 양자 중 어느 것이 더욱 안정적이냐 하는 것으로 미어샤이머의 경우는 전통적인 양극체제 안정론자인 데 반해 호프만Hoffman은 이러한 주장이 역사를 잘못 해석한 데서 근거하는 것이라며 무정부적 상태에서는 어떠한 구조도 평화나 전쟁에 이를 수 있다고 반박한다.[23] 호프Hopf는 이와는 달리 극성만으로는 안정성을 설명할 수 없다고 주장하면서 그 대신 공수 균형offense-defense balance이라는 개념으로 냉전의 안정성을 설명하고 탈냉전의 안정성 수준을 고찰한다.[24]

마지막으로 분석 수준의 문제인데 이의 논의는 방대하여 짧게 요약하면 신현실주의는 특히 국제체제 수준을 강조하면서 연역이론을 내세우는 것이기 때문에 구조적 현실주의structural realism로 불리기도 하지만 기타 다른 수준, 즉 국내정치적 수준과 개인적 수준을 간과하는 경향이 있다. 따라서 국제체제의 평화와 전쟁의 설명에서 특정 국가가 갖는 체제적 특성, 관료정치, 정치지도자의 인식 및 오판 등의 요소가 배제된다.

따라서 러셋Russett은 민주주의 국가끼리 전쟁이 일어나지 않는다는 것이 절대적인 법칙이 될 수는 없지만 몇 가지 유사한 예외quasi-exceptions가 이 이론의 법칙성을 크게 해치지는 않는다고 주장한다.[25] 또한 리보Lebow는 '브링크맨십brinkmanship' 위기를 강조하면서 위기 유발자(국가)는 상대방(적)이 물러가리라는 기대 속에 대결 정책을 펴게 되는데 이러한 오판은 종종 전쟁을 일으키게 되는 원인이 된다는 것이다.[26] 특히 이러한 '브링크맨십'의 유발은 국제적 세력균형의 급격한 변화가 한 주요 원인이라고 보고 있다.

요약하면 탈냉전의 평화의 문제는 오랜 평화의 종말이 될는지 새로운 평화의 시작이 될는지 단언하기가 어렵다. 그 이유는 우리가 양측의 주장을 확실히 뒷받침할 만한 역사적 사례들을 충분히 갖고 있지 못하기 때문이다. 냉전의 평화가 핵무기와 함께 이루어졌다는 사실이 역사적으로 처음 있는 일이었기 때문에 냉전의 와해와 핵무기의 존속이 어떠한 관계를 가질지 아무도 예측하기 어렵다. 또한 냉전시대 이전부터 국가 행태의 원인으로 중요시되었던 많은 다른 요소들도 탈냉전의 시대에도 계속될 것이기 때문에 이 또한 중요한 변수가 될 것이다. 그러나 무엇보다도 가장 중요한 문제는 향후의 국제체제의 구조가 어떻게 될 것이냐 하는 것이다. 만약 이 구조적인 모습을 우리가 어느 정도 예측할 수 있다면 평화의 문제를 좀 더 설득력 있게 진단할 수 있을지 모른다.

3_탈냉전의 구조

탈냉전의 국제구조의 모델로서는 대체로 기본적인 세 가지 유형을 생각해 볼 수 있다. 첫째가 1개국 지배체제인 헤게모니 체제, 둘째가 냉전체제 유형인 양극체제, 셋째가 다극체제이다. 이 중에서 양극체제는 향후의 국제체제의 구조로서 가장 가능성이 적은 체제유형 중의 하나인 것 같다. 왜냐하면 냉전체제의 종식 자체가 양극체제의 와해임을 의미하기 때문이다.

초강대국 지위 상실한 소련

무엇보다도 이러한 것은 소련이 초강대국으로서의 지위를 상실하였기 때문이다. 주지하다시피 소련은 어느 정도의 군사력을 제외하고 경제력은 완전히 위기상황에 있다. 군사력도 퇴조의 기미가 뚜렷하다. 소련의 군사비는 1989년 고르바초프가 처음 공식적으로 감소했음을 밝혔는데 이미 그 이전부터 어느 정도 감소추세가 계속되었다고 보인다. 소련의 1989년의 공식 군사비는 773억 루블(약 1,200억 달러)로서 미국은 실제 액수를 이보다 2배 정도 많은, 즉 2,400억 달러로 보고 있다.[27] 따라서 미국의 1989년 군사비인 2,900억 달러에 상당히 근접하는 액수라고 보아진다.[28] 군사비에 있어서 소련이 그간 미국과 거의 대등한 지출을 해왔기 때문에 이것이 소련 몰락이라는 소련의 내부적 상황에 맞물려 어떠한 결과로 나타날지 의문이다. 추측해 볼 수 있는 것은 지금의 경제위기 상황으로 보아 불가피하게 군사비의 대폭적 삭감이 있지 않겠나 하는 것이다.

소련의 경제력의 약화와 군사비의 감소는 새로운 군사기술의 개발에 치명적 영향을 줄 것이다. 따라서 첨단무기의 개발이 지연되거나 계획 자체들이 폐기되면서 종래에 우위를 누리던 재래식 무기에서도 뚜렷한 퇴조현상을 보일 것이다. 더불어 연방체제의 재편 및 각 공화국들의 독립적 지위는 군사력의 운용에 커다란 변화를 가져올 것이다. 핵 능력 또한 일방적 군비감축으로 급격히 줄어들 것이다. 다만 지난 몇십 년 동안 초강대국으로서의 지위를 누리게 해줬던 핵 능력이 하루아침에 사라지지는 않을 것이므로 당분간 여전히 군사강국으로서의 지위는 유지될 것이다. 더욱이 만약에 정체政體로서의 소련의 붕괴 현상이 일어난다 해도 소련공화국 중 가장 강력한 러시아가 핵력의 대부분을 장악하게 될 것이므로 기존의 구도에서 크게 벗어나지는 않을 것이다.[29] 다만 국제구조적 측면에서 볼 때 소련 세력의 상대적 몰락으로 향후 탈냉전의 단순 양극화 현상의 재현은 어려울 것으로 보인다.

다극체제의 도래?

다음으로 논의되어야 할 것은 다극체제인데 이것은 다음의 질문들을 통해서 어느 정도 윤곽을 잡을 수 있을 것이다. 첫째는 소련의 초강대국으로서의 몰락과 체제 개혁의 결과가 과거 냉전 이전의 시대에서처럼 소련을 유럽 세력의 일부분으로 남게 할 것인가? 둘째 탈냉전시대 하에서 미국은 유럽에서 완전히 철수할 것인가? 셋째는 유럽제국들이 과거 19세기 유럽 협조체제에서처럼 각자 독자적 세력으로서 운신을 기도할 것인가? 하는 것들이다.

이러한 질문에 대해 지금으로서는 설득력 있는 해답을 내리기는 힘들 것 같다. 다만 한 가지 좀 더 분명하게 대답할 수 있는 것은 탈냉전의 국제구조가 다극화하더라도 과거와 같은 유형이 되지는 않을 거라는 점이다. 첫째는 유럽의 국가(특히 영국, 프랑스 및 독일)들과 소련 및 미국 사이에는 엄연한 군사력 불균형이 존재한다는 것이다. 독일을 제외한 4개국은 핵 보유 국가이며 특히 현재로서 미소의 핵 능력은 나머지 국가들을 훨씬 능가한다. 이 점에서 통일된 독일의 핵 보유 여부는 대단히 논란거리가 될 것이다. 또한 이들은 재래식 군비에 있어서도 엄청난 차이를 보인다. 따라서 현실주의적 입장에서 볼 때 이들 사이의 힘의 분배의 차이는 세력 균형을 대단히 불안정하게 만든다.

각 국가 간의 경제적 불균형도 하나의 원인이 된다. 더욱이 탈냉전 시대는 두 가지의 뚜렷한 경제적 성향이 있다. 하나는 국제경제 질서의 재편이고 다른 하나는 경제지역화의 현상이다. 특히 유럽은 다가올 경제통합으로 단일경제권을 이룰 전망이다. 따라서 이러한 조건들은 유럽 국가들을 각기 따로따로 행동하게 만들기보다는 상호 의존성을 증가시키고 협력을 도모하게 하기 때문에 과거 유럽협조체제를 깬 각국의 중상주의적 이해와는 다소 거리가 먼 '유럽의 유럽화'[30]의 가능성이 좀 더 크다고 할 수 있다.

다음으로는 미국의 유럽에서의 전략적 변화에 관한 것이다. 이것에 대해서는 다음 장에서 상세히 설명하겠지만 기본적으로 미국이 유럽의 새로운 안보환경에도 불구하고 유럽에서 완전히 철수하지는 않을 것이다.

헤게모니 체제 가능성

양극체제, 다극체제에 이어 세 번째 유형인 헤게모니 체제가 가장 논쟁의 소지를 안고 있다. 왜냐하면 소련의 갑작스런 몰락으로 향후 국제체제가 미국 한 나라에 의해 지배되는 헤게모니 체제로의 가능성이 높아졌기 때문이다. 그러나 무엇보다도 헤게모니 체제가 무엇이며 어떠한 논리들이 있어 왔는가를 파악해 보는 게 좋을 것 같다. 무엇보다도 헤게모니가 무엇이냐 하는 데는 여러 가지 다른 견해가 있다. 크래스너Krasner에 의하면 헤게모니는 '단 하나의 지배국가의 존재'로서 정의하면서 지난 두 세기의 국제경제 질서가 이러한 상태에 있었다고 본다.[31] 또한 러셋Russett은 헤게모니를 '구조적 세력structural power'로서 이해하면서 '다른 국가들이 어떤 결정을 하지 않으면 안 되도록 하는 맥락을 좌우할 수 있는 능력'을 가진 국가로 본다.[32] 따라서 지난 45년의 미국과 다른 서방세계 국가들 간의 관계가 그렇다는 것이다. 또한 코헤인과 나이Nye도 이와 비슷하게 헤게모니 국가를 '국가 간의 관계를 지배하는 본질적인 법칙을 충분히 유지할 만한 힘과 의지를 가진 국가'로 규정하고 있다.[33]

이와는 조금 이론적으로 다른 맥락에서 모델스키Modelski는 헤게모니 국가는 국제체제를 1세기 정도는 지배하는 세계 지도국으로 정의하면서 이러한 지도국은 체제를 통치할 뿐 아니라 다른 국가들이 따르는 행위 패턴을 세우며 그러한 통치는 강압적일 뿐 아니라 합법적이기까지 하다는 것이다.[34]

이러한 정의들과는 정반대로 미어샤이머는 헤게모니 체제에서는 오직 1개국의 강대국만이 존재한다고 정의하면서 이러한 체제에서 나머지 국가들은 이 강대국의 통치에 따라야 하고 그에 도전할 수 없다고 본다. 그는 이러한 헤게모니 체제는 17세기 이래로 유럽에서는 단 한 번도 존재하지 않았고 앞으로도 존재할 가능성이 없다고 주장한다.[35]

이러한 헤게모니의 정의에 대한 여러가지 견해와 더불어 지난 10여 년 동안 국제정치학계에서 흥미롭게 제기되어왔던 문제가 바로 '헤게모니의 쇠퇴' 여부이다. 무엇보다도 그것을 판단하는 기준criteria이 문제가 되는데 일부 학자들은 여러 가지 지표상으로, 예를 들어 국민소득, 각종 천연자원 생산량(원유, 철강 등), 외환보유고, 수출입 액수의 비중, 군사비, 재정적자 및 기술 수준 등에서 미국의 퇴조가 뚜렷해졌다는 것이다. 이러한 주장 등은 특히 '헤게모니 퇴조론자hegemony declinists'[36]라 할 수 있는 케네디Kennedy, 캘리오Calleo 등에 의해서 주장되었다.[37]

이에 대해 헌팅턴Huntington은 헤게모니가 세계경제의 40퍼센트 정도를 점유해야 하는 것이라면 미국은 이미 오래전에 헤게모니가 아니었다. 그러나 20~25퍼센트라든가 다른 나라의 두 배 정도라면 미국은 안정적 헤게모니라고 주장한다.[38] 나이Nye도 비슷한 주장을 하는데 미국은 상대적으로 미국에 도전할 가능성이 있는 나라들보다 훨씬 강력하며 정치군사적인 측면에서 이들을 조정할 만한 힘을 가지고 있다고 보고 있다.[39]

이러한 헤게모니 퇴조론에 대한 논쟁에 대해 렙골드Lepgold는 양자의 견해를 모두 반박하면서 문제는 미국이 헤게모니로서 한 공약과 이것을 지킬 수 있는 능력 사이의 괴리가 문제라고 반박을 한다. 즉 그는 미국은 체제수호에 깊은 이해를 가지고 있으나 공약을 다 지킬 수 없기 때문에 이에 적응adaptation해야 한다고 주장한다.[40] 길핀Gilpin에 의하면 영국도 19세기에 공약과 자원(또는 능력) 사이의 딜레마라는 똑같은 문제에 봉착했는데 결국 공약에서 후퇴할 수밖에 없었다는 것이다.[41]

이들이 정치, 안보적 측면에서 '퇴조하는 헤게모니declining hegemony'의 형태를 다루고 있다면 경제적인 측면에서 똑같은 이슈를 다루고 있는 것이 이른바 '헤게모니 안정이론hegemony stability theory'이란 것이다. 이 이론은 킨들버거Kindleberger에서부터 시작되어 여러 측면에서 논쟁되고 수정되어 왔는데 그 중심 아이디어는 미국의 국제경제체제에서의 위치 및 미국의 능력과 영향력의 감소가 미국 및 세계에 미치는 영향을 분석하려고 하는 것이다. 즉 헤게모니 국가만이 정치적으로 안정되고 경제적으로 개방된 경제질서를 유지하기 위한 대가를 기꺼이 지불할 수 있는데, 미국의 퇴조는 이러한 대가를 지불하기 어렵도록 하고 있으며 결국 어떤 제도적 개혁 없이는 국제경제 질서의 안정성을 해칠 것이라는 것이다.[42]

종합하면 결국 이러한 '헤게모니 퇴조론', '헤게모니 안정이론', '헤게모니 적응이론' 등의 다양한 논의에서 가장 기본적 문제는 헤게모니의 개념이 지극히 부정확하다는 것이다. 또한 일부 학자들은 미국의 헤게모니 퇴조를 부정하고 있지만 위의 세 이론들은 모두 헤게모니의 퇴조를 가정하고 있는데 그렇다면 퇴조하는 헤게모니가 여전히 헤게모니인지 그리고 만약 그렇다면 정치, 군사, 경제 각각의 면에서 그런지, 그 중 어느 한 면만이 그런지 분명하지가 않다는 데 있다. 이 점이 적시되어야 하는 이유는 탈냉전의 체제를 진단하는 데 매우 중요하기 때문이다. 헤게모니가 상대적인 개념이라면 향후의 체제에서 미국의 역할과 영향력은 적어도 정치·군사적 측면에서 헤게모니 체제일 것이다. 또한 만약 헤게모니 안정이론가들이 주장하는 것처럼 퇴조는 하고 있지만 헤게모니를 인정한다면 경제질서에서도 헤게모니 체제를 예상할 수 있게 된다. 결국 향후 체제가 적어도 헤게모니 체제에 가까운 체제라면 냉전체제의 양극체제보다 훨씬 안정적 체제가 될 것이다. 이러한 점에서 보면 신현실주의자들의 우려는 기우라고 할 수 있다.

여기서 또 한 가지 고려해야 될 변수는 체제를 안정화시킬 수 있는 국가들의 역할이며 그런 점에서 주요 국가들의 전략이 매우 중요하다.

4_탈냉전의 국가전략

탈냉전의 국가전략이 어떻게 될 것이냐 하는 문제는 지금까지 논의하여 왔던 탈냉전의 구조에 대한 논의와 비교해 볼 때 몇 가지 특징을 갖는다. 즉 탈냉전의 구조에 대한 논의가 보다 거시적이고 포괄적이며 장기적인 데 반하여 국가전략의 논의는 보다 미시적이고 안보적 측면을 강조하기 때문에 개별적이며 단기적이라고 말할 수 있다.

알트의 주장

알트Art는 탈냉전 시대의 미국의 전략을 논하면서 미국은 다섯 가지 기본적 이해interests를 가지고 있다고 보았다. 그것은 첫째 미 본토를 공격으로부터 보호, 둘째 자유경제 체제하의 지속적 번영, 셋째 페르시아만 오일에 대한 확실한 접근, 넷째 유럽과 극동에서의 대전大戰 방지 및 이스라엘과 한국의 보호, 그리고 다섯째 민주적 정부의 확산 등이다. 이러한 미국의 이해에 위협이 되는 것은 첫째 핵전쟁의 가능성을 높여주는 핵확산의 가속화, 둘째 경제적 국가주의의 결과로 경제부국 사이의 협조의 심각한 퇴조현상, 셋째 유럽이나 극동에서의 강대국 전쟁, 넷째 페르시아만 오일에 대한 접근을 위협하는 지역 헤게모니 국가의 이 지역 지배, 다섯째 미국의 동맹국들에 대한 미국의 신뢰성을 치명적으로 약화시킬 이스라엘이나 한국의 함락 또는 파괴 등을 들고 있다. 특히 그는 '냉전은 끝나고 미국은 이겼다'라고 선언하면서 소련으로부터의 핵 위협은 사라졌고 탈냉전 시대에서는 미국은 오로지 비정상적 정치인이나 테러분자들에 대한 핵확산에만 신경을 쓰면 된다는 것이다.[43]

이러한 알트의 주장은 그가 미국의 위협에 대해 설득력 있는 논지를 펴고 있음에도 불구하고 가장 중요한 문제를 왜곡시키고 있다는 비난을 면키 어려울 것 같다. 그는 무엇보다도 너무 낙관론적 시각에 빠져 있는 것 같다. 소련이 과거 냉전체제하의 소련이 아닌 것만은 분명한 사실이지만 냉전체제하의 소련이 가졌던 핵능력을 지금도 그대로 가지고 있다는 사실도 분명한 것 같다. 문제는 소련의 변화가 소련을 매우 안정된 서구 민주주의 국가와 같은 나라로 만들 것이라는 것을 의미하지는 않는다. 민주주의와 시장경제 체제를 유지할 것이라고는 하나 오히려 개발도상국들에게서 흔한 유형인 개발독재 체제가 나타날 가능성도 있다. 더욱이 국가 형태 또한 지금으로서는 매우 유동적이다. 과거의 연방체제가 무너지고 새로운 체제가 들어서는 것만은 분명한데 어떠한 형태가 될는지는 예측하기 힘들다. 따라서 이렇게 불확실한 상황에서 소련의 핵력은 미국의 안보에 계속해서 대단히 위협적이라는 주장이 제기될 수 있다.[44] 특히 소련의 체제 개혁이 연방체제의 완전한 붕괴로 나타나면 이것은 가장 위험스런 상태가 될 것으로 보고 있다.[45]

합리적 핵전략 개념 태동

또 하나 중요한 문제는 미국의 핵전략 개념의 본질을 알트가 간과하고 있다는 것이다. 미국의 핵전략은 기본적으로 소련이라는 초강대국과의 대결을 전제로 수립된 것이다. 따라서 이러한 전제를 바탕으로 1940년대 말~50년대에 이미 그 당시 미국의 핵 전략가들—브로디Brodie, 울슈테터Wohlstetter, 카우프만Kaufmann, 칸Kahn, 쉘링Schelling 등—에 의해 미 핵전략의 기본 개념들이 다 세워졌다. 예를 들어 억지, 제1차 공격력, 제2차 공격력, 시민방어, 제한전쟁, 협상 등등의 개념들이다.[46] 또한 이들이 세운 전략 개념들이 그대로 미국 행정부의 핵 독트린의 모태가 되기도 했다. 예를 들어 미국 핵전략의 가장 기본이라 할 수 있는 '전쟁 수행 전략war-fighting strategy'은 브로디가 창안한 것이며 케네디 행정부 시절의 '미사일 갭 독트린missile gap doctrine'은 올슈테터의, 슐레진저의 유연반응flexisible response 전략은 쉘링의 영향을 받았다.[47]

이들 전략가들의 기본 가정은 '합리적 판단'을 하는 적, 즉 소련의 존재였다. 따라서 미·소의 전략적 상황을 분석함에 있어서 행위자의 합리성을 기본 가정으로 하는 게임이론이 이들이 선호하는 이론이었으며 '위기 안정성crisis stability'의 분석 등도 이러한 양자의 합리성을 바탕으로 한 게임을 적용한 개념들이었다. 대표적인 전략가로는 엘즈버그Ellsberg가 있으며[48] 최근에는 이를 발전시킨 여러 연구들이 있다.[49] 이에 반해 저비스Jervis는 이들을 비판하면서 이들은 항상 '치킨게임Chicken game'만을 상정하기 때문에 이들의 억지의 개념은 상대방의 동기가 변하는 것을 무시하고(즉 상대방이 평화적이 될 수 있다는 것도 가정해야 하고) 더욱이 정책결정자의 합리성을 너무 과신한다고 주장한다.[50] 그러므로 저비스는 이들의 전략가들을 합리론자들로 구분하면서 그러나 억지에 있어서 합리성은 필요충분조건이 아니고 많은 경우에서 억지는 정책결정자의 비합리적 인식이 중요한 역할을 한다는 것이다.[51] 어쨌든 현실적으로 미국의 핵정책은 저비스가 비판하는 합리적 전략가들에 의해 주도되어 왔다.

미국의 핵정책을 이해하기 위해서는 두 가지에 주목해야 하는데 하나는 목표선택targeting이고 다른 하나는 전략strategy이다. 전통적으로 목표는 두 가지로 나뉘는데 하나는 카운터밸류counter value(즉 대對시민(또는 도시) 목표)이고 다른 하나는 카운터포스counter force(즉 대對군사 목표)이다. 미국의 전략은 이 두 가지 목표선택 전략 중 어느 것을 택하느냐에 따라 달라졌다고 볼 수 있다. 예를 들어, 맥나마라의 상호확증파괴 정책Mutual Assured Destruction은 카운터밸류를 타켓정책으로 채택한 것이며 슐레진저의 유연반응 전략은 기본적으로 카운터포스를 선택한 것이다.[52]

더욱이 1983년부터 시작된 '단일 통합작전 계획-6'(SIOP[53]6)[54]에서는 타켓팅이 더욱 복잡해지는 양상을 보이는데, 목표는 첫째 소련의 핵, 둘째가 다른 군사 목표, 셋째가 지휘통제 체제를 포함하는 정치·군사지도부 시설, 넷째가 산업시설 등으로 결정되었다. 그 후 1985~1989년 사이는 타켓팅이 더욱 조정되고 약 10만으로 추정되는 소련의 지도부 및 이동체제(이동 지휘 통제부)와 이동(ICBM)을 타격하도록 세분화했고 이것을 가능케 하는 능력을 개발하도록 하는 계획으로 되어 있다.[55]

핵전략의 기본 틀 완전히 바뀌지 않아

그러나 탈냉전 시대에 들어와서 미국의 심각한 딜레마는 그의 제 1의 적인 소련이 사라져 버렸다는 것이다. 미국은 냉전이 종식되기 바로 전까지도 공식적으로 소련으로부터의 핵공격과 바르샤바 기구의 나토에 대한 재래식 무기 공격을 미국의 가장 위협적 요소로 규정했었다.[56] 그리고 앞서 논의한 것처럼 모든 핵전략의 개념은 이것으로부터 출발하였다. 그렇다면 어떻게 할 것인가. 지금까지의 핵전략은 전부 쓸모없어졌는가 아니면 여전히 유효할 것인가가 향후 논의의 초점이 될 것이다. 지금으로서 한 가지 생각해 볼 수 있는 것은 무엇보다도 소련의 변화가 유동적이기 때문에 당장에 어떠한 변화를 기대하기는 힘들 것이라는 점이다. 따라서 당분간은 지금의 전략을 적으로서의 소련 대신에 가공할 만한 핵 능력을 가진 국가로서의 소련에 대한 전략으로 유지시킬 수 있다는 것이다. 변화가 오더라도 갑자기 혁명적인 변화가 오지는 않을 것이다. 최근에 미국의 부시 대통령이 전술핵의 전면적인 폐기 또는 감축을 일방적으로 선언하기는 했으나 이것은 핵전략의 기본적인 틀이 완전히 바뀌었다는 것을 의미하지는 않는다. 미국 국방비의 논의도 활발하며 특히 국방비의 대량 감축의 주장도 있으나 (지금보다 25% 감축의 주장도 있다) 이것은 앞으로 미국 내에서 상당한 논란거리가 될 것이며 전체적인 핵전략과 연계되어서 고려될 것이다. 한 가지 부기해야 할 것은 외부적인 환경요인의 정책 결정에 미치는 영향 못지않게 국내적 요인의 영향력도 큰데 정책의 급격한 변화에 제동을 거는 관료정치와 관료적 관성bureaucratic inertia이 핵정책에도 작용해 왔고 앞으로도 중요한 요인으로 작용할 것 같다.

유럽에 대한 미국의 핵전략도 상당 부분 수정될 처지에 놓여 있다. 무엇보다도 미국의 유럽에 대한 군사 정책은 두 가지인데 하나는 핵전략, 다른 하나는 재래식 전략이다. 핵전략의 기본적 틀은 '확장억지extended deterrence'의 개념인데 이는 소련의 공격으로부터 미국뿐만 아니라 유럽까지 보호하자는 것이다. 이 확장억지의 가정은 소련과 바르샤바 국가들의 재래식 무기에 의한 유럽 침공에 대해 미국은 핵을 사용한다는 것이다. 물론 이러한 '선제 핵사용'정책에 대해 최근까지도 '선제 핵 불사용'의 주장이 제기되면서 전략가들 사이에 논쟁이 되어 왔다.[57] 그러나 지금은 그 원인이 기본적으로 소멸되어 가는 상황이므로 핵의 선제 사용, 불사용에 관계없이 '확장억지'개념이 본질적으로 변화될 상황에 놓여 있다. 즉 소련의 선제공격의 가능성이 거의 사라졌다는 것이다. 이것의 앞으로의 결과는 미국이 유럽의 장래에 대해 거시적으로 어떻게 볼 것이냐와 깊은 함수관계를 가질 것이다. 미국이 신고립주의 정책을 택할 경우 이 전략 개념은 두 말할 필요 없이 사라질 것이나 미국이 어떤 형태의 안보우산을 제공할 경우 '확장 억지' 개념의 기본 목적은 지속될 것이다.

재래식 전략 개념에 있어서도 마찬가지다. 동구유럽의 변화, 독일 통일은 유럽 지도의 색깔을 완전히 바꾸어 놓았으며 1990년 11월 바르샤바 조약기구와 나토에 속했던 34개국들이 모여 체결한 유럽안보협력회의the Conference on Security and Cooperation in Europe의 결과로 과거 냉전시대 동안 상정되었던 바르샤바 조약기구의 나토에 대한 재래식 무기에 의한 선제공격의 개념은 사라지게 되었다. 결국 앞으로 유럽의 전략적 상황이 어떻게 될 것이냐는 유럽자신의 선택에 달려 있다고 하겠다. 이에 대하여 앞서 논의했던 탈냉전의 평화의 전망에 대해서는 주지하다시피 비관론 낙관론이 팽팽하게 맞서 있다. 그러나 흥미롭게도 그들의 정책적 처방은 대체로 비슷하다.

비관론자인 미어샤이머는 첫째 유럽에서의 핵확산 제한, 둘째 영국과 미국의 균형자로서의 역할, 셋째 극단적 국가주의hyper-nationalism의 등장 방지를 주장한다.[58] 비슷하게 조심스런 낙관론자인 에버라Evera는 첫째 유럽에서의 일반적으로 분쟁해결, 둘째 극단적 국가주의, 군사주의, 인종적 갈등의 방지 및 민주주의의 고양, 셋째 핵 확산 금지, 그리고 마지막으로 미국의 지속적인 유럽 주둔을 정책대안으로 제시한다.[59] 더 나아가 쿱찬Kupchan은 지금의 유럽안보 협력회의를 개편하여 19세기의 유럽협력 체제를 모방한 새로운 유럽 협력체적 안보 공동체를 만들자고 주장한다.[60]

소련의 핵전략도 크게 변하지 않아

새로운 시대의 소련의 전략이 어떻게 될 것이냐도 또한 대단히 중요한 문제이다. 소련의 현대 핵전략은 스탈린 이후에 수립이 되었다고 볼 수 있다. 소련 전략의 기본 요체는 소련의 대륙 세력으로서의 특징을 잘 나타내 주는 것이다. 따라서 핵 시대에서도 소련은 지상군을 위주로 정치적, 지리적 현실을 중요시하면서 전쟁 발발 시에는 적의 군사력을 파괴하고 영토를 점령하는 것을 기본으로 하고 있다. 따라서 이것을 위해서는 핵능력뿐만 아니라 막강한 재래식 무력도 보유해야 한다는 것이다.[61] 구체적으로 소련의 전략은 '억지'와 '전쟁수행

전략'을 가미한 것으로써 미국의 선제공격을 상정하고 따라서 이것을 막기 위해서는 핵 능력의 우위를 보유하고 억지가 실패했을 때 미국을 패배시키는 전략으로 되어 있다. 고르바초프 시대에 와서 소련의 핵 독트린은 크게 변했는데 그 기본적 맥락은 소련의 핵전략을 상당히 방어적으로 전환시켰다는 것이다.[62] 탈냉전 시대에 들어서서 새롭게 수립될 전략의 중심적 사고는 소련이 핵시대나 그 이전 시대에도 지속했던 유럽 세력으로서의 소련의 지정학적 위치를 중요시하는 것이라고 생각된다.

5_새로운 세계의 신화와 진실은?

새로운 시대는 모든 가능성이 열려 있는 시대이다. 국제구조의 모습도 그렇고 그 속에서 새로운 질서를 창출하는 주요 세력들의 운신의 방향도 그러하다. 미국이 과연 이러한 세계에서 어떻게 자기 자신의 목적과 역할을 규정하고 실천해 나갈지, 유럽이 앞으로 어떠한 유럽을 그려낼지, 소련이 과연 세계질서를 탄탄히 뒷받침하는 지지자supporter로서 나타날지 아니면 세계질서의 훼방꾼spoiler이 될는지 아직은 미지수이다.

구체적 이슈로서 핵확산의 문제, 극단적 민족주의의 발흥, 민주주의의 확산 또는 퇴조, 인종분쟁, 민족분규 등 수많은 문제들에 대한 해답이 지금으로서는 열려 있고 불확실하다. 이러한 의미에서 탈냉전 시대는 불안한 시대라고 볼 수 있다. 무엇이 새로운 평화의 보장장치가 되어줄지 알지 못한다.

그렇다면 다가오는 새로운 세계의 신화와 진실은 무엇인가? 어쩌면 탈냉전의 국제정치는 우리가 지금까지 가지고 있었던 국제질서에 대한 기본적 가정, 고정관념을 완전히 뛰어넘는 것일지도 모른다. 역사가 그러하듯이… 하여 마지막에서 우리는 처음의 질문을 다시 시작하는 수밖에 없을 것 같다. 과연 세계는 어디로 가고 있는가? 새로운 세계는 우리에게 진정 평화와 번영을 가져다 줄 것인가?

후기

문제해결의 학문과 터널 밖 예견론자

새로운 탈냉전 세계의 신화와 진실을 규명하기 위한 본고는 지금으로부터 거의 30여 년 전 학자로서는 약관의 나이인 30대 후반에 쓴 글이다. 지금 돌이켜보면 이론적으로 매우 충만하다고 생각되어 겁없이 현실을 진단하겠다고 뛰어들던 때이다. 그러나 탈냉전의 세계가 막 열리는 1991년의 시점에서 그 이후 전개될 국제정치의 세계를 정확히 진단하는 것은 아마도 애초에 불가능한 일이었는지도 모른다. 본고에서 소개한 당시 이미 대가의 반열에 오른 세계의 내노라하는 학자들조차도 여러 갈래로 나뉘어 치열한 이론적 공방을 벌이고 있을 때이다.

그 당시 필자가 가장 궁금했던 것은 탈냉전의 새로운 세계에 대해 20세기 국제정치학의 대가이며 신현실주의를 창안한 케네스 월츠의 견해였다. 수십 년에 한번 나올까 말까 한 대가로 추앙되던 월츠였다. 물론 91년 필자가 이 글을 쓸 때는 월츠의 진단은 없었다. 그 이후 어느 날 1993년경에 드디어 월츠의 논문이 나왔다. 국제우편으로 배달된 《국제안보International Security》지에 월츠의 논문이 수록된 것을 발견한 그날의 감흥을 나는 지금도 잊을 수 없다. 〈부상하는 국제정치의 구조〉[63]란 제목의 논문이었다. 딱 내가 바라던 그러한 제목의 논문이었다. 그리고 그 자리에서 바로 그 논문을 읽기 시작했다. 그리고 마지막 페이지에서 눈을 떼고 나서 나는 너무나 실망하여 한동안 아무 생각이 나지 않았다. 내가 듣고 싶은 딱 한마디, 즉 새로운 탈냉전의 세계는 이러하다는, 누구든 할 수 있지만 그러나 아무나 할 수 없는, 월츠만이 할 수 있는, 그야말로 권위 있는 진단을 마지막 한 줄에서도 발견하지 못했기 때문이다.

월츠도 하지 못했는데 그것도 그보다 2년여 이른 시점에서 학자 초년병인 필자가 대단한 진단을 내리지 못했던 것은 어쩌면 정상적이지 않을까 싶다. 그래서 필자는 마지막에 "어쩌면 탈냉전의 국제정치는 우리가 지금까지 가지고 있었던 국제질서에 대한 기본적 가정, 고정관념을 완전히 뛰어넘는 것일지도 모른다. 역사가 그러하듯이… 하여 마지막에서 우리는 처음의 질문을 다시 시작하는 수밖에 없을 것 같다"는 다시 도돌이표 같은 질문으로 글을 맺을 수밖에 없었다.

오래전에 쓴 이 글을 스스로 리뷰하면서 요약하자면 몇 가지 점을 지적할 수 있을 것 같다. 첫째는 탈냉전의 세계에 대해서 본고는 크게 평화, 구조, 국가전략의 세 가지 관점에서 보다 종합적으로 진단하려 했다. 더욱이 이론적으로도 낙관론과 비관론, 또는 현실주의와 자유주의란 국제정치의 큰 이론적 흐름 속에서 보다 균형 잡힌 시각으로 파악하려고 했다.

둘째는 그러나 탈냉전의 평화의 문제에 대해서는 확신 있게 답변하지 못했다. 본문에서 "탈냉전의 평화의 문제는 오랜 평화의 종말이 될는지 새로운 평화의 시작이 될는지 단언하기가 어렵다. 그 이유는 우리가 양측의 주장을 확실히 뒷받침할 만한 역사적 사례들을 충분히 갖고 있지 못하기 때문이다"라고 다소 유보적이며 애매한 진단을 했기 때문이다. '오랜 평화의 종말'이라는 신현실주의자와 '새로운 평화의 시작'이라는 신자유주의자 사이에 어정쩡한 모습으로 필자의 입장을 정하지 못했기 때문이다.

셋째는 탈냉전의 구조에 대해서는 당시에 소수설인 헤게모니 체제가 도래할 것으로 진단하였다. 즉, "헤게모니가 상대적인 개념이라면 향후의 체제에서의 미국의 역할과 영향력은 적어도 정치·군사적 측면에서 헤게모니 체제일 것이다. (…) 경제질서에서도 헤게모니 체제를 예상할 수 있게 된다. 결국 향후 체제가 적어도 헤게모니 체제에 가까운 체제라면 냉전체제의 양극체제보다 훨씬 안정적 체제가 될 것이다"라고 비교적 적실성 있는 진단을 하였다고 생각한다.

필자는 오랫동안 국제정치학이 '문제 해결의 학문'이라고 훈련받아 왔고 또 그렇게 되도록 노력해 왔다. 즉, 문제를 분석할 뿐만 아니라, 더 나아가 처방하는 학문이 되어야 한다는 것이다. 분석-예측-처방한다는 의미에서 국제정치학은 미래학과도 맥이 닿아 있으며 특히 현실적인 문제에 대해 해결책을 제시해야 된다고 믿고 있다. 여기에는 항상 어려운 도전이 기다리고 있다. 왜냐하면 대부분의 문제는 닥쳐오는 문제들이고, 때로는 한번도 경험하지 못한 미지의 세계를 가는 그런 도전들이기 때문이다. 마치 깜깜한 터널 안에서 터널 밖을 내다봐야 하는 그런 문제들이기 때문이다. 그런데 그 문제들이란 거의 모두 '국가'가 닥친 문제들이다. 그야말로 국가의 생존과 직결된 문제들이다. '터널 밖 예견론자'로서의 국제정치학자는 그래서 희미한 한줄기의 빛이라도 찾아 그 길을 열어 주는 역할을 하는 것이다. 그러나 때로는 찾기도 하고, 또 찾지 못하기도 한다. 그래도 계속 그 길을 간다. 찾지 못했다 하더라도 그 족적이나마 지워지지 않을 거라는 희망을 가지면서…

1991
1992
1993
1994
1995
1996
1997
1998
1999
2000
2001
2002
2003
2004
2005
2006
2007
2008
2009
2010
2011
2012
2013
2014
2015
2016
2017
2018
2019
2020

제2장

새로운 국제정치 담론과 국가

"탈냉전의 변화를 예견하지 못했다고 해서 현실주의의 실패라고 규정하는 것은 너무 단정적이다. 자유주의가 잠시 우리의 관심을 끌지만 영원한 승리는 아니며 현실주의가 잠시 그 적용성을 잃었으나 죽거나 사라지지 않았다. 전쟁과 평화라는 뗄 수 없는 패러독스를 가진 국제체제에서 국가는 여전히 주요한 행위자로서 흥망성쇠를 계속하게 된다."

1_ 새로운 세계와 역사의 해석

세계 지성의 역사 진단

헨리 키신저

헨리 키신저Henry Kissinger는 진중한 정치가이다. 그는 역사를, 그리고 미래의 세계를 진단함에 그리 경박하지 않다. 쉽사리 역사에 대해서 성급한 진단을 내리지 않는다. 그는 역사가 똑같이 되풀이되지 않음을 알고 또한 역사가 우리의 교과서가 되지 않음을 능히 간파하면서도 역사가 반면교사임을 알고 거기서 교훈을 찾기를 노력하는 정치가이다.

그는 현실과 이상이 역사에, 현재에, 그리고 미래에 혼재함을 능히 간파하는 '현실주의자'이다. 그는 현실주의자이면서도 미국의 윌슨주의적 이상을 잃지 않고 그 이상을 실현하기 위해 현실적 대안을 찾아야 한다고 조언하는 정치가이다. 그는 역사를 분석하되 감히 역사를 다 재단했다고 뽐내지 않는 역사가이며 무엇보다도 동시대인들에게 그리고 후학들에게 국제정치란 끝없이 반복되는 국가들의 이해의 상호작용의 산물이라는 것을 보여 주려는 정치학자이다. 그가 1994년에 내놓은《외교Diplomacy》는 그래서 탈냉전의 세계를 보는 데 혜안을 제시하는 방대한 국제정치 비평서이며, 국제정치학 교과서이며, 정치가의 역사실록이다.[1]

프랜시스 후쿠야마

프랜시스 후쿠야마Francis Fukuyama의 역사에 대한 진단은 이와는 매우 대조적이다. 그는 역사적 사실에 대해서 깊은 해석과 통찰을 내리는 대신에 역사를 철학적으로 조명함으로써 역사 그 자체를 재단하고, 공산주의가 그 힘을 다해 가는 냉전의 황혼에서 역사의 종언을 선언한다.[2] 그는 자유민주주의가 인류의 '이데올로기적 진보의 종점'이며 '인간 정부의 마지막 형태'이고 그런 의미에서 '역사의 종언'을 고하게 하는 것이라고 말한다.[3]

그에게 역사의 종언은 '역사적 사건들의 발생이 끝나는 것이 아니라 하나의 단일하고 일관되며 진보적 과정으로서 이해되는 역사의 종언'을 의미한다. 즉 인간의 역사에서 볼 때 작금에 와서는 진실로 모든 커다란 문제가 다 해결되었기 때문에 근본적인 원칙과 제도의 발전에 있어 진보가 더 이상 없을 것이라는 의미에서 역사가 종언함을 말하는 것이다. 후쿠야마는 헤겔의 머리를 빌려서 냉전의 종식과 자유주의의 승리를 과감하게 선언하면서, 현실주의뿐 아니라 국가주의, 심지어 종교까지도 자유주의적 사회에서 보편적인 중요성을

가지지 못하는 것으로 간파했다.[4]

후쿠야마는 역사적 대변환의 순간 그 의미 찾기를 고심하던 지성계에 잔잔하고도 신선한 파문과 주목을 불러일으켰다. 물론 그에 대한 비판도 만만치 않다. 새뮤얼 헌팅턴Samuel Huntington은 후쿠야마의 주장을 다분히 부정적인 의미를 내포하는 '종언론endism'으로 규정하면서, 일련의 사상들이나 이데올로기는 시간을 지나서 재생될 수 있고 자유민주주의의 일반적 수용이 자유주의 내부의 갈등을 배제하지 않는다고 본다. 그리고 한 이데올로기의 승리가 다른 새로운 이데올로기의 출현을 막지는 않으며 자유민주주의가 진정으로 승리한 것조차 의문이라고 주장한다. 그는 종언론이 결국 역사의 예견성과 순간의 영원성을 지나치게 강조하였고 인간의 비합리성과 약점을 간과하고 있다고 비판한다.[5] 이러한 비판들이 헤겔의 역사의 상대성을 잘못 이해한 데서 비롯되는 것이라고만 하기에는 자못 심각하고 중요한 것도 사실이다.[6]

한마디로 '걸작masterwork'이라는 비평에 알맞게 키신저는 역사적 사실에 대해 심도 있는 분석을 하였다.[7] 이에 반하여 후쿠야마는 명쾌하고도 낙관적인 시각으로 과거보다는 미래를 진단했다. 그러나 우리가 후쿠야마의 말 그대로, 세상의 모든 문제가 모두 해결된 것은 아니나 냉전의 종식으로 철학적 의미에서 역사는 자유주의에서 끝이 났다는 것을 받아들이더라도, 여전히 미래는 불안정하고 불확실할 것이라는 불안감을 지울 수 없다. 역사의 종언 시대에서 진실로 '마지막 인간'이 어떻게 '역사'에 대처해야 할지를 우리는 여전히 모르고 있다.

현실주의자인 키신저, 그리고 자유주의자인 후쿠야마, 그들은 역사의 대변환의 시점에서 역사에 대한 각기 다른 인식론적인 진단을 내리고 있다. 여기서 우리가 생각해 볼 것은 국제체제의 전환과 패러다임의 변화의 문제이다. 기실 역사의 대변환의 시점에서 인간의 세계에 대한 기본적 가정이라 할 수 있는 패러다임의 변화, 즉 인식론적인 대혁명이 수반되곤 했었다. 서구 역사에서 보면 30년 전쟁, 나폴레옹 전쟁, 제1차 세계대전, 제2차 세계대전이 끝난 후 새로운 국제체제인 1648년의 베스트팔렌 평화체제, 1815년의 비엔나 의회, 1919년의 국제연맹, 그리고 1945년의 국제연합 등이 형성되었고 거기에는 국제체제에 대한 이론적 혁명이 뒤따랐다.

이제 냉전은 끝났고 새로운 세계체제에 대한 패러다임의 혁명이 일어날 것인지 관심이 집중되고 있다. 냉전시기를 지배했던 현실주의적 패러다임의 유용성에 대한 의문이 새로운 지적인 도전과 탐구에의 유혹을 불러일으키고 있다. 오늘날의 세계의 문제들을 설명하는 데 전통적인 사고의 수정을 요구하는지 하는 실험의 시기에 와 있다.[8]

이처럼 현실주의적 신중론과 자유주의적 낙관론이 여전히 팽팽하게 대립하는 탈냉전의 세계. 여기서는 패러다임의 변화에 대한 어떠한 인식론적인 해답을 내리려는 것은 아니다. 다만 역사의 전환기에 국제정치학의 범주에서 논의되는 내용들을 파악해 봄으로써 새로운 세계를 진단하는 하나의 조그만 단서를 제시해 보려는 것이다. 그러기 위해서는 탈냉전의 변화에 대해서 다양한 논의들을 분석해 보지 않으면 안 될 것이다. 현실주의가 실패했는지, 무엇이 그것을 설명할 수 있는지 논의해 보지 않으면 안 된다. 또한 탈냉전 시대에 냉전시대의 안보와 연관된 많은 현상들이 어떻게 변하고 있는지, 그리고 민주주의, 새로운 갈등, 세계화, 기술, 문명 등 새로운 세계에 대한 논의들도 또한 간과해서는 안 될 중요한 이슈들이다. 그리고 미래의 세계에 대한 진단을 조심스럽게 내려보지 않을 수 없다.

2_헤게모니 전쟁과 평화로운 변화

신현실주의 사고

국제체제의 변화에 대한 신현실주의자들의 생각은 어떻게 평화로운 변화가 일어날 수 있느냐보다는 어떻게 불안한 평화가 지속될 수 있느냐에 초점을 맞추고 있다. 국제체제의 평화로운 변화는 그들의 이론에 비추어 봐서는 매우 일어나기 힘든 것이기 때문이다. 케네스 월츠는 체제의 변화가 구조의 변화로 초래된다고 설명하면서, 국제체제는 본질적으로 무정부적 상태이며 국가의 기능이 동일한 국제구조에서의 체제변화는 오로지 국가 간 능력 배분의 변화에 의해서만 일어난다고 보았다.[9] 특히 군사적 능력의 변화를 주요한 요인으로 생각했다.

더 나아가 일부의 현실주의자들은 국가 간 힘의 변화가 일어날 때

도전하는 세력이나 기존의 세력에 의해서 헤게모니 전쟁이 일어날 가능성이 있다고 본다. 로버트 길핀Robert Gilpin은 이러한 헤게모니 전쟁이 한 세력이 쇠퇴할 때 취할 수 있는 가장 일반적인 형태가 되겠지만 모든 강대국이 쇠퇴하는 과정에서 헤게모니 전쟁을 일으키는 것은 아니라고 본다. 즉 상대 세력에 대한 전쟁 대신 다른 국가들로의 세력 확장이나 동맹 혹은 덜 호전적인 국가들과의 화해, 공약의 축소 등을 통해서 쇠퇴를 늦추려 한다는 것이다. 그러나 역사를 보면 국가들은 팽창주의를 더 선호하는 경향이 있고 냉전시대의 미국의 소련 포위 정책은 상대방을 더욱 호전적으로 나오게 할 수도 있다고 우려했다.[10]

신현실주의가 체제변화를 이와 같이 보는 것은 그 구조적 시각으로부터 비롯된다고 할 수 있다. 즉 체제의 변화는 구조의 변화에서 올 수밖에 없다. 그리고 그 구조가 강대국들(2개국이든 5개국이든)에 의해서 세력균형이 이루어진 구조이기 때문에 이 균형의 파괴는 매우 어려운 일이다. 그런데 헤게모니 전쟁은 세력 간 균형의 파괴에서 오고, 그것을 가장 보편적인 형태의 헤게모니 전쟁으로 보았던 것이다. 역사는 30년 전쟁, 나폴레옹 전쟁, 양차대전의 경우 전쟁과 국제체제의 변화의 전형을 보여주고 있다.

그러나 냉전에서 탈냉전으로의 변화는 이러한 신현실주의의 길을 따라가지 않았다. 강대국끼리의 헤게모니 전쟁도 일어나지 않았으며, 또 다른 강대국이 출현한 것도 아니고 군사력에서 기존의 강대국 사이에 큰 격차가 벌어진 것도 아니었다. 고르바초프가 일방적인 양보와 화해 정책을 통해서 자기의 체제를 변화시킴으로써 국제체제

의 변화는 이루어진 것이다.[11]

신현실주의의 고민은 여기서 시작되고 이에 대한 공격도 여기서 시작된다. 물론 신현실주의자들의 주장은 아직도 수그러들지 않고 있다. 최근의 현상은 단순히 이상 현상에 불과하다든가, 실지로 미·소 사이의 군사력에 변화가 일어났기 때문에 변화가 일어났다든가, 또는 한 가지 사례를 가지고 일반이론의 오류를 증명하기 어렵다든가, 그리고 무정부적 상태와 양극체제로 특정되는 국제정치에서 근본적인 변화가 일어나지 않았다는 주장 등이다.[12]

지적 공동체 개념

그러나 여전히 어째서 소련이 평화적인 변화를 선택했느냐에 대한 해답을 신현실주의에서 찾기는 쉽지 않다. 이러한 질문에 대한 해답이 최근 사고思考—지식, 가치, 전략적 개념—의 역할을 강조하는 학자에 의해서 제시된다. 즉 소련의 체제변화는 소련의 안보이해의 재개념화를 가능케 한 일련의 사고에 의해서 일어나기 시작했다는 것이다. 이 사고는 공동안보common security나 합리적 충분성reasonable sufficiency 같은 개념으로서 미국의 군비통제 지지자, 평화연구가들, 서구의 중도좌파 정당들로 이루어지는 서방의 자유주의적 국제공동체에서 유래된 것이다. 이러한 공동체와 소련의 여러 외교정책 연구기관 및 기타 학계의 '신사고주의자들' 이 초국가적인 지적知的 네트워크를 이루어 이러한 새로운 사고가 국제안보 및 소련의 안보와 상치되지 않음을 인식한 것이다. 이러한 신사고를 개혁주의자인 고르바초프가 받아들임으로써 소련의 변화는 가능해지기 시작했다. 이러한 사고와 지적 네트워크는 소련의 외교정책에서의 변화에 상응하여 서방에도 영향을 끼쳤는데, 미국의 레이건과 부시 행정부는 열렬한 것은 아니지만 매우 신중하게 소련의 변화를 지지하였다. 결국 자유주의적 국제주의자들의 초국가적 네트워크가 소련과 미국의 국내정책을 변화시켰고, 특히 당대의 개혁가로 남을 고르바초프가 이러한 개혁정책을 받아들임으로써 소련체제는 변화하였고 냉전은 끝이 났다.[13]

소련의 변화에 대한 이러한 해석에서 과연 고르바초프가 지금과 같은 결과를 낳은 그러한 개혁을 애초부터 생각하고 추진했느냐 하는 의문이 제기된다. 고르바초프는 동구의 개혁을 지지하고 지원하면서 동유럽에서 '작은 고르바초프mini Gorbachev'가 권력을 잡아 개혁을 이뤄 줄 것을 바랐다.[14] 그러나 그는 동유럽의 역동성을 너무 과소평가했고 기존의 공산주의 지도자들의 정통성을 너무 과대평가하여 동유럽의 대전환을 예측하지 못하였다. 뿐만 아니라 더욱 중요한 것은 그는 그 자신의 정통성을 너무 과신했고 소련의 변화의 역동성을 너무 과소평가했기 때문에 소련이 자신이 상상하고 바라던 것보다 훨씬 더 본질적으로 변화하리라는 것을 인식하지 못했지 않나 생각된다.

소련 몰락의 원인

물론 소련 몰락의 주된 원인이 무엇인가에 대한 견해는 매우 다양하다. 장기적인 사회적·지적 현대화의 역할로 보기도 하고, 경제침체를 주된 원인으로 설명하기도 한다. 또한 고르바초프가 택한 개혁은 정권의 직접적인 붕괴 위협 때문에 소련 지도층이 택한 필요성의 결과도 아니고 사회로부터의 압력 때문도 아니고 단지 불운이며 서툰 통치 때문이라는 견해도 있다. 다른 설명은 공산주의 정치문화와 전통 때문이라고 보기도 한다. 볼셰비키의 전통이 고르바초프를 일깨우고 지도자에 권력이 온통 집중되는 제도와 관습이 그에게 힘을 주어서 그는 국가를 파괴했다는 것이다. 기타 소련 대중 및 서방으로부터의 압력이 주요한 원인이었다고 보기도 한다.[15]

진실은 이들 어느 하나이기보다는 이들의 복합적인, 어쩌면 그와는 전혀 다른 어떤 요인일지도 모른다. 결과는 소련은 몰락했고 냉전은 끝이 났으며 세계는 헤게모니 전쟁을 치르지 않고 평화로운 변화를 한 것이다. 현실주의자들의 이론적 진단처럼 세계 역사가 진행되지 않았다고 해서, 냉전이 탈냉전의 세계로 변했다고 해서 냉전의 모든 유산들이 한꺼번에 사라지지는 않는다. 그 중에서도 핵무기에 의한 국제안보의 본질적 요소들이 어떻게 계속되고 있고 어떻게 변화하는지를 살펴보는 것이 매우 중요할 것 같다. 무엇보다도 2차 세계대전 이후의 국제정치의 본질적 양상을 결정한 가장 중요한 요소가 바로 핵무기 출현이기 때문이다.

3_계속되는 핵의 세계

핵 억지 이론의 변화

버나드 브로디Bernard Brodie는 1945년 8월 7일 약간 쌀쌀한 화요일 아침, 그의 아내 편과 함께 옆 마을 우드브리지를 향해 뉴욕타임스를 사기 위해 차를 몰고 있었다. 그는 상점의 뉴스 판매대에서 신문을 집어 들어 1면 머리기사를 보는 순간 놀라며 깊은 신음을 내뱉는다. 미국이 일본의 히로시마에 핵폭탄을 투하했다는 기사를 본 것이다. 그는 기사를 단 두 줄 읽고는 그의 아내에게로 돌아서서 말했다. "지금까지 내가 쓴 모든 것이 허사가 됐어"라고.[16] 해군의 전략을 연구하던 예일대학의 젊은 조교수 브로디는 그가 연구하던 모든 것들이 허사가 됐다는 것을 한순간 깨달은 것이다. 핵의 시대가 전쟁의 본질을 바꿔놓음으로써 새로운 시대에 기존의 재래식 전략은 아무런 소용이 없다는 것을 깨달은 것이다. 그리고 핵의 출현은 국제정치의 본질까지도 변화시킬 것이라는 것을 그는 예감하였다.

합리적 핵 억지 이론가들

브로디는 그 후로 핵시대의 전략연구에 몰두하게 되고 지난 수십년 동안 전략가, 국제정치학자, 그리고 정책실행자들이 모두 사용하여 온 핵전략에 대한 거의 모든 개념들을 정립하기 시작하였다. 여기에는 일단의 학자들—카프만, 울슈테터, 칸, 쉘링 등—이 참여하게 되고 이들에 의해 창안된 핵 전략 이론은 '합리적 핵 억지 이론rational nuclear deterrence theory'으로 불리며 미국의 핵 억지 전략에 이론적 기초가 된다. 실지로 미국의 40년대 후반 이후 각 행정부의 핵전략은 이들의 이론의 정책적 반영이라고 볼 수 있다.[17] 이들의 영향력은 여기에 그치지 않고 소련의 핵전략에까지 이르러 소련도 미국과 마찬가지로 합리적 억지이론에 바탕을 둔 핵전략을 수립함으로써 미국과 소련은 가공할 핵무기로 군비증강을 계속해 오면서도 '위기의 안정성'을 이룰 수 있었던 것이다.

탈냉전시대에 들어서면서 그간 화려한 주목을 받던 핵 억지 이론은 이제 무대의 뒤편으로 서서히 퇴장하고 있다. 소련의 소멸과 미국에 적대적이지 않는 러시아의 출현으로 미국과 러시아는 과거와는 달리 서로 핵무기 경쟁을 해야 할 필요를 느끼지 않고 있기 때문이다. 서로 적대적 관계에 있는 두 핵무기 강국이 생존을 위해서 끝없이 군비경쟁을 하는 것이 합리적 핵 억지 이론의 가정이었는데 이제 그 가정 자체가 성립되지 않기 때문이다. 대신 미국과 러시아는 대량의 핵무기감축을 실현하고 있다. 냉전시대에는 가능할 것 같지 않던 현상이 실지로 일어나고 있다. 이러한 대량 핵무기 감축의 시대에 핵전략은 무엇이 되어야 하는가가 핵전략에 관한 그나마 남아 있는 논쟁거리이다. 결과적으로 엄청난 핵무기 증강을 낳았던, 합리적 핵전략가들의 사고를 지배했던 전쟁수행전략war-fighting strategy 대신 최소한의 파괴능력만을 가지는 '유사類似 상호확증파괴전략MAD-plus strategy'으로 가야 한다는 주장이나 '최소 핵 억지minimal nuclear deterrence' 개념 등이 제시되고 있다.[18] 브로디가 핵 억지 이론을 창안하기 시작한 1940년대 말 그 초기의 이론과 매우 유사한 이론들이 제시되고 있는 것이다. 따라서 탈냉전의 시대는 러시아가 미국에 적대적이 아니라는 사실만 제외하면 핵무기 대량 감축의 시대로서, 소련이 처음 핵무기를 개발하기 시작하고 미국과의 격차가 크게 벌어졌던 50년대 초까지의 상황과 매우 흡사하다고 할 수 있다.

핵확산의 문제

최근 새로운 핵문제가 쟁점으로 등장하고 있다. 그것은 핵확산의 문제이다. 소련의 붕괴로 우크라이나를 비롯한 옛 소련 공화국들의 핵보유가 문제가 되고 이란, 이라크, 북한, 파키스탄 등으로 핵확산이 탈냉전의 세계안보의 주요 쟁점으로 등장하고 있다. 핵확산의 문제는 국제정치의 오래된 주제로 핵무기 등장 이래로 이론적인 논쟁이 계속되어 왔다. 그러나 냉전시대의 두 강대국에 의한 핵독점과 그들의 핵우산 아래에서 제3세계 국가들이 안전을 보장받아 왔기 때문에 비교적 핵확산의 문제는 잠재적인 이슈로 봉합되어 왔다. 이러한 양극체제의 종식은 강대국에 의한 분명한 안보보장이 축소되고 약화되는 것을 의미한다. 이러한 시대의 국가들은 보다 안보 딜레마와 자기 스스로에 의존하지 않으면 안 되는 국제체제의 무정부적 상태에 직면하여 더욱 불안을 느끼게 되고 그것이 핵확산을 부추기고 있는 것이다.[19]

신현실주의와 핵확산 이론

이에 따라 핵확산에 대환 이론적 논쟁도 확산되고 있다. 신현실주의자들의 전통적인 생각은 핵확산이 국제평화를 더욱 고양시킬 것이라는 것이다. 월츠는 핵무기의 확산이 전쟁의 가능성을 낮추고 안정성을 증가시키기 때문에 국제평화에 이로울 것이라고 주장한다.[20] 즉 확산될수록 좋다는 명제이다. 미어샤이머Mearsheimer와 에버라는 독일의 핵보유가 유럽을 더욱 안정화시킬 것이라고 주장한다.[21] 그리고 미어샤이머와 포젠은 우크라이나의 핵보유도 러시아의 군사적 개입에 대한 억지로 작용할 수 있기 때문에 유럽의 안정에 도움이 될 것이라고 보았다.[22] 월츠는 향후의 국제질서는 핵을 가진 일본과 독일을 포함한 4~5개국의 강대국에 의한 세력균형체제로 변할 것으로 보고 있다.[23] 심지어는 일부의 학자들은 핵확산이 인도와 파키스탄 사이의 전쟁을 방지할 수 있다고 주장하는가 하면 중동의 평화도 핵확산을 통해서 이루어질 수 있다고 보았다. 메스키타와 라이커는 극단적으로 모든 국가가 핵을 가지게 되면 국가 간의 갈등은 제로가 될 것이라고 주장한다.[24]

대체로 일부의 신현실주의자와 합리적 선택 이론가들에 의해서 제기되는 핵확산이 국제평화와 안정을 고양시킬 것이라는 이론적 주장에 대한 반론도 만만치 않다. 억지이론을 강조한 이들에 비해 조직이론과 우발적인 핵사고를 강조하는 이론적 관점에서 핵확산이 전쟁의 위험을 증가시킬 것으로 보는 것이다. 즉 전문 군대 조직은 오직 확고한 민의 지배하에 있을 때만 조직 특유의 전쟁을 선호하는 경향이 억제될 수 있는데 새롭게 태어나는 구소련지역의 국가들은 이러한 민의 지배라는 효과적인 메커니즘을 가지지 못할 것이기 때문에 우발적 핵전쟁의 잠재성이 대단히 높다는 것이다.[25]

어떠한 국가들이 핵을 보유하려 할 것이냐도 매우 중요한 문제이다. 이는 냉전에서나 탈냉전에서나 본질적인 면에서는 큰 차이가 없을 것이다. 안전에 대한 불안과 강대국으로의 야망, 이 두 가지가 아마도 핵국으로의 변신을 시도하게 하는 근본적인 이유가 될 것이다. 베츠Betts는 여기에 관해서 70년대에 흥미로운 분석을 시도하였는데 이것은 지금에도 매우 시사적이라 할 수 있는 것이다. 즉 그는 대체로 핵국가가 되려는 세 가지 유형의 국가를 난쟁이형 국가, 편집병형 국가, 부랑아형 국가로 나눈다. 난쟁이형 국가는 군사력의 열세로 주변의 강국에 의해 위협받는 국가를 말한다. 편집병형 국가는 군사력은 거의 균형을 이루고 있으나 끊임없이 작은 도발을 일삼고, 예측불허이고, 상대국으로부터의 위협에 늘 사로잡혀 있는 국가를 말한다. 셋째는 이 양자의 나쁜 조건을 다 가진 국가를 말한다. 이러한 국가들에 대한 미국의 선택방안은 몇 가지가 있는데 예를 들어 부랑아형의 국가인 이스라엘에는 확고한 동맹을 계속 약속하고, 난쟁이형의 국가인 파키스탄에는 군사 및 경제원조를 통한 외교적 지원을 계속하나, 또 다른 부랑아형의 국가인 대만의 경우는 중국에게 맡겨놓는 정책을 취한다는 등의 것이다. 그는 탈냉전시대에는 북한이 가장 큰 문제이나 적어도 이라크에게 했던 것과 같은 군사적 방법은 효용성이 적을 것으로 보았으며 앞으로는 무엇보다도 이란의 핵보유를 가장 위험한 사례로 보고 있다.[26]

냉전이 끝났다고 해서 핵시대가 끝나지는 않는다. 핵무기 감축, 특히 미국과 러시아에 의한 핵무기 감축이 대량으로 이루어지겠지만 여전히 이 두 국가의 핵무기는 가공할 수준에 머물러 있을 것이다. 더욱이 핵개발 기술은 과거보다 훨씬 보편화하였으며 이것이 핵확산을 불러일으키는 또 하나의 주요 요인이 되고 있다. 새로운 세계가 반드시 낙관적이지만은 않다. 세계의 모든 국가가 핵무기를 갖게 되었을 때 국가 간의 핵전쟁이 얼어나지 않는다는 것은 정말로 이론적으로나 가능한 하나의 가정에 불과하다. 그것이 가능하다면 인류에게 전쟁이 사라짐도 가능할 법하다. 그러나 분명한 것은 탈냉전시대는 냉전시대보다 오히려 핵확산이 심화될 것이라는 점이다. 더욱 확산된 핵의 세계가 더 안정되고 평화스럽다는 가정을 오히려 정말 믿고 싶은 세계가 금방 전개될지도 모른다.

4_ 민주 평화와 문명의 충돌

냉전의 시대는 강대국 간의 전쟁이 없는 시대로 역사에 기록될 것이며 그런 의미에서 게디스의 명제인 '오랜 평화long peace'는 적실성을 갖는다. 그러나 냉전시기에도 세계 도처에서 국가 간의 또는 국가 내의 여러 형태의 무력갈등이 있었으며 세계는 강대국 간의 오랜 평화 뒤에 수많은 약소국, 인종끼리의 갈등과 전쟁이 있어 왔다. 탈냉전시대에 들어서면서 세계 도처에서 이러한 무력갈등은 잠시 점증하는 양상을 보였다.

월렌스틴Wallensteen과 엑셀Axell이 한 최근의 연구는 1989년부터 1993년 사이의 5년간 무력갈등이 상당히 증가함을 보여주고 있다.[27]

그들은 소규모 무력갈등, 중규모 무력갈등, 전쟁 등 세 가지로 무력 갈등의 형태를 분류하면서[28] 지난 5년간에 90건의 무력갈등의 사례가 있었다는 것을 조사했다. 흥미로운 것은 이 기간 동안에 오직 4건만이 국가 간의 무력갈등이었으며, 1993년에는 단 한건도 발생하지 않았다는 것이다. 90건의 사례 중 60건이 61개의 세계 도처에서 일어났으며 60개국이 개입되었다는 것 또한 흥미롭다.[29]

갈등 해소의 사례도 흥미 있는데 전체 90건의 사례에서 1993년에도 계속되는 것은 47건이었다. 즉 나머지 43건은 어떤 형태로든지 해결되었다는 것이다. 해결의 방식은 두 가지인데 하나는 전쟁, 또는 무력갈등에서 승리한 경우이며 다른 하나는 상호조약(또는 평화협정)이 맺어진 경우이다. 승리의 경우는 17건이나 이것이 반드시 평화가 계속될 것을 의미하는 것은 아니다. 구체적인 사례에서 보면 갈등이 계속해서 일어났다 끝났다 하는 패턴도 있으며(인도-파키스탄 갈등, 이란의 쿠르드족, 동티모르 지역의 분쟁 등) 냉전의 종식으로 갈등이 종결되는 경우도 있다(중앙아메리카의 엘살바도르와 니카라과, 남아프리카의 모잠비크와 남아프리카공화국, 걸프전 이후의 중동지역 등).[30]

냉전이 종식되면서 대체로 영토 문제로 새로운 갈등이 일어나고 있는데 소련, 체코슬로바키아, 유고슬라비아 해체의 결과가 대표적인 경우이다. 유럽의 18건의 갈등 중 15건이 이들과 관련된 것이다. 이들 중 단 한 건도 평화협정이 체결되지 않았다. 이 외에도 알제리, 르완다, 소말리아 등지에서 엄청난 사상자를 내는 갈등이 지속되고 있다. 이스라엘과 PLO 사이 그리고 남아프리카공화국에서의 평화가 갈등 해소의 새로운 희망을 주지만 갈등 발발보다 갈등 해소는 매

우 지난한 일임을 그들의 연구는 보여주고 있다.[31]

탈냉전과 민주 평화론

냉전의 종식은 오히려 제3세계 국가들에서, 그리고 냉전의 유산으로 해체된 국가들에서 무력 갈등을 낳고 있다. 그러나 이러한 현상에도 불구하고 강대국끼리의 갈등은 없으며, 이것이 탈냉전시대의 민주 국가간에는 전쟁이 없다는 명제를 주장하게 만들고 있다. 칸트의 자유주의를 수용하면서 도일은 자유민주주의 국가들은 평화적이며 그들 사이에 전쟁은 일어나지 않는다고 주장한다.[32] 도일의 명제가 최근 '민주 평화론democratic peace theory'으로 명명되면서 과연 탈냉전시대는 적어도 민주주의 국가들 사이에는 전쟁이 없는 시대가 될 것인가 하는 논쟁이 계속되고 있다. 민주주의 국가들 사이의 평화는 하나의 법칙이라는 주장이 있는가 하면 역사적인 사실을 살펴볼 때 그러한 명제는 신화라고 비판하는 주장이 대두된다.[33]

새뮤엘 헌팅턴의 문명의 충돌

민주평화론과는 정반대의 주장이 바로 헌팅턴의 '문명의 충돌론the clash of civilizations'이라 할 수 있다.[34] 헌팅턴은 새로운 세계의 갈등의 근본적인 원인은 이념이나 경제적인 것이 아닌 문화적인 것으로 보았다. 국제정치의 주요 갈등은 서로 다른 문명국 또는 문명 그룹 간에 발생한다는 것이다. 즉 문명의 충돌이 국제정치를 지배한다는 것이다. 문명의 갈등을 근세에서 갈등발전의 마지막 단계로 보면서 헌팅턴은 지난 몇백 년간의 갈등은 서구문명 내의 갈등이었으나 탈냉

전시대의 국제정치는 서구 대 비서구문명 간, 그리고 비서구문명 사이에 이루어질 것으로 보았다.[35]

헌팅턴은 토인비가 지적한 21개의 문명 중에 오로지 6개 문명만 현대에 존재하고 있다고 보면서 그 자신은 미래의 세계가 서구문명, 유교문명, 일본문명, 이슬람문명, 힌두문명, 정통 슬라브문명, 라틴아메리카문명, 그리고 어쩌면 아프리카문명 등 일곱 내지 여덟의 주요 문명 사이의 상호작용으로 형성될 것으로 보고 있다.[36]

헌팅턴은 문명의 충돌의 원인으로 다음의 몇 가지를 지적한다. 첫째, 문명의 차이는 인간 역사의 수세기 동안의 산물로서 정치사상과 정치체제의 차이보다 훨씬 기본적이며 현실적인 것으로 이러한 차이가 반드시 갈등으로 이어지지는 않지만 가장 오래되고 지속적인 갈등을 형성시켜 왔다. 둘째, 문명 간의 접촉의 증가는 문명의식의 강화와 문명 간의 차이의 인식 및 문명 내의 공통점을 강화시켜 줌으로써 문명의식을 고양시켜 역사 속에 깊게 박힌 차이점과 적대감을 확산시킨다. 셋째, 경제적 근대화와 전 세계의 사회적 변화과정이 사람들이 오랫동안 지역에 일체감을 느끼던 것으로부터 분리시켜 그 자리를 종교가 메우고 있다. 종교의 재부흥이 국경을 초월하고 문명을 단결시키는 일체감의 근거를 제공한다. 넷째, 문명의식의 성장으로 힘의 정상에 있는 서구는 비서구적인 방법으로 세계를 제도하려는 욕망, 의지, 자원을 가진 비서구와 대결하게 된다. 다섯째, 문화적 특성과 차이는 정치적, 경제적 특성이나 차이보다 변화하기 어렵기 때문에 쉽게 타협이나 해결이 되지 않는다. 계급갈등이나 이데올로기 갈등에서는 사람이 그것을 선택하고 따라서 변화가 가능하나 문명에서는 그것이 가능하지 않다. 마지막으로 경제적 지역주의가 증가하고 이것이 문명의식을 증가시킬 것이며 역으로 공통된 문명에 뿌리를 가졌을 때 경제적 지역주의는 성공한다.[37]

헌팅턴은 문명의 충돌이 두 가지 수준에서 일어난다고 보았다. 하나는 미시적 수준으로, 영토 문제로 인한 문명 간의 접점지역에서 발생한다. 다른 하나는 거시적 수준으로, 문명이 다른 국가들이 군사력, 경제력의 경쟁, 국제제도의 통제를 놓고 벌이는 투쟁, 그리고 그들의 특정한 정치·종교적 가치를 증진시키기 위해 일어난다. 이러한 서구 대 비서구로 구도화되는 문명의 충돌 시대에 서구는 어떻게 해야 하는가에 대해 헌팅턴은 단기와 장기의 두 가지 대안적 제안을 하고 있다.[38]

단기적으로는 서구문화와 가까운 문화를 가진 동구와 라틴아메리카 제국들을 서구사회로 통합시키고 러시아와 일본과의 협력관계를 증진시킨다. 국지적 문명 간 갈등이 주요한 문명의 갈등으로 비화되는 것을 방지한다. 그리고 유교와 이슬람권의 국가들의 군사력 팽창을 제한시키고 이들 사이의 갈등과 차이를 이용하고 서구의 가치와 이해가 확산되도록 노력해야 한다는 것이다. 장기적으로는 다른 조치가 요구되는데 서구는 서구화와 현대화를 동시에 이루었음에 비해 비서구문명은 현대화만을 이루어 그들의 전통적 문화와 가치에 이를 접목시키려 하므로, 서구는 이러한 비서구문명과 조화를 이루도록 노력해야 한다는 것이다. 한편으로는 이것이 서구가 자신의 문명과 관련하여 그들의 이익을 지키기 위해 필요한 경제력과 군사력을 키워야 하는 이유이다. 향후의 세계는 보편적인 문명의 도래 대신

에 문명이 혼재하는 세계가 될 것이므로 서로 공통의 요소를 찾기 위해 노력해야 된다고 보고 있다.[39]

헌팅턴의 '문명의 충돌'은 그야말로 1993년의 지적 유행어가 되었다. 그의 주장이 탈냉전의 대변화의 시기에 지성계와 충돌을 한 것이다. 그가 다룬 주제의 무게와 범위로 인해 전 세계의 다른 문명권에서, 그리고 국제질서를 다른 각도에서 보는 많은 학자들로부터 비판이 쏟아져 나왔다. 문명이 역사의 주역이 아니라 국가가 역사의 주역이며 국가가 문명을 지배할 것이라는 주장, 미래의 세계에 대해 보다 낙관적인 자유주의가 더 적실성이 있을 것이라는 견해, 그리고 그의 문명의 분류에 대한 의문, 그리고 서구화 없는 근대화가 바로 헌팅턴이 얘기하던 것이며 끝없는 근대화의 과정을 겪으면서 한편으로 전통을 보전하는 것이 바로 다원적 세계이며 그것이 더욱 필요하다는 견해 등이다.[40] 또한 진정한 문명의 충돌은 서구문명과 나머지 문명 사이가 아니라 서구 자체, 특히 미국 자체에서 일어나고 있다는 주장도 있다. 즉 미국 내의 서구문명과, 다문화적 운동과 여성운동이 합쳐진 대연합 사이의 충돌, 즉 서구문명과 탈서구문명post-Western civilizations사이의 충돌이 진정으로 일어나는 충돌이라는 관점이다.[41]

이러한 비판에 대해서 헌팅턴은 "문명이 아니면 그럼 뭐란 말이냐?"[42]라며 항변하고 있다. 탈냉전시대를 꿰뚫어 보는 패러다임으로서 문명적 시각을 대체하는 것이 있느냐는 자신에 찬 선언을 하였다. 여기서 우리는 그에 대한 적절한 대답을 잠시 유보한다. 이미 그에 대한 해답은 여러 가지로 나와 있으며, 국가, 종교, 이데올로기, 또는 인간성 그 자체 등 많은 것이 제시되어 있다. 문명적 시각은 기실 그의 독창적인 것은 아니다. 여기서 우리가 제기해 보는 것은 왜 '문명'이냐 하는 것보다 왜 문명의 '충돌'이냐 하는 것이다. 어째서 문명의 '화해'는 아닌가 하는 것이다. 문명의 충돌론에서는 평화를 찾아볼 수 없다. 현실주의자들은 적어도 '세력균형'이라는 강력한 무기를 가지고 있다. 세력균형은 비관적이기는 하지만 평화를 낳을 수 있다고 본다. 헌팅턴에게는 그마저도 없다. 문명의 충돌론에는 평화와 안정이라는 개념이 없다. 헌팅턴은 그의 글 말미에 문명 간의 조화를 한마디 언급했으나 그것은 서구문명이 노력해야 한다는 규범적 의미로 말한 것일 뿐이다. 따라서 문명 간에는 구조적 평화와 안정은 없고 다만 전략적 연대가 있을 뿐이다. 그가 지적하듯이 문명의 충돌이 역사발전의 마지막 단계라면 결국 문명의 충돌이 갈등의 끝이며 그것은 인류가 하나의 보편적 문명으로 통합되든지 아니면 자멸할 수밖에 없게 된다. 이것은 아이러니컬하게도 그가 극단적 종언론이라 비판했던 후쿠야마의 입장과 비슷하게 된다.[43] 그러나 후쿠야마의 역사의 종언론은 적어도 희망적이며 낙관적이다. 문명의 충돌론은 보편적 문명의 도래로 이어질 때만 (그 과정은 접어두고라도) 세계 역사는 발전을 종언한다. 그러나 그 반대의 방향일 경우, 문명의 충돌은 인류의 종언이 된다. 그는 비관론에서 보면 극단적 현실주의자인 것 같으나 국가 대신 문명을 말함으로써 현실주의자가 못 되며, 초국가 이상의 문명을 말함으로써 극단적 자유주의자 같으나 평화 대신 갈등을 말함으로써 자유주의자도 못 된다. 그는 그래서 비현실주의자이며 비자유주의자가 되고 말았다.

5_ 세계화 : 커뮤니케이션의 혁명과 기술의 상호의존

문명의 충돌과 어쩌면 가장 대비되는 생각이 세계화 또는 지구화가 아닌가 한다. 인류가 보편적 이념과 가치로서 인류의 안녕과 평화를 위해 공유할 수 있는 그 어떤 것이 있다면 그러한 것이 세계에 확산이 되도록 하는 것이 세계화라 할 수 있다. 그렇다면 세계화가 목적으로 하는 것은 국가나 문화나 문명을 넘어선 인류가 공유할 수 있는 어떤 공통적인 것이며 그럴 때 이것은 헌팅턴의 생각과는 정반대가 된다. 헌팅턴은 문명 간의 접촉은 문명 내의 단합과 문명의 차이를 분명히 함으로써 오히려 문명의 차이를 불러일으킨다고 보았다. 그러나 헌팅턴의 명제는 문명 간의 어떠한 접촉이냐를 간과한 데서 나오는 것이다. 문명 간의 접촉이 인류의 보편적 가치가 확산되는 보편적 매체를 통해서 이루어질 때, 이것은 문명의 차이를 확인시키기보다는 문명의 차이를 좁히는 역할을 하기 때문에 충돌이 아닌 이해를 높이게 된다. 이런 의미에서 보면 세계화의 논의는 그 목적 못지않게 수단의 논의도 매우 중요하다. 즉, 무엇이 세계화를 촉진시키느냐 하는 것이다. 여기서는 커뮤니케이션과 기술이 세계화의 수단이 된다고 할 수 있다.

맥루한의 '지구촌the global village'이라는 수식어에 걸맞게 20세기 후반은 그야말로 세계가 지구촌이 되어 가고 있다.[44] 정보통신, 특히 텔레비전의 발달과 보급은 세계의 뉴스를 현장 그대로 생생하게 전달함으로써 상호 문화와 풍습, 언어, 종교가 다른 '문명권'을 연결하고 있는 것이다. 테드 터너Ted Turner에 의해 창립된 CNNthe Cable News Network은 커뮤니케이션의 세계화의 전형을 보여 주는 좋은 예이다. 1989년 중국의 천안문광장에서 무엇이 일어났는지를, 걸프전에서 현대의 전쟁이 어떤 것이라는 것을, 그리고 소말리아에서, 르완다에서, 보스니아에서 CNN은 전 세계인들에게 같은 메시지를 전달하였다. 정보기술의 발전도 괄목할 만한 것인데 컴퓨터는 이미 우리 생활의 일부분이 되고 있고 지구 곳곳을 실시간으로 연결한다. 정보의 저장과 전달의 속도가 상상을 할 수 없을 정도가 되었다.

문제는 국제정치에서 이러한 정보와 기술혁명의 의미가 무엇인가 하는 것이다. 정보와 기술의 발달 그 자체로는 아무런 의미가 없다. 그것이 국제정치에 어떤 식으로든지 영향을 끼칠 때 의미가 생긴다. 지금까지는 국제정치에 미치는 정보화의 영향에 대해 깊은 논의가 별로 없었다. 국제정치의 가장 본질적인 문제인 전쟁과 평화의 문제에 대하여 정보가 어떠한 연관을 갖느냐가 초점이 된다.

여기서 하나의 명제가 있다면 그것은 국제적인 커뮤니케이션의 확산이 민주주의를 고양시키고 국제평화에 이바지한다는 것이다. 즉 커뮤니케이션과 민주주의, 그리고 국제평화 사이에 상관관계가 있다는 것이다. 지금까지 민주주의와 국제평화가 상관관계가 있다는 것에 대해서는 우리가 앞의 민주 평화론에서 보았듯이 많은 논의가 있어 왔다. 그러나 커뮤니케이션이 민주주의와 국제평화를 진작시킨다는 명제는 그럴듯하면서도 이론적, 경험적 분석이 사실상 거의 없었다.

커뮤니케이션의 혁명

커뮤니케이션communication이란 용어는 라틴어의 'communis'에서 유래한 말로 '나눔' 또는 '함께함sharing'의 뜻을 가지고 있다. 그러므로 '공동체community'와는 같은 어원을 가지고 있으며 사상, 지식, 정보 등의 교환, 전달, 또는 알리는 것을 말한다.[45] 따라서 정보information는 커뮤니케이션의 원소재가 되는 것이다.

커뮤니케이션이 하나의 과정이라고 볼 때 중요한 것은 어떠한 것이 커뮤니케이션 되느냐가 매우 중요하다. 국제적인 커뮤니케이션의 세계화가 세계의 민주주의를 고양시키고 국제평화에 기여한다는 명제는 따라서 국제적 커뮤니케이션이 인류의 보편적인 사상과 질서를 바탕으로 하여 그러한 것을 전파할 때만 기능할 것이다. 우리는 국제적 커뮤니케이션이 금세기에, 특히 20세기 말에 와서 대단히 활발하게 되고 그것으로써 세계화에 한발 앞서게 되었다는 사실에는 수긍을 하지만, 그것이 반드시 국제평화에 이바지하는 방향 쪽으로 역할을 하고 있느냐에 대해서는 의문이 생기게 된다. 즉 고도의 커뮤니케이션을 통해서 저질의 정보가 흐를 위험성이 있기 때문이다.

웅거Ungar는 언론의 자유가 시장경제와 자유를 촉진시키는 미국 외교정책의 목적과 부합되고 다른 국가들의 민주주의를 고양시키며 미국의 민주주의를 다른 나라에 전이시킬 것이며 결국 국제평화를 증진시킨다고 보았다.[46] 그러나 국제 커뮤니케이션의 혁명이 바로 국제평화를 고양시키지는 않을 위험도 있다. 즉 핵의 경우는 국가가 그의 사용을 철저히 통제하고 국제적인 협약에 따라 공동선을 추구하는 방향으로 나가게 하는 반면, 국제 커뮤니케이션은 국가가 아닌 상업조직의 손에서 움직이기 때문에 반드시 국제평화를 고양하는 방향으로 움직이지만은 않는다는 주장도 있다.

예를 들어 국제 커뮤니케이션이 국제평화를 고양시키는 대신에 한 국가의 국내정치를 불안정하게 하며 시민불복종을 조장하기도 하고 민주적으로 선출된 정부를 넘어뜨리게도 한다. 또한 미 상원의 한 보고서는 미국의 미디어가 종종 외국에서 미 CIA를 위해 고의적으로 정보를 수집하고 국내정치를 조정하였다고 밝힌 적도 있다.[47] 국제적 커뮤니케이션은 그 자체로 공적 외교를 수행하기도 한다. 영국의 BBC는 전 세계에 영어와 36개의 언어로 일주일에 735시간을 방송하며 '미국의 소리' 방송은 일주일에 1,200시간의 방송을 40개 언어로 하고 있다. 그리고 무엇보다도 세계적인 커뮤니케이션 매체의 소유가 일부 국가에 한정되어 있는 것도 문제로 지적된다. 그래서 수정주의자들은 CNN이 세계의 대화를 가능케 하는 챔피언이 아니라 단지 미국의 프리즘을 통해 세계를 보게 하는 세계적 사명을 띤 미국의 채널이라는 비판도 제기한다.[48]

커뮤니케이션의 혁명으로 세계는 훨씬 가까워진 것은 사실이다. 그러므로 세계는 좀 더 서로 가까운 지구촌이 되어 가고 있다. 그러나 커뮤니케이션의 '부익부 빈익빈'의 현상도 여전히 존재하고 있다. 민주주의와 시장경제가 지배하는 세계의 한 구석은 풍성한 커뮤니케이션의 혜택으로 더욱 가까워지고, 반대로 인종적 갈등, 빈곤에 허덕이는 다른 한편의 지구촌은 커뮤니케이션의 지구화에 아랑곳하지 않고 다른 세계로 떨어져 있다. 탈냉전의 세계는 적어도 이데올로기의 투쟁이 과거보다 훨씬 사라진 세계라는 점에서 커뮤니케이션의 혁명이 보다 세계평화에 긍정적인 역할을 하리라 기대되면서도 우리가 수사적으로 이야기하는 지구촌은 만들지 못할 것으로 보인다.

기술이전을 통한 기술의 상호의존 증가 또한 탈냉전 시대의 특징 중의 하나이다. 최근 기술이전을 통한 국제경제적 협력은 매우 놀랄 만큼 진전되어 미국과 유럽국가는 물론 미국과 아시아국가들 사이에도 매우 활발하다. 가장 첨단산업인 항공산업을 예로 들어 보자. 미국의 맥도널 더글러스 항공사는 기술이전을 통해 질과 가격과 시장접근을 가장 훌륭하게 성공시키고 있는 대표적인 사례라고 할 수 있다. 더글러스사는 중국과 함께 35대의 수송기를 중국에서 조립하여 최근 상해에 인도했으며 MD-80의 기수 부분은 중국의 청도항공에서 제작되고 있다. 상해항공도 더글러스사의 부품들을 생산해 내고 있다. 일본은 이미 MD-11, MD-80의 주요 부품들을 생산해 내고 있고 다른 아시아 국가들 한국, 싱가포르, 대만 등도 부품생산에 참여하고 있다.[49]

기술의 국제정치학

미국의 록히드는 일본과 공동개발을 하고 있는 차세대 전투기FSX의 첨단 날개 제작을 얼마 전에 마쳤으며 일본의 미쓰비시에서 최종 조립되는 FSX 전투기가 내년이면 선보이게 될 것이다. 가장 보수적인 정책을 펴는 보잉 항공사도 주요 부품은 자체에서 생산하지만 많은 부분을 해외에 의존하고 있다. 보잉 777과 757의 주요 부분들이 한국, 싱가포르, 대만, 인도에서 만들어지고 있다. 일본은 보잉의 747수송기를 60년대부터 부품생산을 해왔으며 이제는 보잉 777의 지분의

20%를 일본의 3대 중공업회사인 미쓰비시, 가와사키, 후지 중공업이 컨소시엄으로 소유하고 있다.[50]

기술 이전을 통한 이러한 상호의존의 증가 뒤에는 그러나 치열한 기술 경쟁과 그로부터 오는 갈등이 내재되어 있음을 간과해서는 안 된다. 특히 기술의 갈등에는 지금까지 기술의 헤게모니를 장악해 왔던 미국과 그를 바짝 쫓아가는 일본 사이의 경쟁이 핵심적인 요소가 되고 있다. 미국의 기술·헤게모니의 종식을 보는 견해 가운데 첨단기술의 보편화가 냉전의 산물이며 그것으로서 미국은 기술 헤게모니를 잃었다는 흥미로운 주장이 있다. 즉 냉전시대의 미국의 전략은 동맹을 기초로 한 대소 봉쇄정책이었으며 이 전략은 서방의 방위력 증강을 위해 동맹국들과 공동생산 등을 통한 군사기술의 이전이라는 결과를 낳음으로써 아이러니컬하게도 미국의 기술의 독점을 완화시키는 데 일조했다는 것이다. 일본을 비롯한 미국의 동맹국들이 미국의 기술을 이전받았고 더구나 양질의 독자기술을 개발할 수 있게 되었다는 것이다. 그것의 결과는 미국이 헤게모니의 두 요소, 즉 기술의 우위superiority와 자립autonomy을 모두 잃은 것이다.[51]

여기에 미국은 전통적인 자유주의적 정책을 견지하여 정부의 민간 부문에 대한 개입을 극히 억제함으로써 기술혁신에 대한 정부의 더 많은 지원과 개입을 유도할 수 없었다. 또한 역대 미국의 지도자들은 경제에 대한 국가개입에 대해 의구심을 가지고 있었으며 오히려 시장의 원칙을 통해 효율성을 높임으로써 문제를 해결할 수 있다고 보았다.[52]

이에 반해 일본은 '기술국가주의technonationalism'에 바탕을 둔 정책을 폄으로써 기술향상을 통한 경제번영의 길로 갈 수 있었다. 즉 전전戰前에는 '군사적 기술주의'로 그리고 전후에는 '상업적 국가주의'를 지속시켰다. 전후의 일본의 상업적 기술주의는 국가의 민간 부문에 대한 개입을 극도로 자제하는 미국의 경우와는 달리 국가와 민간의 유기적인 결합을 통해 산업발전을 성공시켰다.[53] 이의 결과로 미국과 일본의 기술격차는 나날이 줄어들고 산업의 몇몇 부문에서는 기술역전현상이 실제로 나타나고 있다. 이것은 필연적으로 국가 간의 갈등을 불러일으키는 요인이 된다.

미국의 기술 헤게모니 종식과 탈냉전의 세계는, 기술이전을 통한 기술의 상호이전이 증가하는 '기술의 세계화'가 실현되기 시작하는 시기이면서도 그 내용은 냉전시대보다 오히려 더 갈등적이다. 탈냉전에서 미국이 이겼다는 시각과 탈냉전에서 이긴 것은 바로 일본이다는 시각이 공존하는 것이 현재이기도 하다. 수정주의자 존슨Johnson은 냉전에서 미국은 이겼으나 미국은 결국 일본과의 경제전쟁에서 패배하였기 때문에 진정한 승리자는 일본이며 다음 세기는 일본이 세계 경제를 주름잡는 일본 헤게모니 시대가 만개할 것이라고 주장하였다.[54]

이러한 기술의 국제정치학이 말하는 바는 무엇인가? 결국 국가와 문화와 이데올로기를 넘어선 기술 같은 그 어떤 것, 그것을 통해서 현대화를 이루고 세계는 좀 더 보편화, 지구화할 수 있다고 믿는 가장 중요한 언저리에 '국가'가 있는 것이다. 그리고 헤게모니 싸움이 있는 것이다.

6_ 선택의 기로에 선 국가들

다시 국가로 돌아오자. 탈냉전의 평화와 갈등의 순간에서 그 선택은 국가들에게 달려 있다. 국가들 중에서도 미국이, 그리고 러시아, 일본, 중국, 유럽의 국가들이, 과거에 그들이 역사를 바꿔 놓았듯이 미래의 세계를 만드는 주역이 되고 있다. 이들 국가들은 그러나 과거와 똑같은 모습으로 세계정치의 전면에 나타나고 있지 않다. 어떤 국가는 과거보다 훨씬 허약한 모습이 되어 있고 어떤 국가는 새로운 도약을 위해 비상飛翔하기 시작하고, 어떤 국가는 침몰하고 있다. 그들도 선택의 기로에 서 있지만 이들의 선택이 미래의 국제평화의 밑그림이 될 것이기 때문에 국제질서의 앞날은 과거처럼 다시 운명적으로 이들의 선택 앞에 놓여 있다.

헤게모니의 부상

미국은 지금 헤게모니냐 아니냐는 선택보다는 어떠한 비非헤게모니냐의 선택으로 고심하고 있는 것 같다. 헤게모니의 요체는 군사력, 경제력, 그리고 의지인데 이 중에서 미국은 군사력 외에는 경제력도 충분치 않고 그 의지도 약해져 가고 있다. 미국 행정부 자체가 미국은 더 이상 초강대국으로서의 전략적 선택을 하지 않겠다고 공언한 바 있다. 물론 아직도 일각에서는 미국이 헤게모니이며 그에 걸맞은 우월전략을 구사해야 한다는 주장도 끊임없이 나오고 있다.[55] 그러나 탈냉전의 시대에 미국은 군사적으로는 여전히 초강대국이나 경제력에서는 아니고, 일본과 독일이 군사적으로는 아니나 경제적으로는 이미 미국에 필적할 만큼 경제 강국으로 컸기 때문에 머지않은 시기에 초강대국으로 등장할 것이므로 이들로부터 '전략적 독립'을 통해서 세계를 경영해 나가야 한다는 주장이 더욱 설득력 있게 들린다.[56] 그러나 전략적 독립은 그야말로 상대적 개념이다. 과연 일본과 독일이 미국의 의도대로 움직여 주는 그런 상대로 계속 남을 것인지가 문제이다. 사실상 그들은 이미 미국이 통제할 수 없을 정도로 커지고 있기 때문이다. 미국이 삼각형의 정점에 있고 나머지 두 점에 일본과 독일이 위치해 지지자支持者의 형태로 있는 그런 전략적 상호의존을 그리고 있다면 그것은 환상이 될 수도 있다. 어쨌든 미국은 지금 흔들리고 있다. 확고한 전략적 방향이 없이 방황하는 흔적이 역력하다. 냉전 후 미국이 봉쇄정책을 국가안보의 축으로 정하고 냉전시대를 제도한 것이 지금에서 보면 운運이었다고 할 수 있을 정도로 미국은 지금 대전략의 부재 속에 있다.

미국과는 달리 일본은 부상하고 있다. 50여 년의 미소 속의 와신상담의 결과이다. 일본이 지금 겪는 정치적 불안정은 정치후퇴나 갈등으로 귀결되는 진통은 아니다. 오히려 미래의 강국을 기약할 수 있는, 성인이 되기 위한 홍역이다. 일본 국민의 대다수가 지금 일어나고 있는 일본의 정치변혁을 우려의 눈으로 쳐다보고 있지 않다는 것이 일본의 국내정치의 미래가 낙관적임을 보여준다. 일본은 국내정치의 리엔지니어링을 통해서 많은 것을 바꿔 낼 것이다. 금권정치, 정당체제, 선거구제 등에서 일본은 대개혁이 일어나고 구구조舊構造의 허물에서 벗어나고 있다. 더욱이 일본의 지도자의 세대교체가 일어나고 있다. 이러한 일본의 구조변화는 구조의 내용물인 규범의 변화를 불러올 것이다.[57] 이 두 가지의 변화로 일본은 다시 태어나고 새로운 일본은 과거와는 달라진 외교, 안보정책을 추구할 가능성이 크다. 일본이 새로운 세계에서 어떤 역할을 해야 하느냐 하는 논의는 일본의 정치 개혁이 시작되기 전인 탈냉전의 초기부터 제기된 것이나 이제 그런 질문은 더욱 현실성을 가지게 된 것이다. 후나바시의 '세계적 시민세력global civilian power'의 개념이나 조셉 나이의 세계적 정치적 역할은 서로 유사한 생각으로서, 일본이 향후의 국제사회에서 군사적 대국이 아닌 경제 대국으로서 정치적 역할을 증대시키는 것을 의미한다.[58] 그러나 그와 정반대로 일본이 머지않아 군사적인 측면을 포함하는 실질적인 강대국으로 출현하게 되리라 전망하는 시각도 있다.[59]

중국은?

중국은 지금 제4의 혁명을 시작하고 있다. 이 혁명은 특히 경제부문에서 두드러지게 나타난다. 소유와 생산, 투자 등에서 중국은 시장경제를 지향함으로써 사회주의적 시장경제의 독특한 패턴을 성공시키고 있다. 정책 결정 구조와 과정에서의 지방분권화도 상당한 수준으로 이루어지고 있으며 과거 이데올로기에서 찾던 정통성의 준거를 높은 생활 수준 및 민족주의에서 찾고 있다. 따라서 중국인에 깊이 뿌리박힌 인식과 사회조직의 패턴에서 재조정이 이루어지고 있고 무엇보다도 중국은 전대미문의 세계로의 개방을 시도하고 있다.[60] 중국이 당면하고 있는 문제는 따라서 과연 사회주의적 시장경제가 안정적 균형 잡힌 경제성장을 이룩해 낼 수 있는지, 덩샤오핑 사후 정치지도자의 세대교체를 순조롭게 해낼 수 있는지, 그와 동시에 중국의 분할과 같은 국내적 불안정을 방지할 수 있는지, 그리고 무엇보다도 공산당 일당에 의해 지배되는 정치체제가 이처럼 변화하는 중국을 효과적으로 통치할 수 있는지 등의 문제들이다. 대외적으로는 홍콩과 대만을 어떻게 다뤄야 하며 아시아에서 중국의 위치를 어떻게 정할 것이냐가 중요한 문제이다. 그리고 무엇보다 중요한 것은 탈냉전의 국제질서에서 중국의 세계적 역할을 어떻게 규정하느냐 하는 것이다.[61]

단기적으로 중국은 당면한 국내문제 때문에 획기적인 정책적 전환을 시도하지는 않겠지만 안정된 패턴으로 들어가기 시작하면 세계로의 운신을 시도할 것이다. 중국은 거의 한 세기를 넘겨서야 세계로 도약할 수 있는 기틀을 마련했으며 잠재력으로 보아서는 오히려 일본보다 빨리 헤게모니 국가로 진입하게 될 가능성도 있다. 그래서 지금 중국이 진전시키고 있는 군사력 증강은 잘못된 시나리오로 전개될 경우 무엇보다 일본을 자극하고 결과적으로 아시아의 안보를 위협할 가능성이 있다.[62] 잠재적 라이벌로서 중국과 일본의 물밑 싸움은 이미 시작되었다.

러시아와 유럽은 매우 대조적인 모습으로 서 있다. 러시아는 분열의 상징으로 유럽은 통합의 상징으로 남아 있는 것이다. 경제적 후진에서 어디로 가느냐의 명제가 러시아에게 지금 가장 적절한 비유일 것 같다. 러시아의 경제적 후진은 독재적 정권의 출현을 가져올 수도 있고 전쟁의 원인이 될 수도 있다. 헤게모니에서 몰락한 제국, 그리고 경제적 후진에서 기대할 수 있는 것은 무엇일까? 러시아의 대전환의 기저에서 엿볼 수 있는 것은 이제 변화가 시작되었다는 사실뿐이다. 그러므로 러시아와 미국의, 러시아와 세계의 허니문이 좀 더 오래 지속되기를, 러시아의 국내정치 변화가 민주정체를 향해 좀 더 안정적으로 변화하기를 그저 바랄 뿐, 그럼으로써 러시아가 적어도 새로운 세계질서를 모색하려는 국가들의 노력을 방해하지 말아주기를 바라는 정도가 우리가 기대하는 최대치라면 너무 지나친 것일까?

유럽 통합의 미래

이에 반해 유럽은 통합의 대로를 달리고 있다. 서유럽은 비슷한 수준의 경제적 선진과 민주주의로 그 자체가 하나의 소세계小世界이다. 그러나 유럽통합의 장래가 유럽합중국을 꿈꾸듯 그렇게 장밋빛만은 아닌 것 같다. 다음 세기를, 정치적 동맹은 차지하고라도 단일통화를 통한 경제동맹으로서의 유럽으로라도 출발할 수 있게 된다면 그것도 놀랄 만한 진전으로 비쳐지는, 과히 낙관적이지 않는 마스트리히트 조약의 장래에 관한 전망도 제기된다.[63] 그리고 서유럽의 고민은 유럽에 호전적인 러시아의 부활의 가능성, 냉전시대보다 더 높아진 동유럽에서의 전쟁의 가능성, 그리고 현재로서는 가능성이 적으나 이러한 사태의 전개가 가져올 서유럽 국가끼리의 갈등의 가능성 등에서 온다. 어떤 유럽이어야 하고 어떤 전략이어야 하는가에 대해서 많은 이론異論이 있지만 일부는 나토가 여전히 유럽의 안보를 위해서 존속해야 한다고 주장한다.[64] 이것은 미국과의 안보, 전략적 유대가 미래의 유럽에도 중심축으로 작용해야 한다는 것이다.

이제 결론을 말하자. 이론적으로 보면 탈냉전의 변화를 예견하지 못했다고 해서 현실주의의 실패라고 규정하는 것은 너무 단정적이다. 그리고 더구나 그것이 자유주의의 승리는 아니니다. 새로운 세계질서를 바라보는 패러다임으로서의 현실주의와 자유주의는 그저 잠시 수정을 필요로 하고 있을 뿐이다. 국제체제는 여전히 갈등과 평화의 눈으로 볼 수밖에 없고 그래서 50년 전과 똑같이 자유주의적, 이상주의적 사고가 세계평화를 지향함으로써 세계에 낙관과 희망을 주었고, 그리고 냉정한 힘의 정치의 세계를 직시하는 현실주의가 갈등을, 갈등 속의 평화를 보여주었던 것처럼, 또다시 미래도 이와 같은 '경쟁하는 패러다임'의 행진은 계속될 것이다. 자유주의가 잠시 우리의 관심을 끌지만 영원한 승리는 아니며 현실주의가 잠시 그 적용성을 잃었으나 죽거나 사라지지 않았다.

전쟁과 평화라는 뗄 수 없는 패러독스를 가진 국제체제에서 국가는 여전히 주요한 행위자로서 흥망성쇠를 계속하게 된다. 이데올로기와 문명을 통해서 역사를 보는 것은 역사의 진단법의 영역을 넓힘으로써 우리에게 혜안을 제시해 주는 것은 틀림이 없으나 국가 없는 이데올로기나 문명을 말하기에는 국가가 아직은 너무도 중요한 것이다. 따라서 커뮤니케이션의 혁명 시대, 기술의 상호의존을 통한 세계화 시대에서도 결국은 국가 간의 갈등과 타협의 이중적 구조를 발견하게 된다. 그래서 새로 형성되는 국제질서, 안보질서에서 무엇보다도 국가들의 선택이 중요한 것이다.

키신저는 그의 저서 말미에 평화, 안정, 진보 그리고 인간의 자유

등 윌슨주의적 이상은 끝없는 (역사의) 여정에서 찾아야 할 것이라고 말했다. 그리고 에스파냐의 속담을 인용하면서 다음과 같이 글을 맺었다. "여행자여, 길은 없다. 길은 걸으면서 만들어지는 것이다."[65] 오늘날, 역사를 보면서 다시 한번 생각해 볼 말이다.

후기

20세기 말의 담론과 21세기 국제정치

90년대 초반을 달궜던 담론들은 4반세기가 지난 지금 어떻게 되었을까? 21세기 국제정치는 여전히 후쿠야마가 지적했던 것처럼 자유주의의 승리로 기록하고 있을까? 헌팅턴이 지적했던 것처럼 문명의 충돌이 국제정치의 본질적 모습으로 다가왔을까? 그리고 많은 학자들이 지적한 것처럼 세계화의 확산이 21세기 국제사회의 모습을 바꿔 놓았을까?

먼저 《역사의 종언》 이후의 후쿠야마의 지적 편력과 사상적 변신은 그야말로 놀라울 정도라고 할 수 있다. 그는 역사에 대한 철학적 해석을 시작으로 해서 1995년에는 경제에 대한 사회, 문화적 뿌리가 중요함을 설파한 저서 《신뢰Trust》를 집필했고,[66] 1999년에 현대사회의 기술의 진보로 인한 사회질서의 붕괴 현상을 다룬 《대붕괴The Great Disruption》를 출간하였다.[67] 여기에 그치지 않고 후쿠야마 교수는 2004년 그가 몸 담았던 조지 메이슨 대학에서 비교정치학의 대가인 립셋 교수Lipset와 함께 강의한 것을 바탕으로 강한 국가의 조건을 역설한《국가건설State Building》을 집필하였다.[68] 2006년에는 미국의 신보수주의 역사를 다루면서 그것을 지지하고 또 비판한《기로의 미국America at the Crossroads》을 출간하였다.[69]

후쿠야마는 최근에 정치질서에 천착하면서 2011년에는《정치질서의 근원The Origins of Political Order》, 2014년에는《정치질서와 정치부패Political Order and Political Decay》를 출간하였다.[70] 이 두 권의 정치질서 시리즈는 그가 첫 번째 책 서문에서 밝혔듯이 그의 스승이자 어쩌면 학문적 경쟁자였던 헌팅턴의 1968년의 역작《변화하는 사회의 정치질서Political Order in Changing Societies》에 영향받은 것이라 할 수 있다.[71] 후쿠야마는 헌팅턴의 멈춘 곳에서 시작했을 뿐 아니라 헌팅턴이 살피지 않는 현대정치체제 이전의 근원을 파헤치고자 한 것이다.

후쿠야마의 철학적 조명에 빛을 더하듯 한때 세계는 그의 예언처럼 민주화의 물결이 넘쳐 흘렀다. 동구유럽국가들의 민주화에 더불어 소위 '자스민 혁명'으로 불리는 제2의 민주화 물결이 중동과 북아프리카를 타고 넘었다. 많은 독재국가들이 붕괴되고 대신 민주화로의 전환을 시작하였다. 그러나 2019년의 세계는 어떠한 모습을 띠고 있을까? 메인워링과 비자로Mainwaring and Bizzaro의 최근 연구에 의하면 1974년에 시작된 민주화의 '제3의 물결' 이후 전 세계 91개의 새로운 민주주의 정권들이 각각 민주주의 붕괴, 침식, 정체, 또는 진전을 경험했다는 것이다. 구체적으로 이들 91개 정권 중 34개국은 민주정권 붕괴를, 2개 정권은 침식을, 28개국은 정체를 그리고 23개국은 진전을 경험했다는 것이다. 오로지 4개국만 처음부터 고도의 민주주의 상태를 지금까지 유지하고 있다는 것이다.[72] 이 4개국은 체코, 에스토니아, 리투아니아, 슬로베니아로 대부분 유럽에 위치하고 있는 국가들이다. 그러나 이들 국가를 포함하여 민주주의가 조금 증진된 경우인 루마니아와 슬로바키아나 정체되고 있는 불가리아, 크로아티아, 헝가리 등도 지금 심각한 민주주의의 위기를 겪고 있다. 이들의 위기는 첫째, 이들 민주주의가 처음부터 높은 수준의 민주주의로 출발했는지, 둘째, 지정학적으로 주변국가들이 민주주의 국가인지, 그리고 셋째, 경제성장을 이룩했는지가 중요한 요인으로 작용했다고 분석하고 있다.

오늘날 헝가리, 폴란드, 체코, 루마니아 등 주요 동구유럽국가들은 탈냉전 이후의 기대와는 달리 하나같이 민주주의 퇴조를 경험하고 있다. 이들 국가들의 민주주의 퇴조는 최근 나타나고 있는 동구유럽 국가들의 포퓰리즘의 결과이고 그 원인은 국가마다 약간씩 다르지만 하나의 공통적 현상은 지난 몇 년 동안 유럽을 뒤흔든 난민 사태가 가장 큰 원인이라고 할 수 있다. 역설적이게도 1989년 이후 이들 국가에서는 대규모 탈국가 현상이 이루어졌다. 그 결과 1989년부터 2017년 사이 라트비아는 인구의 23%, 불가리아는 21%를 잃었다. 지난 10년 사이 헝가리는 3%를 잃었다. 2016년 기준 영국에는 백만 명의 폴란드인이 살고 있다. 이러한 인구 엑소더스와 정반대로 이들 국가들은 격렬히 난민에 반대하고 있다. 이들 국가들이 청년들의 엑소더스의 결과로 노령화, 저출산에 더하여 이제 난민 유입의 공포가 더해지면서 포퓰리즘의 광풍이 불고 있는 것이다.[73]

따라서 후쿠야마가 탈냉전 직후 전망하였던 자유주의의 승리는 21세기 20년에 즈음하여서는 상당한 도전을 받고 있다. 중·동부 유럽국가들뿐만 아니라 서구 유럽국가들까지도 자유민주주의의 후퇴를 경험하고 있기 때문이다. 위에 언급한 중·동부 유럽국가들에 더하여 이탈리아까지도 포퓰리스트 정부가 출현하였다. 이탈리아의 이러한 정치변화는 경제적 어려움에서 오는 것이지만, 당장은 아니라 하더라도 이탈리아가 유로존에서 탈퇴하는 시나리오도 전혀 가능성이 없지는 않은 것으로 전망이 되고 있다.[74] 영국은 이미 브렉시트를 결정했으나 목도하는 바와 같이 엄청난 국내정치적 도전에 직면해 있다.

이 결과 탈냉전 이후 자유주의적 변화는 세 가지 전환을 맞이하고 있다. 민주주의는 포퓰리즘의 광풍에 직면하고 있고, 시장경제는 2008년 이후 전 세계적 경제위기에 맞닥뜨려있고, 유럽은 분열되고 있다.[75] 유럽 포퓰리즘의 상징인 헝가리의 빅터 올반 수상이 2017년 한 연설에서 유럽에서 많은 것들이 변했다고 하면서 "27년 전 여기 중부 유럽에서 우리는 유럽이 우리의 미래라고 믿었지만, 오늘날 우리는 우리가 유럽의 미래라고 믿는다"라고[76] 말했다는 사실이 오늘날 자유민주주의 (또는 그들이 주장하는 '비자유적 민주주의')의 적나라한 실상이지 않을까 한다.

이 모든 것들의 함의는 결국 무엇일까? 역사는 결국 어느 한 방향으로의 극단으로는 치닫지 않는다는 것이다. 완벽한 자유주의적 방향이나, 그와는 반대로 전체주의적 방향으로나, 또는 국가를 뛰어넘어 문명을 단위로 하면서 그것도 문명 간의 충돌로 가는 그러한 극단주의는 이 정도로 세계화가 진행된 국제사회에서는 실현될 수 없다. 미래로 가는 국제사회도 이와 같을 것이다.

제3장

민주평화가 대안인가?

"유럽의 대부분의 국가들 사이에는 적어도 1945년 이후에는 확실히 전쟁이 없었기 때문에 민주평화 이론의 설명력을 인정할 수 있을 것이다. 그러나 유럽에서의 불안정이나 전쟁의 가능성은 민주주의 국가군 내에서가 아니라 민주주의 국가들과 민주화 과정에 있는 국가들, 그리고 러시아와 러시아 연방에 속한 국가들과의 관계에서 오기 쉽다."

1_ 전쟁과 평화 사이

야누스의 얼굴의 유럽

유럽은 야누스의 얼굴을 가지고 있다. 세계 어느 지역보다도 민주주의, 번영, 평화가 보편적으로 실현되어 있는 곳이다. 그러나 또한 그 이면에는 어느 곳보다도 어두운 그림자가 드리워져 있는 곳이기도 하다. 금세기 전반 이전 백 년의 역사만을 살펴본다 할지라도 식민주의, 제국주의, 전체주의, 그리고 두 차례의 세계대전과 무엇보다도 참혹한 집단학살이 이루어지던 곳이다. 전쟁과 평화의 전혀 상반된 두 화상이 유럽의 전 역사에 극명하게 상호 교차하며 투영되고 있는 것이다.

유럽의 이러한 면모는 다음의 사실이 적나라하게 보여 준다. 1815년부터 1993년 사이의 국가 간의 전쟁[1]의 경우 전체 75개 전쟁에서 25개가 유럽에서 일어났다. 이 중 31개의 전쟁에서는 1개국 이상의 유럽국가가 어느 한편에 서서 전쟁을 치뤘으며 46개의 전쟁에서는 적어도 1개국이 참여했다. 1815년 이후 전쟁 사망자의 수는 총 3,100만 명이며 이 중 유럽이 개입한 31개의 전쟁에서 전체의 80퍼센트 정도인 2,500만 명이 사망했다.[2] 더욱이 금세기의 전쟁 역사상 가장 치열했던 두 번의 전쟁이 모두 유럽에서 일어났다.[3] 이 전쟁들은 전쟁에 동원된 군대의 수, 기간, 사상자 등을 종합해 볼 때 그야말로 최대의 전쟁이라 할 수 있다. 더구나 금세기에 국가에 의해서 저질러진 인민대량학살은 전쟁에 의한 살상을 능가하고 있으며 이 중 가장 극심했던 경우는 스탈린의 소련과 히틀러의 독일에 의한 것이다.[4]

유럽은 그러나 2차 세계대전 이후로 점차 세계 그 어떤 지역보다도 평화와 번영의 지역으로 변모되어 가고 있다. 전쟁의 폐허에서 복구의 삽을 들면서부터 새로운 이상주의의 실현을 위해 유럽의 국가들은 하나의 공동체를 생각하기 시작했고 그래서 잉태된 유럽통합의 이상은 좌절과 정체를 거듭하면서도 영글어 갔고 거의 반세기 만에 마스트리히트조약을 통해서 구체적으로 실현되고 있다.

유럽이 국제정치의 중심 무대로 오랫동안 인식되어 왔음은 물론 전쟁과 평화의 다양한 경험에 바탕을 둔 유럽의 역사와 다이나미즘은 국가 간의 관계의 본질을 규명하기 위한 작업에 귀중한 단초들을 제공해 주는 실험장으로써의 역할을 충실히 수행해 왔다고 할 수 있다. 탈냉전의 국제질서가 어떻게 전개되어 갈 것인가의 논쟁의 초점도 결국 유럽의 국제질서에 관한 논의에서 출발하고 있다. 최근 국제평화에 관해 주목을 받고 있는 담론 중의 하나가 '민주주의 국가끼리는 거의 전쟁을 하지 않는다'는 명제에 바탕을 둔 소위 '민주평화 이론Democratic Peace Theory'이다. 이 이론은 대략 1815년 이후의 세계 역사를 살펴보면 민주주의 국가끼리는 전쟁을 한 사례가 없고 특히 탈냉전 이후의 유럽에서의 민주주의의 확산은 결국 유럽에서의 영구평화를 기약하는 것이 아니냐는 생각을 깊게 담고 있다. 더 나아가 국제평화는 민주주의의 확산에 의해서 가능하므로 민주주의의 확산을 정책적 과제로 삼아야 한다는 매우 이론적이며 동시에 정책적 함의를 담고 있는 담론이라 할 수 있다.

2_민주평화와 전쟁

민주주의 국가끼리는 거의 전쟁을 하지 않는다는 명제를 지적한 도일의 주장이 제기된 이후[5] 활발하게 논의되기 시작한 민주평화 이론은 몇 가지 점에서 학계에서 주목을 받고 있다. 첫째는 탈냉전의 국제질서, 특히 평화의 현상을 설명하는 데 있어서 매우 유용한 담론이라는 점이다. 그간 현실주의라는 강력한 패러다임에 밀려 다소 설명력에 문제가 있어 보였던 자유주의 이론이 민주평화라는 논의로 새로운 생명력을 얻으며 현실주의의 벽에 도전하고 있는 것이다. 둘째는 이 이론이 특히 탈냉전의 유럽의 현실을 설명하는 데 매우 유용하다는 점이다. 서유럽은 이미 민주주의 국가로 전환되었고 많은 동유럽국가들도 민주화의 길을 걸으면서 이러한 추세라면 미래의 유럽은 민주주의 국가끼리는 전쟁을 하지 않은 매우 평화스러운 상태가 되지 않겠느냐는 생각이 밑바탕에 깔려 있다. 셋째는 이 이론의 정책적 함의로서, 미국의 대유럽 외교정책의 지표로서, 새로운 유럽의 안정과 질서를 위한 유럽 자신의 대외정책의 방향타로서, 이 담론의 정책적 의미가 있다. 실제로 클린턴 행정부의 외교정책의 철학적 바탕은 민주주의의 확산이 전쟁을 막고 국제평화를 창출할 수 있다는 것이며 탈냉전시대의 미국의 외교정책의 지향점도 그러한 목표를 향해야 한다는 것이다. 또한 나토의 확산을 둘러싼 작금의 유럽안보의 논쟁의 핵심에는 이러한 사고가 짙게 깔려 있다고 볼 수 있다.

칸트, 민주주의, 영구평화

도일의 민주주의와 평화에 대한 명제는 칸트의 자유주의 사상으로부터 빌려온 것이다. 칸트는 그의 논문 〈영구평화를 위하여〉[6]에서 국가간의 영구평화를 위한 초안을 작성하였다. 칸트의 이 논문은 1795년의 바젤평화조약 직후에 쓰인 것으로 영구평화를 위한 조약의 형식으로 서술된 것이다. 따라서 그는 이 초안을 씀에 있어서 예비조항, 확정조항 및 비밀조항을 가지는 당시의 평화조약의 형식을 취했다.[7]

칸트의 영구평화를 위한 초안의 백미는 두 번째 부분인 확정조항에 있다. 확정조항의 서문에서 그는 자연상태에 대한 정의를 내리고 있다. 그는 평화상태는 결코 자연상태가 아니라고 본다. 즉 '자연상태는 오히려 전쟁의 상태이다. 비록 항상 적대행위가 발발해 있지는 않다고 할지라도 적대행위의 부단한 위험이 있다'[8]는 것이다. 이것은 단순히 병존상태인 자연상태는 필연적으로 어떠한 물리력에 의해 새로운 발발상태로 가기 때문에 이것을 통해서는 평화가 이루어질 수 없고 대신 평화의 수립은 반드시 '법적' 상태의 확립에 의해서만 가능하다고 보았다.[9]

확정조항은 세 가지로 되어 있다. 첫째는 하나의 국민을 이루고 있는 사람들을 규제하는 '국민법'이며, 둘째는 상호 관계에 있는 제국가의 '국제법'에 따르는 체제이며, 셋째는 사람들과 국가들이 외적으로 서로 영향을 줄 수 있는 관계에 있으면서 하나의 보편적 인류 국가의 시민으로 생각될 수 있는 '세계공민법'에 따르는 체제이다.

이 중에서도 민주평화 이론에 가장 영향을 준 조항이 바로 제1 조항이다. 영구평화를 위한 제1 확정조항은 '국가에 있어서의 공민적 체제는 공화적共和的이어야 한다'[10]는 것이다. 여기서 공화적 체제라는 것을 칸트는 첫째로 국민이 사회의 성원으로서 '자유'를 누리는 체제, 둘째로 신민으로서의 모든 인간이 유일하고도 공동의 입법에 의존하는 체제, 셋째, 모든 인간이 '평등'의 법칙에 의거해서 설립된 체제라고 설명하고 있다. 즉 국민의 자유와 헌법하의 종속, 그리고 법적 평등을 공화제의 삼요소로 보았다. 여기서 자유란 '내가 미리 동의할 수 있었던 것 이외의 어떠한 외적 법칙에도 순종하지 않는 권능'이며, 평등이란 '그것에 따라 한 사람이 다른 사람을 무슨 일로 법적으로 구속한다면, 그도 역시 동시에 그 다른 사람에 의해서 역으로 같은 방식으로 구속될 수 있는 법칙에 예속하게 되는 국민 간의 관계'[11]로 설명한다. 따라서 칸트의 공화제는 인권과 삼권분립 및 대의제도가 확립된 체제를 말한다.[12]

칸트는 이러한 공화적 체제를 영구평화를 이룰 수 있는 체제로 보

았다. 왜냐하면 그 체제는 생래적으로 전쟁을 싫어하는 체제이기 때문이다. 즉,

> 전쟁을 해야 할 것인가 또는 해서는 안 될 것인가, 하는 것을 결정하기 위해서 국민의 동의가 요청된다면 (이러한 것은 이 공화적 체제에 있어서는 당연할 수밖에 없다), 이 때에 국민은 자신의 신상에 닥쳐올 전쟁의 모든 재앙(이를테면 자신이 싸우는 것, 전쟁의 비용을 그들 자신의 재산에서 제공하는 것, 전쟁이 뒤에 남긴 황폐를 고생스럽게 개수하는 것, 마지막으로 너무나 많은 불행뿐 아니라 게다가 또 평화 자체도 입맛을 쓰게 하는 바, 결코 상환되지 않는 '다가오는 항상 새로운 전쟁 때문에' 부채의 짐을 스스로 인수해야 하는 것)을 각오해야만 하기 때문에, 그렇게 나쁜 장난을 시작함에 있어서 몹시 주저하게 된다는 것은 무엇보다도 당연한 것이다.[13]

칸트는 이와 같이 통치의 방식으로써 공화제[14]에 의존하는 체제만이 제 국가 간의 평화가 가능하다고 보았다. 물론 여기서 말하는 공화제를 칸트는 민주제와 구별하고 있지만 이것을 현대적 의미로 해석하면 민주제는 직접민주제를, 공화제를 대의민주제로 해석할 수 있다.[15] 이러한 공화제의 존재의 제1 확정조항을 보완하는 제2 조항이 바로 '국제법은 자유로운 제국가의 연방조직에 의거해야 한다'[16]는 조항이다. 이 조항은 공화적 체제를 바탕으로 하는 국가들의 평화연맹으로써 평화조약과 구별된다. 즉 평화조약은 칸트에 의하면 단지 하나의 전쟁을 종식시키기 위해 존재하는 것인데 반해 평화연맹

은 모든 전쟁을 종식시키려고 하는 것이다. 이러한 연맹이 영구평화를 위해서 나갈 수 있음이 명백한 것은 '어떤 강력하고도 계몽된 민족이 하나의 공화국(공화국이란 그의 본성에 있어서 영구평화를 희구하는 경향을 가지고 있지 않으면 안 된다)으로 형성되는 행운이 일어난다면, 이 공화국은 다른 국가들에 대해 연맹적 통일의 중심점이 되고, 그래서 이들 국가들과 결합하고, 국제법 이념에 따라 제 국가의 자유 상태를 확보하고, 그리하여 이러한 종류의 여러 결합을 통해서 서서히 점점 더 멀리까지 확장할 것이기 때문이다.'[17] 여기서 칸트의 문제는 모든 국민이 국제법 밑에서 영구적 평화를 누릴 수 있지만 모든 국가가 다 공화적 통치 방법을 획득하고 있지 못하다는 사실이다. 여기에 대해 칸트는 공화제가 아닌 인접 국가가 공화제로 되든지 아니면 곁에서 멀리 떨어져 있든지 선택할 수밖에 없다고 하여 타국에 간섭의 금지를 규정한 예비조항과 모순에 빠지게 되었다는 사실이다. 여기에 대해서 야스퍼스는 이것이 하나의 근본적 불일치이기는 하지만 그것이 영구평화의 기본 원리에 대한 불일치라기보다는 영구평화로 가는 과도기에 대한, 즉 대부분의 국가가 아직도 공화적 통치 방법을 갖지 않았을 과도적 시대의 불일치라고 해석했다.[18]

칸트는 이러한 국제법만으로 영구평화가 충분치 않다는 것을 인정하여 이를 넘어선 세계의 모든 인간을 결합하는 하나의 법이 존재해야 한다고 믿었다. 그것이 바로 세계공민법이다. 즉 제3항은 '세계공민법은 보편적 후대의 제조건에 제한되어야 한다'[19]는 것이다. 여기서 세계공민법은 외국을 방문할 권리이며 이 권리는 지구상의 모든 인간이 소유하는 공동의 권리를 말한다. 그러나 그러한 세계공민권은 단지 방문할 권리에 한정되어야지 그 땅의 주인을 이루고 사는 주민의 권리를 침해해서는 안 된다는 것이다. 왜냐하면 그 당시 새로운 대륙을 발견하고 그것을 찬탈함으로써 원주민을 정복하고 결국 전쟁으로 이끌어지는 것을 보았기 때문에 이를 방지하고자 한 것이다.

정리하면 칸트의 영구평화론의 요지는 첫째, 대의적 민주주의에 상응하는 헌정질서의 존재, 둘째, 국가간의 불간섭원칙이 적용되는 자유국가들에 의한 연방, 셋째, 국가들에 의해 존중되는 세계시민으로서의 개인의 권리의 존재라고 할 수 있다. 이러한 칸트의 철학이 200여 년을 내려오면서 많은 학자들을 평화에 대한 사고의 깊은 심연으로 빠져들게 하고 있다.

민주국가끼리는 전쟁을 하지 않는다

칸트의 영구평화사상을 오늘날의 국제정치학의 영역으로 끌어 들여 논쟁을 불러일으킨 것이 바로 도일이다. 물론 그 전에도 그러한 지적이 없었던 것은 아니나 체계적으로 이를 지적한 것이 바로 그이다. 그리고 민주주의와 평화에 대해 보다 철학적 분석을 시도한 것이 후쿠야마의《역사의 종언》이라고 할 수 있다.[20] 도일의 '민주주의 국가끼리는 전쟁을 하지 않는다'는 칸트의 해석을 빌린 명제는 특히 탈냉전에 들어서면서 국제질서의 변화 과정을 관망하던 자유주의 학자들에 의해서 거의 교조적 지지를 받으면서 논쟁의 열기를 더해가고 있다. 러셋이 민주평화 이론을 나름대로 체계화시키는 데 매우 공헌했는데 그는 자신의 저서[21] 서두에 윌슨의 1917년 의회에서의 연설을 인용하면서 칸트의 철학이 윌슨의 이상주의로 20세기에서도 이어지며 승화되고 있음을 주장하고 있다.

러셋은 첫째, 민주주의적 정체를 가진 국가들은 다른 민주주의 국가들과의 관계에서 보다 평화적이라는 것이다. 둘째, 현대국제체제에서 민주주의 국가들은 전제정치를 하는 국가들에 대해서보다는 다른 민주주의 국가들에 대해서 덜 치명적인 폭력을 행사한다는 것이다. 더욱이 현대국제체제에서 안정된 민주주의 국가가 다른 민주주의 국가와 전쟁을 일으킨 경우가 없다는 것이다. 셋째, 민주주의 국가끼리의 상대적 평화의 관계는 민주주의의 어떤 특정의 결과이지 민주주의와 상관되는 경제적이거나 지정학적 특징에 의해 전적으로 연유되는 것이 아니라는 점을 지적한다.[22]

러셋은 이러한 명제를 증명하기 위하여 민주주의 국가들의 전쟁의 사례를 역사적으로 분석하였는데 결론은 1815년 이래 민주주의 국가들끼리는 전쟁이 없었다는 것이다.[23] 그는 역사적으로 소위 민주주의 국가끼리의 전쟁이라고 일부에서 주장하는 12개의 전쟁의 사례들—1812년 미국과 영국의 전쟁, 1849년 로마공화국과 프랑스의 전쟁, 1861년 미국의 시민전쟁, 1863년의 에콰도르와 콜롬비아의 전쟁, 1870년 프랑스와 러시아의 전쟁, 1899년 보어전쟁, 1898년 스페인과 미국의 전쟁, 1899년의 제2차 필리핀전쟁, 독일제국과 서방 민주주의 국가의 전쟁인 1914년의 제1차 세계대전, 1941년의 제2차 세계대전 중 핀란드와 서방 민주주의 국가의 전쟁, 1948년의 레바논과 이스라엘 전쟁, 그리고 1967년의 레바논과 이스라엘의 전쟁—을 분석하였다. 이 중에서 제1차 세계대전의 경우 독일은 민주주의 국가가 아니며,[24] 핀란드가 개입된 제2차 세계대전의 경우 핀란드는 선언만 하고 거의 전쟁에 실질적으로 참여하지 않았다는 점에서 제외되어야 한다고 주장한다. 가장 어려운 경우가 1889년의 스페인과 미국의 전쟁인데 스페인은 1890년부터 보편적인 참정권과 양원제를 실시하는 국가였다. 그러나 러셋은 그 당시 미국의 정책집행자들은 스페인을 민주주의 국가로 간주하지 않았다는 이유로 사례의 설명력을 부정하고 있다.[25]

민주주의 국가끼리 전쟁을 하지 않는다면 그 이유는 무엇일까? 여기에 대해서 러셋은 전쟁과 평화의 원인에 대한 몇 가지 대안적 설명들에 대해서 분석을 시도했는데 그 중 초국가적이며 국제제도, 지리적 요인, 동맹, 부富, 정치적 안정 등이 평화를 만들어 낸다는 주장 등은 타당성이 적은 것으로 판단한다. 이들 이외에 두 가지 설명에 대해서 타당성을 인정하는데 하나는 민주적 규범과 문화가 원인이라고 보는 문화·규범적 모델이며 다른 하나는 제도·구조적 설명이 그것이다. 무엇보다도 민주적 규범과 문화는 민주주의란 정치문화 자체가 분쟁의 평화적 해결을 선호하기 때문에 생래적으로 평화적이라고 보는 것이다. 이러한 정치문화를 가진 안정적 민주주의 국가는 타 민주주의 국가와의 분쟁 시 타 국가도 평화적 갈등 해결의 규범을 따를 것으로 보기 때문에 민주주의 국가끼리의 폭력적 갈등은 거의 발발하지 않는다는 것이다.[26]

이에 반해 구조적, 제도적 설명은 민주주의 국가가 가진 견제와 균형, 권력의 분할, 공적 문제에 대한 광범한 국민적 공감대의 요구 등의 제도적 규제가 다른 민주주의 국가와의 갈등의 결정을 매우 더디게 한다는 것이다. 러셋은 이 두 설명이 서로 분리될 수 없다고 보고 있다. 즉 규범과 제도가 민주주의 국가끼리의 평화 현상에 상호 보완적인 측면이 있다고 본다. 그러나 규범이 제도보다는 좀 더 민주주의 국가끼리의 평화에 연관이 있다는 데 공감한다. 즉 민주적 규범과 문화의 확산이 전쟁과 폭력적 갈등의 빈도를 줄이며 만약 규범적 제재가 충분하지 않을 때 외교정책 결정에 대한 제도적 규제가 차선으로써 효과를 가진다는 것이다.[27]

이러한 '민주주의 국가끼리는 전쟁을 하지 않는다'는 명제에 대해 여러 가지 반론과 비판이 제기되고 있다. 인식론적인 반론에서부터, 이러한 명제가 가지는 경험적인 증거에 대한 반론, 또는 명제를 일부 수용하면서도 다른 명제를 제시하는 등의 주장, 또 이것에 대한 반박이 교차하면서 이 담론을 둘러싼 논쟁은 한층 가열되고 있다.

민주주의 국가끼리는 전쟁을 하지 않는다?

민주평화 이론에 대한 체계적인 비판의 선봉은 역시 현실주의자들로부터 나온다. 미어샤이머는 민주주의 국가의 국민들이 권위주의 국가의 지도자들보다 전쟁의 희생에 더욱 민감하며 따라서 덜 전쟁에 개입한다는 주장은 잘못이라고 비판한다. 그는 역사적인 사례를 볼 때 민주주의 국가도 권위주의 국가와 마찬가지로 똑같이 전쟁을 수행했으며 더욱이 민주주의든 아니든 간에 민족주의나 종교적인 열정에 사로잡힌 대중은 어떤 희생에 상관없이 침략을 지지하는 경향이 있다는 것이다. 나폴레옹 전쟁에 대한 프랑스 국민들의 지지가 그 예라는 것이다. 또한 민주주의 국가가 다른 민주주의 국가도 비슷한 규범을 따를 것이라는 주장은 만약 민족주의나 종교적 근본주의와 중첩될 때 매우 약한 요인으로 전락한다고 본다. 더욱이 민주주의 국가가 권위주의 국가로 전환하는 경우는 종종 있으며 민주주의 국가가 다른 민주주의 국가가 이러한 상황으로 전환되지 않으리라 확신하지 못하기 때문에 항상 침략의 가능성에 민감할 수밖에 없다는 것이다. 따라서 민주주의 국가라 할지라도 무정부적 상태를 초월할 수 없다는 것이다.[28]

레인은 민주평화 이론이 제기하는 주장은 국제정치이론에서 볼 때 매우 중요한 의미를 갖는데 그것은 민주평화 이론이 국제정치의 '서드 이미지third image', 즉 체제구조와 '세컨드 이미지second image', 즉 국내정치를 포괄하는 본령을 점하는 논쟁이기 때문으로 본다.[29] 그러나 레인은 민주평화 이론이 현실주의의 설명력을 능가한다는 주장을 반박하면서 제도적인 제재가 민주평화를 이룩할 수 없다고 본다. 즉 민주주의 국가의 국민이나 지도자가 전쟁의 희생에 매우 민감하다면 그 민감성은 민주주의 국가를 상대하든 다른 유형의 국가를 상대하든 동일해야 한다는 것이다. 또한 민주정치문화, 즉 견제와 균형이 민주평화를 설명한다는 주장도 근거가 없다고 주장한다. 왜냐하면 그 주장은 민주주의 국가들의 전쟁 성향에 대해서 직접적으로는 아무것도 설명해 주지 못한다는 것이다. 그 설명이 독립변수인 국가의 민주적 정치문화에 내장되어 있는 정책 결정에 대한 제재가 민주주의와 관계가 있으나 그와만 관계가 있는 것은 아니라는 것이다.

스피로는 미어샤이머의 '지난 200여 년 동안 민주주의 국가가 수적으로 매우 적었기 때문에 민주주의 국가끼리의 전쟁의 경우도 많지 않았다'[30]는 주장을 받아들이며 민주평화 이론이 주장하는 1815년 이래 민주주의 국가끼리는 전쟁을 하지 않았다는 주장은 통계적으로 아무런 의미가 없는 것이라고 비판한다. 스피로는 통계에서 '제로 zero'는 매우 강력한 의미를 갖는 것인데 민주평화 이론의 전쟁의 제로론은 허구라고 본다. 예를 들어 백만 달러짜리 복권에서 우리 가족 중의 어느 하나가 한 번도 당첨이 안 됐다고 해서 그것이 우리 가족과 복권에 대한 관계의 본질을 말해 주지는 않는다는 것이다. 여기서 제로는 아무런 의미가 없고 단지 무작위적 기회에 지나지 않는다는 것이다. 만약 민주주의 국가끼리의 전쟁의 부재가 무작위적 기회라면 이것은 전쟁을 설명할 수 없다는 것이다. 따라서 지금까지 민주주의와 전쟁 사이의 관계를 조사한 통계적 문헌들은 사실상 이론이 추구하는 것과는 전혀 관계가 없다고 본다.[31]

민주주의 국가가 본질적으로 평화적이다는 명제에는 민주평화 이론을 지지하는 학자들 사이에서도 상반된 견해가 나오고 있다. 럼멜은 민주주의 국가끼리는 전쟁을 하지 않는다는 명제에는 동의를 하는 많은 학자들도 민주주의 국가가 다른 형태의 국가와는 여타 국가들과 마찬가지로 전쟁에 개입한다고 주장하는데 이것은 잘못이라는 것이다. 민주주의 국가는 본질적으로 전쟁을 덜 좋아하는데 그것은 전쟁의 강도를 보면 알 수 있다는 것이다. 지금까지 민주주의 국가와 전쟁과의 상관관계를 논할 때는 전쟁의 빈도와 민주주의 국가의 개입을 논했는데 이것은 매우 적은 사상자가 난 전쟁과 수백만이 죽은 전쟁이 한 전쟁으로 간주되는 모순이 있다는 것이다. 그는 1900~87년 사이의 전쟁의 경우를 조사하여 본 결과 민주주의 국가와 전쟁의 강도는 역의 상관 관계를 가지고 있기 때문에 민주주의 국가가 다른 형태의 국가들보다 훨씬 전쟁을 싫어한다고 주장한다.[32]

이러한 럼멜의 주장에 대해 리세-카펜은 민주주의 국가들이 다른 민주주의 국가와는 전쟁을 하지 않지만 권위주의 국가들과는 매우 자주 전쟁을 했다며 상반된 견해를 제시한다. 즉 민주주의 국가끼리의 관계에 대해서는 민주평화 이론이 타당성을 가지나 민주주의 국가와 권위주의 국가와의 관계에 있어서는 서로가 여전히 잠재적 적이란 가정에 근거하여 생각하기 때문에 현실주의적 아나키의 세계가 적용성을 갖는다는 것이다.[33] 리세-카펜은 민주주의 국가들은 도이치가 말한 안보공동체[34]를 연상시키는 상호 함유하고 있는 민주적 가치에 대한 '집단적 일체성'을 가지고 있고 이것이 결국 상호협의의 규범과 합의를 기반으로 하는 정책 결정으로 이끈다는 것이다.[35]

3_ 민주평화와 유럽안보

민주평화 이론은 앞서 살펴보았듯이 사실상 매우 간결한 명제를 가지고 있다. 이러한 이론이 어떻게 유럽의 안보를 설명하는 데 적실성을 갖는가? 사실상 민주평화 이론은 냉전시대의 동서냉전에 대해서는 별다른 설명이 없다. 그것은 냉전이 민주주의 국가들의 그룹인 서방과 소련을 중심으로 하는 공산주의의 블록과의 이데올로기 대결이란 특징을 가지고 있었기 때문이다. 그러나 탈냉전은 무엇보다도 자유주의적 가치의 승리로 귀결되었다는 데서 민주평화 이론가들을 고무시키고 있는 것이다. 즉 현실주의자들이 주장하였던 것처럼 냉전의 종식과 국제체제의 전환이 헤게모니 전쟁의 결과로서 도래하지 않고 평화로운 체제변환이 이루어졌으며 더구나 동구유럽의 많은 국가들이 민주주의 체제로의 변화를 시도하고 있다는 점이 향후 유럽의 안정과 평화를 예견해 준다는 것이다. 말할 필요도 없이 그 이유는 민주주의 국가끼리는 전쟁을 하지 않기 때문이다. 이러한 사고의 흐름의 적실성을 판단하기 위해서는 좀 더 구체적으로 유럽안보의 과거와 현재 및 미래를 살펴볼 필요가 있다.

냉전의 유럽안보 — '오랜 평화'와 민주주의

냉전의 유럽은 비교적 매우 평화스러웠다고 할 수 있다. 게디스의 '오랜 평화'의 명제는 그러한 유럽의 상황을 적절히 표현한 것이다. 여기서 오랜 평화란 물론 강대국 간의 전쟁의 부재 상태를 표현한 것이며 전 지구적 현상을 언급한 것이지만 그 중심은 어디까지나 유럽을 염두에 둔 것이다.[36] 냉전시대가 평화스러웠다고 해서 무력갈등으로부터 완전히 해방된 시기는 아니다. 몇 번의 국가 간 전쟁이 있었으며 수많은 무력갈등이 있었다.

무엇보다도 1944년부터 1949년 사이의 그리스 내전은 16만 명이 사망한 큰 규모의 전쟁이었다. 1956년의 소련과 헝가리 전쟁은 만 명의 사망자를, 그리고 1974년의 터키-사이프러스 전쟁은 1,500명의 사망자를 낸 전쟁이었다. 그리고 11번의 소규모 무력 충돌이 일어났는데 대부분이 '동-동East-East' 갈등이든지 '서-서West-West' 갈등이었지 동-서 갈등은 없었다는 것이 특징이다.[37] 그러나 이러한 갈등에도 불구하고 냉전시대의 유럽의 갈등 양상은 그 이전보다는 매우 완화된 것이었고 특히 터키-사이프러스 분쟁 이후에는 이렇다 할 커다란 분쟁이 없었다.

이러한 원인에 대해서 현실주의자들은 그러한 평화의 원인이 미·소의 양극체제와 핵억지에 있다고 보고 있다.[38] 실지로 핵억지에 의한 평화론이 갖는 설명력은 매우 강력한 것이어서 냉전시대에 주장되었던 상호의존론 등의 자유주의 이론은 현실주의 그늘에 가려 있어야만 했을 정도였다. 1945년 이후의 핵의 출현은 국제정치의 본질적인 변화를 예고하는 것으로서 특히 이데올로기에 의해 양분되고 제2차 세계대전을 겪은 국제사회는 협력과 이해보다 갈등과 위협의 국제환경이 지배하는 시대였다. 거기에다 인류를 파멸시키고도 남을 엄청난 핵폭탄을 보유하게 되었고 유사시 이의 사용을 전제로 하는 전략을 미국과 소련이 견지하고 있었기 때문에 '핵전쟁은 가능하다'라는 전제는 곧 전쟁은 파멸이다라는 생각으로 이어지게 되었다. 특히 미국이 핵전략의 핵심 중의 하나로 견지했던 '확장억지extended deterrence' 전략은 유럽이 소련이나 소련의 위성국가로부터의 공격에 처했을 때 즉각적인 핵보복으로 대처한다는 전략으로써 유럽의 방위가 미국의 본토 방위와 같은 중요성을 갖는 것으로 그 의미가 매우 긴요한 것이 되었다.

냉전시대 강대국 간의 전쟁의 부재에 대한 설명으로써 핵억지가 그 핵심이라는 현실주의자들의 주장에 대해서는 많은 자유주의자들도 대체로 긍정하는 편이다. 물론 핵억지가 전쟁의 부재 원인의 필요 충분조건이 된다는 것은 아닐 것이다. 핵억지가 평화를 창출하는 데 있어서 필요조건은 아닐지라도 평화를 보장하는 충분조건으로써의 역할은 한다고는 말할 수 있다.[39] 이처럼 핵억지는 냉전시대의 강대국 간의 팽팽한 긴장, 즉 오랜 평화의 원인이라면 민주주의는 어떠한 역할을 하였을까?

냉전이 동서의 갈등에 초점이 맞춰지는 한 민주평화 이론이 설 자리는 매우 제한되어 보인다. 이 이론은 민주주의 국가끼리의 갈등을 주제로 하기 때문이다. 그렇다 하더라도 냉전시대의 평화의 원인 중의 하나는 민주주의 국가끼리의 협력이라고 할 수 있다. 적어도 1945년 이래로 유럽에서 민주주의 국가끼리는 전쟁을 하지 않았으며 더욱이 사후적 설명이라고 할 수도 있겠지만 냉전 기간 동안에 유럽의 민주주의 국가들은 소위 대통합을 향한 착실한 전진을 하고 있었다. 결국 민주진영 안에서의 이러한 발전이 냉전의 평화 현상 전체를 설명해 줄 수는 없지만 적어도 그 반쪽의 평화는 설명할 수 있다는 점에서 민주평화 이론의 냉전시대의 적용성을 어느 정도 인정할 수 있게 된다.

탈냉전의 유럽과 민주평화

민주평화 이론은 냉전의 붕괴가 강대국끼리의 전쟁을 동반함이 없이 순조롭게 이루어짐으로써, 그리고 탈냉전이 진전되어 가면서 평화의 전망이 두드러지면서 더욱 주목을 받고 있다. 민주평화 이론가들은 탈냉전의 도래를 유럽에서의 동서갈등의 종식을 의미하는 것으로 받아들이고 남은 문제는 유럽에서 극소수의 국가를 제외하고 거의 확산된 민주주의 국가군 내의 문제가 평화를 가름할 척도가 된다고 생각한다. 그런데 민주주의 국가끼리는 거의 전쟁을 하지 않기 때문에 유럽에서의 전쟁의 가능성은 없다는 것이다. 이와 같은 논리의 전개로 민주평화 이론은 냉전시대를 설명하는 데는 부분적 이론에 그치나 탈냉전 시대의 평화에 대한 설명으로서 민주평화가 단일 요인으로 작용할 수 있다는 것이다.

유럽에서는 탈냉전 직후 한때 무력분쟁의 빈도가 잠시 늘어나는 듯 했으나 이내 진정이 되면서 시간이 갈수록 현저하게 줄어드는 양상을 보이고 있다. 표 1에서 보면 1989년 이후에 유럽에서는 3번의 전쟁이나 내전이 있었다. 루마니아의 경우는 내전에 속하는 것이고 크로아티아와 보스니아의 경우는 내전과 국제전 사이에 속하는 경우라고 볼 수 있다. 그 외에 몇 번의 소규모 무력분쟁이 일어났는데 이들은 사망자 수가 최저 25명, 최고 1,000명 이하의 경우를 말한다. 특징적인 현상으로는 1994년에 들어서면서 분쟁의 수가 급격히 줄어드는 양상을 보이고 있는 것이고 다만 문제는 옛 유고 지역에서의 분쟁이라 할 수 있다.[40]

탈냉전 시대의 유럽에서는 무력분쟁이 점차 감소하고 있고 동시에 민주주의가 확산되어 가고 있다. 최근 민주정체의 변화에 관한 한 연구에 의하면 유럽의 43개 국가 중에서 1993년 말을 기준으로 5개국(벨라루스, 크로아티아, 몰다비아, 루마니아 그리고 세르비아)만이 민주주의 국가가 아닌 국가로 판명되었다. 따라서 유럽에서는 90% 이상의 국가가 민주주의 국가이며 이 중 약 80%가 서로 전쟁을 하지 않을 경우에 속하기 때문에 이러한 차원에서 보면 민주주의가 실질적으로 평화에 기여할 수 있고 비민주국가 사이의 전쟁은 매우 지엽적인 것으로 그것이 민주평화 이론의 적용성을 크게 떨어뜨리지는 못할 것으로 본다.[41]

[표 1] **유럽의 국내/국제적 무력분쟁 현황** (1989 -94)

연도	전쟁	사망자 수	갈등 유형
전쟁과 내전			
1989	루마니아 봉기	1,050	국내
1991-1992	크로아티아	10,000	국내/국제
1992-	보스니아	150,000	국내/국제
소규모 무력분쟁			
1959-1992	스페인(정부 대 ETA)		국내
1969-1993	북아일랜드		국내
1991	슬로베니아		국내/국제
1992	몰도바		국내
1993	러시아(정부 대 의회)		국내

* 여기서 전쟁과 내전의 경우 사망자 수는 1992년 말까지 취합한 것이다. 그러나 소규모 무력분쟁의 경우는 그 이후까지도 포함하였다. 전쟁과 내전의 경우 데이터는 David J. Singer and Melvin Small, *Correlates of War Project: International and Civil War Data*, 1816-1992 (ICPSD 9044) (Ann Arbor, MI: Inter-University Consortium for Political and Social Research, 1994)를 참조한 것이며, 소규모 무력분쟁의 경우는 Peter Wallensteen and Margareta Sollenberg, "After the Cold War: Emerging Patterns of Armed Conflict, 1989 - 94," *Journal of Peace Research*, Vol. 32, No. 3, 1995를 참조한 것이다. 여기서 소규모 무력분쟁은 연 사망자 수가 25명 이하를 말한다. 이상은 Nils Petter Gleditsch, "Democracy and the Future of European Peace," *European Journal of International Relations*, Vol. 1, No. 4 (December1995), p. 556 참조.

민주화와 전쟁

민주평화 이론에 대한 이와 같은 낙관론에도 불구하고 유럽에서 과연 이 이론이 예견하는 것처럼 평화가 지속될 것이냐에 대해서 반론이 제기되고 있다. 그러한 시각을 논리적으로 대변하는것이 바로 민주화 과정에 있는 국가들은 좀 더 호전적이며 전쟁을 선호한다는 것이다. 맨스필드와 스나이더는 민주화의 초기 과정에 있거나 부분적 민주화의 과정에 있는 국가들은 호전적 민족주의에 사로잡혀 전쟁에 개입할 가능성이 크다고 주장한다. 특히 현재의 중부 및 동부 유럽과 러시아의 경우 민주주의로의 전환 과정에서 전쟁의 가능성이 높아지고 있다는 것이다. 사실상 세르비아와 크로아티아 간에, 아르메니아와 아제르바이잔 간의 전쟁은 이들 국가들이 부분적인 민주주의를 경험하는 가운데 일어났다는 것이다. 또한 러시아의 아직은 매우 초기 단계의 민주주의는 주변 국가들과 갈등을 초래하며 심한 경우 체첸의 경우에서 보듯 군사적 개입으로 결과하였다는 것이다.[42]

맨스필드와 스나이더는 민주화로 가는 국가들이 거꾸로 전제정치로 전환하더라도 결과는 마찬가지라고 본다. 즉 현재의 러시아는 전체주의 국가에서 대중 민주주의로 전환해 가는 경우인데 이러한 국가들은 그냥 전체주의 국가로 남아 있을 때보다 두 배가량 전쟁을 할 가능성이 크며, 그렇다고 민주주의의 실패의 결과로 도로 전체주의 국가로 돌아가더라도 체제가 변화하지 않았을 때보다 훨씬 전쟁에 개입할 가능성이 크다는 것이다. 역사적인 사례를 보면 빅토리아 시대의 영국, 나폴레옹 3세 때의 프랑스, 빌헬름 대제의 독일, 일본의 대정시대 등 부분적 민주주의에서 보다 충실한 민주주의로 전환해

가는 과정에서 일련의 전쟁에 개입하였다.[43]

왜 민주화 과정의 국가가 더 호전적인가? 여기에 대해서 맨스필드와 스나이더는 전제정체가 파괴되는 과정에서 국내의 정치세력 간의 정치적 경쟁의 결과로 이것을 설명하고 있다. 즉 과거의 엘리트와 새로운 민주 엘리트 간의 생존경쟁이며 이 가운데 대중의 지지를 얻기 위해 민족주의적 감정에 호소하게 되고 일단 이렇게 동원된 대중은 이들 엘리트들이 마음대로 통제할 수 없게 된다는 것이다. 따라서 외국과의 관계에서 호전적인 엘리트가 이들 대중을 조금만 부추겨도 결국 전쟁으로 갈 수 있다고 본다.[44]

이러한 주장에 대해서 울프는 최근의 중부 및 동부 유럽의 민주화가 맨스필드와 스나이더의 주장과는 달리 국제적 갈등을 완화시키는 데 기여하고 있다고 반박한다. 울프는 그들의 주장이 두 가지 점에서 문제가 있다고 보고 있는데 하나는 그들이 1816년부터 1980년 사이의 민주화 과정에 있는 국가들은 통계적으로 분석함으로써 최근의 사례, 특히 라틴아메리카 국가들의 민주화 및 탈냉전 후의 공산주의 국가들의 민주화의 경우가 제외되었다는 것이다. 즉 봉건체제에서 민주체제로 전환하는 경우와 공산체제에서 민주화로 전이되는 경우는 매우 다르다고 본다. 실제적으로도 1988년부터 1993년 사이 자유화된 중동부 유럽의 9개 국가들(불가리아, 체코, 에스토니아, 헝가리, 라트비아, 리투아니아, 폴란드, 슬로바키아, 그리고 슬로베니아) 중 어느 국가도 국제전에 개입하지 않았다. 오히려 나머지의, 이들보다 덜 민주화된 국가들이 전쟁이나 무력분쟁에 개입하였다는 것이다.[45]

민주화와 전쟁의 상관관계를 주장하는 맨스필드와 스나이더도 안정된 민주주의 국가끼리의 전쟁의 부재를 부정하지는 않는다.[46] 그러나 민주화 과정에 있는 국가들의 분석에 있어서는 의견이 매우 상이하게 된다. 이 점이 중요한 이유는 민주주의 국가들이 서로 전쟁을 하지 않는다는 명제가 대다수에 의해 받아들여진다면 결국 유럽에서의 전쟁이나 무력분쟁의 가능성은 이제 민주화 과정에 있는 나라들의 경우에 달려 있게 되기 때문이다.

4_ 민주주의와 유럽의 평화: 평가와 정책적 함의

'민주주의 국가끼리는 전쟁을 하지 않는다'라는 명제를 내건 민주평화 이론의 견지에서 보면 탈냉전의 유럽은 대부분의 국가들이 이미 민주주의 국가이며 또한 일부 국가들도 이미 민주화의 과정에 들어서 있기 때문에 유럽은 향후 전쟁이 거의 없는 평화스러운 지역이 될 가능성이 크다. 그러나 이 이론이 갖는 폭넓은 설명력에도 불구하고 과연 향후 유럽이 안정적인 평화를 유지할 수 있을지에는 뭔가 불안함을 감추기 어렵다. 그것은 이론의 전개과정이나 가정, 전제들을 매우 조심스럽게 살펴보았을 때 아직도 명확히 설명되어야 할 부분들이 발견되기 때문이다.

부분적 설명력

무엇보다도 민주주의 국가끼리 전쟁을 하지 않았다는 역사적 사례의 분석에 대한 상이한 견해들을 주목해 볼 필요가 있다. 이것은 기본적으로 어떠한 국가를 민주주의로 볼 것인가에 대한 기본적인 인식의 차이에 기인한다. 사실상 민주평화 이론을 찬성하는 학자들과 반대하는 학자들 사이의 많은 논쟁의 쟁점이 바로 어떠한 역사적 사례를 민주국가끼리의 전쟁으로 인정하느냐 아니냐의 것이다. 이것은 과연 무엇이 민주주의냐 하는 매우 지난한 논쟁의 재현으로 결과할 수 있는 것이다. 역사상 민주주의 국가를 구분하는 연구들이 보통 사용하는 데이터는 거Gurr의 민주정체에 대한 연구이다.[47] 거는 민주주의를 개인이 정책과 지도자에 대한 선호를 효과적으로 표현할 수 있고 지도자의 권력에 대한 제도적 통제가 가해지며 시민자유가 보장되는 체제로 정의한다. 거는 각 국가의 민주주의와 전제정치의 정도를 측정하기 위해 관료의 충원, 정당정치, 정치참여의 정도 등에 0부터 10까지의 점수가 가해지는 수치의 기준을 정하여 대략 종합점수가 6 이상이면 민주주의로 판별하였다.

이러한 거의 통계적 결과를 사용한 한 연구는 기존의 민주평화 이론가들의 주장에 전면적으로 배치되는 결과를 내놓는다. 즉 제1차 세계대전 이전에는 민주주의 국가와 전쟁 간에는 거의 상관관계가 없고 제2차 세계대전 이후는 민주주의 국가끼리의 전쟁의 가능성이 현저하게 낮아진다는 것이다.[48] 사실상 1차 세계대전 이전의 민주주의 국가에 대한 개념의 불확실성을 감안한다면 2차 세계대전 이후의 민주주의 국가들의 경험에 대한 위와 같은 결론은 상당히 설득력을 가진다고 볼 수 있다.

그렇다면 왜 1945년 이후 민주국가끼리 전쟁을 한 사례가 없는가? 이는 민주평화 이론을 직접적으로 지원하는 사례도 되지만 그러한 전쟁의 부재상태의 원인이 반드시 민주주의라고 결론지을 수 있는지는 또한 논쟁거리이다. 왜냐하면 파버와 고와도 지적한 것처럼 그것이 '공동의 정체' 때문이었는지 '공동의 이해' 때문이었는지가 불분명하기 때문이다. 1차 세계대전 전에는 민주주의 국가들이 서로 동맹을 맺기를 꺼려하였다. 그러나 2차 세계대전 이후에는 민주주의 국가들은 서로 동맹으로써 공동의 이해를 굳건히 하였다. 즉 1차 세계대전 전에는 민주국가들은 서로 공동의 정체 밑에 공동의 이해를 갖지 못하였지만 2차 세계대전 이후는 공동의 정체 밑에서 공동의 이해를 가질 수 있었다. 따라서 전쟁의 부재상태는 공동의 정체가 아닌 공동의 이해로부터 비롯된다는 것이다.[49] 더욱이 2차 세계대전 이후 국제질서는 양극화의 세계로 민주주의 국가들은 공동의 위협에 직면하였었다. 따라서 공동의 정체에서 공동의 이해가 비롯되는 것인지 공동의 이해를 위해서 공동의 정체가 동맹을 이뤘는지 판단이 매우 어려워진다.

그렇다면 탈냉전의 세계는 어떠한가? 냉전체제에서 민주국가들은 공동의 정체, 공동의 이해, 공동의 위협이란 세 개의 매우 굵은 동아줄로 서로를 의지하고 있었다면 탈냉전의 민주국가들은 이 중에서 공동의 정체 하나에 의지하는 형태로 변하였다. 과연 공동의 정체에 의지하면서도 다른 이해를 가질 때, 그것도 외부로부터의 강력한 위협이 없을 때 이들이 갈등을 협력과 조화로 전환시킬 수 있는지가 민주평화 이론을 시험하는 중요한 요소가 된다. 즉 국가가 다른 이해를 가지고 있고 그 이해가 국가의 사활적 이해라면, 거기에다 민주정체에 대한 외부적인 이데올로기적 위협요인이 부재하다면 과연 단순히 같은 민주정체를 가진 국가라는 이유만으로 갈등이 조화롭게 해결될 수 있는가가 문제가 된다. 즉 민주주의 국가끼리 전쟁을 하지 않는다는 것은 민주국가끼리의 합리적 조정이 가능하고 그것은 민주국가의 국민들이 전쟁보다는 조화가 자국에 유리하다는 '합리적 이해'를 바탕으로 한다면 결국 상호 이해가 충돌하고 그 이해가 정말로 사활적 이해일 경우 공동의 정체가 평화를 가져오는 필요충분조건이 될 것인가가 의문이다. 예를 들어 미국이 경제적 헤게모니에서 완전히 탈락을 하고 20세기 초와 같은 경제공황과 유사한 상황에 직면하게 된다면, 또한 유럽이 극심한 경제침체로 인해 경제적 갈등이 첨예화한다면 거기서 국가 간에 생기는 갈등의 불씨를 어떻게 해결할 것이냐 하는 문제가 생긴다.

이러한 문제와 함께 생각해야 하는 것이 오늘날의 민주주의는 칸트가 이상적으로 생각했던 민주주의 국가와는 매우 다르다는 것이다. 무엇보다는 칸트는 영구평화론에서 영구평화를 위한 예비조항으로 상비군의 폐지를 주장하였다. 즉 상비군의 존재가 결국은 전쟁의 원인이 된다는 것이다.[50] 오늘날의 민주주의 국가들은 이와는 정반대로 대규모의 상비군을 보유하고 있고 군비증강에 몰두하고 있다. 탈냉전 이후에도 예상과는 달리 민주주의 국가들의 군비증강의 속도가 별로 줄어들지 않고 있다. 민주주의 국가끼리의 전쟁 부재가 실제로 국가들에 하나의 규범으로 믿어지게 되면 탈냉전시대에 우리는 이미 대규모의 군비감축을 경험하고 있어야 한다. 그러나 적어도 단기적으로는 이러한 방향으로 군비축소가 이루어질 가능성은 희박하다. 더욱이 핵확산의 위험은 더욱 증가되어가고 있다, 이러한 상황에서 민주주의란 정체만으로 평화가 유지될 수 있는지 의문이다.

민주평화 이론은 단일 요인으로 평화를 설명하고 있다는 데서 이론의 장점이 있지만 그 또한 이론의 약점도 되고 있다. 즉 국가 간의 평화 요인이 국제체제적 요인은 완전히 배제된 채 국내적 요인에 있다고 보는 것이다. 기본적으로 국가는 생존을 목적으로 한다는 현실주의적 사고를 떠나서라도 역사적으로 매우 불행한 유산을 가지고 있는 이웃 국가들은 같은 민주국가가 할지라도 그와 다른 배합의 민주주의 국가들 간의 관계와는 다를 것이다. 또한 민주주의 국가가 항상 그대로 민주주의 국가로 남아 있게 되지는 않는다. 2차 세계대전 전의 독일이나 다이쇼 시대의 일본이 갑자기 군국주의로 돌아서는 것을 경험하였다. 따라서 국가들은 설령 같은 정체를 가지고 있어도 대규모 군비축소를 통해서 긴장을 늦추는 등의 과감한 조치를 하지 못하고 있는 것이다. 또한 민주주의 제도라는 것이 매우 다양한 토양에 기반하고 있음으로써 다양한 국내적 요인들도 무시하고 있다는 것이 문제이다. 과연 민족, 종교, 인종 등의 요인을 민주적 제도가 완전히 극복하고 그것으로 다른 기본적 요인들을 부차적 요인으로 만들 만큼 지배적 요인이 되는지가 문제이다.

민주화와 전쟁의 문제도 다시 검토해 봐야 할 중요한 문제이다. 앞에서 살펴본 것처럼 민주화 과정에 있는 국가들이 전쟁에 개입할 가능성이 크다는 맨스필드와 스나이더의 주장은 그런 점에서 중요성을 갖는다. 이것은 정체의 본질보다 안정성이 전쟁과의 상관관계에 더 큰 영향을 끼친다는 생각이다. 중요한 것은 유럽의 전쟁과 평화의 문제는 민주주의 국가보다는 민주화 과정에 있는 국가나 아직 민주화되지 않는 국가들의 손에 달려 있다는 것이다. 민주평화 이론이 설득력이 있다 하더라도 중동부 유럽의 아직 불안정한 국가들과 러시아의 문제를 해결하지 않는 한 유럽의 평화를 보장할 수 없게 된다.

정책적 함의 : 중동부 유럽의 불안정과 나토의 확장

앞으로 유럽의 안정과 평화에 중대한 영향을 끼칠 요인으로는 무엇보다도 중부 유럽의 많은 나라들이 초기의 혼란스러운 개혁과정을 어떻게 극복하여 보다 안정적인 민주주의로 전환하느냐에 달려 있다. 최근의 일부 중부 유럽 국가들에서 선거의 결과 과거의 공산주의 지도자들에게 정권이 넘어가는 현상이 일어나고 있다. 여기에 대해서 일부에서는 중부 유럽의 변화 과정을 매우 부정적으로 보며 중부 유럽의 개혁의 종말로 이어지는 것이 아닌가 하고 의심하고 있다. 그러나 이 지역에서의 '전前공산주의자'들에 의한 정권의 장악이 커다란 문제가 아니라는 시각도 있다. 즉 폴란드나 헝가리의 소위 전공산주의자들의 정치개혁 프로그램에는 사회주의나 공산주의적 이데올로기의 색채는 없으며 오히려 자유 시장을 주창하는 반대자들보다 훨씬 실용적이며 젊고 개혁에 더 단호하다는 것이다.[51] 공산주의는 소련의 소멸과 함께 이들 나라에서도 사라져 버렸기 때문에 전공산주의자라는 표현은 적절하지 않고 이들 국가들에게서는 이제 시계를 과거로 돌릴 수 없다고 본다.

최근에 이들의 선거의 승리는 그들이 반대편에 있는 반공산주의자들보다 훨씬 단결되어 있고 국민들의 시각에서 보아 더욱 책임성이 있는 집단으로 보였기에 결과한 것이다. 국민들은 이제 국민의 삶의 질을 향상시킬 수 있는 책임 있는 정부를 원하며 그들이 그러한 국민이 욕구를 충족시켜줄 수 있는 대안적 정부라는 데 문제의 핵심이 있는 것이다. 따라서 이들을 부정적으로 보는 시각은 매우 편협된 시각이라고 항변하는 것이다. 왜 아무도 러시아의 옐친이나 체르노미르딘을 전공산주의자라고 하지 않으면서 중부 유럽의 지도자들은 그렇게 불리어야 하느냐는 것이다. 중부 유럽의 네 국가—리투아니아, 폴란드, 헝가리, 체코—중에서 체코만이 아직까지 비공산주의 지도자를 가지고 있다. 이들 중부 유럽 국가들의 문제는 그러나 민주주의로의 항로가 매우 험난하다는 것이다. 서구 선진국들에서 오랜 세월 걸려 이루어 놓은 민주주의를 이들 국가들에게서 단시일 내에 이루기를 바라는 것은 커다란 무리일 것이다. 무엇보다도 이들 국가들에게는 민주주의에 필수적인 두터운 중산층의 형성이 그리 쉬운 과제가 아니다. 그리고 경제자유화의 단기의 결과는 사회계층의 갭을 좁히기보다는 넓히기 때문에 민주화의 과정은 희생과 대가를 요하는 지난한 과정일 수밖에 없게 된다. 그러나 개혁이 다소 늦어질지언정 이들 국가들이 과거로 돌아가지는 않을 것이며 일단 자유경제로의 변화의 계기를 마련한 이상 이러한 방향으로의 변화가 앞으로도 계속될 것으로 보인다.[52]

중부 유럽의 문제와 연관되면서 유럽의 안정과 평화에 가장 핵심적 이슈로 등장하고 있는 것이 바로 나토의 확장 문제이다. 미국과 대부분의 서구 유럽 국가들의 정치 지도자들은 나토의 확장이 현시점에서 매우 필요한 것으로 받아들이고 있다. 클린턴 대통령은 1994년 바르샤바에서의 연설에서 일부 중동부 유럽 국가들로의 나토의 확장은 "확장이냐 아니냐의 문제가 아니라 언제, 어떻게의 문제"[53] 라고 말한 바 있다. 클린턴 대통령의 이러한 시각은 그해 12월 북대서양위원회the North Atlantic Council의 각료회담에서 그대로 반영되어 공동성명으로 나토의 확장을 환영하였다. 그리고 미국의 외교정책 결정에 영향을 끼치는 저명한 인사들—키신저, 브레진스키, 브라운, 베이커 등—도 나토의 확장을 지지하고 있다.[54] 나토의 확장에는 그러나 방법과 시기 등에서 다소간의 견해의 차이가 있다. 첫째가 나토의 확장은 폴란드와 체코를 먼저 그리고 헝가리와 슬로바키아를 그다음으로 하는 점진적인 방법으로 하자는 견해이다. 시차는 3-5년 안에 하면서 점차적으로 확대하자는 것이고 그럼으로써 러시아의 적대적인 반응을 완화시킬 수 있다고 본다. 둘째의 견해는 나토의 확장이 폴란드, 체코, 헝가리, 슬로바키아의 네 나라에 대해서는 당장에라도 이루어져야 한다고 보는 입장이다. 이는 러시아의 팽창주의가 이미 진행되고 있거나 불가피하기 때문이라는 것이다. 셋째는 나토 확장을 유럽연합의 확장과 연계시켜 나가자는 것이다. 그럼으로써 나토 확장이 러시아에 위협으로 보일 위험을 줄이면서 나토와 유럽연합의 군사조직인 서유럽동맹 사이의 갈등을 방지해 보자는 것이다.

방법과 시기에는 다소 상이하지만 이들 나토확장론은 나토의 확장이 궁극적으로 유럽안보에 긍정적이라는 데는 깊이 공감하고 있다. 그러나 나토의 확장이 결국은 러시아의 반격을 불러올 뿐이기 때문에 미국과 유럽의 안보에 오히려 해를 끼친다는 반론도 제기된다.[55] 즉 나토의 확장을 기계적 과정으로 생각하지 말고 전략적 환경과 연계시켜야 한다는 것이다. 만약 러시아가 중동부 유럽 국가들에게 군사적으로 위협이 될 때 나토의 멤버십을 제공해서 안전보장을 해도 된다는 것이다. 다른 측면에서 반론도 제기되는데 중동부 유럽은 여전히 고도로 불안정한 지역으로 남아 있을 텐데 나토의 확장으로 미국이 불필요하게 지역분쟁에 휩싸일 위험에 놓인다는 것이다. 그러한 지역분쟁에는 독일, 우크라이나, 러시아 등이 개입할 여지가 있기 때문에 민주주의의 평화에 대한 모호한 효과를 믿고 확대정책을 펴는 것은 현명치 못하다고 본다.[56] 이와 같은 나토확장 불필요론에 대해서 브레진스키는 러시아의 외교정책 수립에 영향을 끼치는 인사들 중에 드미트리 트레닌과 같은 사람은 나토의 확장을 중부유럽의 안정이 결과적으로 러시아의 이해와 일치한다는 점에서 찬성하고 있다고 소개하며 최근 나토의 확장이 러시아의 민족주의자들을 자극한다고 반대하는 서방의 일부 주장은 오히려 트레닌과 같은 온건주의자보다 민족주의자들을 도와주는 것이라고 비판한다.[57]

이러한 논쟁의 함의는 아직도 서방과 러시아 사이에는 지정학적 경쟁 관계가 여전히 존재하고 있다는 것이다.[58] 나토확장을 찬성하거나 반대하거나 그 밑바탕에는 대서양동맹과 러시아 간의 관계를 표명적으로 적대적이라고는 할 수 없어도 적어도 갈등하는 전략적 관계로 기본적으로 생각하는 시각이 깊숙이 내재하고 있는 것이다. 결국 이것은 유럽에서의 민주주의의 확산이 이것과 관계가 있는 제 국가들의 이해관계에 깊은 영향을 줌으로써 향후의 유럽의 안보는 이러한 관계의 결과—갈등이나 협력—에 의해 그 진로가 결정될 것이라는 의미가 된다. 그러므로 민주주의와 전쟁, 그리고 평화의 테마는 앞으로도 계속될 테마이지 종언된 것이 아니라는 의미가 된다.

5_ 맺음말

민주평화 이론은 아직은 검증이 더욱 필요한 부분이론으로써 만족해야 할 것이다. 유럽의 대부분의 국가들이 선진민주주의 국가들이기 때문에, 그리고 이들 사이에는 적어도 1945년 이후에는 확실히 전쟁이 없었기 때문에, 그리고 적어도 당분간 이들 국가들 사이에는 전쟁의 가능성이 매우 희박하다는 점에서 민주평화 이론의 설명력을 인정할 수 있을 것이다. 그러나 유럽에서의 불안정이나 전쟁의 가능성은 민주주의 국가군 내에서가 아니라 민주주의 국가들과 민주화 과정에 있는 국가들, 그리고 러시아와 러시아 연방에 속한 국가들과의 관계에서 오기 쉽다. 민주주의 자체의 문제가 아니라 민주주의 대 비민주주의가 더욱 문제인 것이다. 이것은 냉전시대의 문제였기도 하지만 여전히 정도의 차이는 있으나 탈냉전시대에서도 극복되어야 할 문제로 남아 있는 것이다.

사실상 중동부 유럽에서의 민주화 과정이 얼마나 빨리 성숙될지는 여전히 미지수이다. 그리고 러시아가 어떤 형태의 국가로 발전해

갈지도 여전히 불확실하다. 미래가 이처럼 불확실하다면 민주주의 동맹은 여전히 과거처럼 잠재적 위협에 대하여 안보를 보장하기 위한 수단을 강구하지 않을 수 없게 된다. 그것이 나토가 여전히 탈냉전시대에도 존속하는 이유이고 나토의 확장문제가 유럽안보의 최대 이슈로 등장하는 이유이다. 탈냉전 초기 많은 관망자들이 그렸던 유럽안보의 장밋빛 전망—민주화로 채색된 유럽, 대규모 군비감축, 그리고 평화—이 아직은 확실하게 현실로 나타나지 않고 있는 것이 현실이다. 그것은 민주주의의 확산이 점진적으로 이루어지고 있기는 하나 아직도 대규모의 군비축소는 시기상조이며 동맹의 와해는 안보에 결정적인 해를 가져올 수 있다는 생각이 바로 서구 선진 민주주의 국가들의 굳은 믿음이기 때문이다.

따라서 결국 공동의 정체, 즉 민주주의라는 것의 평화에 대한 파워를 아직은 확실하게 검증할 수 없게 된다. 1945년 이후의 민주국가 사이의 전쟁의 부재도 공동의 정체라는 한 가지 변수가 유일한 독립변수로 작용하였다고 할 수 없는 다양한 다른 변수의 개입 속에서 결과한 현상이었는데 탈냉전의 세계에서도 여전히 정도는 약해졌지만 여러 다양한 변수가 개입되고 있다. 그중에서도 공동의 이해라는 변수가 가장 강력한 도전자로 남아 있으며 더욱이 현실적으로도 그러한 이해를 보장할 동맹의 필요성이 줄어들지 않고 오히려 더욱 강조되는 세계인 것이다. 따라서 민주평화라는 매우 강력한 주장의 설명력을 상당 부분 인정하면서도 현실적으로 민주평화가 유럽평화에 주는 함의가 크게 감소할 수밖에 없다는 것 또한 민주평화를 분석하면서 내려야 할 결론이다.

제4장

북한 붕괴론의 허와 실

"북한이 과감하게 변화를 수용하고 자신을 새로운 실험대 위에 올려놓지 않는 한 북한의 위기는 끝나지 않는다. 위기를 더 큰 도전으로 극복하지 않는 한 북한의 장래는 없다. 북한의 지도부는 그것을 깨닫고 있을지 모르나 실행하기가 매우 어렵다는 데서 오늘의 북한의 위기는 불행히도 비극으로 끝날 공산이 크다."

1_ 붕괴인가 위기탈출인가

세기적 전환기에 서서 북한을 본다.

한 세기를 돌아도 한반도의 북녘 땅에는 역사의 진전이 없다. 19세기 말 쇠락한 왕조 속에서 춘궁기에는 초근목피로 연명하던 우리의 할아버지, 할머니들. 일제의 식민통치에서는 잃어버린 이름을 가슴에 묻고 살았고, 해방이 되어 강산에 진달래 핀 의미를 새삼 새겼건만 얼마 안 되어 맞이한 것은 낯선 이데올로기와 분단과 전쟁뿐이었다. 그 후 50여 년, 인민이 주인이라는 공산통치 밑에서 '흰쌀밥에 고깃국을 배불리 먹는 것'이 고작 천국의 문이 되어 버린 서글픈 북녘 땅.

그래도 세기 전 왕조는 도탄에 빠진 백성의 아픔이 자기 탓인 줄 알았다. 그들의 목민심서의 밑바탕에는 겸허함과 죄스러움이라도 깔려 있었다. 오늘날의 북한 정권은 그것이 미제국주의자와 그의 주구인 남한의 탓이라 한다. 그것이 누구의 탓이건 간에 북녘의 우리

동포는 오늘도 우리 역사의 어떤 페이지에서도 찾아보기 어려운 기아의 고통 속에서 하루를 넘기고 있다. 역사는 끝없이 진보한다는 낙관주의가 과연 한반도의 저 북녘 땅에도 적용되는 보편적 진리인지 이제 알기 어렵게 되었다.

국가란 백성에게 무엇이고, 체제란 무엇인가? 체제의 존재 이유는 무엇인가? 이러한 물음 자체가 매우 부질없는 것일지 모른다. 그것은 스스로 자명한 해답을 가지고 있기 때문이다. 당위론적인 의미에서 보았을 때 지금의 북한 정권은 그 존재의 의미를 찾기가 어렵다. 체제의 중핵을 이루는 오직 일부의 사람들만이 연명할 수 있고 나머지 많은 사람들이 아사 직전에 있는 그런 체제는 유형이 어떠하든 간에 결국은 이 대명천지에 같이할 수가 없을 것이다.

그러나 이러한 규범적인 논의를 벗어나면 북한붕괴론은 그렇게 간단하게 결론지을 수 없는 혼재된 많은 요소를 가지고 있다. 무엇보다도 북한이 현재 붕괴하고 있느냐가 가장 중점적인 논쟁 중의 하나이다. 여기에는 무엇을 붕괴로 보느냐와 어떠한 붕괴냐가 주된 질문이 된다. 무엇을 붕괴로 보느냐에 대해서는 붕괴의 과정을 붕괴로 보느냐 아니냐에 초점이 있다. 제방에 균열이 가고 물이 넘치기 시작했으니 제방은 무너진 것과 다름이 없다고 하면 그것은 붕괴이다. 그러나 제방이 완전히 유실되기 전에는 붕괴가 아니다 라고 하면 붕괴는 아니다. 과정과 결과의 개념 문제이다.

어떠한 붕괴냐에 대해서도 많은 논란이었다. 리더십의 붕괴냐, 정권의 붕괴냐, 체제의 붕괴냐가 그것이다. 물론 여기에도 트릭은 있다. 사실상 구소련이나 동구유럽의 경우에서 본 것처럼 공산주의 정권의 붕괴에서는 이것들을 깔끔하게 구분하기는 매우 어렵다. 홍수가 나서 제방이 붕괴하면 제방이 유실될 뿐만 아니라 강이 범람하고 결국은 그 지역은 붕괴 이전과는 완전히 다른 자연조건으로 변하는 것과 같은 이치일 것이다.

붕괴는 오면 한꺼번에 오기 쉽다. 혁명적인 현상이기 때문이다. 그러나 개혁의 경우는 좀 다르다. 그것은 수직적으로 단계적일 수 있고 시기적으로 장기적일 수 있으며 인위적 조절이 가능하다. 혁명이냐 개혁이냐, 붕괴냐 변화냐가 오늘의 북한을 보는 중심 테마이다.

이러한 논쟁에도 불구하고 북한 체제가 구조적인 균열을 시작하였다는 데는 거의 이의가 없는 것 같다. 이러한 균열이 과연 결과적으로 붕괴에 이르게 될지, 또는 언제 이르게 될지는 알 수가 없다. 외부적으로 북한의 붕괴를 아무도 강요하지 않는 상황에서 북한은 스스로의 변신을 통해서 장래를 개척해 갈 수 있다. 어쨌든 북한의 불행은 붕괴를 원하지 않으면서 동시에 개혁을 거부하고 있다는 것이다.

그러나 또 다른 엄연한 사실은 북한 정권이 당위론적인 체제 존재 이유의 상실과 현실적인 체제 위기의 극한상황 속에서도 여전히 존재하고 있다는 것이다. 구소련의 위성국가였던 동구유럽의 공산주의국가들이 소련의 해체와 냉전의 와해 속에서 힘없이 그 체제의 수명을 다했던 것과 비교해 보면 비슷한 카테고리로 구분되던 북한의 이러한 상대적인 강건함은 미스터리에 가깝다고 할 수 있다. 북한붕괴론의 반대편에서는 그래서 북한이 현재의 위기를 넘어서 상당 기간 존속한다는 견해도 만만찮게 제기되고 있다. 탈냉전 이후 오히려 더욱 강대해진 미국을 상대로 한판 승부를 겨루는 듯한 인상마저 주며 위기를 기회로 전환시키기 위해 북한은 전력을 다하고 있다. 이러한 북한을 목도하면서 그것이 결국은 파멸로 가는 부질없는 도박이 아니라 이미 빛이 보이기 시작한 출구를 찾아가는 성공할 탈출이라고 보는 것도 무리는 아닌 것이다.

붕괴인가 위기탈출인가? 이러한 의문의 열쇠를 푸는 고리 중의 하나가 바로 북한의 대외정책의 족적을 추적해 보는 것이다. 특히 북한으로서는 매우 급격한 대외환경의 변화가 일어났던 80년대 중후반 이후부터 현재까지 북한의 대외적 행보는 북한 정권의 미래의 운명의 일각을 판단할 수 있는 단초를 제공한다.

2_탈냉전 : 위협과 기회의 이중주

북한이 정말로 피하고 싶었던 두 가지 시나리오가 있었다면 그중 하나가 바로 탈냉전이었을 것이다. 물론 다른 하나는 김일성의 사망으로 인한 북한체제의 변화이다. 그러나 김일성의 사망은 피하고 싶었겠지만 결국 피할 수 없는 시나리오라는 것을 알고 그 시기를 정확히 예견할 수는 없었겠지만 예상할 수는 있었던 시나리오인 반면에 탈냉전의 도래는 예상할 수 없었던, 하였더라도 그 일각을 어렴풋이 그려보는 정도의 시나리오였을 것이다. 어쨌든 탈냉전은 북한은 물론 서방의 어떤 국가도 예견하지 못한 형태로 일어났고 진행되었으며,

북한에게는 특히 최악의 시나리오가 되어 악몽처럼 체제의 근간을 흔들면서 엄습하였다.

탈냉전의 기운이 싹트고 진전이 되던 80년대 중후반의 북한이 느꼈던 불안감과 위기감은 80년대 말과 90년대 초에 들어서면서 동구 유럽의 와해, 독일 통일, 소련의 소멸이라는 탈냉전의 가시적 현상을 접하면서 절정에 달하였다. 그리고 북한은 체제보존이라는 지극히 당연한, 매우 생래적이며 본능적인 목표를 이루기 위해 전력을 다하게 된다. 어떤 대가를 치르더라도 수성守城해야겠다는 절박감이 북한의 대외정책을 지배하였다고 볼 수 있다.

80년대의 북한

사실상 80년대 중반까지는 북한은 적어도 남한과의 체제경쟁에서 완벽한 우위는 아니더라도 이길 수 있다는 희망을 가지고 있었다. 1950년에 거의 성공할 뻔했던 무력통일 실패의 통한을 삼키면서 그 후 오랫동안 남한과의 체제경쟁을 벌여 온 북한은 북한 정권의 정통성 확립을 통한 김일성 정권의 안정화, 경제발전, 대외적인 자주·자립, 그리고 무력 적화통일 등의 체제목표를 달성하기 위해 진력을 다하였다.

50년대, 60년대, 그리고 70년대 남한의 극도의 정치적 불안정과는 대조적으로 북한은 정치, 경제, 군사 등의 모든 분야에서 안정성을 유지하면서 공산주의 체제의 우월성을 과시하였고 남한체제의 붕괴에 의한 적화통일의 희망에 부풀어 있었다. 그러나 긴 설명이 필요치 않게 남한은 70년대 중반 이후 두 가지 체제목표를 성공적으로 달성해 가기 시작했다. 하나는 경제발전이며 다른 하나는 안보의 강화이다. 특히 남한의 경제발전은 경이적인 것이어서 70년대 말과 80년대 초의 극심한 정치 불안정 속에서도 멈춤이 없이 계속되었다.

북한은 1961년에 제1차 7개년 계획을 세워 3년 연장된 1970년에 이를 마쳤으며 그 후 1971년에 인민경제발전 6개년 계획을 추진해 갔으나 계획대로 완벽하게 목표를 달성한 것은 아니었다. 2년여의 조정기를 거친 후 북한은 1978년부터 제2차 7개년 계획에 착수하여 1984년에 이를 마쳤다. 특히 1984년 9월에는 이른바 합영법이라 부르는 '합작회사운영법'을 공표하여 그때까지의 경제정책 중 가장 혁명적인 경제정책을 천명하게 된다. 그러나 1980년대 중반의 이러한 몸부림에도 불구하고 북한경제는 '혁명적'으로 나아지지 않았다. 이와 대조적으로 남한은 그즈음에 최고 호황기의 문전에 도달하여 있었다.

북한의 대외환경의 변화가 북한에게 유리하지 않게 돌아간다는 것을 감지하기 시작한 것은 바로 소련에서 고르바초프라는, 취임 당시는 그렇게 보이지 않았으나 결국은 전 세계를 흔들어 놓은, 혁명적인 지도자가 등장한 1985년 이후였다. 물론 그보다 더 일찍 북한의 대외환경에 변화가 오고 있었는데 그것이 바로 중국의 변화이다. 덩샤오핑을 위시한 개방·개혁파가 중국을 새롭게 탄생시키기 시작한 1978년이 사실상 북한의 대외환경의 새로운 문지방이라 할 수 있다. 만약 북한이 이를 심각하게 받아들이고 그때부터라도 전면적인 개방·개혁을 위한 주춧돌을 놓았다면 가정이지만 오늘의 이러한 곤경은 없었을지 모른다.

북한이 그러한 시도를 전혀 하지 않은 것은 아니었다. 합영법 등의 경제정책의 변화는 분명히 중국의 새로운 행보의 영향을 받은 것이다. 그러나 북한은 내부적 개혁을 수반하지 않고 단순히 정책적 변화를 통해서 이를 실천하고자 했기 때문에, 또한 바로 그때 세계의 다른 공산주의 체제에서는 볼 수 없는 부자세습이라는 현대 세계정치사에 전무한 실험을 실행에 옮기고 있었기 때문에, 시계를 거꾸로 돌리는 것과 같은 혁명적인 개혁에 진정으로 착수할 수가 없었다. 따라서 1980년대 중반 이후 북한은 대외적 환경이 자신에게 매우 불리하게 돌아가고 있다는 것을 감지하면서도 내부를 개혁하여 '국제체제 순응적 정책'을 통해 그것을 극복하는 정책이 아니라 오히려 체제의 외피를 더욱 단단히 감싸고 안으로 더욱 웅크리면서 '국제체제 도전적 정책'을 통해 큰 파도를 거슬러 올라가는 어쩌면 무모한 도전을 고집하게 된 것이다.

탈냉전의 파고와 북한의 위기

1986년 김일성의 소련방문이 공동발표문이 없이 끝나고 같은 해 서울에서 개최된 아시안게임에 북한의 반대에도 불구하고 중국이 참가한 사실 등은 북한의 대외관계에 어떤 심각한 이상기류가 흐르기 시작했다는 뚜렷한 증후였다. 특히 1988년 서울올림픽에의 소련의 참가는 북한에게는 상당한 심리적 타격을 주었다. KAL기 폭파사건은 이러한 환경변화에 대한 일종의 히스테리라고 할 수 있다. 그러나 1989, 1990년에 들어서면서 상황은 더욱 악화되어 갔다. 동구유럽 국가들의 변화와 독일 통일로 탈냉전은 엄연한 실체가 되었다. 그리고 무엇보다도 소련의 한국과의 국교 정상화는 북한에게는 지난 50여 년의 지주를 잃어 버리고 국제적으로 고립무원의 상태가 된 말하자면 대외관계의 조종弔鐘과 같은 것이었다. 1991년의 이른바 '우리식 사회주의'의 고수는 이러한 상황에서 나온 것으로 강한 자신감의 표현이라기보다는 극심한 절박감의 표현이라고 보는 것이 옳을 것이다.

1989년부터 1992년 사이 북한은 전 세계의 사회주의의 몰락이 북한체제에 밀어닥치지 않으리라는 보장이 없다는 것을 깨달았다. 따라서 무엇보다도 체제유지가 급선무였다. 내부적으로 체제단속을 강화하고 외부로부터의 충격으로 체제전복의 가능성을 막는 것이 무엇보다도 시급한 과제였다. 1990년 9월부터 1991년 12월까지의 5차례에 걸쳐 이루어진 남북 고위급회담을 통해 실현된 남북기본합의서의 체결은 여러 이유가 있겠지만 북한으로서는 남한이 흡수통일을 기도하지나 않을까 하는 우려 때문에, 그리고 이를 정치적으로 차단하는 장치를 마련하기 위하여 한 것으로 볼 수 있다. 북한이 남한으로부터 체제보장을 명시적으로 확실히 받아 두자는 고도의 전략적 선택의 결과인 것이다. 북한으로서는 남북기본합의서가 한반도의 미래의 안정과 평화를 위한 메커니즘이라기보다는 당장의 북한체제의 존속을 남한으로부터 인정받는 보증수표라고 본 것이다.

체제의 보장서인 남북기본합의서

남북기본합의서는 남북한 상호 이해의 일치에서 결과한 것이나 그 전략적 목표와 접근방법은 매우 상이한 것이었다. 북한은 체제생존을 위한 보장 장치를 얻고자 했음에 비추어 남한의 목표는 한반도에서의 안정과 평화체제 구축이었다. 즉, 북한은 탈냉전의 그 엄청난 파도가 덮쳐 오는 것을 목도하면서 체제존속에 심각한 위기감을 느끼게 되었고 무엇보다도 그러한 상황에서 남한의 흡수통일 기도가 혹시나 있으면 치명적일 수 있음을 우려하고 있었다. 따라서 이를 테스트하고 가능하면 확실하게 해 둘 필요가 있었다. 그것이 북한이 그처럼 순조로이 남북대화에 응하고 결국 '남북 사이의 화해와 불가침 및 교류·협력에 관한 합의서'에 서명하게 된 것이다. 그간 남북대화의 성격으로 보아 남북기본합의서는 그야말로 그 내용에서 획기적인 것이었다. 한반도의 안정과 평화를 위한 많은 미래지향적인 장치들이 들어 있었다. 그중에서 보기에 따라서는 당연하고 평범한 것일 수 있으나 역시 가장 중요한 것은 "남과 북은 서로 상대방의 체제를 인정하고 존중한다"는 제1조였다.[1] 체제를 상호 인정하는 것을 남북화해의 중심으로 본 것이고 북한은 이로써 탈냉전에도 불구하고 정치적 생존을 보장받은 것이다.

그러나 한국은 남북기본합의서를 이른바 노태우 정부 시절에 추진한 북방정책의 완결판으로 보았다. 탈냉전이란 태풍의 중심권이 유럽을 강타하고 전 세계로 확산되고 있었음에도 한국은 한반도의 상황을 냉전의 지속이라고 보고 냉전을 적절히 관리할 방안을 모색하고 있었던 것이다. 즉, 탈냉전 시대에 '냉전 타파적' 정책이 아니라 '냉전 관리적' 정책을 그대로 구사한 것이다. 물론 과연 그 시기에 한국이 냉전 타파적 정책으로 전환하여 북한의 공산주의 체제를 와해시키는 정책을 추구했더라면 어떻게 되었겠는가, 또한 그것이 바람직한 것이었느냐는 역사적 가정으로 남겨 두어야 할 것 같다. 어쨌든 한국은 그 당시 흡수통일을 향한 북한붕괴 정책을 모색하지 않았다는 것만은 분명하다. 그리고 그보다는 차원이 낮은 희망인 냉전의 적절한 관리를 통한 남북화해의 모색, 한반도의 안정과 평화 지향, 그리고 매우 장기적인 목표로서의 평화통일이라는 단계적 방식을 취했다.

만약 한국이 붕괴정책을 구사하는 것이었다면 정책과 전략을 전혀 달리해야 했을 것이다. 북방정책도 사실상 북한에게는 매우 공격적인 정책으로 보였을지 몰라도 1980년대가 저물어 가고 탈냉전의 다가오는 그 역사적인 전환점에서 세계 역사의 큰 흐름의 반전을 (우리는 나중에야 확실히 깨닫게 되었지만) 생각해 본다면 그 정책은 북한에게는 매우 다행스런 정책이었다고 할 수 있다. 바로 남북한 교차승인 정책이 북방정책의 결과였기 때문이다.

북방정책은 한국의 매우 적극적인 새로운 대외 정책적 드라이브인 것은 틀림없으나 확실히 북한봉쇄정책은 아니었다. 그러한 정책을 통해 한국이 결국 중국 및 러시아와 수교했다고 해서 한국의 일방적인 승리로 해석될 수도 있고, 또한 그렇게 생각하는 사람도 한국 내에는 일부 있지만, 그렇게 되기 위해서는 교차승인 정책은 취하지 말았어야 한다. 만일 탈냉전이 도래한 후 한국이 굳이 북방정책이라는 이름이 아니고 자연스럽게 러시아 및 중국과 수교하면서 북한을 압박했다면 그것이 북한에게는 더 큰 부담이 되었을 것이다. 어쨌든 당시의 한국정부는 더욱 이상주의적인 정책을 구상했고 남북한 교차승인을 통해 한반도가 안정화될 수 있다고 믿었다. 그것은 결국 북한에게 미국과 일본으로 가는 문을 자연스럽게 열어 준 정책이기도 하다.

한국은 탈냉전의 파괴력이 즉각적으로 한반도의 북녘에 미칠 수 있다는 희망에 그다지 부풀어 있지 않았고 반면에 북한은 탈냉전이 그들 체제의 근간을 흔들어 놓을 수 있다는 극도의 위기감을 가지고 있었기 때문에 결과적으로 한반도의 안정과 체제보장이라는 각각의 목표가 성취되는 남북기본합의서에 서명하게 되었다. 그 후 왜 북한이 이 합의서를 용도 폐기했는가는 자명해진다. 체제보장이란 일차적 목표가 달성되었기 때문이다. 그리고 곧바로 핵문제가 터지기는 하나 1992년을 고비로 탈냉전의 태풍의 중심권이 일단 한반도를 벗어났다고 느끼고 있었기 때문이다. 탈냉전은 북한에게는 다시 재현되어서는 안 될 악몽도 같은 것이었다. 그러나 어떻게 보면 탈냉전이 북한에게 위협의 요소만을 제공한 것은 아니다. 다소 역설적으로 들릴지는 모르겠지만 탈냉전의 먹구름을 헤쳐 나가는 과정에서 북한은 정권의 생명을 연장시켜 줄 수도 있는 새로운 기회를 발견한 것이다. 그래서 북한의 탈냉전은 북한의 '핵 흔들기'와 탈냉전 이후 변화된 미국의 대외정책 등이 어우러지는 위험이자 기회의 요소가 혼재하는 이중주가 된 셈이다.

3_ 핵과 미제국주의자 그리고 구세주?

실제가 확인되지 않는 핵. 지난 몇 년간의 북한 핵을 둘러싼 위기와 긴장 그리고 지루한 협상의 긴 시간을 보내고 나서 남는 의구심은 과연 북한 핵의 실체는 무엇인가 하는 점이다. 어떠한 가정을 근거로 하여 남북한과 미국을 비롯한 주변국들은 이른바 그간의 핵 게임을 전개해 왔는가? 그리고 그러한 가정이 지금은 어떻게 해결됐다고 보고 있기에 이제는 '핵 드라마'에서 '연착륙 드라마'로 시나리오가 옮겨지고 있는가? 그렇다면 애초에 북한이 주역으로 떠오른 드라마의 전막全幕의 중심 테마가 무엇이었는가?

1994년 제네바 합의가 클라이맥스라면 지금쯤은 당연히 커튼이 내려지고 있어야 한다. 그러나 여전히 북한 드라마는 멈춤 없이 계속되고 있다. 미국이 중요한 배역으로 계속 등장하고 있는 이 북한 드라마는 그래서 한국에게는 그 의미가 매우 심상하지 않을 수 없는 것이다.

북한 핵 게임의 의미를 일부의 주장처럼 북한이 이미 한두 개의 핵을 보유하고 있다고 보거나 그 정도의 핵을 만들 수 있는 플루토늄을 확보하고 있다고 보는 그 어떤 실체적 진실을 규명하는 것에만 두어 버리면, 앞서의 의문은 풀리기가 참 어렵게 되어 버린다. 사실상 제네바 합의로는 이 두 가지를 모두 풀기가 어렵게 되기 때문이다. 물론 미래의 핵투명성을 보장한다는 데 의미가 있다고 하면 그 나름대로 의미가 크다 하겠다. 그러나 어쨌든 주안점은 핵에 있어야 하는데 이제 그 의제는 일상의 의제로 돌아간 느낌이다. 대신 북한 게임은 또 다른 테마를 가지고 계속되고 있다. 그렇다면 의도했든 아니든 간에 핵 게임은 단순히 매개로서의 역할을 한 것이고 더욱 본질적인 의미는 핵이 아니라 북한 자체라는 의미가 된다. 즉, 제네바 합의는 북한의 핵투명성에 대한 합의이지만 더욱 중요한 의미는 북한이 한국을 배제한 채 미국과 직접 쌍무적 합의를 했다는 데 있다. 북한은 핵을 매개로 해서 미국과의 어떤 '연결 고리'를 만들었고 따라서 핵보다도 더욱 중요한 생명선을 확보한 것이다. 이렇게 보면 북한의 핵외교는 결국 성공한 것이다. 북한이 이러한 결과를 처음부터 정확히 예상하고 했겠는가? 그렇지는 않을 것이다. 그러나 북한의 핵 드라이브에 대해 미국과 한국의 대응, 그리고 거기에 북한의 반응이 복합적으로 작용되어 가면서 결국 이러한 결과를 만들어 냈다. 그리고 이제 새로운 북한 게임은 핵을 넘어서, 그리고 새로운 북미관계를 기초로 해서 다시 전개되고 있는 것이다.

북한 핵문제의 전개과정

북한 핵문제의 전개과정을 보면 대체로 세 단계의 발전이 있었다. 첫째 단계는 1993년 3월 12일 이전의 단계이고 둘째 단계는 그로부터 1994년 10월 21일 제네바 합의까지의 단계, 그리고 셋째 단계는 제네바 합의 이후 지금까지의 단계라고 할 수 있다. 이 세 단계에서 특히 북한이 NPT 탈퇴를 선언했던 1993년 3월과 지금의 북미관계를 비교해 보면 격세지감이라 할 만큼 엄청난 변화가 있다는 것을 실감할 수 있다. 1980년대 말의 북한과 미국관계는 매우 간헐적인 외교적 접촉—그것도 참사관급 정도의—이 고작이었다. 그리고 핵문제의 와중에서 미국은 한때 북한의 영변지역의 핵시설에 대한 폭격을 심각하게 검토한 바가 있음이 알려질 정도로 긴장이 고조되었으나 지금은 다양한 채널을 통해 '대화'를 계속하고 있다.

미국이 1980년대 후반 북한을 다시 관심의 시야에 넣기 시작한 것은 북한이 가진 핵 잠재력 때문이었다. 북한의 핵개발이 물론 '미국의 관심 끌기'라는 동기로 시작된 것은 아니다. 그러나 결과적으로 북한은 핵문제를 국제문제화 하는 데 성공했고 특히 미국이 이것을 미국 문제로 받아들임으로써 북한의 핵문제가 북한과 미국의 핵문제로 귀결되는 결과를 낳은 것이다. 북한은 1993년 3월 NPT 탈퇴를 선언하기 얼마 전까지만 하더라도 이른바 국제적 핵 레짐에 잘 적응할 듯이 행동했다. 1991년 미국이 한국 내의 전술핵무기를 철수하고 노태우 대통령이 이를 선언함에 따라 북한이 핵안전협정에 서명하기 위한 전제조건이 해결되었고 이에 따라 북한은 1992년 1월 IAEA 사찰 수용을 밝히며 핵안전협정에 서명하였다. 그 후 1992년 5월부터 1993년 2월까지 6차례의 임시사찰을 받았다. 그러나 임시사찰 결과 북한이 제출한 최초의 보고서와 사찰결과 사이에 중대한 불일치가 발견되어 IAEA가 특별사찰결의안을 채택하면서부터 북한은 이에 반발하기 시작한 것이다. 북한은 이에 대한 대응으로 1993년 3월에 NPT 탈퇴를 선언하였다. 그 후 이 문제는 국제적인 조명 속에서 양쪽의 강온전략이 부딪치고 위기와 타협의 순간들을 거쳐서 결국 제네바 합의에 이르게 된다.

핵문제가 왜 이와 같이 타결되었는가 하는 것은 여러 가지 이유가 있을 수 있지만 무엇보다도 탈냉전시대의 도래로 미국의 전략적 목표의 변화에 따른 결과라 할 수 있다. 미국은 탈냉전의 분위기가 완연해지기 시작한 1990년대에 들어서면서 미국이 냉전시대에 줄곧 유지해 왔던 국가안보의 주요 목표를 수정하지 않을 수밖에 없었다. 수정된 미 국가안보의 새로운 목표 중 가장 중요한 것이 바로 제삼세계로의 핵확산을 금지시키는 것이었다. 사실상 미국은 제삼세계의 핵개발에 대해서 냉전시대에도 매우 과민하게 반응해 왔지만 그보다는 소련의 팽창주의에 대한 대처를 최고의 안보목표로 보았다. 탈냉전시대에는 소련에 대한 봉쇄전략이 더 이상 의미가 없어졌고 대신 제삼세계국가들로의 핵확산이 미국 국가이익의 최우선적 목표가 된 것이다.

미국의 대처

따라서 북한의 핵개발 의도가 확실하게 드러나기 시작한 1980년대 말부터 미국은 북한 핵문제에 깊은 관심을 보여 왔고 북한이 한국 내의 미국 전술핵의 존재를 거의 상투적으로 트집 잡자 사실상 한국정부와 사전에 심도 있는 상의 없이 거의 일방적으로 철수시키는 단안을 내리면서까지[2] 이에 적극적으로 대처하는 모습을 보여줬다. 그러나 북한이 결국은 비핵확산 레짐에서의 탈퇴를 선언하자 이를 미국에의 전면적인 도전으로 보고 대처를 시작한 것이다. 즉, 북한을 포함한 제삼세계로의 핵확산 문제가 탈냉전시대에는 미국 안보의 제1차적 목표이며 이에 대한 도전은 미국의 중대한 국익을 침해하는 것으로 간주되었기 때문에 이에 적극적 대응을 하지 않을 수 없었다.

또한 만약 이를 적절하게 처리하지 못하면 결국 세계적인 핵확산현상이 일어날 개연성도 충분히 염두에 둔 결과라 할 것이다.

그런데 문제는 사안의 비중을 너무 과도하게 평가한 데서 오지 않았나 한다. 물론 미국으로서는 국제 핵확산 방지 레짐의 유지가 매우 중요한 것이었음에 틀림이 없으나 북한이 없는 NPT와 결과적으로 제네바 합의에 이르면서 치른 온갖 대가 사이의 대차대조표가 과연 밸런스를 이룰 수 있을지 의문이 생기는 것이다. 거기에다 시간이 더해 갈수록 미국과 한국은 공히 핵투명성 확보 게임이 본질인 북한 핵게임을 핵무기냐 아니냐의 게임으로 오도하는 경향이 생김으로써 이것 또한 결과에 중대한 영향을 끼치게 되었다.[3] 물론 여기에는 전쟁도 불사하겠다는 북한의 '다이하드'가 중요한 요인이 된다는 것을 부인하기 어렵다.

북한의 핵카드의 타이밍 또한 중요한 요인이다. 북한은 한국의 새로운 김영삼 정부가 남북관계를 비롯한 외교정책의 새로운 구상을 채 끝내기도 전에, 그리고 미국의 클린턴 행정부가 안보에 관련된 고위직들에 대한 임명조차 채 마무리 짓지 못한 때인 1993년 3월에 NPT 탈퇴를 선언했다. 만약 부시행정부가 선거에 이겨서 재집권했더라면 미국의 대처 방법은, 가정이지만, 매우 달랐을 것이다. 전통적으로 미 공화당의 정책이 민주당의 정책보다 더 보수적인 것은 잘 알려진 사실이고 특히 한반도 문제에 관하여 한국은 민주당 정부인 카터 행정부 시절에 매우 심한 홍역을 치른 경험이 있다. 클린턴 행정부는 주지하다시피 카터 행정부 이후의 첫 민주당 행정부이다. 물론 클린턴 행정부는 우려했던 것과는 달리 카터 행정부보다는 진중하게 한반도문제에 접근했으며 한국과의 공조를 강조하고 실행에 옮기려 했다. 그리고 무엇보다도 클린턴 대통령은 한반도의 안보문제에 관한 한 카터 대통령보다는 훨씬 균형감각을 가진 미 대통령이라 할 수 있다. 하지만 역시 전반적으로 공화당보다 리버럴한 민주당 행정부라는 특징이 안보정책에 반영된 것은 사실이다.

한국의 김영삼 정부 또한 첫 문민정부라는 특징을 가지고 있다. 오랜 야당 시절을 거친 대통령의 측근에는 상당히 리버럴한 측근들이 일부 포진하고 있었고 이것이 대북정책에도 투영되었다. '이인모 송환'이 이들의 견해가 반영된 정책의 결과이다. 이러한 분위기는 한편으로는 국내 보수파를 자극하였고 따라서 외교정책을 담당하는 외무부는 이러한 진보-보수 사이의 국내적 갈등 속에서 힘겨운 싸움을 해야 했다. 외부와 싸우는 것보다 내부를 상대하는 것이 더 어려운 형국이었다. 한미공조 또한 양국이 공조를 매번 강조해야 하는 상황의 연속이었다. 이는 공조를 강조해야 할 만큼 정책적 시각 차이가 존재한다는 역설적 반증인 것이다. 이러한 요소들이 배합되면서 북한 핵 게임은 제네바 합의로 결과하였고 더욱 중요하게 제네바 합의 이후의 상황으로 전개되어 갔다.

지금의 북미관계는 정치, 경제, 군사 등의 분야에서 상호관심사에 대해 다양한 채널을 통해 광범위하고 심도 있는 접촉을 할 수 있는 여건이 조성되어 있다. 미국 정부는 비정치분야, 특히 북한의 식량문제 해결에 매우 적극적인 자세를 보이고 있다. 특히 제네바 합의 이후 이의 실행을 위해 만들어진 KEDO가 무엇보다도 순조로이 그 기능을 하고 있고 기타 정치·군사적 문제는 아직까지 그리 큰 타결은 없으나 적어도 상호간에 대화의 창을 계속 열어 놓고 있다. 이것은 북한과 미국 사이에 어떠한 의미 있는 컨센서스가 이미 성립되어 있다는 증후이다. 즉, 미국이 북한을 '대화할 수 있는 파트너'로 보기 시작했다는 의미이다. 이것은 보기에 따라서는 매우 획기적인 인식의 반전이라 할 수 있다. 미국이 북한을 상대할 수 있는 파트너로 보기 시작했다면 이 점은 북한으로서는 놓칠 수 없는 기회이며 북한은 이러한 관계를 체제 생존의 주춧돌로 삼으려 할 것이기 때문이다. 북한에게 제국주의자에서 구세주로 변해 가는 미국. 과연 미국은 북한이 원하는 것을 얼마만큼 해줄 수 있을 것인가? 미국은 북한의 구세주가 될 것인가?

4_ 개입정책과 벼랑 끝 외교

개입정책engagement policy[4]은 미국이 탈냉전시대를 위해서 만들어 낸 신데렐라이다. '개입과 확대 국가안보전략'으로 명명된 보고서가 상세히 설명하고 있는 미국의 새로운 정책은 세 가지 주요 목표를 가지고 있다. 그것은 미국안보의 강화, 경제번영, 그리고 해외 민주주의의 신장이다.[5] 한편으로는 미국의 전통적인 안보우위의 목표를 강조하면서도 미국 이상주의의 두 목표인 번영과 민주주의의 신장을 강조한, 말하자면 현실주의와 이상주의의 적절한 배합인 것이다. 세 가지 목표 중에서도 특히 클린턴 대통령이 '세 번째 기둥'이라 표현한[6] 해외에서의 민주주의 신장은 시장경제와 민주주의의 확대와 공고화를 통한 안보의 증진을 말하는 것이다.

이러한 미국의 개입정책이 어떤 내용을 가지고 한반도에 투영된 것인가. 이 보고서는 북한이 핵문제에 관하여 미국에 지속적으로 협조하고 다른 관심사에 관해서도 어떤 진전이 있으면 미국은 북한과 쌍무적인 정치·경제적 관계를 개선할 용의가 있음을 밝히고 있다. 즉, 미국이 원하는 것은 한반도의 비핵화이며 북한이 이에 협조하면 북한을 도와주겠다는 것이다. 사실상 미국의 개입정책은 북한이 NPT를 탈퇴한 1993년 초에는 공식으로 정책화되지 않았다. 당시 앤서니 레이크Anthony Lake 안보보좌관이 이를 공식화한 것이 1993년 9월이며[7] 위의 백악관보고서가 1994년 2월에 나왔음을 볼 때 대체로 그렇게 추측해 볼 수 있는 것이다.

연착륙

이러한 개입정책의 기조하에 미국은 북한과 제네바 합의를 성사시켰다. 그 후 북한의 붕괴 가능성이 점차 현실화되어 가면서 그 근원지가 아직까지 확실하지 않은 '연착륙정책the soft-landing policy'이 고개를 들기 시작했다. 북한은 고장난 비행기와 같고 북한의 갑작스러운 붕괴는 한국과 미국에 공히 이롭지 않다는 논리이다. 즉, 연착륙이 되지 않으면 결과적으로 북한은 돌이킬 수 없는 정치, 경제, 사회적 재난을 피할 수 없고 따라서 이는 북한을 막다른 골목으로 몰아가게 되고 이 경우 북한은 군사적 도발도 불사할 것이라는 것이다. 이것이 한반도 사태의 최악의 시나리오가 될 수 있으므로 북한의 연착륙정책이야말로 현재로서는 불가피한 대안이라는 주장이다.

여기에 대해서 한미 간에 그리고 양국 내에서 찬반양론이 분분했으나 지금까지는 적어도 미국의 정책은 이러한 기조하에서 수행되고 있다고 볼 수 있다. 특히 제임스 레이니James Laney 전 주한 미대사의 "억제를 넘어서"라는 제하의 연설은 이른바 연착륙정책을 기조로 하는 미국의 대한반도 개입 정책을 잘 대변하고 있다고 볼 수 있다. 즉, 레이니에 의하면 억제전략은 그간의 한반도의 안정과 평화에 지대한 공헌을 했으나 이제는 '수명을 다하였고' 따라서 "오늘날의 한반도의 안정을 가장 크게 위협하는 요소를 억제력 하나만을 가지고 해결할 수는 없기 때문에 여기에 신뢰구축 조치와 협력을 이끌어 내기 위한 노력이 추가되어야만 한다"고 주장하였다.[8]

억제를 개입정책과 매우 상반된 개념으로 이해하고 설명한 듯한 레이니의 주장은 그렇다 치고[9] 그 내용만은 미국의 시각을 잘 나타내고 있다. 즉, 미국의 정책적 목표는 한반도의 안정화이고 이는 정권의 전면적 붕괴나 이른바 남한에 의한 흡수통일을 두려워하는 북한을 달램으로써 이루어질 수 있다고 보는 것이다. 이러한 미국의 정책은 제네바 합의 이후 구체화되어 그 후 2~3년 동안 때로는 한미 간에 불협화음을 내면서까지 시행되어 왔다. 미국의 대북한 개입정책은 보완되고 제고되어야 할 몇 가지 요소를 가지고 있다.

첫째, 정책의 적용성의 문제이다. 개입정책은 미국의 세계적 차원의 정책이고 같은 구도하에 이를 한반도에도 적용했다. 따라서 이는 분단 체제이면서 동시에 한쪽이 오랫동안 맹방인 지역에 적용된 첫 사례가 된다. 개입정책은 궁극적으로 대결을 중지하고 상대방을 포용하여 협력을 통해 세계 속에 함께 하기 위한 정책인데, 자칫 잘못하면 바로 이해의 최고 당사자이며 우방인 한국의 입지를 약화시킬 우려가 있다는 점이다. 미국의 개입정책이 중국이나 쿠바, 기타 다른 사회주의 국가들에 적용될 때와 한반도에 적용될 때 달라야 하는 점이 바로 그런 때문이다.

둘째, 개입정책은 그 정책기저에서 밝힌 것처럼 민주주의 신장을 목표로 하고 있다. 그러나 북한에 적용되는 개입정책은 적어도 아직까지는 그런 내용이 없다. 북한의 개혁과 개방을 강조하고 궁극적으로 북한의 개혁·개방은 북한의 민주화와 연결될 개연성은 충분히 있으나 지금으로서는 그보다도 북한 살리기가 그 주된 내용인 것과 같은 인상을 주고 있는 것이 사실이다.

셋째, 레이니 대사도 밝힌 것처럼 대북정책은 신뢰구축 조치와 협력이 이루어지는 방향으로 전개되고 있다. 그러나 신뢰구축 조치보다는 협력에 더욱 비중이 두어지고 있다. 사실상 이 점이 한국으로서는 가장 부담스러운 것이다. 신뢰구축과 대북지원 사이에는 세 가지 방법이 있을 수 있는데 물론 가장 바람직한 것은 선 신뢰구축, 후 대북지원일 것이나 신뢰구축과 대북지원이 동시에 이루어지는 방법, 그리고 '선 대북지원 후 신뢰구축'이 또 다른 방법이다. 물론 대북지원을 계속하다 보면 결과적으로 신뢰구축이 자연스럽게 이루어진다는 주장에도 나름대로 일리가 있다. 그러나 그것은 바로 첫 번째 지적한 문제와 밀접한 상관관계를 갖는다. 남북한의 문제는 북한이 신뢰구축에 적극적으로 나서지 않는 것뿐만이 아니라 아직까지 남한을 인정조차 하지 않으려는 데 있는 것이다. 따라서 이는 한국으로부터 북한이 단순히 체제보존을 넘어서 최근의 대미 관계개선을 북한체제의 정통성을 확립하고 종래의 대남정책을 그대로 유지하면서 거꾸로 한국을 봉쇄하려는 것이 아닌가 하는 의심을 사고 있는 것이다. 물론 그것이 현실적으로 가능하냐는 별도로 하고라도 이러한 태도는 한국의 국내 여론을 자극하여 한국 정부의 북한과의 협력정책을 어렵게 하고 있다. 문제는 최소한 상대방을 인정하고 공식적인 대화를 통해서 협력을 논의하기조차 꺼리는 대상에게 기약 없는 지원을 보낸다는 것이 설사 전략적 차원에서 그럴듯하다 하더라도 어떤 정부도 그런 정책을 오래 지속시킬 수 없다는 데 있다. 국민이 그것을 결코 지지하지 않을 것이기 때문이다.

벼랑 끝 외교

미국의 대북 개입정책은 북한의 외교정책 파워를 설명하는 데 불가결한 요소이다. 이른바 위기도 불사하는 외교적 행태를 설명하는 용어인 '브링크맨십brinkmanship'을 지칭하여 '벼랑 끝 외교'로 명명된 그간의 북한의 외교행태를 북한외교가 지니고 있는 파괴력의 핵심적 요소로 보는 견해가 지배적이다. 기본적으로 이 벼랑 끝 외교에 기초한 북한 외교는 공세적 외교인가 아니면 수세적 외교인가와, 정교하게 고안되고 실행된 외교정책인가 아닌가, 그리고 북한은 그러한 외교를 통해서 미국 및 한국과의 싸움에서 일방적인 이득을 얻었는가가 핵심적인 논의사항이다.[10]

벼랑 끝 외교는 형태는 매우 공격적이나 기본적으로 수세에서 나온 고육지책이다. 체제가 경각에 달려 있다고 느낄 만큼 다급한 상황에서 어떠한 체제라도 돌파구를 찾기 위해 온갖 노력을 할 것이다. 전쟁의 위협도 불사할 수 있다. 따라서 전략을 뒷받침하는 모든 적절한 수단을 갖추고 상대방의 반응을 계산하고 구사하는 공세적 외교와는 성격이 다른 배수진의 의미에서의 공세적 외교라는 데 벼랑 끝 외교의 특징이 있다. 그리고 그 성과에 대해서도 관점에 따라 상당히 다른 평가가 가능할 것이다. 냉전시대였다면 핵문제로 인한 북한의 벼랑 끝 외교는 아마 존재하지 못했을지 모른다. 그것은 개입정책이라는 매우 다른 토양이 있어서 존재할 수 있었던 것이다. 따라서 벼랑 끝 외교가 결과를 결정했다기보다는 미국의 탈냉전의 외교전략이 그것을 용인하도록 해준 것이라 볼 수 있다. 벼랑 끝 외교의 성과는 전혀 가질 수 없는 파이를 얻은 것이 아니라 가져갈 수 있는 파이를 좀 더 크게 한 것이다. 그리고 그렇게 물꼬를 터 준 것은 북한이 아니라 미국과 한국이다. 따라서 미시적으로 북한의 협상력에 대해서 초점을 맞추고 그것을 결정요인으로 보는 것은 다소 무리가 있다. 탈냉전이라는 구조가 더욱 결정적인 요인이다. 북한의 정권 목표가 무엇이었고 그것이 결과적으로 어떻게 됐는가를 보면 이 점이 좀 더 명확해진다. 북한은 애초부터 제네바 합의를 목표로 해서 핵 게임을 시작한 것은 아니다. '제네바 합의'를 통해서 북한은 많은 것을 얻었으나 또한 북한이 원래 목표로 했던 많은 것을 잃었다. 물론 북한의 체제보장에 매우 중요한 미국과 연계의 끈의 생성이라는 제네바 합의 이상의 소득까지를 포함하는 대차대조표를 생각해 보면 계산은 다소 복잡해진다. 그러나 그것도 북한이 국제사회에 길들여져 가는 과정이라면 판단은 달라질 수 있다. 여기서 북한외교의 협상력이나 파괴력을 지나치게 생각하는 밑바탕에는 북한이 미국과 한국을 상대로 해서 완전히 백기를 드는 것이 당연하다는 생각이 상당 부분 깔려 있기 때문이 아닌가 생각된다.

북한의 벼랑 끝 외교의 파괴력은 계속될 신화는 아닌 것 같다. 외교력은 단순한 협상능력 이상의 국력의 종합예술이다. 그것도 상대방과의 상호성을 바탕으로 하여 전개되는 것이다. 미국이 개입정책의 구도하에서 군사적 수단의 사용을 배제하고 북한을 연착륙시키겠다고 방향을 잡았을 때 북한을 압박할 수 있는 수단은 매우 제한될 수밖에 없다. 군사 및 경제제재는 별로 유용한 수단이 되지 못한다. 따라서 유인정책이 주를 이룰 수밖에 없을 것이다. 그렇다고 해서 북한이 미국이나 한국의 국익에 결정적인 이해가 달려 있는 사안까지를 협상의 대상에 넣을 수는 없을 것이다. 그것은 구도 자체를 바꾸게 하는 촉진요인이 되기 때문이다.

5_현존하는 이슈들

북한의 대외관계는 두 가지 축을 중심으로 하여 전개된다고 볼 수 있다. 한 축은 대남관계이고 다른 한 축은 대미관계를 중심으로 한 대외관계이다. 최근 북한의 이러한 대외관계의 한 가지 특징은 대미관계는 순항하고 있으나 대남관계는 답보 상태를 계속하고 있다는 것이다. 이것은 전략적 차원의 문제일 뿐 아니라 심리적 차원의 문제에서 나오는 것이다. 제네바 합의 이후 형성된 북한의 대미의존은 체제 생존적 차원에서 불가피한 것으로 받아들이는 것에 그치지 않고 더욱 적극적으로 관계개선을 하는 것이 북한의 이해에 도움을 준다는 사고가 북한의 지도부에 확산되어 있는 것 같다. 적어도 북한은 미국이 현 북한 체제를 와해시키려 드는 이른바 제국주의자는 아니라고 보는 것이다.

반면에 북한의 남한에 대한 관점은 이와는 확실하게 다르다. 적어도 아직까지는 남한의 흡수통일 가능성에 대한 불안감을 완전히 불식했다고 보기 어렵다. 그리고 지난 수년간의 극심한 북한의 식량난과 구조적인 경제문제에서 비롯된 경제위기로 인하여 체제 생존에 대한 확실한 자신감을 결여한 것이 적극적인 남북대화에 나오는 것을 막고 있다고 볼 수 있다. 물론 가정이긴 하지만 북한이 체제 생존에 대한 자신감이 생기면 더욱 적극적으로 남북대화에 나설 가능성이 있다. 역설적으로 대미관계 개선에 주력하기 때문에 남북대화를 회피하고 있으나 한미관계에 비추어 볼 때 대미관계를 어느 한계 이상으로 진척시키기 위해서는 남북대화에 응할 수밖에 없다는 것을 북한이 깨닫지 못하지는 않을 것이다. 다만 북한의 체제안정에 대한 자신감이 이러한 방향으로의 정책 전환에 기초가 될 것으로 본다.

북한의 대미관계에 대한 실용적 접근은 이미 몇 가지의 북한과 미국 사이의 현안문제에 대한 북한의 태도에서 잘 드러나고 있다. 물론 가장 핵심적인 사항은 북한이 핵투명성에 대한 입장을 계속 견지하느냐 하는 것인데 북한은 지금까지 제네바 핵합의를 실행에 옮기기 위한 KEDO에 비교적 순순히 협조하는 태도를 보이고 있다. KEDO는 처음에 한국 측이 우려했던 것과는 달리 북한이 한국의 중심적 역할을 받아들이고 각종의 후속 의정서 체결이 순조로이 끝나 이제 기공식을 마치고 공사를 진척시키고 있다.

한국전쟁 당시 희생된 미군의 유해송환 협상은 별문제 없이 북한의 협조 속에 진행되고 있다. 제네바 합의에 따른 연락사무소 개설문제는 지연되고 있으나 미국이나 북한이 이를 거부하고 있다기보다는 북한 측의 사정에 의해서 계속 연기되고 있는 것으로 보인다. 특히 북한 측으로서는 뉴욕의 유엔 대표부가 미국과의 대화 통로가 되어 사실상 불편 없이 활동하고 있기 때문에 이른바 여러가지 '기술적' 문제가 산재한 평양의 미국 연락사무소 개설을 서두르고 있지 않는 것이다. 물론 미국은 이미 평양 주재 미연락사무소 소장을 임명해 놓는 등 연락사무소 개설 준비를 완료해 놓은 상태이다.

가장 핵심적인 문제가 바로 한반도 평화체제 문제이다. 북한은 1994년 4월 '새로운 평화체제'를 수립할 것을 선언하고 바로 군사정전위원회에서 북한 측 대표를 철수시키면서 현재의 정전체제를 무력화시키는 조치를 실행에 옮기기 시작했다. 이러한 북한의 기도는 물론 전혀 새로운 것이 아니다. 다만 현시점에서 북한이 전달하려는 메시지는 분명한 것 같다. 즉, "새로운 평화체제 수립 없이 한반도 평화는 없다"라는 것일 것이며 새로운 평화체제는 북미평화협정이 우선해야 한다는 것이다. 북한은 자기가 던진 핵 카드가 먹혀 미국이 사실상 한국을 배제하고 북한과 직접 대화에 나선 것을 경험했기 때문에 이번에는 한반도 불안정을 카드로 해서 미국과 평화체제 협상을 직거래하고자 했던 것이다.

4자회담

한국이 미국과 4자회담을 공동으로 제안했을 당시 한국은 미국에 대해 일말의 불안감을 가지고 있었던 것이 사실이다. 미국은 그전까지 금기시되어 왔던 군사문제에 대한 대북 직접대화에까지 나서고 있었고 미군유해 송환 문제, 미사일 문제 등 미국이 첨예하게 관심을 갖는 이슈가 양측 사이에 가로놓여 있었기 때문에 미국이 한국의 반대를 무릅쓰고라도 북한과의 협상에 임하지 않을까 하는 우려가 있었던 것이다. 제네바 합의를 성사시킨 후 미국은 그 합의가 결국은 한국에도 이익이 된다는 논리를 내세웠기 때문에, 예를 들어 평화협정의 체결 문제도 북한과의 직접 협상에 나서면서 그것이 한반도 안정에 도움을 주고 결과적으로 한국에도 이익이라는 논리에서 한국의 양해를 구하려 할지도 모른다는 의구심이 한국 측에는 일부 있었을 것으로 보인다. 이런 곤혹스러움에 처한 한미 양국에게는 한국, 미국, 북한, 그리고 중국이 참여하는 4자회담이 만병통치의 명약은 아니라 할지라도 이러한 '난국'을 돌파할 수 있는 괜찮은 묘방이라고 생각되었다.

4자회담은 한반도의 평화체제에 관한 유익한 틀이 될 것인가? 회담에 임하는 각국은 각기 나름대로 4자회담의 유용성과 현실적 필요성을 인정하고 있기 때문에 이것이 빠른 시일 내에 어떤 결과를 가져오지는 않을지라도 근근이 유지해 나가리라 본다. 미국은 4자회담의 틀에서 북한과 현안 문제들을 논의할 수 있다. 실종미군 유해문제, 미사일문제 등 군사적인 문제들에 대해서도 북한과 '쌍무적 대화'를 할 수 있는 것이다. 이것은 한편으로는 미·북 직접대화로 인하여 한국을 자극하지 않으면서 실질적으로 북한과의 쌍무대화를 하는 효과를 가질 수 있기 때문이다. 미국은 한국이 바라는 4-2의 방식의 4자회담에 대해서도 남북대화 우선원칙을 이미 한미 간에 합의했기 때문에 크게 반대는 안 할 것이다. 4자회담의 유용성은 이러한 원칙을 지키면서도 미국이 하고 싶은 것은 할 수 있다는 데 있다.

한국에게 4자회담의 성사는 일단 한국이 원하는 한반도 평화체제의 외형적 틀과 부합한다는 데서 그 의의를 찾아볼 수 있다. 그리고 무엇보다도 미국과 북한의 직접 대화로 인한 한국배제를 형식적으로나마 저지했다는 데도 4자회담의 유용성은 있다. 한국은 4자회담을 통해 앞서 얘기한 4-2방식, 즉 남북대화를 우선하고 이를 나머지 2자가 추인하는 방식을 추구할 것이다.

중국은 초기에 4자회담에 적극적이지 않아 보였으나 지난 1997년 8월의 뉴욕에서 열린 예비회담에 적극적으로 임했음을 볼 때 중국도 나름대로 4자회담의 중요성을 인정하고 있는 것으로 여겨진다. 중국은 4자회담에서 비교적 객관적이며 합리적인 입장에서 사안에 대한 견해를 피력할 것으로 보인다. 중국으로서는 4자회담에 참여함으로써 결국 한반도의 미래에 대한 중국의 역할을 위해 건설적인 가교를 놓으려 할 것으로 본다. 한편으로는 미국의 이 지역에 대한 과도한 영향력을 방지하고 남북한에 공히 발언권을 가짐으로써 지역 세력으로서의 입지를 강화하려 할 것이다. 때문에 중국은 합리적 판단에 기초한 역할을 수행하려 할 것이고 이 점은 4자회담의 틀 속에서 평화체제를 만들어 가려는 한국에게는 어느 정도 플러스적 요인으로 작용할 가능성이 있다.

마지막으로 북한으로서도 4자회담은 적어도 단기적으로는 유용성이 있다. 미국과 실질적 대화를 할 수 있음은 물론 4자회담이 북한의 현재의 식량난을 비롯한 경제난을 털어 줄 수 있는 메커니즘을 이미 구성하고 있기 때문에 어떻게 입맛에 맞는 메뉴를 고르느냐 하는 것만이 남아 있는 것과도 같이 부담이 적은 회담이 될 것이다.

한국과 미국은 4자회담의 성사를 적극적으로 지지하고 있고 중국도 정도의 차이는 있으나 이에 참여를 표명했기 때문에 궁극적으로 이의 성사는 북한의 손에 달려 있는, 북한으로서는 좋은 카드를 손에 쥔 셈이다. 따라서 북한은 여유를 가지고 손해 볼 것 없는 게임에 임할 수 있게 되었다. 물론 4자회담이 진행되고 성숙되어가고 그것이 하나의 틀로 확고히 안착되어 가면 다시 다른 틀을 고집하기가 어려워지는 위험을 북한이 안아야 한다는 양면성도 충분히 있다.

북한은 4자회담의 예비회담에 응하면서도 전반적으로 정부 간의 공식적인 남북 직접대화에 응하고 있지 않다. 제네바 합의 이후 남북한 간에는 대화의 분위기가 싹트는 듯했다. 한국의 대북 쌀지원과 남북 간의 경협 진전이 바로 그것이다. 그러나 북한의 남한 식량 인도시의 경직된 태도와 한국의 국내여론 악화 등이 작용하면서 남북간의 '식량대화'가 끊어졌고 1996년 9월의 북한 잠수함사건으로 남북대화는 거의 단절되었다. 이에 따라 그간에 비교적 활발하게 이루어졌던 경협도 1996년 가을 이후 지금까지 매우 미미한 수준에 머무르고 있다. 북한은 이러한 상황에서 남한과의 대화를 적극적으로 재개할 의향을 가지고 있지 않은 듯하다. 무엇보다도 당시 임기가 거의 끝나 가는 김영삼 정부와의 대화를 통해 북한이 얻을 만한 것이 거의 없다고 판단하고 있는 듯하다. 또한 이 시점에서는 남한 위협 정책이 더욱 효과가 있다고 생각하고 이를 지속시킬 것으로 본다.

6_위기의 끝은 있는가

탈냉전의 도래, 김일성의 사망, 극심한 경제위기 등 체제유지의 입장에서 어느 하나도 작은 문제가 아닌 심각한 위기 요인에 직면하여, 그것도 이러한 요인들이 거의 한꺼번에 닥치는 마魔의 1990년대를 보내면서, 북한의 위기는 체제보존을 염려해야 할 만큼 심각한 상황으로 치달았다. 그러나 그러한 가운데도 북한체제는 현재까지는 적어도 붕괴에 이르지 않고 여전히 존재하고 있다. 그 이유는 무엇이며 결국 북한은 위기를 극복할 수 있는가?

첫째, 한국의 대북정책이 가장 주요한 변수였다. 결론부터 얘기하자면 지난 10여 년의 한국의 대북정책은 붕괴정책이 아니었다. 대북정책을 수행하는 데 강온전략이 구사되기는 했으나 북한을 붕괴에 이르게 하기 위하여 매우 정교한 전략을 세우고 그것을 일관되게 실행에 옮긴 것은 아니다. 한국은 대신에 '한반도 안정화 전략'을 세웠다. 통일문제에 대해서는 한국은 냉전시대부터 오랫동안 견지해 오던 점진적이고 단계적인 평화통일 방안을 탈냉전 시대에도 그대로 유지했다. 북방정책과 연계된 남북한 교차승인 정책이라든지, 남북기본합의서의 채택을 통한 남북한 공존정책, 그리고 KEDO의 추진과 4자회담 등 제네바 합의 이후 현재에 이르기까지의 대북정책은 크게 보아 한국의 냉전 관리적 한반도 안정화 정책을 반영하는 것이다.

둘째, 미국의 개입정책이 북한의 체제생존에 빼놓을 수 없는 주요변수이다. 미국 내 민주당 정부의 탄생과 정책적 변화가 지난 몇 년의 한반도의 국제정치 내용을 변화시켰다. 북한의 핵개발 저지에서 시작되어 후에 더욱 거시적인 개입정책으로 정착되어 가는 미국의 대북정책은 적어도 단기적으로는 북한 살리기 정책이 될 것이다. 그리고 일단 미국이 그러한 정책으로 대한반도 정책의 큰 줄기를 잡았기 때문에 어떤 다른 큰 계기가 마련되지 않는 한 이 정책은 계속될 것이다.

셋째, 중국의 대북 후견정책의 지속 또한 주요 변수이다. 중국은 한국과 수교를 통해 꾸준히 관계를 진전시켜 왔음에도 불구하고, 그리고 그러한 중국의 정책변화에 대해 북한이 소원함을 느끼고 있음에도 불구하고, 결국 '어려울 때 옛 친구'처럼 북한의 후견노릇을 하고 있고 이러한 중국의 역할은 앞으로도 적어도 당분간은 지속될 것으로 보인다. 중국은 북한의 변화 자체에 대해서 거부감을 가지고 있지는 않은 것 같다. 다만, 예를 들어 북한의 운명 자체가 미국에게 전적으로 맡겨지는 변화는 방지하려 할 것이다. 그렇게 하기 위해서 중국은 북한이 생존하는 데 필요한 긴급수혈을 계속해서 제공할 것으로 본다. 물론 이러한 지정학적 고려가 중국에게는 매우 중요한 것이나 이것만이 중국의 대북정책을 지배한다고는 볼 수 없다. 이미 중국 자체가 과거의 정통적 사회주의국가를 벗어나고 있기 때문에 북한-중국 관계의 미래는 이러한 변화하는 중국과 과연 계속해서 체질적으로 호흡을 맞출 수 있는가에도 달려 있다.

넷째, 북한의 체제생존 정책의 성공이다. 절박함은 목표를 성취시키는 데 매우 중요한 요인이다. 북한은 탈냉전이 체제를 허물듯 엄습하던 1980년대 후반부터 체제 고수를 위해 결사적인 노력을 펼쳤다. 그리고 한국으로부터 공존의 약속을 받아 내고 궁극적으로 미국과의 담판에 성공함으로써 북한은 적어도 외부적 붕괴의 위험에서 어느 정도 벗어날 수 있게 되었다. 물론 여기에는 북한 체제의 내부적 강인함이 한 요인이라고 볼 수 있다. 경제적 위기에도 불구하고 북한의 지도부가 정치적인 일체성을 유지하고 있는 것이 바로 그것이다.

그렇다면 이제 북한은 위기 끝에 와 있는가?

대답은 정반대이다. 북한의 위기는 이제야 시작되었다. 북한의 위기의 요인이 외부에 있는 것이 아니라 내부에 있고 내부의 위기가 구조적이기 때문에 위기는 파도처럼 주기를 갖고 다가왔다가 사라짐을 반복하게 될 것이다. 따라서 이제야 북한 체제의 내구성이 진실로 시험에 이르는 단계에 다다랐다고 볼 수 있다. 북한으로서의 딜레마는 지금까지 내부를 단결시켜 왔던 요인들이 점차로 유용한 수단이 못되어 간다는 사실이다. 외부를 적으로 하여 내부를 단결시켜 왔던 전가의 보도를 더이상 휘두르지 못하게 될 것이다. 그리고 변화를 마냥 거부할 수도 없을 것이다.

따라서 내부가 흔들리기 시작하면 앞서 작용했던 외부적 요인들도 변화할 것이다. 외부적 요인들은 속성상 양날의 칼이다. 미국의 개입정책도 북한이 최소한 그것을 받아들일 수 있는 토양이 갖춰져야 북한 체제의 생존에 긍정적으로 작용할 수 있다. 중국의 후견정책도 불변의 정책이 될 수 없다. 한국과 중국의 관계가 시간이 갈수록 가까워질 수 있는 소인을 가지고 있는 것을 감안하면, 그리고 그러한 과정에서 중국이 느끼는 북한에 대한 지정학적인 이해가 달라지면 대북정책을 재고하지 않으리라는 보장이 없다. 결국 내부적 요인과 외부적 요인은 하나의 고리로 연결되어 있다. 외부가 내부를 살릴 수 있으나 결과적으로 내부의 모순들이 극복되지 않는 외부의 요인들은 한순간 북한 체제 생존을 위협하게 될 것이다.

그래서 해답은 단 하나이다. 북한이 과감하게 변화를 수용하고 자신을 새로운 실험대 위에 올려놓지 않는 한 북한의 위기는 끝나지 않는다. 위기를 더 큰 도전으로 극복하지 않는 한 북한의 장래는 없다. 북한의 지도부는 그것을 깨닫고 있을지 모르나 실행하기가 매우 어렵다는 데서 오늘의 북한의 위기는 불행히도 비극으로 끝날 공산이 크다.

후기

북한의 위기는 내부에

북한의 체제 위기의 원인은 그 내부에 있다는 1990년대 후반의 위의 결론은 거의 4반세기가 지난 지금도 유효한가? 만약에 북한이 체제 내부의 모순을 해결하고자 과감하게 개혁, 개방에 나섰더라면 그 결과는 어떻게 되었을까? 북한이 체제의 어려움 속에서도 끊임없이 핵개발에 매진하여 결국 6차 핵실험에 성공하고 이제 장거리 미사일과 함께 핵능력을 과시하게 된 오늘 북한은 성공한 체제인가? 이러한 질문은 각기 다르나 서로가 연결고리를 가지고 있고 더욱이 그 해답은 하나에 모아지고 있다. 북한은 체제능력이 있는 국가인가 하는 것이다. 그 체제능력은 군사력일 수도 있으나 그것만이 체제를 살리지 않는다. 만약 북한이 1993년 첫 핵위기 이후 미국과의 제네바 합의를 통해서 핵문제의 해결을 꾀하면서 진정으로 체제를 개방하고 중국식, 또는 베트남식 개혁, 개방으로 갔더라면 결과는 어땠을까? 역사는 가정이 없기 때문에 여기에 대한 해답을 얻을 수는 없다. 그런데 체제 능력을 국가의 경제력, 국민을 먹여 살리는 능력에 초점을 맞춘다면 북한은 그 당시나 4반세기가 지난 지금이나 낙제점의 국가임이 틀림이 없다.

다음의 〈표1〉은 1993년부터 2018년 사이 베트남, 북한, 캄보디아, 미얀마, 쿠바 등 5개국의 일인당 국민소득의 변화 추이를 나타낸다. 이들 국가들의 특징은 모두 사회주의 국가들인데 북한을 제외하고는 어느 시점에서 정도는 조금씩 다 다르지만 개혁, 개방을 한 경우이다. 먼저 북한의 경우를 보면 1993년을 기점으로 했을 때 북한은 쿠바를 제외하고는 일인당 국민소득이 제일 높았다. 베트남과 미얀마의 거의 네 배 정도이고 캄보디아보다는 거의 세 배 정도였다. 쿠바만이 북한의 거의 세 배가 되는 일인당 국민소득을 가지고 있었다. 지난 4반세기에 무슨 일이 일어났는가? 북한은 주지하다시피 체제의 문을 걸어 잠그고 핵개발에 주력하였다. 그 결과 세계은행의 통계에 의하면 일인당 국민소득은 1993년의 645달러에서 2018년 1183달러로 두 배도 상승하지 못하였다. 북한의 경제구조상 통계의 정확

[표 1] **베트남, 북한, 캄보디아, 미얀마 일인당 국민소득** (1993-2018년)

	1993	1998	2003	2008	2013	2018
베트남	160	340	500	980	1720	2400
북한	645	652	782	946	1142	1183
캄보디아	229	290	350	670	970	1380
미얀마	158	132	180	470	1220	1310
쿠바	1870	2240	3100	5460	6640	8325

* GNI per capita (USD) / Data from World Bank (10/02/2019)

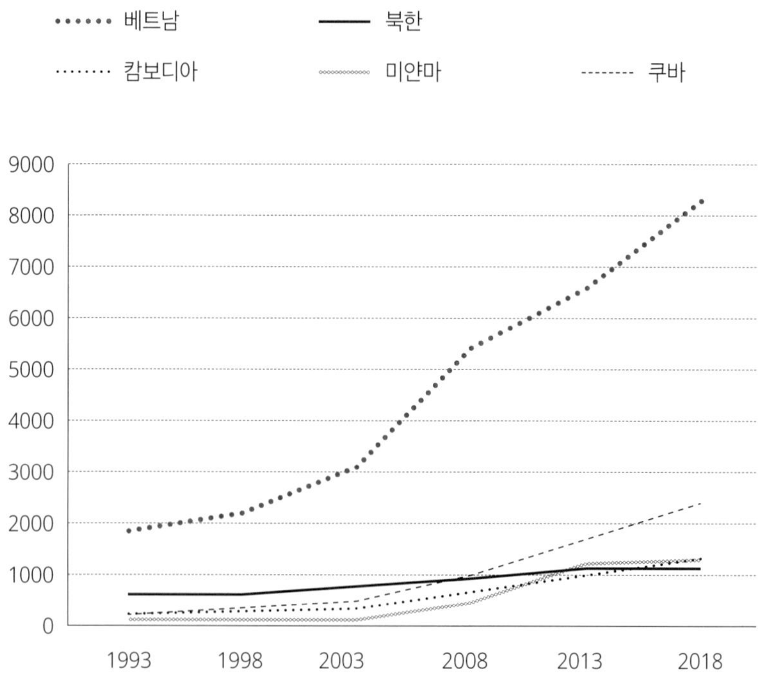

* GNI per capita (USD) / Data from World Bank (10/02/2019)

도를 감안한다면 거의 변화가 없다고 보는 것이 정설이다.

그러나 체제를 개방한 다른 나라들은 어떻게 되었을까? 베트남은 가장 열심히 개혁, 개방에 나선 나라이다. 그 결과 오늘날의 베트남은 중국을 대신할 동남아의 '경제허브'로 부상할 만큼 주목을 받으면서 많은 해외투자가 이루어지는 나라가 되었다. 1993년 일인당 국민소득 면에서 북한의 1/4 정도의 경제가 그새 북한의 두 배가 넘은 경제가 되었다. 앞으로의 추세는 이보다 훨씬 빠른 속도로 그 격차가 벌어질 것이다. 심지어 캄보디아나 미얀마도 북한의 일인당 국민소득을 넘어섰다. 중남미의 쿠바도 대미적대정책을 포기한 결과 관광 수입이 급증하면서 2018년 기준 일인당 국민소득이 8,000달러를 넘어서는 수준에 이르렀다.

이 모든 것을 무엇을 말해 주는가? 북한은 남북한 간의 체제경쟁은 커녕 동아시아에서도 지금 최빈국이 되었고, 북한이 핵문제를 해결하지 못하는 한 향후도 별반 나아질 가능성이 없다는 것이다. 북한은 이 어려움을 극복할 수 있을까? 북한은 외부 요인으로 체제 붕괴에 이를 위험성은 우리가 지난 30여 년을 보아온 것처럼 매우 작다. 북한이 내부 모순으로 체제 붕괴에 이르기도 또한 만만히 않다. 북한 정권의 체제 단속 또한 어느 체제보다도 압제적이기 때문이다. 북한의 핵무기가 이 모든 문제를 해결해 줄까? 그것도 해답이 아니다. 북한 핵을 무력으로 없애지는 못할지 모르지만 어떡하든 그에 대한 군사적인 대처 방안을 찾을 것이기 때문이다. 이 모든 어려움을 딛고 북한이 이룩한 것은 무엇인가? 위대한 핵강국은 북한을 구할까? 그것도 역시 회의적이다. 베트남은 핵을 개발해서 지금 동아시아의 모든 나라가 베트남으로 몰려가고 있으며 미국도 러브콜을 보내고 있는 것일까?

제5장

현실주의 대논쟁과 그 이후

"현실주의는 패러다임으로서건 정치철학으로서건, 그리고 문제해결을 위한 어프로치로서건 앞으로 많은 도전에 직면하게 될 것이다. 그러나 아무도 현실주의자가 아니라는, 또는 모두가 현실주의자가 아니냐는 현실주의에 대한 비판 속에서 오히려 현실주의의 생명력은 그렇게 쉽사리 사그러지지 않겠다는 생각이 들 뿐이다."

1_ 탈냉전의 지적 혼돈과 현실주의

1989년을 기점으로 국제정치에 있어서 탈냉전적 현상이 눈앞에서 급속히, 그리고 혁명적으로 전개되어 가는 것을 목도하면서 세계의 국민들은 그들이 오랫동안 익숙해 왔던 세계가 정말로 변하는 것을 실감하였다. 동시에 그것은 새로운 세계에 대한 희망뿐만 아니라 두려움과 불확실성을 가져다주었다. 세계의 지성계는 물론 국제정치 학계는 이러한 국제정치의 대변혁을 체험하면서 잠시동안 큰 혼란에 빠진 듯했다. 당시 일어나고 있는 현상이 도대체 어떠한 것이며 과연 다가올 세기의 국제질서는 어떠한 모양을 갖고 또 어떻게 대처해야 하는가에 대해 해답을 내려야 했기 때문이다.

이러한 혼란의 가장 큰 이유는 이러한 현상이 예기치 않게 너무 빨리 왔고, 그리고 예상하지 못했던 방향으로 일어났기 때문이다. 그러나 세계 역사의 어느 구석을 보더라도 변화가 예상한 방향으로 일어났던 적은 없다. 인간의 지적 능력을 비웃기라도 하는 것처럼 역사적 사건은 항상 우리가 예상했던 것과는 다른 방향으로, 다른 시간대에서, 때로는 급격히, 때로는 너무 느리게, 때로는 일어났다는 것조차 감지하지 못할 만큼 조용히 일어났다. 다만 그러한 역사를 수없이 겪어 본 우리로서는 이제 경험적 법칙에 근거하여 그 역사를 재단하고 교훈을 얻을 뿐이다.

탈냉전의 역사가 급격히 진전되는 만큼 국제정치학자들의 지적인 도전도 거세어졌다. 그러나 그러한 지적인 도전이 만족스럽게 되었는가는 별개의 문제이다. 이러한 냉전 종식에 대한 분석이 불충분하게 될 수밖에 없는 이유를 한 국제정치학자는 다음과 같이 분석한다. 첫째, 냉전의 국제정치이론이 갈등으로 끝나지 않고 축제로 끝난 동서 분단의 종식에 대해 거의 아무런 근거를 제시해 주지 못했고, 둘째, 탈냉전의 세계가 2차 세계대전 이전의 세계와도 다른 모습을 띄고 있어서 비교의 근거를 제공해 주지 못하고 있다고 보았다.[1]

냉전이 종식되어 지기 바로 전까지만 하더라도 냉전이 이런 식으로 종언되리라도 예상한 사람은 거의 없었다. 그렇게도 막강하게 보였던 소련이 그러한 식으로 역사의 주역에서 물러나리라고 예상되어지지가 않았기 때문이다. 물론 그것은 제2차 세계대전 이래로 국제질서의 특징이었던 양극체제의 견고함 때문이었기도 하지만 더 견고한 것은 그것에 대한 우리의 인식이었던 것이다. 그리고 그러한 인식이 자리 잡도록 한 가장 큰 원인은 아마도 구조적 현실주의로 불리는 케네스 월츠Kenneth N. Waltz가 원류가 되는 학파의 영향이기도 했다.[2]

탈냉전의 평화로운 변화에 대해서 현실주의의 예측의 실패는 두 가지 주장에서 두드러진다. 하나는 월츠가 주장한 것처럼 국제체제의 변화는 국가간의 능력배분의 변화에서 일어난다고 보며 특히 군사적 능력의 변화를 그 주요한 원인으로 생각했다. 더 나아가 길핀 같은 학자는 국가 간의 힘의 변화가 일어날 때 도전하는 세력이나 기존의 세력에 의해서 헤게모니 전쟁의 가능성을 주장하였다.[3] 그러나 탈냉전으로의 변화는 강대국 간의 군사적 능력의 구조적 변화가 일어난 것도 아니었고 더욱이 그것이 헤게모니 전쟁으로 결과하지도 않았다.[4]

냉전이 어떻게 끝이 나고 탈냉전이 어떻게 시작되었든지 간에 그러한 것을 정확히 예견하지 못한 것에 대한 학계의 지적 책임을 면할 도리는 없다. 물론 한편으로는 이러한 미증유의 역사적 사건은 세계의 지성계에 또 하나의 도전의 실마리를 제공해 준다는 점에서 긍정적인 측면이 있다. 탈냉전이 시작되면서 이러한 변화된 세계의 모습은 정확히 어떠한 것이고 앞으로 어떻게 전개될 것이냐를 규명하려는 많은 지적 노력들이 있어 왔다. 그리고 그러한 노력은 10여 년이 지난 지금에도 계속되고 있다.

극적으로 변화하는 세계에 대해 가장 기본적인 관심은 세계질서가 안정성을 가지고 계속해서 평화를 유지할 수 있을 것이냐 하는 문제이다. 그리고 동북아에서의 관심도 이와 마찬가지이다. 유럽과 더불어 세계의 양대 중심축 중의 하나라고 말할 수 있는 동북아 질서의 향방은 국제질서의 일반성과 무관하게 진행될 수 없는 성질의 것이다. 동북아의 안정성과 평화를 연구하는 학자들도 탈냉전의 동북아의 미래가 계속성과 변화라고 하는 역사의 대조되는 두 가지 성질 속에서 어떻게 전개될지가 가장 큰 관심사가 아닐 수 없다.

2_ 신현실주의의 진단과 오류

확인할 길은 없지만 탈냉전의 도래로 가장 당황한 사람은 아마도 월츠가 아니었을까 한다. 그가 진단하고 해답을 내리고 그리고 그 해석에 가장 권위를 가졌던 냉전시대가 종말을 고했기 때문이다. 그것도 그의 이론이 예상하지 않은 방향으로 역사의 물줄기가 흘러갔기 때문이다. 아마도 이런 점 때문에 월츠는 탈냉전이 2~3년 진행될 때까지 학문적인 해답을 내리지 못하고 있었던 것이 아닌가 보여진다. 사실 구조적 현실주의 편에 있거나 혹은 그 이론을 비판하는 학자들조차도 탈냉전의 도래와 그 이후에 전개되고 있고 전개될 세계에 대한 월츠 자신의 진단을 목말라 했던 것이 사실이다. 그라면 또 한 번 어떻게든 멋진 해답을 내려줄 것으로 내심 기대가 있었기 때문이기도 하다.

그러나 월츠가 내린 진단은 우리의 기대를 크게 벗어나는 것이었다. 그것은 월츠의 진단이 적어도 필자의 견해로는 탈냉전의 세계를 정확히 보고 있는가에 대해 의구심도 있지만, 그 정도의 진단이라면 월츠가 아닌 여타의 다른 학자들도 내릴 수 있는 그런 것이 아닐까

하는 것이었기 때문이다. 물론 이 점은 월츠를 어떻게 보아왔느냐 하는 데서 견해가 다를 수 있다.

탈냉전은 다극체제이다?

제1장의 후기에서 잠깐 언급을 하였는데, 1993년《국제안보international Security》라는 학술지에 발표한 〈부상하는 국제정치의 구조〉라는 논문에서 월츠는 탈냉전세계에서 일어나는 구조적 변화와 그것이 국제질서에 미치는 영향에 대해서 분석하였다.[5] 월츠는 탈냉전의 도래를 소련의 지도자들이 3류 경제의 바탕에서 일류군사국가를 건설할 수 없다는 자각하에서 경제재건을 시도했으나 결국 실패함으로써 결과한 것이라고 진단한다. 물론 이러한 진단은 구조적 현실주의의 관점에서 어떠한 중요성을 갖는지는 설명되지 않았다. 더욱이 소련의 내적 요인이 탈냉전의 주요한 원인이었다고 진단하는 데 그것이 구조주의의 관점에서 어떠한 중요성을 갖는지도 설명되어야 할 요소이다. 이러한 것에 대한 자세한 설명이나 해석 없이 월츠는 탈냉전의 도래를 그냥 말하고 있다.

더욱 흥미로운 것은 다가올 세계에 대한 진단이다. 월츠는 "매우 가까운 미래에, 말하자면 10년 또는 20년 안에, 3개의 정치 단위들이 초강대국의 지위에 오를 것이며, 그들은 독일 또는 서유럽 국가, 일본, 그리고 중국이다"[6]라고 말함으로써 양극체제가 끝이 나고 새로운 초강대국들이 탄생하면서 세계는 다극체제로 간다고 보았다. 월츠의 새로운 초강대국의 부상론은 거의 결정론이나 다름이 없다. 그는 초강대국으로의 가는 선택은 자유롭지 못하며 미국도 19세기를 지나면서 그런 선택에 직면했으나 결국 선택에 관계없이 초강대국으로 가고 말았다고 진술한다. 비슷하게 결국 탈냉전 이후의 세계에서도 이러한 현상은 필연적인 것으로 이러한 국제체제에서 현재 생각해 볼 수 있는 것은 독일, 일본, 중국의 초강대국으로의 부상이라는 것이다.

핵국 일본

월츠의 일본의 초강대국으로의 진입론은 특히 흥미로운 것으로써 어떤 국가가 초강대국이 되지 않으려는 선택이 오히려 구조적 이상현상structural anomaly이며 따라서 그러한 선택은 유지하기가 어렵다고 보았다. 따라서 일본이나 독일은 결국 초강대국으로 갈 것이라고 보았다. 특히 이러한 관점에서 "얼마나 오랫동안 일본이나 독일이 다른 핵국들과 비슷한 자신의 능력을 부인하면서 그들과 살겠는가"[7]라고 반문하면서 이들 국가들이 2차 세계대전으로 인한 제한이 있지만 세대의 기억이 사라져 가면 결국 핵국가로 전환할 것으로 보았다. 월츠는 일본의 자위대도 50년대 중반 이래로 헌법이 정한 범위 내에서 유지되어 왔다고 말하고 있는데 "순전히 방어적 핵무기도 헌법에 어긋나지 않다"[8] 라고 말하면서 일본의 핵국가로의 전환의 정당성을 강조하고 있다.

월츠는 일본의 핵국가로의 전환을 초강대국이 되기 위한 필수조건으로 보고 있다. 일본은 이미 세계 두 번째의 경제대국인데 오로지 문제는 군사력이고 핵국가가 되면 초강대국으로서의 조건을 모두 갖추는 것이기 때문에 일본은 그렇게 갈 것이고 또한 가는 것이 당연하다고 보는 것이다. 특히 미국이 점차 물러나는 동아시아에 있어서 중국을 견제할 국가는 일본밖에 없기 때문에 일본의 핵국으로의 전환은 일견 지역의 세력균형을 위해서는 바람직하다고 본 것이다.

미국을 과소평가

탈냉전 초기의 국제정세에 대한 월츠의 이러한 진단의 오류는 무엇보다 아이러니컬하게도 미국에 대한 진단의 오류에서 출발하지 않았는가 한다. 정상적으로라면 양극체제의 붕괴, 그것도 그 축을 이루던 어느 한 편의 맥없는 자멸로 이루어진 체제변환의 결과는 당연히 일극체제나 또는 그와 유사한 체제라고 생각되어졌어야 한다. 그런데 월츠는 그것보다는 보다 가까운 미래에서의 몇몇의 초강대국의 부상에 의한 다극체제의 출현을 예견했다. 이것에는 미국의 파워에 대한 과소평가에서 기인하지 않는가 싶다. 그는 미국의 헤게모니에서의 퇴조를 기정사실화하면서 이러한 미국의 퇴조로 미국을 축으로 한 일극체제의 출현의 가능성을 낮게 보았기 때문이다. 더욱이 이와는 정반대로 일본이나 독일의 경제적 능력과 발전을 상대적으로 과대평가했다. 물론 이는 결과론적으로 얘기하는 것이 되지만 현재의 시점에서 보아 지난 10년은 미국에게는 몇십 년 만에 찾아온 호황기이며 일본에게는 2차 세계대전 이래의 최대의 불황기가 되었다.[9]

월츠의 두 번째 오류는 일본과 독일의 경우 군사력 증강과 핵국가로의 가능성에 대해 국내적, 국제적 제재요인을 너무 간과하는 것이 아닌가 하는 것이고 또한 그것이 가져올 세계 및 지역의 세력균형에 대한 부정적 효과를 너무 가볍게 생각하는 것이 아닌가 하는 것이다.

일본이 어떠한 조건하에서 핵국가로 갈 수 있는지 말하지 않고 다만 정상적인 국가로서 그런 결정을 하지 않을 수 없다고 말함으로써 정말 이 지역과 지역의 국제관계를 깊이 생각하는 사람들의 눈으로 볼 때 너무 나이브한 생각이 아니냐는 비판을 들을 소지가 있다는 것이다. 실제로 일본이 정상적인 국가로서 그러한 결정을 내릴 수 있게 되기까지 얼마나 많은 국내외적 장애를 넘어야 하는지를 얘기해야 한다.[10]

세 번째로 월츠는 동아시아 지역에서의 세력균형의 구도를 너무 단순화한다. 물론 이는 국제정치는 주요한 국가들major ones이 하는 것이라는 그의 구조적 현실주의의 주장에서 나오는 것이기도 하지만,[11] 미래의 동아시아에서의 세력균형의 구도가 단순히 중국 대 일본으로 상정되어지는 것은 이 지역의 보다 복잡한 현실에서 보면 문제가 있다. 더욱이 그때는 한국이 이 지역에서 이들 나라들만큼이나 강력한 국가는 아니지만 세력균형에서 무시되어도 좋을 만큼의 국가는 아니라고 보면 그런 구도를 상정하여 일본이 중국을 대항하기 위해 당연히 핵국으로 갈 것이라는 결론에는 문제가 생긴다. 또한 그것이 이 지역의 세력균형, 안정, 질서에 바람직하느냐가 큰 의문이다. 또한 미국이 과연 이 지역에서 완전히 국가 이해를 접어 버릴 것이냐도 큰 질문 중에 하나가 될 것이다.

탈냉전의 구조적 현실주의

월츠가 이러한 논문을 쓴 지 몇 해가 지나고 탈냉전의 해가 지평에서 완전히 뜬 다음 월츠는 그간의 구조적 현실주의에 대한 제 비판에 대한 하나의 해답으로 "냉전 이후의 구조적 현실주의"라는 논문을 썼다.[12] 이 논문의 질문은 과연 현실주의가 폐기되었는가이다. 여기에 대한 해답으로 탈냉전으로의 변화가 체제 자체의 변화changes of the system라면 그렇다고 할 수 있는데 체제 내의 변화changes in the system이기 때문에 그렇지 않다는 것이다.[13]

그는 지금까지 국제정치에 있어서 가장 큰 영향을 끼친 것으로서 핵무기 도입과 극성polarity의 변화를 들고 있다. 그러나 핵무기 자체도 국제정치체제의 본질적 요소인 아나키적 구조를 바꾸지 않았다고 주장한다. 극성의 변화도 체제구조에서의 변화로써 국가 단위의 변화와는 구별되는 것으로서 국가들에 영향을 미친다고 보았지만 그것이 국제정치를 본질적으로 변화시키지는 않는다고 주장한다. 즉 "무기와 극성의 변화 둘 다 체제를 통해 확산되는 큰 변화임에 틀림이 없지만 체제 자체를 전환시키지는 않았다"고 주장한다.[14] 그러면서 만약 체제가 전환되었다면 국제정치는 더 이상 국제정치가 아닐 것이라고 한다. 그렇다면 어떠한 변화가 국제정치를 정말로 어떤 다른 것으로 바꾸느냐. 그는 세 가지를 든다. 즉 민주주의가 확산되면, 상호의존성이 확실히 증가하면, 그리고 제도가 국제평화의 길이 되면 그렇다는 것이다. 이들 세 가지의 주장은 모두 자유주의자들의 주장이고 월츠는 이들의 주장이 옳으면 국제체제는 본질적으로 변화한다고 본 것이다. 자연스럽게 월츠의 분석은 이들의 주장이 옳으냐로 옮겨 간다. 그는 마이클 도일의 논의를 기화점으로 해서 불붙기 시작한 민주평화 이론을 분석하면서 그것이 하나의 이론이기보다는 명제에 불과하고 역사에 있었던 민주주의 전쟁들에 대해 이 명제는 확실한 설명을 하지 못하고 있다고 비판한다. 또한 상호의존의 효과는 아직 미미하며, 더욱이 국제제도는 아직 매우 제한적인 역할밖에 하지 못하고 있다고 함으로써 자유주의자들의 주장이 설명력이 떨어진다는 점을 지적하고 있다.

그러고 나서 월츠는 현실주의에서의 가장 중요한 명제인 세력균형에 대해서 설명한다. 즉 국제정치는 국가들의 능력의 배분을 반영하는 것이고 국가들 사이의 세력 균형의 시도는 계속해서 일어나며 깨어진 균형은 언젠가는 회복된다는 것이다. 다만 현실주의의 문제는 그것이 언제인지를 말할 수 없다는 데 있다고 본다. 현실주의이론은 균형이 언제 일어나느냐를 말하기보다는 무엇이 일어날 것인가를 말하는 데 적절하다고 지적한다. 그 이유는 월츠에 의하면 현실주의이론이 국가들에 대한 구조의 압력을 다루는 것이지 어떻게 국가들이 그러한 압력에 반응하느냐를 다루는 것이 아니라는 것이다.

이러한 설명에 덧붙여 월츠는 소련의 소멸 이후 국제정치체제는 일극체제가 되었다고 본다. 이것은 그의 1993년의 논문에서는 극명하게 지적하지 않았던 것으로서 2000년에야 국제정치가 일극주의가 되었다는 것을 인정하지 않을 수 없는 소이에서 그런 것이 아닌가 한다. 그러나 그의 구조이론의 관점에서 보면 이러한 일극주의는 국제체제 형태 중에서 가장 지속적이지 못한 형태인데, 그 이유는 첫째, 지배적 세력이 결국 약해질 수밖에 없을 만큼 많은 짐을 지고 있는 것이고, 둘째, 진중하고, 자제하며 행동하더라도 약한 국가들이 지배국가의 미래 행동에 대해 우려할 것이기 때문이라는 것이다.

균형되지 않는 세력

이런 이유로 해서 현재는 미국이 유일한 지배세력이지만 자연이 공백을 싫어하고 따라서 국제정치는 균형되지 않는 세력unbalanced power을 싫어하고, 따라서 균형되지 않는 세력에 직면하여 일부 국가들은 그들의 힘을 증강시키려 할 것이고, 또는 권력의 국제적 배분을 균형되게 하기 위해 다른 국가들과 동맹할 것이라는 논리이다. 이러한 일극주의 세계에서 국가들은 어떻게 균형을 유지하려 할 것인가가 월츠의 다음 질문이다. 그는 유럽은 지금 그럴 위치에 있지 않다고 하면서, 그러나 중국은 그럴 것으로 보고 있다. 그는 중국은 미국과 핵대등성nuclear parity을 가지고 있다고까지 주장한다. 또한 93년의 주장처럼 일본도 핵국가로 감으로써 미국의 도전세력으로 성장할 것으로 본다.

그의 결론은 지금은 미국의 일극주의체제 같지만 "다극체제가 우리 눈앞에서 발전하고 있으며 더욱이 균형을 이루고자 하는 긴급성을 가지고 나타나고 있다"고 진단한다. 그러면서도 이러한 구조적 변화는 국제체제가 완전히 전이하는 것을 의미하지는 않으며, 따라서 현실주의는 옳다고 본다.

월츠의 20세기의 황혼에 쓴 이 논문도 검토되어야 할 많은 점들을 남기고 있다. 그가 강조해서 구별하는 '체제의 변화'냐 '체제 내의 변화냐'의 개념은 정말 그의 1979년의 기념비적 저서에서 의미했던바 그대로 지금도 그것을 그렇게 해석하고 있느냐 하는 의구심을 가질 만큼 자의적인 냄새가 많이 난다. 그 둘 사이의 개념의 차이를 설정했던 것은 정말 훌륭한 것이었다고 생각한다. 그러나 그것을 지금은 구조적 변화는 체제 내의 변화이고 체제 자체의 완전한 전이, 즉 그가 국제정치는 더 이상 국제정치가 아니라고 말하는 변화만이 체제의 변화라고 항변한다. 우리가 체제의 변화라 했을 때 그것은 한 체제에서 다른 체제로 변화하는 것을 포함한다고 생각한다. 그런데 체제의 변화를 '체제'가 사라지거나 완전히 어떤 다른 것이 된다는 것만을 의미하는 것으로 축소하고자 하면 그것은 굉장히 극단적인 논리이다. 체제의 변화를 아나키적인 본질이 완전히 사라져 버린 상태만이라고 보려는 것이었다면 1979년의 저서에서 그렇게 썼어야 했다. 그보다 덜 극단적인 변화—예를 들어 국가들 간의 능력의 배분에 있어서의 변화—도 체제변화의 요인으로 보았다. 그러나 이제와서 현실주의를 옹호하고 탈냉전의 현실에 신현실주의가 여전히 설명력이 있다는 바를 그러한 식으로 합리화시키려는 것은 어딘가 월츠답지 않는 논리적 결함과 옹졸함이 엿보인다. 신자유주의자들도 국제정치의 아나키적 성질을 전적으로 부정하지 않았다.[15] 또한 월츠의 말대로 체제의 변화로 생각되어지는 상호의존의 현격한 세계에도 아나키적 성질의 국제정치는 계속 본질로 남아 있다. 협력cooperation이 아나키적 성질이 없는 국제정치에서만 성립한다고 생각하는 것은 신자유주의자들의 생각을 너무 협의적으로 보는 것이다.

어떤 일극주의, 어떤 다극주의

이러한 근본적인 문제와 더불어 몇 가지 구체적인 문제점들이 그의 최근 주장에서 드러난다. 가장 중요한 것은 탈냉전이 진행되어진 지 10여 년이 지나서야 월츠는 마지못해 지금이 미국의 일극주의 시대라고 인정한다. 그것도 잠시 그것은 지금 부상하는 다극주의로 곧 교체되어질 것이라고 말한다. 그 이유는 일극주의가 그의 표현대로라면 균형되어지지 않는 세력에 의한 질서이기 때문이다. 여기서 용어의 선택 자체가 매우 자의적이라는 인상을 지울 수 없다. 즉 일극주의 자체가 불완전하고 세력균형 상태에 있지 않는 체제라는 생각이 밑바탕에 있는 것이다. 이 점은 헤게모니 안정을 얘기한 다른 학자들, 길핀Gilpin과 같은 학자와의 견해와도 다른 것 같다.[16] 결과적으로는 헤게모니체제가 새로운 부상하는 세력에 의해 무너지고, 그러나 한 사이클이 지나가면서 새로운 헤게모니체제가 나타나는 과정의 일환으로 보았지 월츠처럼 그 자체를 균형되지 않는 체제로 보지는 않았다.

그러나 월츠가 사실 논했어야 하는 것은 지금 출현하는 일극주의가 어떠한 것이냐 하는 것이다. 지금 출현하는 일극주의가 얼마나 갈 것이고 이러한 일극주의에서의 국제질서의 모양은 어떠한 것이며 그 안정성과 평화의 문제는 어떻게 될 것이며 여기서 어떤 국가들이 구체적으로 어떻게 하는 것이 국제평화를 가져다 줄 것이냐를 먼저 논했어야 했다. 물론 여기에 대해서는 이미 상당한 논의가 진행되고 있다.[17] 따라서 월츠는 그 점을 먼저 지적을 하고 미래의 부상할 가능성이 있는 그 어떤 체제—그것이 반드시 다극체제라고 할 이유도 현재로서는 없다—를 말하는 것이 순서가 아니었나 한다.

또한 그의 중국에 관한 견해도 상당히 지적되어야 할 많은 문제점을 가지고 있다. 그는 중국의 핵능력을 미국과 핵대등성을 가질 정도라 보았다. 핵대등성을 2차공격력을 가지면 가지는 것으로 보았다.

따라서 대륙 간 탄도탄을 7-8개 가지면 2차공격력을 가진 것이고 그러면 핵대등성을 갖는 것으로 보았다.[18] 이러한 주장은 이론적으로나 경험적으로 받아들이기 어려운 것이다. 중국이 현재의 핵능력이 2차공격력을 확보했느냐부터 따져 보아야 할 것이지만, 또한 미국이 7,000여 개의 대륙 간 탄도탄을 가진 것으로 판단해 볼 때 중국과 미국이 핵대등성을 가진다는 것은 경험적으로도 받아들이기 어렵다. 원래 핵대등성의 개념은 60년대의 미국과 소련의 핵능력을 비교하면서 나왔다.

한 가지 이러한 월츠의 문제점들은 지적하면서 그가 왜 그러한 결론에 도달할 수밖에 없는가를 생각해 볼 수 있다. 여러 해답이 나올 수 있겠지만 한 가지는 그가 너무 이론의 간결성parsimony을 염두에 두었기 때문이 아닌가 한다. 이론의 간결성으로 볼 때, 적어도 신현실주의 입장에서 보면, 양극체제만큼 간명하게 설명할 수 있는 체제도 드물다. 그가 1979년의 저서에서 왜 이론이 무엇이냐를 제1장에서 설명했던가를 보면 이해할 수 있다. 그러나 지금 진행되어져 가는 변화를 이론의 간결성의 관점에서 보았을 때 참 결론을 내리기 어렵게 된다.

3_미어샤이머, 월포스, 그리고 프리드버그

미어샤이머의 다극체제론

월츠보다 탈냉전의 세계를 보다 분명한 어조로 비관적으로 표현한 대표적 신현실주의자는 바로 미어샤이머일 것이다. 그는 탈냉전이 바로 시작되는 즈음에 발표한 논문에서 탈냉전은 다극체제로 갈 것이고 따라서 매우 불안정한 체제가 될 것이라고 진단했다. 사실상 그의 논점은 잠시 미루어 두고 그가 논문을 발표한 시기로 보았을 때 그 논문은 이러한 논의를 가장 먼저 심도 있게 한 선구자적 논문이라는 점에서 매우 높이 평가받아야 마땅할 것이다. 학계의 탈냉전의 안정성과 평화에 대한 논의는 그의 논문에서 대한 비평이 상당한 단초를 제공했다는 점을 간과하기 어렵다.

이러한 평가에도 불구하고 그의 논점이 옳았느냐는 별개의 문제이다. "미래로의 회귀"라는 유명한 할리우드의 영화 제목을 딴 제목의 논문에서 미어샤이머는 냉전의 종식이 유럽에서의 전쟁과 위기의 가능성을 높일 것이라고 분석하였다.[19] 그는 냉전시대의 전쟁의 부재의 원인을 세 가지로 들고 있는데, 그 하나는 유럽에서의 양극체제의 존재, 그리고 다른 하나는 두 초강대국 사이의 군사적 균형, 그리고 핵억지이다. 그는 소련의 몰락으로 이어진 냉전의 종식으로 안정적인 체제인 양극체제가 불안정한 다극체제로 바뀜으로써 과거보다 더 비슷해진 5개국 세력—즉 미국, 러시아, 통일독일, 프랑스, 영국—이 서로 경쟁하게 되고 이러한 유럽에서의 다극체제로 인해서 전쟁의 가능성이 더욱 커졌다고 본다. 더욱이 이 지역에서 강대국들 사이의 세력의 불균형 현상이 일어나면 이는 지역의 불안정을 급속히 진전시킬 것으로 보았다.

미어샤이머의 논리의 핵심에는 소위 극성polarity에 대한 고려가 깔려 있다. 그리고 이러한 극성에 관한 생각은 신현실주의의 전통적인 생각이다. 즉, 냉전의 양극체제는 상당히 안정적인 체제이고, 이것의 변화, 즉 탈냉전의 다극체제는 불안할 것이라는 생각이다. 이러한 미어샤이머의 주장은 현실주의학파의 밖에서는 물론이고 그 안에서도 비판이 제기되었다. 그러나 엄밀히 말해서 미어샤이머의 탈냉전의 진단을 탈냉전이 이미 상당히 진전된 지금의 시점에서 판단하는 것은 무리가 있다. 그리고 그의 논문은 대상으로 유럽을 상정하는 것이지 동아시아를 상정하는 것은 아니라는 것이 확실하다. 그럼에도 불구하고 그의 이론적 전개과정과 결과를 보았을 때 적어도 국제정치의 본질을 보는 측면에서는 지역에 상관없이 논의될 수 있는 부분이 있다. 안정적인 양극체제가 무너지고 유럽에서도 불안정한 다극체제가 등장했다면 그것은 국제체제 전반이 불안정한 다극체제의 상황으로 전개된다는 가정이 된다. 동아시아에서도 유럽에서와 마찬가지로 양극체제가 무너졌기 때문이다.

미어샤이머는 현실주의의 설명력을 옹호하기보다는 현실주의의 반대편에 있는 신자유주의를 비판한 것으로 더욱 주목을 받았다. 90년대 중반에 발표한 그의 논문[20]에서 미어샤이머는 제도는 국가행위에 최소한의 영향만을 가지고 있기 때문에 탈냉전세계에 안정성을 증진시키는 데 아무것도 하지 못한다고 강하게 비판한다. 따라서 제도에 바탕을 둔 이론들—신자유주의적 제도주의, 집단안보이론, 그리고 비판이론—은 탈냉전 세계의 안정성을 증진시키고 국제관계를 이해하기 위한 건전한 기초를 제공하지 못한다고 비판한다. 그는 특히 그러한 이론들이 상관 논리에서 오류를 범하고 있으며 상대적 이득의 문제를 간과하고 이론을 지지하는 경험적 증거들이 부족하다는 점을 지적한다.[21] 미어샤이머는 그의 최신의 저작에서 현실주의의 주요한 이론들로서 '인간본성 현실주의Human Nature Realism', '방어적 현실주의Defensive Realism', 그리고 '공격적 현실주의Offensive Realism'의 셋을 들며, 자신은 인간본성 현실주의자인 모겐소와 방어적 현실주의자인 월츠의 주장을 섞은 공격적 현실주의자라고 주장한다. 즉, 국가가 세력경쟁을 하는 원인으로는 월츠의 주장처럼 체제의 구조로 보지만 국가가 얼마나 파워를 원하느냐는 모겐소처럼 헤게모니가 궁극적 목적으로서 국가는 가능한 파워를 극대화한다고 보았다.[22]

그는 특히 강대국 간의 헤게모니 경쟁이 잠시 멈춰 있지만 결과적으로 나타날 것으로 보면서 중국이 그러한 대상국가가 될 것으로 생각한다. 향후 부유한 중국은 현상고착을 원하는 세력이 아니라 지역 헤게모니를 쟁취하려는 공격적 국가가 될 것임으로 현재의 미국의 봉쇄정책이 아닌 개입정책은 중국을 부유하게 함으로써 미래의 미국의 가장 강력한 경쟁자로 만들 것이기 때문에 미국의 정책은 실패할 것이라는 것이다.[23]

프리드버그의 동아시아 불안정론

프리드버그는 탈냉전의 세계를 진단하면서 "양극체제는 사라지고 그것은 일극체제도 아니고 단순한 다극체제도 아니고 서로 연관된 일련의 국가들이 상호작용을 하는 지역적 하위체제들의 모임으로서의 다극체제가 우리의 미래"[24]로 보았다. 다시 말하면 그는 국제체제를 지역을 기반으로 하는 몇 개의 지역적 다극체제가 모인 체제로 보는 것이다. 이러한 국제체제에서는 그러나 모든 다극체제가 불안정한 것은 아니고 어떤 다극체제는 상대적으로 다른 것보다 더 안정적인 것이라는 것이다. 이러한 다극체제의 역동적인 성질에 비추어 볼 때 유럽은 아시아보다 상대적으로 상당히 안정적이라고 보았다.

프리드버그의 주장 중에서 상당히 설득력 있는 부분이 분명히 있다. 즉 그의 안정성을 측정하는 요소로써 언급하고 있는 비구조적 요인들은 상당히 직관이 있다고 하겠다. 즉 현명한 지도자들에 의한 적절한 정책, 금세기의 참혹한 전쟁에 대해 공유하는 기억들, 도덕적 합의, 정체의 동질성, 그리고 국제적 행동에 대한 인정된 규칙의 존재 등을 비구조적 요인들로 언급하고 있다. 그러나 그 비구조적 요인들이라고 하는 것은 사실상 상당히 비현실주의적인 사고에서 나오는 것이다. 그리고 일부는 상당히 역사적인 것일 뿐만 아니라 자유주의적인 것이다. 이런 것들을 보면 프리드버그의 사고에는 현실주의보다 자유주의적 사고가 더욱 강하다고 하겠다. 그러나 그는 국제체제의 안정성을 설명하면서 국제체제의 극성을 들었다. 즉, 출발은 현실주의적 사고이나 그 차이에 대한 해석은 자유주의적 주장을 가미한 것이다.

더욱이 문제는 과연 탈냉전의 동아시아를 어째서 다른 체제도 아닌 다극체제로 보았느냐 하는 것이다. 프리드버그가 동아시아의 지역체제를 언급하면서 다극체제라 할 때 미국이 그 속에 포함되는 지는 분명히 명기하지 않았다. 그렇지만 미국을 빼놓고—단순히 지리적 지역국가가 아니라는 사실만으로—논의하려 했다면 그 논의 자체는 별 의미가 없다고 본다. 따라서 묵시적으로나마 미국이 포함된 동아시아의 탈냉전체제를 언급하는 것으로 가정할 수밖에 없다.

이러한 동아시아 국제체제를 프리드버그는 첫째, 다극체제이며, 둘째, 그것도 유럽에 비해서 상당히 불안정할 수밖에 없는 다극체제라고 분석하였다. 문제는 탈냉전의 동아시아 국제체제가 어떻게 다극체제일 수 있느냐 하는 것이다. 그렇게 가정하기 위해서는 동아시아의 국제체제는 서로 비슷한 세력들의 각축장이어야 한다. 동아시아의 국제체제를 언급할 때 결국 세력다툼을 할 수 있다고 가정할 수 있는 국가는 미국, 러시아, 중국, 일본일 것이다. 탈냉전의 동아시아 국제체제가 이들 국가들의 세력다툼이라면 이들의 세력을 어떻게 보고 있는가가 관건이 될 수밖에 없다. 그러한 결론에 도달하기 위해서는 미국이 힘이 비슷한 국가들 가운데 힘이 가장 센 국가first among equals 정도이어야 할 것이다. 이것은 헤게모니 국가나 그와 유사한 힘을 갖는 국가와는 상당히 다른, 다른 국가들과 기본적으로는 힘이 비슷한 국가를 상정할 때 쓰이는 말이다. 그러나 그러한 결론은 적어도 현재로서는 타당하지 않다. 국가 간의 힘의 정도를 측정하기 위한 정확한 기준은 현재로서 학문적으로 존재하지 않지만 경험적으로 정치, 군사, 경제, 문화 등의 몇 가지 측정 기준으로 볼 때 미국의 현재의 파워는 다른 국가들과 비슷한 정도가 아니다.

월포스의 비구조적 현실주의

탈냉전의 변화를 설명하면서 월포스는 현실주의가 탈냉전의 변화를 설명하지 못했다는 주장에 대해 반박하면서 전통적 현실주의, 헤게모니 경쟁이론, 권력전이이론 등의 비구조적 현실주의가 이러한 대변환을 잘 설명해 준다고 주장한다.[25] 특히 월포스는 헤게모니 경쟁이론이 탈냉전의 도래에 대한 설명이 타당성이 결여되었다는 주장이 타당하지 않다고 지적한다. 그는 헤게모니 국가들은 쇠퇴하기를 거부하는 경향이 있다면서 그러나 냉전시대의 소련은 결코 그러한 헤게모니 국가의 반열에 서 있었던 적이 없다는 것이다. 소련은 쇠퇴하는 도전국이었지 쇠퇴하는 헤게모니 국가가 아니었다는 것이다. 따라서 위험한 순간은 상대적 위상의 변화이지 도전세력의 급격한 퇴조가 아니며 소련은 그러한 변화점에 도달하지도 못하고 부상하다 쇠퇴했다는 것이다.[26] 이러한 월포스의 주장은 상당히 흥미롭다. 냉전의 소련이 퇴조하는 헤게모니 국가가 아니라 퇴조하는 도전국에 불과했기 때문에 탈냉전의 변화가 결과적으로 헤게모니 경쟁이론의 주장처럼 전쟁으로 결과하지 않았다는 이 주장의 관점에서 보면 향후의 국제질서의 안정성도 과연 도전하는 헤게모니 국가의 존재나 부재의 여부에 의해 판가름날 수 있기 때문이다. 따라서 신현실주의자들의 주장에서 이러한 가능성을 가진 몇 개의 국가—월츠에 따르면 일본, 중국, 그리고 독일 등—가 과연 이러한 능력을 가졌는가가 관건이 될 것이다. 특히 미래의—현재가 아닌—중국이 이 반열의 가장 앞에 있다고 보는데 과연 몇 년 안에 중국이 군사적으로 과거 냉전시대의 소련 정도라도 될 수 있는지가 초점이 된다고 하겠다.

4_ 수정주의적, 문명주의적 비관론

탈냉전과 21세기의 국제정치의 미래를 어둡게 보는 것을 비관론이라 한다면 앞서 설명한 현실주의가 그 대표적인 이론이다. 그러나 비관론적인 관점에서 보면 그것은 몇 개의 갈래를 가지고 있다고 할 수 있다. 수정주의적 경향의 비관주의는 지난 수십 년 동안 미국의 외교정책의 지배적 경향에 대한 반론에 기반을 두는 것이다. 이는 탈냉전 시대의 특이한 주장은 아니며 이미 냉전시대, 특히 80년대 이후 두드러져왔던 경향이라고 할 수 있다. 여기에는 두 가지 구별이 있을 수 있다. 하나는 역사에 대한 수정주의 경향이라고 할 수 있다. 이는 미국의 냉전의 역사를 기존의 시각과는 상당히 다른 시각으로 보는데 이러한 주장의 대부분은 계급이론을 바탕으로 한 것들이다. 둘째는 마르크스주의에 바탕을 둔 계급이론에서 미국의 외교정책의 주류이론을 비판하는 것은 아니나, 특히 경제정책에 대해서 미국의 외교정책을 비판하는 일단의 학자들이 있다. 특히 이들은 미국과 일본의 관계에서 미국이 냉전 이후 취해 왔던 동맹을 바탕으로 한 대일본 경제정책을 비판한다. 이들의 이론적 경향도 수정주의라는 이름으로 불린다. 셋째는 특히 탈냉전하의 미국의 외교안보 정책의 방향을 언급한 수정주의도 있다, 이들은 동아시아에서의 미국의 적극적 개입주의 대신 신고립주의를 선호하는 주장들이다. 이들의 이론적 성향은 다양한데, 이들 중 관심을 끄는 것은 기본적으로 현실주의적 입장을 취하면서도 신고립주의를 취하는 주장이다.

여기서는 특히 둘째와 셋째의 주장에 대해 좀 더 심층적 분석을 해 보고자 한다. 첫째의 계급주의적 사고에 바탕을 둔 역사적 수정주의는 탈냉전의 동북아의 상황을 분석하는데 실제로 냉전시대와 특이점을 찾을 수 없고 탈냉전의 안정성과 평화란 관점에서 보아 특별히 주의를 요하는 주장도 없다. 그러나 두 번째와 세 번째의 수정주의는 바로 이러한 점을 주요 논점으로 삼고 있기 때문에 분석의 필요성이 제기된다.

존슨과 킨의 수정주의적 비관론

일본을 위시한 동아시아의 국가들의 지난 몇십 년의 경제성장을 설명하면서 그것의 미국 안보 정책의 함의를 논의하는 과정에서 나온 수정주의적 경향의 대표적인 학자는 찰머스 존슨이다. 그는 킨과 공저한 논문에서 냉전의 종식으로 미국의 이 지역에서의 개입주의는 미국의 이해뿐만 아니라 미국이 지원하고 있다고 생각하는 이 지역 국가들의 이해에도 어긋난다고 주장한다.[27] 즉 계속되는 미국의 이 지역에서의 군사적 개입은 이 지역 국가들이 그들의 안보를 위해서 지불해야 되는 전 비용을 지불하지 않아도 되도록 하기 때문에 현명한 정책이 되지 않는다는 것이다. 따라서 이는 이 지역 국가들이 자신의 안보문제를 자신이 해결하는 데 필요한 조치를 하지 않도록 한다는 것이다.

이들의 비관주의적 논리는 2단계로 되어 있다. 첫째는 대부분의 동아시아 국가들은 지구상에서 가장 경제적으로 다이내믹한 국가들이고 이들은 경제적 번영을 구가해 왔으므로 미국이 이들을 대신해서 안보 비용을 지불할 필요가 없다는 것이다. 이어서 둘째, 결과적으로 미국의 계속되는 주둔은 이 지역의 불안정의 원인이 되고 갈등을 지속시킬 것이라는 것이다. 미국의 1995년의 나이 보고서로 알려진 "아태지역에서의 미국의 안보전략"이란 보고서를 강렬히 비판하면서 이들은 미·일 안보 조약을 전면적으로 개정하든지 폐기해야 할 것으로 보고 있다. 미 국방부가 일본을 여전히 미국의 아시아에서의 안보정책의 기저라고 보는 것에 대해 이들은 미·일 상호간에 그러한 이해관계가 없으며 오히려 미·일간의 경제적 긴장 상태가 앞으로 심화될 것이고 이것이 불가피하게 안보관계에 새로운 압력으로 작용하게 될 것이라는 것이다. 이들은 "많은 사람들이 중국의 계속적 팽창이 동아시아의 가장 큰 안보 위협으로 생각하나 평화로운 아태지역에 대한 더 큰 위협은 진정한 동맹으로 행동할 수 있는 일본의 능력을 믿지 않는 미국"[28]이라고 공언한다.

이들의 주장의 문제점은 경험적 사실에 바탕을 두지 않고 가설적인 논법을 동원하여 자신들의 주장을 합리화하고 있다는 것이다. 미국의 이 지역에서의 계속적인 주둔이 왜 이 지역에서 불안정을 가속화시키는지를 설득력 있게 제시하지 못하고 있다. 그들은 그것을 다른 학자들이 주장하는 것처럼 이 지역의 세력균형에 영향을 주기 때문으로 보고 있는 것도 아니다. 즉, 예를 들면 미국의 계속적 주둔이 중국을 자극하고 따라서 중국과 미국과의 갈등이 더욱 표면화됨으로써 지역이 불안정으로 간다는 그런 논리도 아니다. 이들은 미국의 이 지역에서의 주둔의 필요성과 객관적인 안보 현실 사이의 논리적인 연계 노력 없이 그저 미국의 불개입이 필요하다고 주장하고 있다.

레인의 고립주의적 현실주의

이러한 존슨의 주장보다 좀 더 논리적인 주장을 펴고 있는 것이 바로 크리스토퍼 레인의 주장이다.[29] 레인은 탈냉전의 세계가 다극체제가 될 것으로 보면서 미국이 일본과 독일의 새로운 초강대국으로의 부상을 억제하는 정책을 펴는 것은 반생산적일 것으로 보면서 이것은 새로운 초강대국의 부상을 오히려 촉진시킬 뿐만 아니라 그들의 미국에 반한 균형적 행태를 부추길 가능성이 있다고 주장한다. 그는 미국은 "새로운 초강대국의 불가피한 탄생에 적응해야"하고 "지역 균형자로서의 위상을 가정하면서 전략적 독립 정책을 펴야 한다"[30]고 주장한다.

"다극적 세계에서는, 미국은 기다릴 수 있고 그리고 합리적으로 다른 세력들을 '먼저 가게 함으로써' 비용을 전가하는 전략을 받아들일 수 있다. 이러한 상황이 미국에 유리한 데는 세 가지 이유가 있다. 첫째, 부상하는 초강대국들이 지역경쟁에 개입하고 있다는 사실이 미국의 상대적 힘을 고양시키는 효과를 가져올 것이다. 둘째, 미국의 미래의 가장 강력한 지정학적 경쟁자일 일본은 미국이 직접적인 충돌의 위험을 감수해야 할 필요가 없이 다른 국가에 의해 저지될 수 있다. 셋째, 만약 부상하는 초강대국들이 그들의 안보비용을 스스로 해결해야 하게 되면 그들은 미국과의 경제적 경쟁에서 우위를 가져다 주었던 무역국가전략trading-state strategies에만 집중할 수 없게 된다."[31]

이러한 레인의 주장은 기본적으로 큰 문제가 있다. 무엇보다도 그의 주장은 네 가지로 요약할 수 있다. 첫째는 탈냉전 시대에는 다극체제가 불가피하다는 것이다. 둘째, 이러한 다극체제하에서 일본과 독일이 새로운 초강대국으로 부상한다는 것이다. 셋째, 미국의 지배적 힘이 유지될 수 없다는 것이다. 넷째, 따라서 미국은 '전략적 독립 정책a policy of strategic independence'을 펴야 한다는 것이다. 이의 네 가지의 주장은 모두 문제가 있다.

첫째, 탈냉전의 국제질서의 문제인데 현실주의자인 레인의 다극체제론은 그의 이론의 견지에서 보아 그런 결론을 내린 것으로 판단이 되나 실제로 현재 전개되고 있는 현실은 다극체제적 질서와는 거리가 멀다. 월츠도 어쩔 수 없이 인정한 것처럼 지금은 미국의 세기가 지속되고 있고 그것은 헤게모니 체제와 유사한 것이지 다극체제와는 거리가 멀다. 물론 이것이 앞으로 20-30년 이후에 어떻게 될 것이냐는 또한 다른 문제이다.

둘째, 일본과 독일의 초강대국으로의 부상의 불가피성 또한 상당한 논란거리이다. 물론 여기서 초강대국의 개념을 어떻게 규정할 것이냐가 또 다른 논쟁거리이나 적어도 가까운 장래에 국제정치에 구조적 영향력을 끼칠 만한 세력이 될는지는 의문이다. 또한 일본과 독일의 초강대국으로의 부상을 이상적으로 보는 견해는 더욱 문제이다. 역사와 현실을 직시했을 때 이것을 지역국가들이 국제평화를 위한 안정적 세력의 등장으로 보아 줄지가 의문이다.

셋째, 미국의 일극주의적 힘의 지속성 여부는 문제가 제기될 만하다. 그러나 다른 한편, 우리가 간과해서는 안 될 것은 힘은 상대적인 개념이라는 것이다. 물론 헤게모니적 힘을 가진 국가도 언젠가는 그 지위에서 물러날 것이라는 가정에는 변함이 없다. 다만 언제냐는 것이고 그에 도전할 만한 세력이 누구냐가 중요한 문제가 될 것이다.

미국이 주도하는 현재의 국제질서가 언제, 어떻게 변할 것이냐에 대한 정확한 해답을 누구도 내리기가 간단치 않을 것이다. 다만 현재 진행되어가는 상황을 고려해 볼 때 미국 외의 세력이 미국 정도의 힘을 가지고 도전하기까지는 적지 않은 시간이 요할 것이라는 점은 분명하다. 이런 점에서 보면 미국의 일극주의의 도전은 외부로부터가 아니라 오히려 미국 내부에서 오기 쉬울 수도 있다.

레인은 현실주의적 분석에 충실하면서도 힘의 전이와 그것이 체제의 안정성에 대한 함의에 대해 무지하다. 그가 가정하는 소위 미국의 도전 세력들—일본, 독일, 중국 등—의 힘은 아직은 미국에 도전하기는 시기상조이다. 이 중에서 중국이 가장 현실적으로 빠르게 미국의 도전세력으로 등장하겠지만 지난 냉전시대의 미·소간의 대결을 상정해 볼 때 언제 중국이 그때의 소련 세력 정도라도 힘을 기를 수 있을지 요원하다. 물론 그 소련도 스스로 그러한 도전세력으로서의 지위를 포기함으로써 냉전은 끝났고 그 큰 원인 중의 하나는 소련 스스로가 그러한 상태가 계속되는 것이 소련을 종국에는 제삼세계국가 정도로 침몰할지도 모르겠다는 자각에서 나온 자발적 결단의 결과였다. 따라서 미국에 대안세력이 없는 지금 중국이 나름대로 목소리를 내고 있으나 아직은 과거의 소련 세력 정도에도 미치지 못하는 세력이며, 또한 그러한 세력이 되기에는 아직도 갖춰야 할 필요조건들이 너무도 많다는 사실을 보면 레인의 주장은 아직은 매우 설익은 가정에 불과하다고 할 수 있다.

레인의 더 큰 문제는 미국의 퇴조와 새로운 초강대국의 등장을 이상적으로 보고 있다는 점이다. 오히려 이것은 세계와 지역의 불안정을 낳고 힘의 공백현상을 초래한다. 동북아에서의 미국세력의 철수는 이 지역의 동맹관계를 기본적으로 손상시킬 것이고 지역 세력들에게 세력투쟁의 경종을 울릴 것이며 따라서 이 지역은 회의와 의심과 위협의 순간을 맞을 것이다. 이것은 세력균형의 급격한 변화로 인해서 일어나는 불가피한 현상이다.

그의 전략적 독립정책은 고립주의 정책이다. 따라서 일부에서는 그를 신고립주의자로 부르기도 한다. 더욱이 그의 비용전가전략은 합리적이지도 않고 당당하지도 않다. 그리고 지역의 안정성을 위협할 뿐이다. 미국이 '멀리 떨어져 있는 균형자'(역외균형자)로서 행동하는 것이 중국과 일본을 서로를 완벽하게 경쟁시킴으로써 그리고 서로를 봉쇄하게 함으로써 그들에 대한 미국의 상대적 힘을 증가시킬 것으로 보는 그의 주장은[32] 이론적으로 문제가 있고 역사적으로 무지하다. 19세기 후반의 이들 국가들에 의한 그러한 경쟁이 결국 이 지역에서 두 번의 큰 전쟁을 낳았고 그 사이에 한국이 제국주의의 희생물로 전락했다. 그의 말대로 중국과 일본이 초강대국의 지위를 가질려는 세력이라면 오히려 미국의 이 지역에서의 후퇴는 힘의 공백 현상을 초래할 가능성을 증대시킨다.[33] 결국 이 힘의 공백 상태를 잠재적인 헤게모니들이 메우려 할 것이고 이 과정에서 불안정성이 증대되고 경우에 따라서는 전쟁으로 결과한다.

헌팅턴의 문명주의적 비관론

비관론의 극단에 서 있는 것이 바로 새뮤얼 헌팅턴Samuel Huntington이 "문명의 충돌The Clash of Civilizations"의 주장이 아닌가 한다. 비관론적 관점에서 현실주의와 일맥상통하는 점이 있으면서도 분석의 단위로 보았을 때 현실주의의 국가적 관점을 훌쩍 뛰어넘어 문명으로의 도약을 시도하였다는 점이 특징이다. 앞으로 설명하겠지만 그러면서도 국가라는 것을 완전히 버리지 못하였다는 점에서 현실주의를 완전히 탈피하였다고 보기는 어려운 측면이 있다.

헌팅턴의 문명과 국제정치의 조우에 관한 담론은 1990년대 중반의 세계 지성계의 가장 큰 화제 중의 하나였다. 헌팅턴은 이 논문을 보강하여 "문명의 충돌과 세계질서의 재편"이라는 책으로 펴내었다.[34] 헌팅턴의 문명과 새로운 세계에서의 국가 간의 갈등에 관한 생각은 다음과 같은 그의 주장에서 잘 나타난다.

> 탈냉전의 세계는 일곱 개 내지 여덟 개의 문명으로 이루어지는 세계이다. 문화적 동질성과 차이가 국가들의 이해, 반목, 그리고 연합을 형성케 한다. 이러한 세계에서 가장 중요한 국가들은 압도적으로 다른 문명에서 나온다. 국가 간의 전쟁으로 확대될 가능성이 있는 대부분의 내전들은 다른 문명의 집단과 국가들 사이의 갈등들이다. 정치와 경제발전의 지배적 패턴들은 문명과 문명 간에 다르다. 국제적 어젠다에서 주요 이슈들은 문명들 사이의 차이점을 내포하고 있다. 힘이 오랜 지배적 문명인 서구 문명에서 비서구 문명으로 바뀌고 있다. 세계정치는 다극적이며 다문명적이어 왔다.[35]

헌팅턴은 탈냉전 세계를 보는 패러다임을 네 가지로 구분한다. 첫째는 후쿠야마가 주장하는 '역사의 종언'에 의해서 창출되는 하나의 세계, 즉 세계정치에서 주요한 갈등이 종식되고 하나의 비교적 평화로운 세계의 출현이다.[36] 둘째는 국제정치를 우리와 그들로 구분하는 두 개의 세계관이다. 이는 동양과 서구, 남과 북, 중심과 주변 등 이분법적으로 세계를 보는 패러다임이다. 셋째는 국제정치의 현실주의 이론으로 국제정치를 국가 중심적으로 보는 패러다임이다. 그리고 마지막으로 넷째는 소위 '혼돈 패러다임'이다. 즉 국제정치는 국가의 약화와 '실패한 국가failed state'의 출현으로 혼돈상태에 빠진다는 것이다.[37]

헌팅턴은 이러한 네 개의 패러다임이 탈냉전 세계를 설명하는 데 문제가 있다며 그 대신 소위 문명주의적 접근으로 더욱 적절히 설명할 수 있다고 보았다. 그에 의하면 문명주의적 접근방식은 첫째, 세계의 통합 세력은 실재하며 그것은 정확히 문화적 주장이나 문명적 인식의 반대세력을 창출케 하는 세력이다. 둘째, 세계는 어떤 의미에서 둘이며 그러나 중심적 구분이 지금까지의 지배적 문명으로서의 서구와 그들 사이의 아무런 공통점이 없는 다른 모든 세력들 사이에 나눠진다. 셋째, 국가는 세계문제에 있어서 가장 중요한 행동역actors 이고 그들의 이해, 연합, 갈등이 점차로, 문화와 문명적 요인들에 의해 형성된다. 넷째, 세계의 가장 위험스러운 갈등은 다른 문명들의 국가와 집단 간의 갈등이다.[38]

이처럼 세계가 결국 다른 문명에 속해 있는 국가들의 갈등이 가장 위험스럽고 중심적 갈등이 될 것으로 보는 헌팅턴의 문명론적 비관주의는 탈냉전의 세계를 진단하는 담론 중 가장 논쟁적이고 폭발성을 가진 담론이 되었다. 그것은 그가 지적한 것처럼 현실주의를 포함한 기존의 패러다임의 적실성을 부인하면서 대안으로서 문명을 하나의 화두로 삼았기 때문이다. 헌팅턴의 직관적이면서도 도발적이기도 한 이러한 주장은 세계문제를 논하는 데 있어서 20세기 말의 최대의 화제 중의 하나인 것이 틀림없다. 그가 오랫동안 상당히 다양한 주제에 대해서 정치학계에 공헌해 왔다는 것은 공지의 사실이고 그의 학자로서의 깊이와 식견이 의심될 필요는 없다. 탈냉전의 초기에 그의 미래가 어떻게 될지에 대해 세계의 많은 학자들의 고심하던 그 순간에 그가 어떤 해답을 나름대로 제시했다는 그 자체만으로도 학계에 상당한 공헌으로 기록될 수 있다.

문명적 신고립주의자와 현대의 마키아벨리

그러나 그의 문명론적 주장이 문제가 있다는 많은 비판도 그가 피하기 어려운 현실 중의 하나가 되었다. 피에르 하스너는 "도덕적으로 반대할 수밖에 없고 정치적으로 위험스러운,"이라는 제하의 비평에서 헌팅턴의 문명주의적 접근에 대해 신랄한 비판을 가한다.[39] 그는 헌팅턴이 지나친 단순화의 죄악을 저지르고 있다면서 그러한 단순화가 심각한 지적인 오해와 궁극적으로 도덕적 정치적 오도誤導를 일으키고 있다고 주장한다. 결과적으로 그의 책은 프란시스 후쿠야마가 같은 《내셔널 인터레스트National Interest》지에 역사의 종언이라는 논문을 발표하고 나중에 그 논문을 좀 더 온건하고 균형 잡힌 책으로 발간한데 비해 헌팅턴의 책은 그의 논문보다 더욱 극단적이 되었다는 것이다.[40]

하스너는 헌팅턴이 복잡한 세계의 현상을 본질적으로 종교란 관점에서 해석되는 문명이라는 하나의 영속적 요인을 가지고 모두 분석하려는 데서 오류가 발생했다고 본다. 그러면서 중국이 리비아에 무기를 팔 때는 유교와 이슬람 사이의 동맹이고 미국이 사우디아라비아에 무기를 팔면 그것은 무엇이냐고 반문한다. 하스너는 여기에 그치지 않고 헌팅턴이 "문명적 신고립주의자"이며 서구의 보편주의를 실질적으로 유지할 수 없고 철학적으로 공동空洞화된 것으로 보기 때문에 "서구에 대한 가장 극단주의적 급진적 비판가"라고 극렬히 비판한다. 왕경우는 이와는 다소 다른 시각에서 헌팅턴을 현대의 마키아벨리로 묘사하면서 마키아벨리가 군주국가의 세계에서 군주가 무엇을 해야 하는가를 쓴 것처럼 헌팅턴도 다문화 세계 질서에서 미국이 무엇을 해야 되는가를 위해서 이 책을 쓰지 않았는가 반문하고 있다.[41]

문명의 충돌 속의 동아시아

헌팅턴의 주장 중에서 가장 결정적인 것은 결국 갈등은 문명의 간극에서 오고 그러한 충돌은 이슬람과 서구 문명 사이에 올 수 있다고 본 것이다. 그다음으로 그는 중국 문명에 대해서 상당히 많은 분석을 할애하고 있다. 아시아에서 유교적 핵심국가는 결국 중국을 바탕으로 해서 이루어질 것으로 보았다. 이러한 유교 국가 그룹은 중국뿐만 아니라 주변의 유교적 문화 배경을 가지고 있는 모든 국가를 망라하게 될 것이라는 것이다. 그리고 일본은 상당히 독자적 문명을 가진 국가로 분류되고 있다. 한국의 독자들에게는 매우 실망스럽게도 한국에 대해서는 거의 설명이 없다. 한국은 유교 국가이면서도 확실하게 중국을 중심으로 한 유교 국가 그룹에 속한다고 명시적으로 분석하고 있지 않기 때문이다. 그러면서도 묵시적으로는 그렇게 보고 있는 것이 아닌가 본다.

헌팅턴은 마지막 장에서 21세기의 문명전쟁의 하나의 시나리오를 작성하면서 어떻게 서구와 유교-이슬람문명의 충돌이 일어날 수 있는지를 보여 주고 있다. 즉, 중국이 베트남을 침공하면서 이것이 미국의 이해와 충돌하고 미국은 이것을 간과할 수 없기 때문에 중국과 갈등을 일으키고 이러한 과정에서 중국, 일본, 한국 등의 국가와 미국을 중심으로 러시아 및 유럽 국가들이 각각 한편이 되어 전쟁을 하게 된다는 시나리오이다.

이러한 시나리오에서 흥미로운 것은 일본이 왜 중국 편에 서느냐 하는 논리인데 일본은 중국과 미국이 갈등을 겪게 되었을 때 중국이 군사적으로 성공하게 되면 일본은 중국에 편승하는 정책을 펴기 시작한다. 시간이 감에 따라 일본은 처음의 공식적 중립에서 친중적 중립으로, 그리고 중국의 요구에 굴복하여 같이 호전적이 되고 일본에 있는 미군 기지를 접수하게 되고 미국과 싸움에 들어간다는 것이다.[42]

이러한 시나리오는 한낱 시나리오로 설명한 것에 불과하지만 헌팅턴의 아시아 국가들에 대한 이해의 단면을 보여주는 것이라 흥미있다. 무엇보다도 아시아 국가들에 대한 역사적 이해가 부족하고, 유교 문명에 대한 이해도 부족하다. 일본에 대한 이해도 부족하고 더욱이 한국에 대해서는 별 관심이 없다. 일본이 어째서 하나의 문명이 될 수 있는지, 그러한 문명이 왜 나중에 서구와 중국의 싸움에서 중국 편에 서게 되는지 문명적 접근으로 설명이 명확치 않다.

일본의 문명이 하나의 독자적 문명으로 설 수 있다면, 하나의 문명이 탄생하는데 고작 수십 년이면 충분하다는 얘기인지 잘 분간이 안 간다. 현대 일본의 역사는 고작해야 2차 세계대전 이후 50여 년이고, 그렇지 않다면 그 전의 어떤 일본과 그 후의 일본의 공통점이 독특한 일본 문명을 만들었느냐는 것이고 상이점과 공통점의 문명적 중요성이 상대적으로 어떻다는 얘기인지는 명확치 않다.

동아시아의 미래를 생각할 때 헌팅턴의 시나리오는 생각해 볼 수 있는 하나의 가정인 것은 분명하다. 그러나 그것이 하나의 학자의 작위적인 미래 그려보기, 또는 하나의 단순한 가능성의 실험으로 끝나서는 곤란하다. 헌팅턴은 2010년 정도를 예상하고 시나리오를 그리고 있는데 그 속에서 한반도의 통일을 설정하고 있고 이른바 중국, 일본, 한국이 한편이 되고 미국, 러시아, 유럽이 또 다른 한편이 되는 소위 중국권과 서구권의 문명의 충돌을 그리고 있다면, 그리고 현재의 조건들에 대한 극명하고도 현실적인 설명이 배제되어 있다면, "이러한 시나리오가 너무 와일드한 그럴듯하지 않은 환상 같으면 좋겠지만,"[43]하고 살짝 변명하는 것으로는 그의 논리적 비약을 피할 도리는 없을 것이다. 이러한 세계적 문명적 충돌로 그는 서구, 러시아, 중국, 일본이 파괴된다면 세계의 축은 인도로 그리고 아시아에서는 인도네시아가 부상할 것으로 보았다. 이 점도 사실상 문제가 있다.

이러한 담론이 왜 비관주의냐 하는 이유는 탈냉전의 세계를 진단하면서 헌팅턴은 국제갈등의 원인으로서 다른 문명 사이의 충돌을 들고 있기 때문이다. 즉 국제정치의 근본적 갈등의 원인을 문명끼리의 충돌로 보며 더욱이 그 충돌의 불가피성을 논하고 있기 때문이다.

문명주의적 비관주의 견해가 탈냉전의 세계를 진단하는 것은 상당히 특이한 지적인 현상이라고 할 수 있다. 사실상 이러한 견해로 국제정치를 진단하는 것은 적어도 베를린 장벽이 무너지기까지는 거의 없었기 때문이다. 그러나 그러한 진단의 지적인 뿌리는 상당히 깊고 그의 함의가 세기를 뛰어넘고 있다는 점이, 그리고 국제정치의 기본단위로 생각해왔던 국가를 뛰어넘고 있다는 점이 무엇보다도 주목을 끈다. 국제정치에 대한 문명주의적 접근방식은 국제정치의 단위로 볼 때는 가장 큰 것으로써 최근 논의되고 있는 문화를 기반으로 한 국제관계의 논의[44]와 유사하면서도 이보다도 더 광범위한 단위라는 데서 그 특징을 찾아볼 수 있다 하겠다.

5_ 현실주의의 생명력

결론을 위하여 잠깐 현실주의에 대한 이론적 논쟁을 언급하지 않을 수 없다. 탈냉전 이후 현실주의의 이러한 설명력의 부재는 이론적으로도 많은 공격을 받아왔다. 대표적인 신현실주의의 비판으로서 배스퀘즈Vasquez는 래커토스적Lakatosian인 메타이론을 국제정치에 적용하여 월츠의 신현실주의를 퇴행적 패러다임이라고 비판한다.[45]

레그로Legro와 모라브칙Moravcsik에 의해서는 현실주의는 거의 실체가 없는 이론의 수준으로 떨어진다. "누가 아직도 현실주의자에요?"란 파격적 제목의 논문에서[46] 이들은 최근의 많은 현실주의자들은 월츠의 신현실주의의 경험적 이상현상을 바로잡기 위해 현실주의를 개량하려는 시도를 하나 결과적으로 전통적인 현실주의에 반反하는 주장을 함으로써 그들의 주장이 현실주의인지 아닌지 알기가 어려워졌다고 비판한다. 즉 이들의 주장은 전통적 현실주의의 일관성과 독특성을 지키지 못하고 그 반대편의 자유주의적 패러다임을 수용하려 함으로써 사회과학적 패러다임으로서의 힘을 잃었다고 본다. 상호 경쟁하는 다른 패러다임과 경쟁하려고 하지 않고 그들의 인과적 메커니즘을 포용하려 함으로써 오늘날 현실주의자들에게는 '일련의 공유된 중요한 가정들'이 존재하지 않는다는 것이다.

현실주의에 대한 비판은 현실주의 안팎에서 활발하게 이루어져 왔다. 레그로와 모라브칙이 비판한 것처럼 현실주의 내에서도 그처럼 신현실주의를 보완하기 위한 노력이 행해지기도 하였지만 다른 패러다임의 현실주의에 대한 공격도 활발하게 진행되었다. 자유주의적 제도주의자들의 현실주의에 대한 공격은 그래도 가장 부드러운 것에 속한다. 왜냐하면 이 둘의 패러다임은 적어도 몇 가지 가정에 대해서—국제정치의 아나키적 본질과 국가가 국제정치의 기본단위라는 가정들—는 상호간에 견해를 같이 하고 있기 때문이다.

그러나 이보다는 구성주의자constructivisits들은 한발 더 나아가 현실주의의 가정을 비판하고,[47] 가장 혹독한 비판은 비판이론critical theories에서 나온다. 비판이론은 현실주의가 자기 선험적 이론으로서 갈등을 예견하나 결과적으로 갈등의 지속을 조장한다고까지 비판한다.

이러한 현실주의에 대한 비판에도 불구하고, 또한 앞서 2, 3, 4장에서 논의한 것처럼 탈냉전의 도래와 탈냉전 시대의 현상에 대해 현실주의의 설명력의 약화에도 불구하고, 더욱이 동아시아라는 지역의 현실의 설명의 상대적 부재에도 불구하고, 또한 미래의 국제정치의 비관적 전망에도 불구하고, 현실주의가 그럼 폐기처분되어야 할 대상인가. 그렇지는 않다. 현실주의의 여러 주장 중에서도 역시 세력균형은 매우 중요한 사고이며 여전히 설명력을 지닌다. 그리고 무엇보다도 현실주의만큼 현실 정책에 있어서 가이드라인을 제시하는 패러다임도 없다. 현실주의의 대안적 패러다임 가운데 오로지 신자유주의적 패러다임의 일부 정도가 현실세계를 진단하고 처방을 내리는 데 유용할 뿐이다. 기타 다른 패러다임들—특히 비판이론 등은—은 현실주의자들이 비판하는 것처럼 현실을 재단하는 유용한 경험적 사례들을 제시하지 못함으로써 미래의 안정성을 추구하기 위한 정책 결정자들의 결단의 지표가 되지 못한다.

탈냉전 시대의 도래와 앞으로 다가올 미래에 대해 정확한 진단과 예측을 하지 못했다는 비판을 받고 있는 현실주의는 패러다임으로서건 정치철학으로서건, 그리고 문제해결을 위한 어프로치로서건 앞으로 많은 도전에 직면하게 될 것이다. 그러나 바로 그러한 점이 국제정치학에서의 현실주의의 현주소를 말해 주는 것이라 하겠다. 아무도 현실주의자가 아니라는, 또는 모두가 현실주의자가 아니냐는 현실주의에 대한 비판 속에서 오히려 현실주의의 생명력은 그렇게 쉽사리 사그라들지 않겠다는 생각이 들 뿐이다.

후기

현실주의논쟁, 그 이후

패러다임 논쟁의 종언?

지난 70여 년에 걸친 국제정치이론 연구의 오랜 기간 동안 거의 주기적으로 '대논쟁'이 있어 왔다. 국제정치이론의 계보를 연구한 스미스Smith의 한 연구에 의하면 1990년대 중반까지의 국제정치이론 연구는 몇 차례의 대논쟁을 거치면서 발전해 왔다. 그것은 1930년대 말부터 1940년대 말까지의 이상주의와 현실주의 간의 제1차 대논쟁, 1950년대 말부터 1960년대의 현실주의와 행태주의 대논쟁, 그리고 1970년대 말부터 1990년대 초까지 현실주의와 자유주의의 대논쟁이 그것이다. 일부 학자에 따라서는 제3차 논쟁을 실증주의positivism 대 탈실증주의post-positivism로 보기도 한다.[48]

1990년대 중반 이후 2000년대 초반까지는 이러한 패러다임 논쟁의 연장 선상에서 탈냉전의 국제정치 현상에 대해 신현실주의와 신자유주의 사이의 대논쟁이 있었다. 본 연구는 이러한 논쟁을 다룬 것이다. 여기서는 1990년대 중반 이후에 국제정치 연구에 있어서 또 하나의 중요한 논쟁인 구성주의constructivism 시각에 대해서는 크게 다루지 않았다.[49] 또한 위에서 잠깐 언급한 탈실증주의 계열의 이론들도 다루지 않았다. 비판이론critical theory, 역사 사회학historical sociology, 페미니즘feminism 및 포스트모더니즘으로 대별되는 탈실증주의는 현실주의와 자유주의로 대별되는 주류적 패러다임에 대항하는 이론들인데[50] 1990년대 초반 국제정치학계에 잠깐 동안 뜨거운 논쟁의 주제였다. 그러나 특히 미국 국제정치학이 주류를 이루는 학계에서는 크게 주목받지 못하였다.

2000년대 이후의 국제정치학의 상태는 패러다임 대논쟁의 종식 또는 실종이라고 할 수 있다. 이것은 현재 국제정치학계, 특히 미국 국제정치학계의 실태를 다룬 한 연구에서 흥미있게 지적하고 있다. 멀리니아크Maliniak 등에 의하면 첫째, 최근의 미국학계는 이론적 다양성이 지배하고 있다. 과거보다 현실주의가 지배적이지 않고 2006년 기준 현실주의와 자유주의가 각각 28%, 26%로 거의 비슷하게 분포하고 있고 구성주의 17%, 흥미롭게도 마르크스주의는 3%로 거의 침몰했다. 둘째, 패러다임이 없다는 학자도 11%~16% 정도로 분포하고 특히 생산된 논문은 거의 50% 정도가 패러다임과는 관계가 없다. 셋째, 양적 방법론을 사용하는 학자가 크게 늘고 있다. 넷째, 거의 90%에 가까운 학자가 자신을 실증주의에 속한다고 생각한다. 마지막으로 학자들은 자신들의 연구에서 정책적 처방을 하고 있고 정책결정자들에게 도움이 될 것으로 믿고 있지만 실제로 그런 연구는 약 12% 정도 밖에 안된다.[51]

여기에서 볼 수 있는 것처럼 현재의 국제정치학계는 새로운 패러다임이 등장하여 기존의 패러다임과 경쟁하기 위한 치열한 논쟁이 있는 것이 아니고, 그러한 논쟁이 지난 상태에서 기존의 패러다임끼리 공존하는 그런 논쟁의 휴지기, '이론적 평화'[52] 상태에 들어갔다고 볼 수 있다. 그런 가운데 한 가지 좀 특이한 현상은 절충주의적 경향성이 좀 더 짙어지고 있다는 것이다. 즉, 레이크Lake에 따르면 '패러다임 전쟁'은 시들어가지만 그러나 다양한 이론이 살아 있는 그런 시대라는 것이다.[53] 즉, 대이론보다는 중범위 이론이, 한 패러다임에 완전히 몰입되기보다는 패러다임을 접합하는 이론적 시도를 하고 있다는 것이다. 실제로 현실주의와 자유주의의 이론적 장점들을 취합하려는 절충주의적 시도가 나타나고, 또 자유주의와 구성주의 간의 접합이 일어나고 있다.

이론 창출과 정책에의 적용성

이러한 경향성과 더불어 미어샤이머와 월트는 이론 창출이 아닌 단순한 가설 검증에 치중하는 현재의 국제정치학계의 경향성에 대해 통렬한 비판을 가한다. 이론창출 노력만이 국제정치를 좀 더 풍부하게 할 수 있다는 지적이다. 또한 이에 못지않게 중요한 것은 국제정치학 연구가 실제 얼마나 현실적 적용성을 갖느냐 하는 점도 매우 중요하다.[54] 앞서 지적한 멀리니아크 등의 연구에서도 밝힌 바와 같이 많은 국제정치학자들은 자신들의 연구가 실제 정책 결정자들에게 유용할 것이라 생각하면서도 실제로 그러한 연구는 10여 퍼센트밖에 되지 않는다는 통계가 현실을 적나라하게 보여 주는 것이다. 국제정치학 연구가 학자들만의 담론적 유희에 그친다든지 상아탑에만 머무르는 학문은 기본적으로 문제해결의 학문으로 태동한 기본 취지와도 어긋나는 것이다. 따라서 미어샤이머와 월트의 비판은 그러한 점에서 상당히 주목해야 할 점이다.

이러한 점은 학문과 실제 정책을 같이 경험한 조셉 나이Joseph Nye에 의해서도 제기된다. 나이는 이론과 정책 사이의 벌어지는 간극을 염려하면서 과거 국제정치연구가 실제 정책에 많은 기여를 한 사례들을 언급하면서 이론과 정책 사이를 좁히려는 노력을 좀 더 해야 한다고 주장한다. 실제로 훌륭한 학자이면서도 미국 행정부의 최고위 정책 결정자였던 헨리 키신저나 즈비그뉴 브레진스키뿐만 아니라 아놀드 울퍼스, 칼 프리드리히, 맥조지 번디, 토머스 셸링, 버나드 브로디, 앨버트 울슈테터, 허만 칸, 윌리엄 코프먼 등 과거의 국제정치학자들, 뿐만 아니라 최근에 마이클 도일, 루돌프 럼멜, 앤서니 레이크, 브루스 러셋 등과 같은 학자들도 학자 및 이론가로서 정책 현장에서 기여한 인물들이다. 이처럼 학문적 이론과 정책 실행 사이에 양방향의 의미있는 소통이 필요하다고 본 것이다.[55]

국제정치학은 이러한 경향성에 힘입어 '패러다임 대논쟁의 부재' 속에서도 의미있는 발전을 해 나가고 있다.

제6장

동북아 국제질서의 불완전한 변환

"아시아의 미래는 '유럽의 과거'도 아니고 '아시아의 과거'도 아닌 아시아의 21세기 현실의 변증법적 발전인 '아시아적 미래'가 될 것이다. 그래서 이 길을 누가 어떻게 가느냐에 달려 있다. 누구나 다 선구자가 될 수는 없지만 누군가는 선구자가 되기 때문에 역사는 발전한다."

1_ 유럽의 과거가 아시아의 미래?

"유럽의 과거가 아시아의 미래가 될 것인가?"[1] 또는 "아시아의 과거가 그의 미래가 될 것인가?"[2]라는 질문처럼 아시아의 국제질서의 안정성, 또는 불안정을 함축적으로 보여 주는 말은 없는 듯하다. 탈냉전이 시작된 1990년대 초부터 현재까지 20여 년이 조금 넘는 시기 동안에 학계에서는 아시아, 또는 동아시아의 국제정치질서의 안정성에 대해 상반된 담론과 이론적 주장들 간의 논쟁이 치열하게 전개되어왔다.

이러한 논쟁과 연관하여, 또한 그의 연장선상에서 몇 가지 흥미로운 담론과 주장들이 제기되어 왔다. 그것들은 21세기 국제질서의 가장 핵심적 담론이라고 할 수 있는 미국의 헤게모니의 퇴조, 또는 유지와 연관된 논의들이다. 미국의 헤게모니와 자연스럽게 연결되는 주제는 당연히 중국의 부상이 될 것이다. 이것은 21세기 국제정치의 가장 중핵적 논쟁이 되는 주제이다. 이것과 연관해서 미국 및 중국의 전략이 어떠해야 하느냐는 보다 구체적인 전략적 대안들에 대한 논쟁으로 이어진다.

동아시아 지역의 안정성과 연관하여 미국과 중국의 헤게모니 퇴조 및 부상, 그리고 전략적 대안의 이슈들과 떨어질 수 없는 주제는 바로 일본과 한국의 지역 세력으로서의 위상과 역할이다. 동아시아의 핵심적 지역으로서 동북아시아는 바로 미국과 중국 사이 미래의 국제정치의 각축장으로서 그 의미가 심대하다. 그러나 우리가 간과해서는 안 될 점은 '그럼 나머지는?'이라는 질문이다. 즉, 일본과 한국이 이 지역의 미래의 안정성 또는 불안정성에 끼치는 영향을 간과해서는 안 될 것이다.

이러한 주제들에 대한 그간의 진행되어 온 담론들과는 별개로 실제 동북아 지역 국가들은 나름대로 자신들의 국가 전략적 목표들을 실현시키기 위해 노력해 왔다. "미국으로 돌아오라"[3]는 미국의 고립주의자들의 주장과 반대로 "미국으로 돌아오지 말라"[4]는 개입주의자들의 주장이 맞서는 가운데 실제로 미국은 동아시아 지역에서 깊이 개입하는 전략을 지속해 왔다. 90년대 중반 이미 "지평 위의 헤게모니 국가"[5]로 지목을 받을 때도 중국은 '도광양회韜光養晦'로 전략적으로 몸을 낮추는 정책을 했고, 일부 학자들이 중국을 가리켜 미국의 헤게모니를 '가리는' 새로운 헤게모니 세력[6]으로 지목한 지금에서도 시진핑의 중국은 이제야 미국과 어느 정도 대등한 관계를 요구하는 소위 "신형대국관계"를[7] 갖기를 천명하고 있다.

담론과 현실 사이

'담론과 현실 사이'를 정확히 진단하지 못할 때 미래의 예측도 빗나가게 된다. 지난 20여 년 진행되어 온 동아시아 또는 동북아지역의 질서의 안정성 문제도 예외는 아니다. 많은 흥미로운 담론과 이론적 주장들이 제기되어 왔으나 이의 옥석을 가리는 작업이 매우 중요하다. 담론이나 주장은 때로는 과장될 수도 있고, 때로는 너무 간결성parsimony을 강조하려는 나머지 정교함을 잃는 우를 범하기도 한다. 이것이 미래 지역질서의 안정성에 주는 전략적 함의는 그야말로 매우 심대하다. 헤게모니의 부침을 너무 단순 지표를 가지고 본다든지, 그런 분석을 바탕으로 단순히 미국의 고립주의를 주장한다든지, 또는 중국에 대한 전략을 "봉쇄냐 관여냐"로 너무 이분법적으로만 본다든지 하는 것이 그 예이다. 일본이나 한국에 대해서도 마찬가지다. 이들 국가들은 과거의 역사적 사례를 보았을 때 중국에 일방적으로 '편승할 것이다bandwagoning'라는 주장은[8] 이론적으로는 흥미는 있으나 이러한 단순이분법론이 21세기 동북아시아의 현실을 반드시 반영하는 것은 아니다.

본 장에서는 이처럼 동북아시아의 안정성에 대해 그간의 진행되어 온 여러 가지 흥미 있는 담론들과 그들 사이의 논쟁을 분석적 시각에서 살펴보고 그것의 미래에 대한 전략적 함의를 분석하고자 한다. 특히 지역적 범주로는 동아시아보다는 동북아시아에 초점을 맞춘다. 그것은 아세안 국가들을 포함한 동아시아보다는 동북아시아가 논의를 위해서는 훨씬 국제정치적으로나, 지정학적으로나, 경제적으로 중요성과 역동성을 가지고 있기 때문이다.[9] 이러한 관점에서 동북아의 주요 국가들인 미국, 중국, 일본, 한국과 연관된 국제정치의 주요 담론을 살펴보면서 동북아의 미래의 안정성, 또는 불안정의 관점에서 한국에의 전략적 함의를 살펴보는 것이 이 장의 주요 목적이다.

2_ 미국의 헤게모니: 퇴조와 지속 사이

냉전의 말미에서부터 불어닥친 미국의 미래, 국제정치질서의 미래에 대한 주요한 질문은 다가오는 세기에 있어서 미국의 국제질서의 지위에 관한 것이었다. 미국의 헤게모니에 대한 논쟁이 20여 년 이상을 진행해 오면서도 분명한 결말이 나지 않는 이유가 바로 현재와 당분간 다가올 국제정치의 현실을 그대로 반영하는 것이라 보면 되겠다. 이것은 국제정치학자들이 길을 잃었다기보다는 닥쳐 있는 국제정치의 현실 자체가 명쾌하게 재단해 내기 어려울만큼 복합적이고 다면적이고 다차원적이기 때문이다. 따라서 국제정치학의 주도적 패러다임과 그것을 주도하는 학자들도[10] 이 21세기 국제정치질서를 한마디로 명쾌하게 설명하지 못하고 있는 이유이다. 따라서 미국의 헤게모니냐 아니냐에 대한 논쟁도 양극단으로 갈려서 주장이 오고 가는 현실이 이러한 관점에서 보면 그저 비정상적인 것만은 아니다.

퇴조론자들

전 장들에서 이미 설명한 바와 같이 80년대 말과 90년대 중반까지의 헤게모니 퇴조론의 특징적 현상은 미국의 헤게모니가 퇴조할 것이고 대신 몇몇 강대국이 부상할 것이라는 류의 논의가 대부분이었다. 여기에 중국의 부상이 미국의 헤게모니 퇴조와 이분법적으로 대비되어 비교가 되기 시작한 것은 2000년대 들어서기 시작하면서부터이다.

헤게모니 퇴조론이 학계뿐만 아니라 일반에게도 가장 흥미있게 전달된 것은 폴 케네디의《강대국의 흥망성쇠》[11]이다. 이 책은 1500년경부터 20세기 후반까지 지난 5세기에 걸친 강대국들의 경제 전략적 측면에서의 힘의 전이를 다룬 책이다. 마지막 장에서 미국의 상대적인 쇠퇴를 다루면서 케네디는 80년대 말에 미국의 직면한 문제들에 천착한다. 즉 상대적인 산업 및 농업에서의 쇠퇴, 방대한 재정 및 무역적자, 그리고 경제침체로 오는 국내의 빈부 격차가 미국의 쇠퇴의 원인이라는 것이다. 그러나 미국의 딜레마는 이러한 경제문제에도 불구하고 높은 수준의 방위비를 쓸 수밖에 없는 데서 나온다. 따라서 미국은 이제 상대적인 쇠퇴를 어떻게 천천히 그리고 매끄럽게 해나가야 하느냐를 고민해야 한다고 주장한다.[12]

탈냉전 이후 미국의 헤게모니를 다룬 가장 눈에 띄는 주장은 찰스 크라우트해머와 크리스토퍼 레인이다. "일극시대"[13]와 "일극적 미망"[14]으로 완전히 상반되게 대비되는 두 주장은 그러나 세계문제의 개입으로부터 벗어나야 한다는 동일한 고립주의적 주장으로 결과한다. 대표적인 고립주의자인 크라우트해머는 탈냉전의 국제질서는 다극적이 아니라 일극적이며 미국의 일극시대라는 것이다. 이러나 미국의 일극시대에 있어서 미국은 미국 자신의 안전을 지키는 것이 가장 중요하며 따라서 고립주의가 가장 대중적이며 자연스럽고, 논리적인 외교정책의 선택이라는 것이다.

레인은 미국은 쇠퇴하고 있다고 본다. 그는 일극시대는 잠깐 존재하는 것이며 2000년대가 되면 다극체제로 변모할 것으로 생각한다. 역사적으로 보아서도 일극세계가 결코 '미지의 세계terra incognita'가 아니며 따라서 새로운 강대국의 출현으로 이끄는 환경을 만들어 낸다. 이것은 헤게모니 국가의 상대적 힘을 약화시키게 된다.[15] 다극체제하에서 미국은 상대적으로 다양한 전략적 옵션을 가지게 된다. 부상하는 새로운 강대국들이 서로 간의 경쟁으로 인해서 상대를 억제하게 된다. 뿐만 아니라 미래에 미국에 가장 강력한 지정학적 라이벌이 될 것 같은 일본 역시 다른 세력에 의해서 억제될 수 있다. 그렇기 때문에 그는 미국은 '전략적 우위strategic preponderance'가 아닌 '전략적 독립strategic independence' 전략을 구사하는 것이 다극체제하의 미국의 이익에 부합한다고 주장한다.[16]

이처럼 탈냉전 직후 90년대 초중반에 걸쳐 미국의 일극체제의 종식과 다극체제의 출현을 점치는 담론들이 출현하였던 것은 탈냉전 여파가 그만큼 컸기 때문이기도 했다. 오랜 평화가 끝이 나고 미지의 새로운 세계의 출현의 불안감이 점증하고, 또한 냉전의 피로감은 소련을 미국과의 경쟁에서 맥없이 물러나게 했을 뿐 아니라, 미국 자신도 힘겨운 상황이 되었던 것이다. 당시의 미국의 부시행정부는 미국이 이제 더 이상 세계의 경찰이 되지 않겠다고 선언하기도 하였다.

미국은 이미 폴 케네디가 지적했던 것처럼 막대한 재정적자와 무역적자에 시달리고 있었고, 그 반대편에는 일본과 독일이 건장한 경제를 무기로 급속히 부상하던 때였다. 미국이 퇴조하고, 일본과 독일이 새로운 강대국으로 부상하는 새로운 국제질서의 출현이 바로 이들 헤게모니 퇴조론자들이 그린 미래의 국제질서였다.

헤게모니 퇴조론과 다른 세계

그러나 90년대 중반을 넘어서면서 국제적인 상황은 이들이 생각했던 것과는 상당히 다르게 전개되어 갔다. 경제, 전략적인 힘의 전이는 미국에만 일어난 것이 아니라 소위 부상하는 강대국인 일본과 독일에도 똑같이 부정적으로 일어난 것이다. 일본은 90년대 들어서면서 경제의 버블이 꺼지기 시작하였다. 끝이 없을 것 같이 고속 성장하던 일본의 경제가 그 성장 엔진이 멈춰서 버린 것이다. 소위 '잃어버린 10년'의 시작으로 알려진, 그러나 결과적으로 20년 이상을 지속한 일본경제의 침체가 시작된 것이다. 80년대 말의 추세라면 10년이면 일본의 경제가 미국을 능가하리라 보였던 그 가공할 만한 일본 경제가 멈춰서고, 더 이상 새로운 헤게모니 국가로의 출현 가능성은 사라지게 되었다.

독일도 90년대 중반에 들어서면서 새로운 도전에 직면하게 된다. 즉, 독일 통일의 후유증이었다. 강대하던 서독 경제는 통일 이후 한동안 통합 과정의 경제적 비용 때문에 심각한 조정기에 들어갔다.

그러는 사이 미국에서 클린턴 행정부가 출범하고 경제회복에 박차를 가하게 된다. "문제는 경제야!" 하며 대통령에 취임한 클린턴 대통령은 상대적으로 수월해진 국제문제로 인해 더욱 국내문제, 특히 경제회복에 전력을 기울일 수 있게 되었다. 그 당시 국제정치는 미국으로서는 체력을 다시 추스를 수 있는 환경을 제공하였다. 소련은 냉전 패배의 엄청난 후유증으로 신음하고 있었고, 상기한 바와 같이 일본은 경제문제로, 독일은 통일 이후 통합의 후유증으로 고통을 겪고 있었다. 중국은 부상을 준비하고 있었고, 인도는 아직까지 깊은 잠을 자고 있는 상황이었다. 클린턴 대통령은 그 자신의 문제로 인해서 정치적으로 심대한 타격을 입었으나, 이러한 국제정치적 환경과 더욱이 경제의 회복으로 인해 재선에 성공하면서 미국을 더욱 안정적으로 관리할 수 있게 되었다,

1990년대 후반에 들어 미국의 헤게모니 퇴조론은 상당 부분 무대 뒤로 사라지게 된다. 부상하리라 보았던 강대국들이 중국을 제외하고는 모두 다 침체를 겪었기 때문이다. 그렇다고 해서 헤게모니 퇴조론이 완전히 자취를 감춘 것은 아니다. 미국의 상대적 파워의 쇠퇴에 대한 의구심이 사라지지 않았기 때문이다. 미국은 클린턴 행정부 시절 경제가 잠시 회복되었으나 미국 경제의 구조적 문제들이 다 해결된 것도 아니고, 또한 미국의 해외로의 군사적인 확장 및 국제문제에의 개입이 줄어든 것도 아니기 때문이다. 미국은 클린턴 행정부 초기부터 조셉 나이가 구상한 것으로 알려진 "깊은 개입"전략을 구사하고 있었다.[17] 따라서 탈냉전 직후 잠시 줄어들었던 미국의 국방비는 클린턴 행정부 8년 동안 거의 1.5배 이상 증강하여 2000년 미국의 국방비는 3,420억 달러에 달하였다.[18]

헤게모니 지속론과 정책의 현실

미국의 헤게모니 지속론은 90년대부터 꾸준히 제기되어 오던 담론이었다. 상기한 바와 같이 도전하고, 부상하는 세력들의 침체로 인해서 더욱 논리적인 탄력을 받게 되었다. 상대적 힘의 비교를 통해 헤게모니를 진단해야 한다는 논리는 이미 80년대 말, 90년대 초 새뮤얼 헌팅턴이나 조셉 나이 등에 의해서 주장되었다. 이들에 의하면 미국은 여전히 경쟁 상대국들에 비해 힘의 우위를 가진 헤게모니 국가라는 것이다.[19] 다만 중국의 부상은 새로운 논쟁을 불러일으키기 충분한 것이었다. 2000년대 들어 헤게모니 논쟁은 미국의 헤게모니 퇴조와 중국의 부상, 또는 중국의 부상에도 불구하고 미국의 헤게모니의 지속이라는 양대 담론의 치열한 논쟁으로 귀결되고 있다.

월포스, 월트, 아이켄베리, 나이

미국의 헤게모니에 대해 아마 가장 강력한 주장은 윌리엄 월포스에 의해서 제기된다. 그는 앞으로 수십 년 동안은 아마도 미국의 우월적 지위에 도전하는 국가는 나타나기가 어려울 것으로 보았다. 더욱이 미국의 일극적 지위는 지속성과 더불어 평화롭기까지 하다는 것이다. 즉, 미국의 우월적 파워는 헤게모니 경쟁을 멈추게 할 뿐 아니라 강대국들 사이의 경쟁을 제한하기 때문에 그런 시대가 평화롭다는 것이다.[20] 이러한 월포스의 주장에 대해 몬테이로는 탈냉전의 국제질서가 일극체제이기는 하나 평화롭지는 않다고 본다. 즉 일극체제는 유일 강국인 일극국가의 전략—방어적 지배, 공격적 지배, 그리고 불개입—때문에 결과적으로 나머지 국가들과 전쟁을 할 가능

성이 있다고 본다.[21]

구조주의적 현실주의자인 월트는 그의 주장에 대체로 동의하면서도 자신의 "위협균형 이론balance-of-threat theory"[22]을 바탕으로 미국의 일극체제의 지속성을 설명한다.[23] 미국에 균형을 취하려는 다른 국가들이 왜 그렇게 하지 않는냐를 설명하기 위해서는 '세력power'이 아니라 '위협threats'으로 설명해야 한다는 것이다. 위협은 세력뿐만 아니라 근접성, 공격적 능력, 위협적 의도 등에 의해서 나타나면서, 다른 강대국들이 이러한 속성을 가진 국가를 위협으로 간주하고 대응하기 시작한다는 것이다. 따라서 이러한 속성을 잘 파악하여 다른 강대국들이 미국에 대항하여 반동맹anti-alliance을 형성하지 않도록 하는 전략—'자제전략a strategy of self-restraint'[24]—을 구사하는 것이 중요하다고 본다.

아이켄베리는 미국에 의한 일극체제의 지속성의 요인과 퇴조의 요인을 같이 구분한다.[25] 그는 일극체제의 지속성의 요인으로 첫째, 미국에 의한 동맹국들의 안보보호, 그리고 미국의 핵능력, 그리고 달러를 기초로 한 세계 시장을 든다. 둘째, 미국의 지리적 위치와 역사적 시점을 든다.[26] 셋째, 미국의 잘 발달된 민주주의와 국제 제도적 억제이다. 넷째, 미국의 현대화와 시민적 일체감civic identity을 든다. 퇴조의 원인으로는 주요국들 사이의 세력균형, 미국의 세계문제에의 불개입, 세계경제의 붕괴, 그리고 테러리즘에서 오는 국제적 위기 등을 들고 있다. 아이켄베리는 미국이 "자유주의적 리바이어던liberal leviathan"으로서 세계의 여러 나라들과 상호의존을 고양하고, 변화하는 세계에서 미국의 영향력과 통제력을 유지하기 위해 전략적 고려를 잘하며, 미국의 정치적 전통과 일체감을 잘 살려 나갈 때 미국은 앞으로 다가올 적어도 수십 년 동안 미국의 일극체제를 유지할 수 있을 것으로 보았다.[27]

자유주의적 현실주의자로서 조셉 나이는 소위 "스마트 파워 전략"을 주장한다. 미국은 고대 로마제국처럼 쇠퇴하지도 않을 것 같고, 또한 중국에게 추월당하지도 않을 것이며, 적어도 21세기 전반에는 '탈미국세계'가 도래할 것 같지 않다는 것이다. 그러나 미국은 나머지 세력의 부상에 대처하기 위해서 스마트 파워가 되어야 한다고 주장한다.[28]

부시 행정부의 미국

21세기에 접어들어 미국에 의한 일극체제의 지속성에 대해 일부 학자와 전문가들은 이처럼 강한 동의감을 표시하는 배경에는 21세기 국제질서 환경에서 비롯된 것이라고 보아야 할 것이다. 21세기에 들어 국제안보에 있어서 가장 충격적인 사건은 바로 미국에 대해 자행된 9.11 테러라고 할 수 있을 것이다. 미국의 갓 출범한 부시 행정부는 테러에 의한 새로운 국제안보위협에 대한 대처를 미국의 외교안보 전략의 또 하나의 중요한 목표로 삼게 되었다. 더구나 그 배후로 지목된 이라크의 사담 후세인 정권을 징벌적 차원에서 제거하였다. 부시의 일방주의로 평가되는 부시 시대의 외교안보전략의 핵심은 소위 '신보수주의자네오콘, Neocons'들로 불리우는 일단의 부시맨들의 생각을 반영한 것이다. 부시행정부 내에서도 딕 체니 부통령을 비롯해서 존 볼턴, 폴 월포비츠, 존 애쉬크래프트 같은 사람들이 소위 도덕적 우월성을 바탕으로 '힘에 의한 평화'를 추구한 것이다.

부시행정부 시대의 미국은 9.11 사태를 겪고, 이라크와의 전쟁을 치뤘으나 외부 전략적 환경은 그 이전 시대에 비해 그렇게 나쁜 조건에 놓여 있었던 것은 아니다. 이라크 전쟁을 놓고서 한때 유럽의 주요 세력인 프랑스와 독일 관계가 소원해지기는 했으나 그것이 관계의 파국으로까지 간 것은 아니었다. 더구나 유럽 지역은 통합이 가속화되면서 전체적으로 볼 때 더욱 미국 친화적인 지역으로 변모하였다. 서남아시아 지역의 인도, 파키스탄, 아프카니스탄 등 오랫동안 미국과 소원하거나 미국 안보의 문제점이었던 국가들도 미국 우호 정권들이 들어서서 관계가 회복되었다. 파키스탄의 무샤라프 정권이 등장하고, 아프카니스탄에서는 탈레반 정권이 축출되었고, 인도와도 오랫동안 소원했던 사이를 접고 관계를 복원하였다. 이라크 전쟁 이후 알카에다 세력이 전 세계로 흩어지면서 여전히 국제 테러리즘의 문제가 있었으나 오히려 중동 지역은 '비교적' 그 이전에 비해 안정적이 되었다. 부시행정부가 "불량국가rogue states", 또는 "악의 축Axis of Evil" 이라고 불렀던 국가들의 경우에도 실제로 미국의 안보를 일정 부분 위협할 만한 요소를 가지고 있다고는 하나 미국의 헤게모니의 지위를 흔들 정도의 파괴력을 가진 것은 아니었다.

부시 행정부 시대 미국은 국방비가 GNP 대비 오히려 높아졌고, 이로써 그 당시 국방장관이었던 도널드 럼즈펠드는 미국의 군사력의 "첨단화, 경량화, 신속화"로 표현되는 국방개혁을 단행하였다. 더욱 강한 군사력과 국제문제에의 더 적극적 개입, 지역 동맹의 효율성의 강화가 미국의 전략적 목표가 되었다. 따라서 미국의 일극체제에 대한 도전적 요소들이 완전히 사라졌다고 보기는 힘들지만, 상당히 완화된 환경이 주어졌다고 보는 것은 타당할 것 같다.

다만 이러한 과정과 환경에서 눈에 띄는 변화가 있다면 그것은 '중국의 부상'이었다. 중국의 탈냉전 이후 계속되어 온 경제성장은 그야말로 경이적인 것이었다. 20세기 중반 이후 세계경제에서 이러한 고도성장을 한 경우는 매우 손꼽힐 정도로 희귀한 것이다. 일본과 한국 정도가 그러한 고도성장의 경험을 하였다. 일본은 전후에 한국은 70년대 이후에 고도성장을 하였다. 일본은 그로 인해 세계 최선진국으로 발돋움하였고, 한국은 저개발국가에서 신흥공업국을 거쳐 선진국의 문턱에 서 있게 되었다. 가장 후발주자인 중국의 지난 20여 년간의 고도성장은 그러나 일본 및 한국과는 또 다른 국제정치적 의미를 갖는 것이었다. 전 세계 인구의 거의 4분의 1을 차지하는 거대 중국의 고도성장은 국제전략적 환경에 변화의 충격을 줄 만큼 중요한 함의를 가지는 것이었다.

오바마 정부의 "아시아로의 회귀"정책은 정확히 이러한 국제질서의 환경 변화를 반영하는 것이다. 이라크에서의 철수로 부시 행정부에서의 최대 과제였던 테러와의 전쟁을 상징적으로 끝낸 이후 미국의 전략적 재평가 이후에 나온 것은 중국의 부상으로 한층 중요성이 부각된 아시아였기 때문이다.

3_ 중국의 부상: 헤게모니인가 그냥 강대국인가?

중국위협론 대 중국의 아시아 포용론

1990년대 중반까지만 하더라도 중국의 부상을 지역 헤게모니 국가의 탄생으로 보는 시각이 강하였다. 대표적인 중국 연구가인 데니 로이는 90년대 중반 막 피어나기 시작한 중국을 보면서 일본의 막강한 경제력에도 불구하고 중국이 지역 헤게모니로 성장할 것이라고 보았다. 그는 강한 중국은 동아시아 지역의 평화를 해칠 가능성이 있다고 보았다. 경제 발전이 중국을 더욱 공격적이고 덜 협조적으로 만든다는 것이다.[29]

그러나 이러한 견해와는 대조적으로 데이비드 샴보우는 중국은 90년대 중반 이후 꾸준히 아시아에 우호적으로 접근하려고 노력해 왔다고 주장한다.[30] 그 결과 2000년대에 들어서면서 동아시아 지역 국가들 사이에 중국 위협론은 상당히 누그러졌고 아시아 국가들 사이에 중국의 이미지가 많이 좋아졌다는 것이다. 그는 중국의 아시아 포용정책은 90년대의 몇 개의 사건들이 중국의 지도자들의 국제관을 바꿨다는 것이다. 첫째는 1989년의 천안문 사태에 대해 아세안국가들이 중국 포용정책을 편 점이고 둘째는 1997~98년의 아시아 재정위기였다. 중국은 자신의 통화를 평가절하하지 않고 또 동남아 국가들에게 저리 융자를 제공하는 등 책임성 있게 이 사태에 대응한 것이다. 이러한 정책의 성공은 중국 지도자들에게 지역 세력으로서의 자신감을 불러일으켰다. 셋째는 지역의 다자주의에 대한 재평가이며, 넷째는 1997년 일단의 중국의 관료들이 세계의 지역 및 양자 동맹의 종식을 요구하였으나 주변 국가들로부터 냉랭한 반응을 얻은 사실이다. 이후 중국은 더 이상 이 문제를 삼지 않았다. 다섯째, 1999년 벨그라드에 있는 중국 대사관에 대한 미국의 오폭이었다. 이 사건에도 불구하고 중국 정부는 덩사오핑의 유지인 "화평발전"을 그대로 유지하기로 결정한다.[31]

샴보우에 의하면 2000년대 들어서 중국은 아시아 국가들에 대한 포용적 접근을 계속하였다. 첫째로, 지역의 다자협력체제에 적극적으로 참여하였다. 둘째로 전략적 파트너십을 강화하고 일부 국가들과는 양자협력을 강화하였다. 특히, 한국, 베트남, 인도와의 협력관계가 괄목할 만한 성과를 이뤘다. 셋째, 지역경제협력을 강화하였다. 넷째, 다양한 군사협력을 증가시켰다. 샴보우는 중국이 이러한 지역 개입 정책을 성공해 왔으나 그렇다고 해서 이 지역의 지배적 헤게모니 국가가 되지는 않을 것이라고 주장한다.[32]

그러나 일단의 학자들은 샴보우의 이러한 중국 낙관론을 비판한다. 첫째, 중국의 일본 및 대만과의 관계가 샴보우가 지적했던 것처럼 그렇게 우호적이 아니었다는 것이다. 둘째, 많은 동남아 국가들은 중국과 경제적인 경쟁관계이며 일부는 미국과 오랜 관계를 강화하기 위해 중국의 부상에 대항하고 있다는 것이다. 그리고 셋째, 중국은 경제적으로나 군사적으로 충분히 강해지면 다른 강대국들이 과거에 했던 것처럼—필요하다면 무력을 쓰면서—행동할 것이라고 본다.[33] 아마도 샴보우와 가장 다른 견해를 피력하는 학자가 있다면 그는 바로 애런 프리드버그일 것이다. 그는 미국과 중국과의 패권경쟁을 가장 상극적으로 보는 학자 중의 하나이다. 그는 중국은 지금까지 미국이 상대해 왔던 어떤 경쟁국가들과도 다른 존재이며 그의 가공할 만한 잠재력으로 인해 만약 미국이 동아시아 지역에서 중국과의 패권경쟁에서 지게 될 경우 미국은 심대한 타격을 받게 된다고 경고한다.[34]

경제적인 데이터를 가지고 중국의 부상에 대해 명확하게 주장하는 학자는 바로 아르빈드 서브라마니안이다. 그는 "중국이 초강대국으로의 부상은 확실하다"고 주장한다.[35] 미래 중국의 경제적 지배는 우리가 지금 상상하는 것보다 훨씬 크고 방대하다는 것이다. 2030년경이 되면 세계질서는 미국이 쇠퇴하여 다극질서를 이루는 것이 아니라 중국에 의한 확실한 일극체제가 형성된다. 중국의 GDP는 전 세계 GDP의 20%를 점하게 되어 미국의 14.5%를 훨씬 상회하게 되고, 전 세계 무역의 약 15%를 점해서 미국보다 두 배 가까이 된다. 중국의 일인당 국민소득도 미국의 절반 가까이 되어 중국이 상당히 부유한 국가가 된다는 것이다. 이러한 서브라마니안의 미국의 미래에 대한 우울한 전망—반대로 중국의 미래에 대한 가공할 만한 낙관적 전망—은 매우 충격적인 것이다.

물론 이러한 주장과는 완전히 상반된 다른 주장도 제기된다. 마이클 베클리는 중국이 부상하기는 하는데 미국을 따라잡지는 못할 것으로 본다.[36] 그는 경제도 중요하지만 국력을 보다 포괄적으로 분석해야 한다고 본다. 즉, 국력은 부, 기술혁신, 재래식 군사력의 세 가지 요소를 종합적으로 봐야 판별할 수 있다고 주장한다. 부에 관련해서는 경제 사이즈가 반드시 초강대국을 결정하지는 않는다고 본다. 18

세기 영국은 인도와 중국보다 GDP가 훨씬 뒤졌지만 세계를 지배했다는 것이다. 더욱이 중국의 고도경제성장의 요인이었던 싼 노동력, 자금, 확장된 해외수출시장, 충분한 물 공급 등의 요소가 사라지고 있고, 무엇보다도 인구 구성에 있어서 노인들은 불어나고 일할 수 있는 줄어드는 구조를 가지고 있다는 것이다. 이에 반해 미국은 앞으로 40년 동안 노동 가능 인구가 연 17% 정도로 증가한다는 것이다. 중국의 외국인 직접투자FDI의 경우도 전체 70%가 전적으로 외국기업이 투자한 것으로 이것은 공동투자에 비해 중국 기업에게 기술이전의 큰 문제를 가져온다는 것이다. 기술혁신에 있어서도 중국이 미국을 따라잡기는 당분간 힘들 것이며, 더욱이 재래식 군사력의 격차는 엄청나다고 본다.

중국 위협론이나 중국의 아시아 국가들에 대한 포용론과는 달리 중국의 부상에 대해 아시아 국가들이 순응할 것이라는 주장도 제기된다. 데이비드 강은 중국의 강대국으로의 부상이 지역의 불안정을 야기할 것이라는 대부분의 기존의 국제정치이론을 반박하면서 대만을 제외한 대부분의 동아시아 국가들은 중국의 부상에 대해 균형을 취하기보다는 그에 순응하고 '편승할 것bandwagoning'이라고 본다.[37] 또한 이들 국가들은 중국과 역사적으로 오랫동안 관계해 왔기 때문에 중국이 다시 이 지역의 중심축이 되는 데에 큰 두려움이 없다는 것이다.

이처럼 중국의 부상에 대해서는 각기 다른 주장들이 제기되어 왔다. 타당한 주장도 있고 더러는 현실을 지나치게 과장하거나 너무 이론에 매몰되어 다른 측면을 보지 못하는 주장들도 있다. 샴보우는 중국의 외교 전략의 긍정적인 점만을 지나치게 부각시킨 점이 있고, 프리드버그는 미·중간의 '경쟁'에만 앵글을 맞춰서 너무 비관론적 결론에 도달한다. 데이비드 강의 중국에 '편승하기' 주장은 이론적으로는 흥미 있기는 하나 동아시아의 역사와 현재 중국과 지역 국가들 사이의 관계를 과연 정교하게 조망했는가의 의문이 제기된다. 더욱이 20세기 중반 이후 동아시아 국제정치는 소위 "역외 균형자offshore balancer"인 미국의 존재로 인해서 그 이전의 역사와는 근본적으로 다르다. 세력균형이론의 시각에서 볼 때도 미국 존재의 유무가 이 지역 국가들의 중국과의 관계에 있어서 행동의 양식을 완전히 바꿔놓는다.

중국 전략의 도전적 요소로서 국내 문제

이러한 상반된 시각에 대한 우리의 관점을 보다 분명히 하기 위해서는 중국이 당면한 국내적 현실에 대해서 좀 더 조망하는 것이 필요하다. 중국은 현대화 과정에서 여러 가지 심각한 부작용에 직면하고 있다. 무엇보다도 매우 심각한 부패 문제에 직면해 있다. 시진핑 주석이 직접 전면에 나서 이의 척결을 진두지휘하고 있다. 중국의 부패 문제는 중국 사회의 가장 큰 문제로 이것의 정치, 경제, 사회적 함의는 적지 않다 하겠다. 중국 사회의 급속한 노령화도 중국이 대국으로 가는 커다란 걸림돌로 작용할 것이다. 앞서 언급된 것처럼 중국의 노령화는 향후 중국 경제성장에 가장 큰 문제로 대두될 것이다. 이것은 경제문제일 뿐만 아니라 매우 심각한 사회문제를 노정한다. 즉, 노령화 인구의 증가로 인해 중국은 현재 5.5명의 노동인구가 1명의 노인

을 부양하고 있지만, 2035년이 되면 2.5명이 1명을 부양해야 한다.[38]

더욱이 2009년 이후 금융위기에 대항해서 중국은 엄청나게 돈을 풀었고, 중국의 경제성장은 거의 80~90%가 자본투자의 결과이고 이 자본투자의 대부분은 고정자본투자를 위해 은행들이 빌려준 돈들이라고 본다. 문제는 이러한 고정자본투자가 GDP 성장의 거의 60% 가까이 이를 정도로 높다는 것이다. 급속한 산업화에 성공한 일본, 한국, 대만의 경우 고정자본투자는 30%에 밑돌았다. 중국에서 대부분의 고정자본투자는 국영기업들에 의해서 쓰인 것이다. 이 국영기업들이 중국의 거의 모든 경제부문을 지배하고 있다. 약 150개의 중앙정부가 운영하는 기업들과 150,000개의 지방정부가 운영하는 기업들이 은행대출의 4분의 3을 쓰고 있는 것이다. 문제는 이들이 이익을 얼마나 내느냐 하는 것이다. 대략 30%의 은행대출이 정치적 이유로 이루어졌고, 전체 약 51%의 대출이 손실을 보았다.[39]

문제는 국영기업들의 성장은 매년 20~30%에 이르는데 가계의 가처분소득의 증가는 불과 2~3% 증가에 그친다는 것이다. 따라서 중국의 지니계수는 1980년대의 0.25%에서 90년대는 0.38%, 그리고 2011년경에는 0.57%로 올라가서 점점 소득 불균형 사회로 진입하고 있다. 이는 노령화의 문제와 더불어서 엄청난 경제, 사회문제를 일으킬 것이라는 점이다. 약화된 가계부문으로 인해 중국의 국내소비는 약 33%에 머물고 있어 이는 70%인 미국이나 60%인 일본과 비교할 때 현저히 낮은 수치이다. 그리고 국영기업에 근무하는 노동자의 약 15%정도만이 어떤 형태로든지 연금을 가지고 있어서 향후 중국은 노령화시대 누가 이들을 부양할 것인가가 가장 큰 문제로 떠오를 것이다. 결론적으로 대부분의 선진국들이 노령화되기 전에 경제성장에 성공했으나 중국만이 유일하게 부유해지기 전에 노령화된 첫 번째 주요 경제국가가 될 가능성이 크다고 본다.[40]

중국 정체의 미래 문제는 아마도 중국이 당면할 미래의 가장 중요한 주제가 될 것이다. 중국이 세계대국으로 가려 할 때, 정치적, 경제적, 사회적 안정성은 필수적이라 하겠다. 경제대국은 고도경제 성장으로 달성할 수 있다. 여기에 대해서는 앞서 보았던 것처럼 두 가지 상반된 견해가 존재한다. 중국경제가 앞으로 거대경제가 되고 외형상 미국 경제를 능가할 가능성은 현실적으로 매우 커졌다. 그러나 외형적 경제성장이 과연 중국이 헤게모니 국가로 가기 위한 필요충분조건이냐에 대해서는 논란이 있다. 그 이전에 외형적 경제성장만으로는 경제대국이 되는데도 문제가 있다는 주장도 위에서 살펴본 바 있다. 그러나 이보다 결코 중요성이 적지 않는 문제가 정치적 변화의 문제이다. 많은 학자들은 중국의 산업화 과정에서 어떻게 정치변화를 다뤄나갈 것인가를 가장 흥미 있게 보고 있다. 정치발전 없이 고도 선진산업사회로 갈 수 있는지, 또 중국과 같은 체제가 어떻게 정치발전을 이루면서 동시에 고도 선진사회로 진입할지 등이 주요한 질문이라 하겠다.

중국은 사회주의체제임에도 불구하고 훌륭하게 자본주의를 용해해 내서 지금 세계 최고의 고속성장을 이룬 나라가 되었다. 초기 "사회주의적 시장경제"라는 용어를 도입하기도 했으나 이제는 앞의 수식어인 '사회주의적'이라는 말을 붙일 필요조차 없이 세계에서 가장 '자본주의적'이 되었다. 정체에 있어서도 그러한 것이 가능할까가 학계의 질문이다. 중국이 아직까지 중국공산당이 지배하는 일당지배체제이기 때문에 예를 들면 '공산주의적 민주주의' 같은 것이 중간단계에서나마 가능하고, 종국적으로 민주주의로 이행할 수 있느냐 하는 문제이다. 많은 나라가 민주화의 과정에서 정체의 혼란과 불안정을 겪었다. 이를 극복하지 못한 나라가 현대화에 성공한 예는 아직 없다. 그렇게 때문에 중국이 그런 과정을 극복한 예가 되느냐 아니면 그런 과정을 겪지 않고도, 즉 정체의 변화 없이도 현대화에 성공한 세계 최초의 예가 될 수 있느냐가 핵심적 질문이다. 이것이 중국의 헤게모니 논쟁에 있어서 매우 중요하고 또 그것이 세계질서와 동북아 질서의 미래 안정성을 판명하는 데 중핵적 사안이다.

중국의 탈민주적 미래?

그러한 관점에서 볼 때 에릭 리는 매우 흥미있는 주장을 편다. 그는 중국에서 이미 "탈민주적 미래"가 시작되었다는 것이다.[41] 그는 중국이나 서구에서 중국의 일당지배체제가 사라질 것이라 보는 것은 잘못된 것이라 주장한다. 리는 오히려 중국 공산당의 수용성, 능력주의 체제, 국민들로부터 얻은 정통성으로 인해, 중국이 결과적으로 선거민주주의로 갈 것이라는 서구의 일반적인 믿음과는 달리 중국에서의 일당지배모델이 공고화될 것이라고 본다. 이러한 중국의 탈민주적 미래의 탄생으로 중국은 계속해서 부상할 것이라는 것이다.

이러한 에릭 리의 주장에 대해서 황야생은 중국이 민주주의로의 정치적 개혁 없이는 중국의 미래가 매우 어둡다고 진단한다.[42] 중국공산당의 통치에 대한 찬양 일변도의 리의 주장을 반박하면서 그는 원자바오 총리도 2012년 3월에 "정치개혁이 없다면 문화대혁명과 같은 역사적인 비극이 다시 일어날 수 있다"[43]고 경고했는데 중국공산당은 이에 대해 아무런 반박도 하지 못했다며 중국 공산당의 책임성, 수용성, 능력본위의 인재 등용, 국민들 사이의 정통성에 의문을 제기한다. 그은 민주적 중국이 국민들에게 더 많은 경제성장의 혜택을 줄 수 있으며 중국은 이미 민주화의 길로 들어섰다고 본다. 따라서 중국공산당이 능동적으로 정치개혁의 길을 걷지 않는다면 파멸적 위기에 대응하지 않을 수밖에 없는 처지에 놓이게 될 것이라고 경고한다. 따라서 혁명보다는 개혁을 택하는 지혜를 중국공산당이 가져야 한다는 것이다.

중국 정치체제의 변화의 선 자리가 어디냐에 대해 '민주화로의 개혁이냐 아니면 혁명이냐,' 또는 '탈민주사회로의 변화이냐'는 매우 거대한 담론이 될 수 있다. 이것은 중국체제의 과거와 현재 뿐만 아니라 역사상 존재했던 많은 정치체제들에게서 답을 얻어야 하는 매우 거시적인 통찰력이 필요한 문제이다. 더욱이 현재의 중국체제와 변화는 세계 역사상 거의 유일한 케이스이기 때문에 어떤 양자택일적인 해답을 내기는 더욱 어렵다. 다만 중국이 변화를 필요로 하고 지금 그 길을 가고 있으며 그 방향에 따라 중국 국민뿐만 아니라 주변 국가들도 불가피하게 영향을—그것도 심대하게—받을 수밖에 없다는 사실에 주목해야 한다. 중국이 심각한 관료부패문제, 세계경제 환경변화로 인한 경제성장 속도의 완화, 국내의 소극 양극화문제, 노령화 사회로의 진입, 도시화 문제와 더불어 도·농 간의 격차, 그리고 사회안전망의 약화 등 정치·경제·사회적인 문제점을 안고 가고 있기 때문에 그야말로 향후 국제질서에서 새롭게 부상하는 헤게모니 국가로서의 원대한 비전을 외교안보전략에서 투영할 여력과 의지가 있는 지가 의문이 자연스럽게 제기될 수밖에 없다.

중국의 현실주의적 외교전략

이 점에 대해서 중국은 그 자신에 대해서 어떻게 생각하는지가 해답에 대한 일말의 단서를 제공해 줄 것 같다. 중국이 볼 때 미국은 중국의 거의 모든 이해관계에 영향을 줄 수 있는 거대한 힘을 가진 세력이다. 미국에서 공부를 한 중국의 일부 젊은 학자들을 중심으로 중국과 미국은 지리적으로도 떨어져 있어서 핵심 안보 이해가 서로 충돌할 필요가 없고, 무역이나 다른 공동의 이해관계로부터 상호 이익을 얻을 수 있다는 견해가 존재한다. 그러나 이와 달리 대부분의 군사, 안보 분야에 종사하는 중국 전문가들은 보다 비관적으로 본다. 그들은 중국과 미국 간의 충돌이 불가피하다면 해야 된다고 본다. 이러한 입장에는 그들은 미국 내의 소위 "공세적 현실주의"의 주장[44]인 중국을 봉쇄해야 한다는 입장을 미국의 입장이라 믿으며 따라서 미국이 탈냉전이후 중국을 포위하기 위한 전략을 펴왔다는 것이다. 다만 이러한 견해에도 불구하고 중국 전략가들의 주류는 그렇다고 해서 중국이 다가오는 미래에 미국에 도전해야 한다고 충고하지는 않는다. 그들은 미국이 퇴조하기 시작했으나 앞으로도 수십 년은 세계적 헤게모니 국가로 남을 것이라고 보기 때문이다.[45]

중국의 대표적인 대외관계 전문가인 왕지시도 이와 비슷하게 결론을 내린다.[46] 중국은 지금 점증하는 대내외적 압력과 도전에 직면해 있기 때문에 중국의 지도자들은 중국을 헤게모니 국가로 전환시키는 꿈을 꾸고 있지 않다고 본다. 중국의 주요한 관심은 중국의 핵심이익인 주권, 안보, 그리고 발전을 어떻게 잘 지키는냐에 있다고 본다. 이것은 2009년에 후진타오도 천명한 바 있고, 또 외무담당 국무위원인 다이빙궈는 이를 좀 더 상세히 언급하였다. 이 세 가지는 첫째, 중국의 정치적 안정, 즉 중국공산당 리더십과 사회주의체제의 안정성, 둘째, 국가안보, 영토통합, 국가통일, 셋째, 중국의 지속적 경제 및 사회발전을 말하는 것이다.[47] 이러한 중국의 대외전략의 중추적 요소를 바탕으로 한 중국의 현실주의적 외교전략은 시진핑 시대에도 여전히 핵심적 전략적 고려 사항이 될 것이라는 것이다.

실제로 지난번 미·중 정상회담에서의 중국의 입장은 중국이 향후 어떠한 전략적 행보를 할 것인가를 잘 보여 주고 있다. 주지하다시피 중국의 시진핑 주석은 미국과의 소위 "신형대국관계"를 언급하였다. 즉, 미국이 중국의 핵심이익을 위해하지 않는다면 중국은 미국과 국제문제에 있어 협조할 수 있다는 것이다. 여기서 핵심이익은 이미 중국 내 지도부에서 공유되고 있는—앞서 언급한—중국의 주권, 안보, 발전을 말하는 것이다. 중국의 대미정책의 핵심인 "신형대국관계"는 그러므로 기본적으로는 현실타파적인 수정주의적 입장이라기보다는 현상유지적 입장이다. 다만 변화하는 중국의 위상에 걸맞는 역할 조정을 요구하는 새로운 미국과의 관계를 설정하겠다는 것이다. 그렇기 때문에 이러한 중국의 입장은 당분간은 지속될 것이다. 다만 중국이 어느 순간 국력을 재평가하고, 또한 중국이 놓인 대외환경을 재평가할 때 이러한 중국의 대미전략 또한 수정될 것이다. 중국의 대외전략은 지난 20여 년간 그대로 멈춰선 것이 아니고 계속해서 진화해 왔다. 소위 "도광양회"에서 지금의 "신형대국관계"는 보기에 따라서는 엄청난 변화이다. 따라서 앞으로도 계속 변화해 나갈 것이라고 보는 것이 타당하다. 다만 그것은 중국의 내적 발전과 대외환경의 두 요소가 어떻게 변해 가느냐에 연동될 것이다. 중국과 미국의 헤게모니 경쟁은 그 결과로서 나오게 될 것이다.

4_ 일본: 퇴조의 지속인가 재도약인가?

다가올 동북아국제정치의 미래를 미국과 중국 간의 헤게모니 논쟁에 맞춰 버리면 결국 논의는 거기서 멈춰 서게 된다. 그러나 누가 동북아의 미래 헤게모니가 될 것인가라는 질문에서 누가 안정성에 영향을 줄 것인가라는 질문으로 옮아 가면 논의는 또 새로운 양상을 띠게 된다. 강대국끼리의 경쟁만이 지역의 안정성의 유무를 결정하지 않기 때문이다. 오히려 강대국끼리의 라이벌 경쟁은 힘의 균형점에 다가갈수록 더 안정적인 측면이 있다. 이러한 점에서 미국과 중국외의 나머지 국가들, 즉 지역 세력인 일본과 한국의 위치와 역할이 지역 안정성의 미래에 어떤 영향을 줄지는 논의할 가치가 있다.

일본의 잃어버린 시대

탈냉전 직후 떠오르는 강대국으로서의 일본에 관한 논의는 불과 몇 년을 가지 못하고 거의 담론에서 사라진다. 주요한 국제정치학자들, 현실주의자들은 90년대 초 21세기를 주도할 새로운 강대국의 후보 1순위로 일본을 꼽았었다. 그러나 일본은 90년대 초에 들어서면서 경제의 거품이 붕괴되고 곧바로 '잃어버린 시대'를 맞이하게 된다. 일본의 경제침체와 더불어 일본 정치도 지난 20여 년간 커다란 굴곡을 그리며 변화해 왔다.

1993년 자민당 정권은 잠시나마 일본신당에게 정권을 물려주면서 일본 정치변화의 서막을 알린다. 그 뒤로 사회당과 연립을, 또한 공명당과 연립을 거듭하면서 일본정치의 변화가 계속되었다. 고이즈미가 집권한 2001년부터 2006년 사이가 오히려 일본정치의 이단적 현상이라 보일만큼 일본 정치는 부침이 계속되었다. 그 뒤 1년여의 아베 1차 내각이 등장하였고, 자민당은 2009년에 민주당에게 완전히 정권을 빼앗겼다. 일본에서의 진정한 의미에서의 정권 교체가 이루어진 것이다. 그러나 민주당 정권도 하토야마 유키오, 간 나오토, 노다 요시히코로 이어지는 단명한 총리들을 배출하면서 정권 유지가 녹록지 않음을 스스로 증명하다. 결국 2013년에 이르러 다시 아베에게 정권을 내주고 말았다. 이러한 긴 시간 동안 경제침체에서 일본은 벗어나지 못하고 있었다. 많은 국제정치 전문가들은 이러한 일본의 상대적 쇠락을 보면서 일본이 언제 미래의 헤게모니 후보였나 하는 생각을 하게 되었다. 이것은 반대로 엄청난 기세로 성장하는 중국으로 인해 더욱 극명하게 대비되었다.

그러나 일본의 쇠락은 상대적이다. 일본이 80년대 말까지 뻗어가던 기상에 비추어 보면 확실히 지난 20여 년은 쇠락의 시기이다. 그러나 상대적으로 일본은 여전히 첨단 테크놀로지를 바탕으로 한 막강한 경제력과 가공할 재래식 군사력을 가진 동북아시아의 최강국의 하나이다. 일본이 세계 지배의 헤게모니의 가능성에서 멀어졌다고 해서 지역적 헤게모니의 가능성까지 완전히 상실했다고 보는 것은 현실감 있는 시각은 아니다.

누가 리드를?

시앙스포의 메이어 교수는《중국 또는 일본: 누가 아시아를 리드할 것인가?》라는 저서에서 중국과 일본의 지역헤게모니 경쟁의 미래를 진단하였다.[48] 중국이 부상하는 시대에 '중국과 일본의 헤게모니 경쟁'이라는 주제는 새롭기조차하다. 그는 중국과 일본의 미래 관계에서 생각해 볼 수 있는 세 가지의 시나리오가 있다고 보았다. 그것은 첫째, 일본의 중국 헤게모니 수용 거부, 둘째, 이 둘 사이의 무력 분쟁, 셋째, 서로 보완적 요소를 가진 협력관계이다. 그러나 그는 이러한 세 가지 시나리오 중 어느 하나로 미래가 갈 것이라고 보는 것은 너무 단순하다고 본다. 그래서 2030년 정도를 기점으로 해서 두 단계의 전환이 일어날 것으로 본다. 첫 번째 단계는 향후 20여 년에 걸쳐 일어날 것으로 일본과 중국 사이의 패권경쟁이다. 이 단계는 불안정하고 때로는 자주 갈등이 일어날 수 있는 단계이다. 일본은 기술적 재정적 우위를, 중국은 정치적, 전략적 우위를 가지고 지역질서를 재조정하는 단계이다. 따라서 이 지역의 두 강대국에 의한 '공동의 리더십'의 형태가 이 지역의 현실이 될 것이다. 중국이 경제적으로 부상하면서 결과적으로 정치, 경제적인 지역 지배의 가능성이 커짐에도 불구하고 메이어는 일본이 수세기에 걸쳐 거부해 온 중국에의 굴종을 받아들이며 중국 중심적 아시아를 인정하기는 어려울 것으로 본다. 따라서 일본은 중국의 위성국가가 되기보다는 그 궤도에서 벗어나서 자기만의 길을 갈 것이라고 주장한다.[49]

메이어의 분석은 동북아 질서의 미래의 구도에서 일본의 존재를 다시금 일깨우는 것이다. 중·일 경쟁의 미래를 진단하기 위해서 몇 가지 변수를 분석해 보면 동북아의 헤게모니 경쟁의 미래를 좀 더 명확하게 볼 수 있을 것 같다. 그 변수들이란 첫째, 거시경제력이다. 이것은 국민총생산, 외환보유고, 무역액 등 국가의 경제를 거시적으로 볼 수 있는 지표들에 해당한다. 둘째, 경제 내적인 내용들이다. 이는 첨단 기술에 의한 기술혁신, 노동생산성, 해외시장의 환경 등을 들 수 있다. 셋째, 군사력이다. 이는 재래식 및 비재래식 군사력을 모두 포함한다. 다만 지역 헤게모니 경쟁에서 볼 때, 실제로 쓸 수 있고, 상대를 압박할 수 있는 군사력으로서 재래식 군사력이 더욱 유용하다는 점은 명기되어야 할 것이다. 넷째, 사회 안정성이다. 이는 정치, 경제, 사회체제의 안정성을 모두 포함한다. 즉, 국민들의 체제 일체감의 문제이다. 마지막으로 국가의 헤게모니 추구 의지의 요소이다. 과연 지역 국가가 헤게모니를 강력하게 전략적으로 추진할 의지와 그것이 수용되는 국내 환경의 요소이다.

여기서는 이러한 다섯 가지 요소들에 대해 실증적이며 경험적인 데이터 분석 작업을 하지는 않을 것이다. 그것은 또 다른 엄청난 작업을 필요로 할 것이기 때문이고, 본고의 원래의 의도도 아니다. 따라서 과도한 단순화의 약점이 있지만, 위의 다섯 가지의 요소에 대해 중국과 일본에 대해 간단한 분석을 시도해 보는 것만으로도 우리가 다루는 주제—헤게모니 경쟁의 미래—에 대한 전략적 함의를 얻을 수 있다.

일·중 간 경제전쟁의 현실

먼저 거시경제력이다. 이에 대해서는 이미 많은 지표들이 나와 있다. 이미 중국의 GDP는 일본을 추월하여 미국에 가깝게 다가서 있는 실정이다. 세계은행의 통계에 의하면 중국은 2012년 인구가 13억 5천만 명, GDP는 8,227조 달러이며 일인당 GNI는 5,740달러이다. 이에 반해 일본은 인국 1억 2천7백만 명에 GDP는 5,960조 달러, 일인당 GNI는 47,870달러이다.[50] 참고로 미국은 2012년 기준, 인구는 3억 천3백만 명, GDP는 15,680조 달러, 일인당 GNI는 50,120 달러이다. 한국은 인구 5천만, GDP 1,130조 달러, 일인당 GNI 22,670 달러이다.[51] 거시경제적 지표는 이외에도 외환보유고를 들 수 있는데 2012년 기준 중국은 3조 3천3백억 달러, 일본은 1조 2천2백억 달러, 미국은 1천3백억 달러, 한국은 3천2백억 달러 등이다. 따라서 중국의 높은 경제성장률과 많은 인구를 감안해 볼 때 거시경제적 지표에서 일본과 중국의 격차는 앞으로 시간이 가면 갈수록 점점 더 벌어질 것이다.

그러나 일부 연구에서 제기하는 것처럼 보다 구체적인 경제발전에 관련된 지표에서 일본이 중국에 현저히 앞서 있다는 주장은 어떤 지 살펴볼 필요가 있다. 같은 세계은행의 지표를 이용해서 몇 가지 지표를 살펴보면 이러한 주장의 진위를 표면적으로나마 살펴볼 수 있을 것 같다. 첫째로 외국인 직접투자FDI의 경우이다. 2011년 FDI는 중국이 2,800억 달러, 일본이 단지 7천9백만 달러로 외국인 직접투자의 경우 비교가 안될 정도로 일본이 작다. 일본은 2008년 290억 달러, 2009년 154억 달러, 2010년 10억 달러로 최근 몇 년 사이 FDI가 급격히 감소하는 경향을 보여 왔다. 참고로 2011년 미국은 2,575억 달러, 한국은 48억 달러이다. 하이테크 수출품의 경우 2011년 중국은 4,571억 달러, 일본은 1,264억 달러이며 전 공산품의 비율로는 중국의 26%, 일본의 17%로 예상보다 중국이 상당히 하이테크 제품의 수출 비중이 높다는 것을 알 수 있다. 이와 연관하여 미국과 한국은 각각 1,452억 달러, 1,220억 달러이며 공산품 수출의 비중으로는 미국이 18%, 한국이 26%이다. 전체 GDP에서 R&D의 비중은 일본이 3.6%로 중국의 1.7%보다 현저히 높다. 미국은 2.9%, 한국은 3.6%이다. 특허 출원건수의 경우 해외체류자를 합하여 2011년 중국은 526,412건, 일본의 343,790건으로 약 1.5배 정도이고, 미국은 503,582건, 한국은 178,924건이다. 정보통신 기술 관련 상품의 전체 수출에서 차지하는 비중도 2011년 기준으로 중국이 26.8%로 일본의 9.2%보다 현저히 높다. 미국은 9.5%이고, 한국은 18%이다.[52]

경제성장의 잠재성과 연관된 것으로 인구학적 변화 양상은 매우 중요한 지표이다. 먼저 잠재적 경제활동 인구인 15세에서 64세까지의 인구는 2012년 기준 중국이 전체 인구의 73%, 일본이 62%로 둘 다 감소하는 경향을 보이고 있다. 참고로 미국은 67%로 감소추세이며 한국은 73%로 상승추세이다. 65세 이상 노령인구의 경우 2012년 기준 중국은 9%, 일본은 24%로 일본이 현저하게 노령화 사회이다. 그러나 중국도 급격히 노령인구가 증가하고 있다. 미국은 14%, 한국은 12%로 둘 다 상승하는 추세에 있다. 1세부터 14세까지 인구는 4개국 모두 감소 추세에 있으며, 중국 18%, 일본 13%, 미국 20%, 한국 15%이다. 미국이 상대적으로 향후 노동인구가 가장 견실해질 수 있다는 통계이다. 이것과 연관하여 인구성장률은 2012년 기준, 중국이 0.5%, 일본이 -0.2%이며 미국은 0.7%, 한국은 0.5%로 4개국 모두가 앞으로 인구 증가율이 정체될 것을 보여 준다.

두 번째 범주의 경제의 구성 내용과 성장 잠재성의 문제에 있어서도 일부 통계는 중국의 내용이 일본에 그렇게 떨어지지 않음을 보여준다. 다만 지금의 일본의 첨단산업과 기술을 언제, 얼마큼 빨리 따라잡을 것이냐 하는 것이 문제이다. 일본의 세계 최고 수준의 첨단기술과 산업들을 가지고 있다. 산업의 거의 전 부분에 있어 일본은 가장 선두에 서 있다. FDI나, 특허 출원 수라든지 하이테크 수출품의 비중 등에서 중국이 일본에 앞서고 있는 것으로 나타나고 있지만, 앞서 보았듯이 중국에 대한 FDI의 경우도 일본 기업들이 상당부분을 차지하며 대부분 중국진출 기업들이 100% 단독 출자를 하고 있다.

최근 미국에서는 소위 "변환적 기술혁신translational innovation"을 강조한다. 즉 기초과학연구와 창의성들이 기술개발이나 상업화로 '전환'되는 혁신을 말한다. 미국은 엄청난 기초과학투자를 하고 있지만 이를 적절한 기술개발과 상업화에 제대로 성공하지 못하고 있기 때문에 나오는 말이다. 따라서 최근 미국의 실리콘 벨리에서 나오는 자조적 농담은 "(기술의) 창조적 과정은 미국에서 나오는데 정작 기술개발은 한국에서 이루어지고, 제품생산은 중국에서 한다"는 것이다.[53] 여기에서 기술개발의 예를 한국을 들었지만 이는 최근의 일로 지난 수십 년 동안 그러한 기술개발에 성공해서 최첨단의 기술로 산업화에 성공해온 가장 대표적인 경우가 일본이다. 이것은 또 하나의 함의를 암시하는데 중국은 아직까지 첨단 기술의 제품 생산지에 머물러 있다는 것이다. 이러한 격차를 줄이는 것이 중국의 향후 과제이며 그 격차를 앞으로 얼마나 빨리 줄여 나가느냐에 따라 일본과의 격차도 줄어들 것으로 보인다.

군사력 격차

군사력의 경우에 있어서는 중국과 일본의 격차가 확실해 보인다. 중국은 무엇보다도 핵능력을 보유하고 있고, 대륙 간 탄도미사일까지 보유하고 있어, 미국과 러시아를 제외한 세계 최강의 군사력을 보유하고 있다. 군사력의 주요 지표 중의 하나인 각국의 군사비 지출을 비교해 보면 이러한 점은 더욱 뚜렷이 나타난다. 2010년을 기준으로 미국은 6,980억 달러, 미국의 GDP 대비 4.8%, 전 세계 군사비의 43%를 차지한다. 중국은 1,190억 달러로 미국에 이어 제2위의 군사비 지출 국가이다. 전 세계 군사비의 7.3%를 차지한다. 일본은 545억 달러로 전 세계 지축의 3.3%, 한국은 276억 달러로 전 세계 지출의 1.7%를 차지하고 있다.[54] 중국은 또한 최근에 항모를 보유하여 대양해군으로의 긴 여정에 첫발을 디뎠다. 지난 1996년 양안문제가 발생했을 당시 미국의 항모 파견으로 중국은 자국과 멀지 않은 연안에서 고개를 숙여야 했던 뼈아픈 경험을 한 뒤 꾸준히 군사력 증강에 매진한 결과다.

중국이 앞으로 더욱 공격적인 외교 전략을 펴느냐 아니냐에 상관없이 중국의 군사력 증강은 계속될 것이다. 다만 누적적인 군사력에 있어서는 미국에 한참 뒤지고 있고, 다른 한편으로 핵능력을 제외한 재래식 군사력에 있어서의 일본과의 격차도 당분간은 그렇게 큰 것은 아니다. 물론 군사력의 대한 종합적인 평가는 보다 동태적인 분석을 통해 더 심도 있게 분석한 결과를 가지고 비교해야 할 것이다. 그러나 군사비만 하더라도 중국이 2001년 390억 달러에서 지난 10여 년간 비약적인 증가로 지금의 수준에 도달했고, 상대적으로 일본은 지난 10여 년 꾸준히 520억 달러를 지출했기 때문에[55] 지난 20여 년을 누적 액수로 보면 오히려 일본이 더 많은 군사비를 지출했다고 볼 수 있다. 다시 말하면 일본의 재래식 군사력도 중국에 비해 지역 헤게모니 경쟁에 있어서 커다란 장애를 줄 정도로 미약하지는 않다는 말이다.

정치. 사회적 안정성

네 번째 범주인 정치·사회적 안정성의 문제는 중국의 미래 발전에 가장 큰 변수로 작용할 가능성이 크다. 중·일 간의 경쟁 관점에서 본다면 일본의 비교우위가 점쳐지는 부분이다. 이미 앞의 3장에서 살펴본 바와 같이 중국의 정치적 안정성에 대해서는 일부 중국 전문가들의 분석과 예상과는 달리 중국의 정치적 변화는 불가피할 것으로 본다. 이미 국가발전의 단계에서 많은 정치, 경제, 사회적 변화를 경험했던 서구와 한국 등의 경험에서 볼 때 중국이 지금의 정치체제와 국민과의 관계를 변화하지 않고 그대로 가져간다는 것은 거의 기적에 가까운 것이다. 역사의 예외가 중국에게서만 나타날 가능성은 매우 희박하다. 문제는 변화가 불가피한데 그것을 얼마나 연착륙시키느냐하는 것이다. 특히 경제발전을 매우 급속도로 한 국가들의 경우가 더욱 심한 정치변화를 경험하였다. 중국의 경우 지금 일인당 국민소득 6,000달러 정도에서 일만 달러로 가는 앞으로의 10여 년이 가장 큰 변화가 올 시기이다. 그렇기 때문에 이 시기에 얼마나 국민들의 정치, 경제, 사회적인 욕구를 충족시키면서 정치안정을 이루느냐가 중요한 과제이다.

이와 비하면 일본은 상대적으로 매우 안정되어 있다. 일본에서의 정권변화가 불안정한 정치변화의 결과는 아니다. 일본 국민들의 욕구에 대한 상대적인 선택의 결과라 보여진다. 일본의 민주당이 정권을 잃었지만 그렇게 급진적인 정치세력으로 변하지 않고 제도권 내에서 수권을 위해서 노력하고 있다. 자민당과 연립한 공명당도 매우 온건한 정치세력이다. 다만 일본 극보수적인 정치세력의 출현이 한국을 비롯한 외부의 시각에서 볼 때 우려할 만한 현상이다. 이들이 일본정치에서 주류가 될 가능성은 낮아 보이나 그들이 지향하는 대외 정책적 성향이 극단주의로 흐를 수 있는 성질의 것이기 때문이다.

패권추구 의지

문제는 다섯 번째 패권추구 의지에 관한 것이다. 이 부분이 문제인 것은 이것이 계량적으로 보여 줄 수 없는 가장 불확실한 요소이기 때문이다. 일본의 헤게모니 추구와 관련해서는 일본의 제2차 세계대전 전후의 정치·안보적인 발전과 변화와 밀접한 관계가 있다. 적어도 1990년대 말까지 일반적인 지혜로 통용되는 일본안보정책의 근간은 반군국주의였다. 일본의 평화헌법, 특히 헌법 제9조, 일본의 전후 대외정책의 근간을 이루었던 요시다 독트린, 반핵정책, 그리고 일본의 지나친 군사대국화를 억제했던 일미동맹의 존재 등이었다. 1955년부터 1993년까지 38년 동안 일본을 지배했던 자민당의 일당지배 하에서도 자민당의 주류는 이러한 기조를 비교적 잘 지켜 왔다. 그리고 90년대 중반 자민당과 사회당의 연립정권 속에 사회당 출신이 무라야마 총리의 담화가 나오고, 또한 그 이후 일본군 위안부에 대한 일본의 전향적인 입장을 피력한 고노 담화 등이 나왔다. 따라서 한편으로는 전후 꾸준히 군사력을 증강시켜 오고, 실질적인 안보 강화 정책을 추진해 온 현실주의적 전략과 다른 한편으로는 이를 억제하는 평화헌법, 반핵정책, 일본의 정치구도 등 소위 구성주의적 구도가 공존해 온 것이다. 이러한 일본의 안보정책의 성향을 일부 학자들—구성주의 및 절충주의적 입장에서—은 일본의 반군국주의 경향으로 설명하기도 한다.[56]

일본이 어디로 갈 것인가에 대한 일본 내의 논쟁은 2000년대 들어 더욱 치열하게 전개된다. 일본의 정치는 다시 자민당의 고이즈미 정권의 안정적인 5년의 지배로 들어갔다. 2000년대 중반 한때 일본 내에서 소위 '소프트 파워' 개념을 일본의 안보정책의 새로운 개념으로 새워야 한다는 논쟁이 전개되기도 하였다.[57] 그러나 역사문제로 인한 주변국들과의 충돌로 인해 일본은 아시아에 있어서 '소프트 수퍼 파워'로서의 설 자리를 스스로가 점점 약화시켰다.[58] 일본은 특히 자민당이 재집권하고 아베 내각이 들어서면서 아베 신조 총리와 부총리인 아소 다로 등 일본 집권당의 수뇌부들의 우익적 성향으로 인해 주변국인 한국 및 중국과 외교적인 마찰을 빚으면서 일본의 미래 지향성에 대해 의문을 던지고 있다. 아베 총리는 일본의 평화헌법의 개정을 공개적으로 추진하고 일본 자위대를 정식 국방군으로의 전환을 시도하고 있는 것이다. 이것은 일본이 전후 70여 년 가까이 견지해 오던 안보정책의 대근간을 바꾸는 '패러다임 전환'을 시도하겠다는 것이다.

이러한 대변환의 가능성에 대해 회의적인 시각도 만만치 않다. 무엇보다도 자민당의 연정 파트너인 공명당이 이 문제에 대해 반대 의사를 표명하고 있고, 또한 일본 내의 여론도 아직까지 자민당의 헌법 개정을 지지할 만큼 성숙되지 않았다고 보기 때문이다. 그러나 중요한 것은 일본정치에 있어서 지금까지 수십 년 동안 거의 금기시해 왔던 문제의 병마개를 열었다는 것이다. 이 문제가 그간 거론되어 오지 않은 것은 아니나 이번은 일개 정치가나 파벌에 의해서도 아니고 일본의 집권당의 총리와 주류가 이것을 추진하고 있다. 또한 자민당의 지지율은 60%에 이를 정도로 높다. 따라서 이번에 성공하지 못할지 모르지만 그러나 이것이 꺼진 불씨가 되어 수면 아래로 사라지지는 않을 것이다.

정리해 보면 다섯 번째 요소인 헤게모니 추구 의지에 대한 일본의 방향성은 보다 분명해졌다. 그것의 농도와 실현성은 불확실성이 지배하겠지만 지금까지 보여 주지 않았던 모습을 일본의 새로운 아베 정권은 보여 주고 있는 것이다. 따라서 거시 경제적으로 중국에 비해 약해져 있으나 정치·사회적인 안정성을 가지고 새롭게 헤게모니 추구의 의지를 보이는 일본과, 이미 거시경제적인 측면에서 일본을 능가하고 안보적인 강력한 힘을 바탕으로 동북아시아를 넘어서 세계적인 헤게모니 국가로의 부상이 점쳐지는 중국 간의 경쟁이 앞으로 최소한 20여 년 이상은 동북아가 직면해야 할 현실이며 도전이다.

5_ 동북아 헤게모니 경쟁의 미래

미국과 중국이 세계적 차원에서 헤게모니 경쟁을 하고, 중국과 일본이 지역적 헤게모니 경쟁의 장인 동북아의 미래는 어디로 갈 것인가? 정리해 보자면 다음과 같은 결론에 도달할 수 있을 것이다.

당분간 지속될 미국의 헤게모니

첫째, 미국의 헤게모니는 당분간 지속될 것이다. 헤게모니가 무엇인가에 대한 개념적 차이점 때문에 미국이 여전히 헤게모니인가 아닌가의 논란을 학계에서 지속될 것이다. 따라서 일부 학자들이 제기하는 소위 "탈헤게모니 시대의 도래"에 대해서도 논란이 있지만 이것이 로버트 길핀이 얘기하는 "헤게모니 변화"를 의미하지는 않는다.[59] 예를 들어 파리드 자카리아가 말하는 "탈미국세계"[60]나 즈비그뉴 브레진스키가 말하는 "미국 이후의 세계"[61]도 미국이 국제문제에 완전히 손을 떼거나 초강대국으로서의 지위를 완전히 상실했다고 보지는 않는다. 미국의 학자나 전략가들이 볼 때 미국이 당면한 문제는 심대하고 미래가 불안하다. 그러나 아웃사이더가 볼 때 미국이 헤게모니에서 벗어날 확실성이 중국이 헤게모니로 부상할 확실성보다 확실히 덜하다. 브레진스키가 지적한 미국의 문제점들—국가채무, 왜곡된 재정체계, 확산된 사회적 불평등, 낡은 인프라, 대중의 무관심 및 정체된 정치—이[62] 가벼운 문제들은 아니지만 우리가 앞서 살폈던 새로운 헤게모니로 부상하는 중국의 문제점들에 비해 과하게 무거운 문제들은 아니다. 따라서 미국 헤게모니가 진다는 2030년경 이후에 가서도 당분간은 미국의 초강대국의 지위는 상실되지 않을 것이다.

미국이 세계적 파워로 존재하는 한 동북아에서 개입정책은 지속될 것이다. 탈냉전 직후 클린턴 행정부 초기에 진행되었던 전략적 논쟁이 다시 제기될 수 있을지 모르지만 완전히 이 지역에서 불개입 또는 철수하기는 사실상 불가능하다. 이 지역은 이미 미국의 세계 전략적 차원에서 볼 때도 너무도 중요한 지역이 되어버렸다. 중국의 존재를 피해가는 미국의 세계전략은 의미가 없게 되어버렸을 뿐 아니라 이미 깊이 개입되어 있어서 그것으로부터 벗어나기 어려운 구조가 된 것이다. 미국이 불개입하는 순간 헤게모니는 종식한다.

그런 의미에서 오바마 행정부의 "아시아로의 회귀"나 "재균형" 정책은 어떤 의미에서 자연스런 귀결이다. 힐러리 클린턴 국무장관은 미국은 태평양세력으로서 세계정치의 미래가 달린 바로 이 지역에 함께 있을 것이라고 공언하였다.[63] 이런 노선에서 미국의 적극개입 전략은 기존의 동맹국인 일본, 한국, 호주, 필리핀, 태국 등과의 동맹관계를 더 한층 다져갈 뿐만 아니라 중국에도 깊이 개입하는 전략으로 나아가고 있다. 미중의 장관급 대화인 "전략경제대화Strategic and Economic Dialogue"를 통해 미국과 중국은 서로의 차이를 좁혀나가고 있다. 미중이 서로의 갈등보다 협력이 이 지역의 평화와 안정에 기여한다는 것은 너무 자명하다. 미국의 중국 봉쇄를 주장하는 목소리나 미국의 이 지역으로부터의 철수를 주장하는 것은 너무 비현실적이며 무책임하다. 미국 외교정책을 오랫동안 정책입안자와 조언자로서 지켜보았던 헨리 키신저나 즈비그뉴 브레진스키가 "미·중 간의 갈등은 불가피한 게 아니라 선택의 문제"라든가[64] "아시아에서 미국의 적극적 역할이 미중관계를 평화롭고 협력적으로 진전시키는 환경을 창출하기 위해 필요한 것"이라는[65] 조언을 귀담아 들을 필요가 있다. 미국이 부상하는 새로운 세력인 중국을 포용할 때 일·중 간의 잠재적 갈등을 잠재울 수 있고, 한반도 문제도 해결의 실마리가 풀려나갈 것이다.

확실한 중국부상, 그러나

중국의 부상은 확실하다. 그러나 미국을 '따라잡을 수 있을지'는 몇 가지 불확실성이 남아 있다. 첫째는 중국이 당면한 국내문제를 해결할 수 있을 것이냐이다. 무엇보다도 정치적 문제와 사회적 문제를 여하히 잘 해결하느냐 하는 것이다. 중국공산당의 일당지배와 집단적 지도체제가 지금까지는 비교적 순조롭게 진행되어 왔다. 그러나 국가 발전의 역사에서 볼 때 발전할수록 개인의 인권과 권리가 보장되는 보편적 원리를 중국의 특수한 체제가 변화하지 않으면서 어떻게 수용해나갈지가 의문이다. 중국의 정치 지도자들은 '다원적 일당지배체제' 같은 것을 염두에 두고 있는지 모른다. 즉 정치사회의 다원화는 최대한도로 진전시키되 중국공산당의 지도하에서 한다는 것이다. 따라서 지배체제도 일인에게 과도하게 권력이 집중되는 것보다 책임과 권한을 나누는 집단지도체제를 선택한 것이다. 이것은 마오쩌둥이나 덩샤오핑과 같은 독보적인 존재가 중국 정치에서 다시 나타나기 어려운 현실을 반영하는 것이지만 나름대로의 권력분산과 나눔을 실행하는 것이다. 공안통치로 무장한 숙련된 집단지도체제가 국가발전과정에서 나타나는 본성과 같은 국민들의 자유 열망과 권리 주장을 어떻게 수용할 수 있을지가 중국 체제 실험의 관전 포인트이다.

둘째는 중국이 미국과의 헤게모니 경쟁을 가속화한다면 누가 미국에 대항하여 중국과 함께 대항동맹counter-alliance을 형성할 수 있을 것이냐 하는 것이다. 미국의 헤게모니체제는 미국만의 힘으로만 이루어진 것은 아니다. 이것은 거대한 이념, 안보, 이익 공동체이다. 여기에는 짧게는 150여 년 길게는 수백 년의 세계 역사, 민주주의와 시장경제라는 이념, 안보동맹, 그리고 세계화 시대의 복합적 상호의존의 현실이 함께 녹아들어 간 세계적 세력연대체제이다. 그러므로 이것은 일종의 문명공동체 같은 것이다. 지리적으로도 유럽의 거의 전 지역과 동아시아 그리고 라틴아메리카의 주요국들이 여기에 있다. 그리고 이러한 체제로부터의 이탈세력도 당분간 나타나지는 않을 것이다. 미국이 과거와는 달리 주요 국제문제—특히 경제문제—에 대해 안정자stablizer로서의 역할을 충분히 하지 못하고 있는 게 현실이지만 그렇다고 해서 지역 국가들이 불만을 품고 이 연대에서 이탈하지는 않을 것이다.

그렇다면 중국은 이러한 미국의 헤게모니체제에 대항해서 동맹을 형성하려 할 때 어떤 국가들과 연대해야 하는지 하는 문제가 남을 것이다. 아마 북한, 이란, 시리아, 및 일부 중남미국가들 및 러시아 정도가 남아 있게 된다. 가장 주목할 국가가 러시아인데 중국이 미국의 헤게모니 파워와 대항하여 러시아와 연대한다는 생각은 전략적으로 상정 가능하나 실현 가능성이 큰 시나리오는 아니다. 중·러시아 갈등은 중·미 갈등에 비해 더 역사적으로 뿌리 깊고 분쟁의 강도도 높았다. 잠시 각기 미국과의 경쟁 구도에서 서로가 협력할 수 있을지는 모르나 그 협력이 구조적이 되지는 못할 것이다. 더욱이 한때 미국과 세계의 헤게모니 경쟁을 했던 러시아가 중국의 주니어 파트너로서 동참하는 협력 구도를 러시아는 받아들이기가 어려울 것이다. 일부 반미대열에 나서고 있는 중남미 국가들은 중국과 역사적으로나 지리적으로 아무런 연대의식이 없다. 미국과의 투쟁 하나로만 이들이 엮이기에는 연대감이 부족하다. 그렇다면 결국 이란, 시리아, 북한 정도이다.

결국 중국은 아시아로 돌아올 수밖에 없을 것이다. '중국 중심적 아시아Sino-centered Asia'가 지금 중국이 향후 이삼십년 내에 비전을 가질 수 있는 구상이다. 그러나 중국이 당면하고 있는 아시아의 현실은 어떠한가? 중국은 경제적으로 날로 부강해지고 서로 상호의존도가 갈수록 커져가는 한국과는 북한이라는 변수를 가지고 있다. 일본과는 센카쿠/댜오위다오 영토주권 문제를 가지고 있다. 대만과는 통일 문제를, 또한 필리핀, 베트남, 말레이시아, 브루나이 등과는 남사군도 문제를 가지고 있다. 또한 서남아시아에서는 인도와 지역 경쟁을 하고 있다. 중국의 영토를 둘러싸고 있는 거의 모든 나라와 분쟁 또는 현안문제를 가지고 있는 것이다. 특히 일본과 인도는 약소국도 아니다. 중국이 군사력을 가지고 이 모든 문제를 해결할 수 없다. 그렇다면 해답은 너무 자명하다. 중국의 힘을 자랑하는 외교 전략은 중국에게 부메랑이 되어 반중국동맹을 강화하는 결과로 돌아올 것이다.

일본의 불확실한 행보

일본의 향후 20년은 일본의 지난 역사 70여 년 이상의 중요성을 가진다. 아베 정권이 일본의 미래의 전략적 목표를 군사대국으로 정한다면 그것은 동북아의 미래뿐만 아니라 일본의 장래를 위해서도 험난하고 잘못된 길이 되어 버릴 것이다. 일본이 '과거로의 회귀'를 선언하게 되면 이 지역에서 일본을 따르는 국가는 없게 되어 버릴 것이다. 다니엘 스나이더는 과거와 미래를 혼돈하는 일본이 미국의 이익에도 부합하지는 않을 것으로 본다.[66] 이와 연관하여 아사히신문의 전 주필 와카미야 요시부미 같은 지식인은 일본이 아베식 개헌을 절대 할 수 없을 것이라도 본다.[67] 미국의 가장 대표적인 일본학자인 제럴드 커티스 교수도 일본에서는 결국 아베의 수정주의적 시도는 일어나지 않을 것이라고 본다.[68] 커티스 교수는 그러한 일은 중국으로부터의 위협이 대단히 크고, 미국의 안보 공약의 신뢰성이 대단히 약해질 때 일어날 수 있는 시나리오인데 지금은 그렇지 않다는 것이다.

일본의 아베 정권이 그러한 길로 가느냐 아니냐를 판단하는 데는 그리 시간이 많이 걸릴 것 같지는 않다. 그러나 결과야 어쨌든 이미 일본이 그런 길로 가겠다고 선언했다는 자체가 상징적으로 동북아의 불안정성을 야기하는 것이 되어 버렸다. 이것은 한·일관계를 어렵게 하고, 한·미관계의 관점에서 볼 때 미국을 어렵게 할 뿐 아니라 미·중관계에서 볼 때도 미국을 어렵게 할 수 있다. 국내정치용이 아니라면 전략적으로는 실리는 크지 않고 명분은 사라지는 일본의 이런 행보가 과연 일본의 이익에 꼭 부합하는지도 의문이다.

한국에의 전략적 함의: 기회와 위험

이러한 동북아의 상황과 미래의 전망은 한국에게 깊은 전략적 함의를 안고 있다. 한국의 안보와 미래에 기회와 동시에 위험을 안겨 주기 때문이다. 한국은 이 지역에서 지역 헤게모니를 추구하는 세력도 아니고 또 그럴 만한 힘을 가진 국가도 아니다. 그러나 분명히 지역 안정에 기여할 수 있는 중견국가로서의 역할이 있다. 앞서 일본, 중국, 미국 간의 비교에서 간단하게나마 같이 살펴본 것처럼 한국은 지정학적 위치에서나 경제의 규모와 발전 정도 및 앞으로의 전망에서나, 정치발전의 경험에서나, 군사력 및 지역 헤게모니 경쟁에서의 위치 등에서 볼 때 동북아 지역의 한 세력으로서의 역할이 있다. 한국이 이러한 것을 목표로 할 때 앞으로 지향해야 할 방향은 어떠한 것이 되어야 할까?

첫째, 한미동맹이 중요한 전략적 자산임을 다시 한번 확인하는 것이다. 한국이 지역 헤게모니를 추구하지 않는 지역의 중간세력이고 또한 역외 균형자인 미국과 동맹을 맺고 있기 때문에 이것을 공고화하는 것이 더욱 지역 안정화에 기여할 수 있다. 이것은 이론적으로나 현실적으로 타당하다. 한미동맹은 향후 동북아질서의 안정성에 기여하게 될 것이다. 또한 앞으로 언제 일어날지 모르지만 일어나게 된다면 한반도 통일과정에서도 기여하게 될 것이다. 물론 중국의 한미동맹에 대한 부정적 시각으로 인해 한반도 통일과정에서 한미동맹의 미래를 불투명하게 보는 견해가 있다. 그러나 탈냉전 이후에도 유럽에서 나토는 존속하고, 독일 통일에 있어서 서독의 돈독한 미국과의 관계가 통일에 기여하였다. 미·중 간의 미래를 너무 현재의 시각에 맞춰 정적으로 분석할 때 한반도 통일과정이나 이후에서의 한미동맹의 존재에 물음표가 생긴다. 미중관계는 과거에 머물러 있지 않고 진화를 계속해 왔고 앞으로도 진화할 것이다. 중국이 미국에 도전세력이 되어서 사사건건 부딪칠 때 중국의 미래 자체도 매우 어둡다. 중국이 강대국으로 부상하려면 할수록 앞으로 적어도 이삼십 년은 미국과 공생하는 전략적 방향으로 나아갈 것이다. 미국도 중국을 적극적으로 국제사회로 끌어내는 방향으로 나아갈 것이다. 미·중이 서로 전략적 공생을 모색하는 관계라면 한반도 문제도 지금과는 전혀 다른 방향의 논의가 가능하다.

둘째, 일·중의 경쟁구도 속에서도 한국의 역할은 있다. 한·중·일 삼국은 서로를 삼자관계 속에서 파악하는 사이가 되었다. ASEAN+3에서의 3도 그렇고 더욱이 한·중·일 삼국이 서울에 사무실까지를 개설하여 삼국관계를 논의하고 있다. 올해는 아베 정권의 우익적 행보 때문에 아직 열리지 못하고 있지만 그간 삼국정상회담이 정례적으로 열려 왔다. 이러한 삼국구조는 동북아의 안정성에 비추어 매우 상징적일 뿐만 아니라 미래지향적이다. 삼국이 이러한 구조를 만들 수 있었다는 것 자체가 구름 속의 한줄기 빛처럼 구조적 갈등 속에서도 동북아의 미래를 긍정적으로 변화시킬 수 있는 단서를 제공한다. 한국이 이러한 삼자관계에서 일·중 사이를 정직하게 중재하는 역할 honest broker까지는 할 수 없을지라도—한국도 또한 이해당사자이기 때문에—지역 헤게모니를 추구하지 않는 세력으로서 다른 두 국가와는 차별적인 역할이 있을 수 있다. 이것은 한국에게 보다 성숙되고 노련하며 세련된 외교전략을 요구한다.

셋째, '핵 없는 북한'을 추구해야 한다. 동북아에서 지금 가장 활화산은 북한 핵문제이다. 이것을 해결하지 못하면 동북아의 안정은 급격히 무너질 것이다. 북한 핵문제는 한반도의 안정과 평화를 해친다. 북한 핵문제를 잘못 다루게 되면 한중관계는 치명적 손상을 입을 것이다. 북한 핵문제는 아베의 언급처럼 일본의 평화헌법 개정과 국방군으로의 변신의 빌미를 주고 있다. 북한 핵문제는 동아시아 지역의 핵도미노 현상을 불러일으킬 가능성이 있다. 어느 곳을 쳐다보아도 긍정적인 측면이란 없다. 동북아 안정의 걸림돌이자 한반도의 미래에 암운을 던져준다. 북한의 미래에도 결코 긍정적이지 않다. 북한이 핵을 안고 경제발전을 하겠다는 것은 실현가능성 자체가 없을 뿐 아니라 과거 20년을 다시 되풀이하겠다는 말이다. 한반도의 갈등과 위기의 시기를 다시 반복하겠다는 것이다. 그것을 통해 결과한 것은 북한의 빈곤과 정체이다. 핵무기 몇 개로 강성대국이 되지 않을 뿐 아니라 21세기 국제사회의 흐름에도 완전히 반대로 가는 것이다. 따라서 한국은 이러한 점을 중국을 포함하여 지역 국가들에게 보다 적극적으로 설득하고 이들이 북한의 비핵화를 위한 노력에 더욱 경주하도록 만들어야 한다. 지금 다시 6자회담의 재개에 대한 얘기들이 관련국들에게서 나오고 있다. 6자회담이 '외교의 과정'으로서 중요한 게 아니고 결과를 만들어 내는 메커니즘이어야 한다. 이것이 그렇게 되지 못하고 있다는 의구심이 한국과 미국을 선뜻 이 메커니즘으로 돌아오지 못하게 하고 있다. 동북아는 핵 없는 북한이라는 고비를 넘어야 한다. 향후 길어야 2~3년이라는 해결의 시간이 우리에게 주어져 있다.

넷째, 한국이 다자주의의 제도화에 기여할 수 있는 매우 좋은 위치에 있다. 다자주의의 제도화는 장기적으로 지역 안정에 매우 중요한 역할을 할 것이다. 먼저 경제부분에 있어서의 다자주의를 주목할 필요가 있다. 한국은 이미 미국과 자유무역협정FTA을 체결하고 지금 일본 및 중국과 양자간 FTA 협상을 하고 있다. 또한 한·중·일 삼국 간의 FTA도 논의되고 있다. 한국은 일본과 이미 오래전에 FTA 체결을 위한 협정에 들어갔으나 양국의 입장의 차이로 성사가 되지 못하였다. 그러는 사이에 한국과 미국 사이의 FTA 협정이 성공적으로 체결되자 상황은 급변하기 시작하였다. 한국의 이니셔티브가 동북아에서 새로운 돌파구를 여는 계기가 된 것이다. 이에 중국이 매우 적극적인 의사를 표명하면서 한·중 간의 FTA도 지금 빠른 속도로 진전을 보고 있다.

FTA에 관한 한 한국은 세계에서 가장 앞서가는 나라이다. 미국은 물론 유럽연합과, 칠레 및 페루와 FTA를 체결하였고 동남아 국가들과도 FTA를 논의하고 있다. 지도상에서 세계에서 가장 넓은 지역과 FTA를 체결한 나라가 되었다. 동북아 삼국 간의 FTA가 성사된다면 이것은 아시아가 유럽의 과거가 되지 않을 가장 확실한 증거가 될 것이다. 미국이 '환태평양전략적경제동반자협정TPP: Trans-Pacific Partnership or Trans-Pacific Strategic Economic Partnership'의 참여를 선언한 이래 이 지역의 경제자유화의 바람은 더욱 거세게 불고 있다. 이것은 21세기 세계 안정에 매우 긍정적인 신호이다. 이러한 경제적 다자주의는 다른 분야로 확산될 수 있다. 환경과 인간안보의 분야가 가장 대표적인 분야가 될 것이다.[69] 이러한 경제 및 비정치적 분야에서의 협력은 결과적으로 이론적으로 보면 매우 장기적으로 볼 때 정치적 분야에서의 협력을 창출할 수 있게 된다.

그러나 동아시아 정치적 지역주의에서의 경우 현실은 매우 다르다. 이 지역의 성적표는 좋지 않고 앞으로도 급격히 나아질 전망도 없다. 예를 들어 아세안지역포럼ARF이 생겨난 지 이미 20년 이상을 경과하고 있지만 이 지역의 갈등을 조정하거나 중재하는 적극적인 역할을 하는 데 성공하고 있지 못하다. 또한 이러한 다자간 안보협의체가 지역의 주요 갈등 문제들을 해결할 수 있는 메커니즘이라는 공통의 인식이 지역 국가들 사이에 존재하지 않는다. 그리고 거기에 대해 한국의 역할도 역시 매우 제한적이다.

아시아적 미래가 될 아시아의 미래

아시아의 미래는 '유럽의 과거'도 아니고 '아시아의 과거'도 아닌 아시아의 21세기 현실의 변증법적 발전인 '아시아적 미래'가 될 것이다. 이 새로운 아시아적 미래를 반드시 어둡고 불안하게만 볼 것은 아니나 그렇다고 해서 마냥 밝고 희망적인 것만은 아니다. 이 길로 가는 여정에는 도전도 있고 동시에 기회도 있다. 그러나 이 지역 국가들과 지도자들이 현실주의적이면서도 미래를 내다보는 자유주의적 이상을 잃지 않을 때 동북아시아의 미래는 밝아진다. 그래서 이 길을 누가 어떻게 가느냐에 달려 있다. 누구나 다 선구자가 될 수는 없지만 누군가는 선구자가 되기 때문에 역사는 발전한다.

제7장

북한 핵문제 재조명: 정치精緻한 억제전략

"북한의 핵 보유가 기정사실화되는 '탈92년 체제'하에서는 지금의 '남북공존전략'을 '북한체제변화전략'으로 수정하는 등 정치한 억제전략을 수행해야 한다."

1_ 북한 핵문제와 깊어 가는 안보 딜레마

북한 핵문제가 루비콘강을 건너고 있다. 한번 건너가면 다시 돌아오기 힘든 전환점에 거의 근접해 있다는 것이 대부분의 전문가들의 일치된 견해이다. 북한은 김정은 정권 들어서 2012년 12월 12일 장거리 미사일을 발사한 데 이어 2013년 2월 12일에는 제3차 핵실험을 단행하였다. 한국의 국방부도 2014년 방위백서에서 "북한의 핵무기 소형화 수준이 상당한 수준"[1]에 이르렀다고 판단함으로써 북한은 가까운 시일 내에 이미 확보한 장거리 미사일 능력에 핵무기 소형화 능력을 결합하여 한반도는 물론 동아시아 주변국들을 충분히 위협할 수 있는 핵무기 능력을 지니게 될 것으로 보인다.

이러한 북한 핵문제의 시급성에도 불구하고 이를 해결하기 위한 대내외적 환경은 적절히 조성되어 있는 것과는 한참 거리가 먼 상황이다. 지난 2003년부터 북한 핵문제의 다자적 해결의 기제였던 6자회담은 한번 표류한 이후 명목상으로만 그 의미를 이어가고 있을 뿐 실질적 역할을 거의 못하고 있다. 합의한 협상을 깨고 나가 버린 북한을 제재하거나 다시 회담 테이블에 앉힐 적절한 장치를 갖지 못한 구조적이며 태생적 한계가 있는 기제로서의 한계를 절감하고 있다.

그렇다고 해서 개별국가별로 특별한 노력을 하고 있다는 흔적도 찾아보기 어렵다. 미국은 이란과의 핵협상에 성공하여 의회 비준을 앞두고 있으나 북한 핵문제의 적극적 해결에는 아직 큰 움직임이 없다. 중국은 '한반도 비핵화'에는 의지를 표명하고 있으나 역시 북한 핵문제의 실질적인 해결에 도움이 되는 행동에는 적극적으로 나서고 있지 않다. 일본은 북한 핵문제보다는 자신들의 문제인 납치자 문제 해결에 주력하는 모습이다. 러시아는 우크라이나 사태로 인해 서방국가들과 갈등을 빚고 있는 상황에서 한반도 문제에 대해서는 매우 기회주의적인 모습을 보이고 있다.

남북관계도 마찬가지이다. 박근혜 정부가 신뢰프로세스에 매달려 있는 동안 북핵문제는 시야에서 점점 사라지고 있다. 박근혜 정부가 현재까지는 남북관계에 있어서 큰 틀에서 기본과 원칙을 지키려는 노력을 하는 것으로 보이나 북핵문제에 보다 중점을 두고 이를 타파해 나가려는 노력이 어느 때보다도 필요한 시점이다. 북핵문제 해결 없는 남북관계란 사상누각이다. 이 본질을 이해 못하는 한 남북관계는 과거도 그렇지만 현재나 미래도 계속 헛돌게 될 것이다. 지금의 북한의 핵개발 속도로 보았을 때 이 문제는 이르면 박근혜 정부가 마감되는 시점 근처에서 어떤 식으로든지 분기점을 넘게 될 공산이 크다. 따라서 안보적 재앙사태를 맞게 되느냐 아니면 새로운 해결의 실마리를 풀게 되느냐는 박근혜 정부의 역량에 따라 달라지게 될 것이다.

좋든 싫든, 박근혜 정부는 역사의 대업을 맡고 있고, 이에 정면으로 승부를 내지 않으면 안 되는 상황이 된 것이다. 모든 국가적 역량을 총동원해서라도 이에 대처하지 않으면 우리가 우려하던 상황이 어느 날 갑자기 눈앞의 현실로 전개되는 사태가 올 것이다. 그렇게 되면 우리의 안보 딜레마는 점점 더 깊어지고, 주변 강대국의 이해관계는 더욱 복잡해지며, 우리의 국익을 지키기는 더욱 어려워진다. 더욱이 우리가 지금 '통일, 통일' 하는데 그것은 점점 더 강 건너 얘기가 될 가능성이 크다. 너무도 분명하고 명확한 현실을 앞에 두고서도 그것에 대처하기 위한 시급한 노력을 기울이지 않는다면 우리는 미래에 반드시 더 큰 대가를 치러야만 할 것이다.

그러나 안타깝게도 현재의 상황은 우리에게 그렇게 낙관적이지 않다는 것이 보다 객관적인 진단이 될 듯싶다. 지금도 북한이 국제적인 제재하에 놓여 있기는 하나, 현실은 마치 북한이 아무런 제약이 없는 것처럼 마음대로 핵개발, 미사일 개발을 계속하고 있는 상황이다. 언제 4차 핵실험을 하느냐, 또 장거리 미사일을 발사하느냐가 마치 흥밋거리 이슈처럼 다뤄지는 현상도 있다. 그런 상황을 막기 위한 대비나 또 그런 상황이 발생했을 때 어떻게 하겠다는 국가적 대비나 국제적 협력의 사전 시나리오가 있는지 구체적으로 보이고 있지 않다.

2_계속되는 북한의 핵 드라이브

김정은 정권 들어 북한은 핵개발과 경제개발을 동시에 추진하는 소위 '병진정책'을 밝힘으로써 실질적으로나 공식적으로 핵개발 야욕을 공개적으로 표명했다. 이는 어떤 의미에서 우리가 이미 아는 사실을 확인시켜 주었다는 의미가 있을 뿐 전혀 새로운 사실은 아니다. 그 전과 다른 것이라면 이제는 대놓고 국제사회에다 북한의 의도를 적나라하게 드러내고 있다는 점이다. 이러한 북한의 핵개발 정책을 막을 북한 권력 내부의 장치는 이제 없다. 정권의 존재이유 차원으로 승화되어 공표된 정권의 절대 명제를 권력 내부에서 억제한다는 것은 상상하기 어렵게 되었다.

이제 비핵화에 대해서는 김정은 자신을 포함하여 북한 권력 내에서 어느 누구도 비핵화로 가야한다고 주장하기 어렵게 되어 있다. 더구나 핵개발을 책임지는 북한 군부는 이러한 권력 불안정기에서는 핵개발 같은 강경정책으로 가면 갈수록 자신들의 입지가 더 강해지고 안전해진다고 보고 있다. 이로 인한 남북 간이나 국제사회와의 갈등이 심해지더라도 그것은 자신들의 정권 내의 입지로 보았을 때는 득이라고 판단하게 되기 때문에 더욱 그렇다. 기타 당이나 내각은 이 문제에 관한 한 발언권이 거의 없다.

그렇다면 결국 국제사회가 이러한 북한의 의도와 정책을 막아야 하는데 북한은 남한과 국제사회의 전략적 약점을 꿰뚫어 보며 결국 자신들의 핵개발을 저지 못 할 것으로 생각하고 있다. 그것은 제1차 핵 위기가 발생한 1993년 이래 지난 20여 년간 북한의 핵개발 역사와 과정이 북한에게는 현재와 미래의 행동의 매뉴얼이 되고 있음을 알 수 있다.

북한의 전략적 움직임

그것을 구체적으로 살펴보면, 첫째는 적절한 수단의 부재이다. 북한은 우리와 국제사회가 핵문제의 해결을 위해서 군사적 수단을 쓰지 못할 것으로 이미 간파하고 있다. 오히려 북한은 국제사회가 북한을 위협한다면서 핵을 가지고 보복한다고 위협하고 있는 실정이다. 지금 국제사회가 북한의 핵개발에 대해 제재를 가하고 있는데 이러한 외교적, 경제적 제재는 북한에게는 고통스러울 수는 있어도 치명적은 아니다. 더구나 오랫동안 이러한 제재 속에 있어 왔기 때문에 북한은 스스로 일종의 '제재면역' 상태에 놓여 있는 것처럼 느낄 수 있다. 그렇게 때문에 장기적으로 볼 때 이러한 제재의 부정적 효과는 매우 심하게 나타날 수 있지만, 단기적으로 보면 제재의 효과가 매우 완만하게 나타나기 때문에 이를 견딜 수 있다고 생각하게 되는 것이다. 즉, 북한은 '제재내성'이 어느 정도 생겨서 '체제 민감성 제재'가 아니면 웬만한 경제제재는 그냥 견딜 수 있다고 생각하고 있다. 더욱이 현재 유엔안보리에 의한 제재가 상당 부분 제대로 지켜지고 있지 않다. 이러한 것이 제대로만 지켜지더라도 북한에게는 매우 큰 타격이 될 수 있다. 하지만 국제사회는 제재를 결정만 해놓고 이의 시행에 대해서는 큰 관심이 없다.

둘째, 대북정책에 대한 우리 사회의 합의 부족이다. 지난 20여 년 동안 우리 정부가 여러 차례 바뀌면서 대북정책도 정권에 따라 바뀌어 왔다. 특히 비핵화에 대해서 지난 정부들에 따라 다른 방향과 정책을 보여 왔다. 소위 "햇볕정책"처럼 대북정책에 있어서 북한의 비핵화에 우선순위를 두지 않는 정책으로 인해 북한은 핵개발에 더욱 숨 쉴 수 있는 공간이 생겼다. 대북정책이 우리 사회의 정치문제와 연관이 되면 이것이 곧잘 남남갈등으로 비화되어 온 것이 우리의 현실이다. 우리 사회의 소위 진보와 보수가 우리 안보의 가장 핵심적 사안인 대북정책에 있어서도 서로 갈려 있기 때문에 이는 역으로 북한에게는 매우 좋은 대남전략의 메뉴가 되는 것이다.

셋째, 북한이 역대 한국 및 미국 정부의 대북정책의 차이점을 잘 이용해 왔다는 것이다. 이 점에 대해서는 다음 장에서 보다 자세히 설명하겠지만, 역대 한국 정부와 미국 정부는 각 정부 내의 다른 정권 간에, 그리고 한·미정부 사이에, 대북정책에 있어서 차이점을 보여 왔다. 그 간극을 북한이 교묘히 파고들어 이용해 왔다. 또한 한국과 미국의 행정부가 선거로 인해서 바뀌는 민주주의 정부라는 특징도 북한으로서는 주요 이용거리이다. 민주주의 정부는 4년마다 또는 5년마다 선거로 인해서 바뀐다. 대통령이 바뀌면 정책도 바뀔 수밖에 없다. 더욱이 새로운 정부가 들어서서 최소한 초기 몇 개월과 정부가 끝나는 1년여는 새로운 정책을 추진할 동력이 채 마련되어 있지 않던지, 또는 추진하던 정책을 지속할 동력이 약해지는 기간이다. 그럴 때마다 북한은 예의 "벼랑끝 전술"을 구사하면서 기존의 합의를 뒤엎어 버리던지, 국제사회의 제재를 벗어나거나 약화시켜 왔다. 이것이 거의 패턴화될 정도로 북한의 전형적인 행태가 되어 왔다.

넷째, 북·중관계의 특수성이다. 북한은 중국과의 혈맹적 관계와 중국의 동아시아에 있어서의 안보 딜레마를 잘 이용해 왔다. 북한은 한·중관계가 긴밀한 경제관계를 바탕으로 발전하고 있음을 목도하면서도 중국이 안보적 이유로 자신을 버릴 수 없다고 보고 있다. 다만 흥미로운 점은 김정일 시대의 마지막 기간과 김정은 집권 후 지금까지의 북·중관계는 표면적으로는 그 이전과는 확연히 다른 모습을 보이고 있다는 점이다. 다시 말하면 후진타오 시대의 마지막 어느 시점부터 북·중관계는 확실히 냉랭해졌다고 할 수 있다. 이것이 북·중관계의 기본 틀을 바꿀 수 있을지는 앞으로 중요한 관전 포인트이다.

치명적 약점

북한의 이러한 전략적, 전술적 이점에도 불구하고 북한은 치명적 약점도 동시에 가지고 있다. 그것은 북한의 내적 요인에 기인한다. 즉, 북한은 지난 4반세기 동안 핵개발과 미사일 개발에는 성공하여 왔을지 몰라도 북한의 정치, 경제, 사회는 멍이 들대로 들어 그야말로 온전한 치유가 가능할지 의문인 수준까지 도달해 있다. 그것이 바로 우리로서는 북한 핵문제의 해결의 마지막 단초가 되는 요인들이다.

북한은 3대세습에 성공하였지만 그것은 거꾸로 북한체제의 가장 큰 아킬레스건이다. 북한체제가 겉으로는 김정은에 대해 일사불란하게 충성하는 것처럼 보이지만, 지난 3년여에 걸쳐서 김정은이 장성택의 처형을 비롯하여 군, 당, 내각의 최고위 간부들을 대규모 숙청하고, 또 일부는 공개 처형하여 왔다는 사실은 북한체제가 얼마나 불안정하다는 것을 반증하는 것이다. 이러한 숙청과 처형이 김일성,

김정일 시대에서도 없었던 것은 아니나 그 내용이 전혀 다르다. 따라서 이러한 체제하에서의 구성원의 진정한 충성은 존재하기 어렵다. 오로지 살기 위해 충성하는 것으로 조그만 체제의 균열이라도 생기기 시작하면 그 결과는 우리가 상상하는 것과는 매우 딴 판으로 갈 가능성도 항상 상존하고 있다고 봐야 한다.

북한경제에 대해서는 김정은 등장 이후 외양에서의 변화를 보고, 일부 전문가들은 경제가 나아지고 있다고 분석하는 경향이 있다. 평양의 거리와 상점에서의 변화, 장마당의 활성화, 외화벌이에서의 수입증가 등이 그 요인이라고 할 수 있는데, 중요한 것은 이러한 것이 장기적으로 북한 경제의 개혁과 연결될 수 있느냐 하는 것이다. 이제 조금 더 두고 보면 알겠지만, 북한 경제에서의 중요한 분기점은 지금의 장마당이 조금 더 활성화되었을 때 김정은이 어떻게 하느냐를 보면 된다. 아마도 김정은은 조만간 기로에 서게 될 것이다. 2009년 김정일도 똑같은 딜레마에 빠졌었다. 당시 활성화되는 장마당이 체제의 위협이 될 것으로 판단해서 소위 "화폐개혁"이라는 미명하에 장마당을 제한하고 경제가 개혁 쪽으로 가는 것을 막으려 했는데 그러한 조치가 철저히 실패로 끝났다. 그래서 서둘러 그것을 주도한 박남기에게 모든 책임을 물어 그를 처형하고 일을 덮었던 것이다. 경제개혁 조치 없이 경제발전은 어렵고, 그러나 개혁조치는 불가피하게 변화를 수반하게 되고 그것이 체제에 충격을 주게 되어 있다. 김정은이 경제발전을 부르짖고 있지만 그것이 양날의 칼임을 깨닫지 못하지는 않을 터인데, 그러한 구조적 딜레마를 깰 김정은의 묘수는 아직 없는 것 같다.

북한 사회의 변화 또한 간과할 수 없다. 북한 당국이 이제 주민을 완전히 외부와 단절시켜 통제할 수 없게 되었다. 여러 가지 경로를 통해서 외부 세계의 소식이 북한 주민들에게로 흘러들어 가고 있다. 북한은 또한 부패공화국이다. 모든 것이 뇌물과 연계되어 있다. 소위 권한이나 권력을 가진 만큼 뇌물의 액수도 달라진다. 사회가 그만큼 썩었다는 것이다. 북한사회의 이러한 병폐는 고질적이며 구조적이다. 따라서 사회의 불만은 궁극적으로는 최고 지도자인 김정은에게로 가게 되어 있다.

북한의 이러한 양면성을 어떻게 잘 파악하고 북한의 핵개발이 문지방을 넘어서기 전에 해결책을 찾아야 하는 것이 바로 우리의 전략의 요체이다. 이 점에 관해서는 후반에 좀 더 자세히 기술하고자 한다.

3_한·미 간 미묘한 부조화

북한의 비핵화를 위해서는 한국과 미국의 공조가 가장 중요한 요소 중의 하나인데 지난 1993년 이래 한·미정부 간에는 미묘한 시각차가 존재해 온 것도 숨길 수 없는 사실이다. 이러한 한·미정부 간의 부조화mismatch를 북한이 최대한 이용하면서 핵개발을 시도해 온 것이다.

노태우-부시

먼저 1991년 노태우 정부와 부시George H. Bush 정부는 주한미군의 전술핵무기 배치 전면 철수문제와 노태우 정부의 '한반도 비핵화 공동선언'추진과 관련 한·미 간에 한반도 비핵화 문제에 관해 직접적인 협의가 시작된 것이다. 노태우 정부의 북방정책 추진과 그의 연장선상에서 남북관계의 변화를 기본으로 깔고 있는 1991년의 '한반도 비핵화 공동선언' 및 1992년의 '남북기본합의서' 추진과 더불어 주한미군의 전술핵 철수는 미국으로서는 한반도의 안보 문제에 대한 심각한 재조정을 의미하는 것이었다.

김영삼-클린턴

1993년, 한국에는 최초의 문민정부가 탄생하였다. 미국은 민주당이 근 12년 만에 정권을 잡아 클린턴 행정부가 출범하였다. 1990년대 초는 주지하다시피 탈냉전이 막 진행되는 때였고 미국은 세계전략을 새롭게 수립, 조정할 필요가 있었다. 이러한 가운데 북한 핵문제가 터져 나왔다. 1993년 제1차 북핵 위기는 북한이 1993년 3월 NPT Nuclear Non-Proliferation Treaty: 핵확산금지조약를 탈퇴하면서 생겨났다. 이는 한·미 양국 모두에게 매우 중요한 시험대였다. 북핵을 어떻게 다루느냐 하는 문제에 있어서—기본적으로 북한을 다루는 데 있어서도 시험대였지만—한·미 양국이 이 문제를 어떻게 긴밀한 공조로 다뤄 나가느냐 하는 것이 중요한 시험대였다.

미국의 클린턴 행정부는 민주당 정부였음에도 불구하고 군사력 사용을 포함한 매우 강력한 대응을 고려하였다. 1994년 3월 남북회담 시 북한의 "서울 불바다" 발언은 상황을 더욱 악화시켰고, 5월에는 미국이 군사 행동을 위한 구체적인 대비태세에 들어가는 조짐이 있었다. 김영삼 정부는 미국의 군사력 사용을 통한 북한 핵문제가 가져올 안보 후폭풍에 깊은 우려를 표명하고[2] 이런 입장에서 한·미 간의 협의에 나섰다. 이러한 위기 상황은 남북이 1994년 7월 25일 남북정상회담을 하기로 합의함으로써 해소되는 듯했으나, 이의 실현은 7월 8일 김일성의 갑작스런 사망으로 이루어지지 못하였다.

제1차 북핵위기는 1994년 1월 미국과 북한 사이의 제네바 합의로 일단락되는 듯하였다. 하지만 북핵문제를 놓고 한·미 간에 중요한 차이점을 노정하였다. 한국은 미국의 군사력 사용에 강력히 반대하면서 미국의 북핵문제에 대한 옵션을 제한했고, 미국은 제네바 합의를 통해 결과적으로 한국을 실질적으로 배제한 채 북한과 직접 협상을 통해 북핵문제를 해결하고자 한 후유증을 남겼다.[3]

제네바 합의를 통해 북핵문제를 일단락 지었다고 생각한 미국은 한반도 문제의 해결을 위해 한국, 북한, 미국, 중국을 포함하는 소위 "4자회담"을 추진하였다. 이에 대해 그 당시까지만 하더라도 한반도 평화체제 문제는 남북 당사자가 해야 한다고 생각한 김영삼 정부와 시각차가 있었다. 그러한 김영삼 정부를 설득하여 미국은 1996년 4월 16일 제주도에서 열린 한미정상회담에서 4자회담에 대한 합의를 이룩하였다. 이렇게 합의된 4자회담은 1997년 12월 제네바에서 1차 본회담을 열고 출범하였으나 한반도 평화체제에 대한 접근에 있어서 한국과 북한의 시각차가 커서 성과를 내지 못하였다.[4]

김대중-부시

1997년 한국은 건국 이래 최대 위기인 소위 "IMF 위기"로 불리는 재정위기에 봉착하였다. 그리고 한국에서는 최초의 진보정권인 김대중 정부가 출범하였다. 김대중 정부는 대북정책에 있어서 일종의 코페르니쿠스적 전환이라고 할 수 있는 소위 "햇볕정책"을 추진하였다. 2000년 6월에는 최초로 남북정상회담이 열렸고 김대중 정부의 햇볕정책은 더욱 탄력을 받아 북한에게 대량 지원을 하는 등 표면적으로는 남북관계가 순항하는 듯했다. 반대로 2001년 미국에서는 공화당이 집권을 하고 부시George W. Bush 행정부가 출범하였다.

2001년 9월 11일 소위 "9.11사태"가 발발 하면서 부시행정부의 세계 전략은 큰 전환점을 맞게 된다. 부시 대통령은 북한을 포함, 이라크, 이란, 쿠바 등을 "악의 축Axis of Evil"이라고 지칭하면서 이들 국가들을 강력히 응징할 것을 시사하였다. 김대중 정부와 새로 출범한 부시 행정부 사이에 북한을 놓고 커다란 시각차가 존재하게 된 것이다. 이러한 것을 예감했던지 김대중 대통령은 2001년 부시 대통령 취임 직후 한·미정상회담을 워싱턴에서 갖기를 원했다. 부시 행정부의 소극적 태도에도 불구하고 김대중 대통령은 이를 밀어붙였고 한·미정상은 워싱턴에서 자리를 마주하였다. 그러나 예상했던 것처럼 이 정상회담에서 한·미는 대북정책에 있어서 김대중 대통령이 원했던 것처럼 일치된 견해를 나타내지 못했다. 부시 대통령이 북한에 대한 시각이 워낙 부정적이었기 때문이다. 더구나 앞서 언급한 것처럼 9·11 사태로 미국의 대북정책은 김대중 정부의 햇볕정책과는 더욱 멀어져 갔다.[5]

이러한 한·미 간의 대북정책에 있어서의 노선차는 2002년 제2차 핵위기가 발생하면서 더욱 분명해진다. 이는 2002년 10월 당시 미국 국무부 동아태차관보인 제임스 켈리를 단장으로 한 미국 대표단의 평양 방문에서 북한 제1부상 강석주와의 회담에서 불거진 북한의 비밀리에 진행해온 고농축우라늄HEU 핵무기 개발 프로그램으로 인한 것이다. 김대중 정부와 부시 행정부 간에 시각차는 더욱 벌어졌다.

노무현-부시

2003년 2월 미국으로 볼 때는 김대중 정부보다 더욱 껄끄러운 노무현 정부가 한국에서 출범하였다. 노무현 정부는 김대중 정부보다 더욱 진보적으로 알려져 있었고, 그를 뒷받침하는 소위 "386세대"로 이루어진 정치 세력 중의 일부는 반미성향까지 있는 것으로 알려진 터였다. 이러한 배경에서 노무현 대통령의 첫 번째 방미는 한·미 양국에서 매우 큰 관심사였다. 취임 초인 2003년 5월에 이루어진 노무현 대통령의 방미는 방미 중 노무현 대통령의 여러 가지 발언이 세간의 화제를 불러일으키기도 하였다. 노무현 정부의 대북정책은 2002년 제2차 핵위기 발생 이후여서 그런지 김대중 정부의 대북정책인 햇볕정책을 전반적으로 이어받기는 하였으나 적어도 2007년까지는 그를 뛰어넘는 획기적인 진보적 대북정책으로 전환하려는 움직임은 크게 없었다. 물론 노무현 정부에 드리워진 여러 가지 복잡한 국내정치 역정이 그러한 것을 하려는 여유나 의지를 가로 막았을 것으로 보인다.

미국은 2003년 제2차 핵위기를 해소하기 위해 6자회담을 추진하였다. 이의 결실은 북핵문제에 있어서 제네바 합의를 뛰어넘는 매우 중요한 결실인 "9.19 공동성명"을 잉태하였다. 이는 한반도의 검증 가능한 비핵화를 평화적인 방법으로 달성하는 것을 목표로, 북한은 모든 핵무기와 현존하는 핵계획을 포기할 것과, 조속한 시일 내에 핵확산금지조약NPT과 국제원자력기구IAEA의 안전조치에 복귀할 것을 공약하는 내용으로 하고 있다. 이에 따라 미국은 핵무기나 재래식 무기로 북한을 공격 또는 침공할 의사가 없다는 것을 확인하고, 국제사회는 에너지 제공을 포함, 교역·투자 분야에서 경제 협력을 양자 및 다자적으로 증진시킬 것을 합의한 성명이다.[6]

이러한 9.19 공동성명은 잠시 지켜지는 듯 했으나 북한은 2006년 7월 4일 미국의 독립기념일에 맞춰 대포동 미사일을 발사하고, 이어서 10월에는 1차 핵실험을 단행하였다. 이로서 9.19 공동성명은 궤도에서 이탈하는 최대 위기를 맞게 되었다. 이것을 봉합하기 위해 2007년 9.19 공동성명 이행을 위한 초기 조치인 "2.13 합의"가 이루어짐으로써 다시 9.19 공동성명은 잠시나마 생명선을 이어가게 되었고, 2단계 조치인 "10.3 합의"가 10월 3일 이루어지게 되었다.[7] 그리고 노무현 정부는 임기 말인 2007년 10월에 남북정상회담을 통해 북한과 "10.4 선언"에 합의하였다. 자신의 임기를 불과 몇 개월 앞두고 자신이 지키지도 못할 약속을 북한과 한 결과가 되었다.

한편 미국의 부시 행정부는 재임까지 한 8년의 임기 동안 첫 6년은 매우 강경한 대북정책 노선을 걸었으나 마지막 2년은 방향을 선회해 북한과 대화하는 유화적인 태도로 돌아섰다. 그 중심 역할을 한 인물이 바로 미국의 6자회담 대표인 크리스토퍼 힐 국무부 동아태차관보이다. 힐 차관보는 부시 행정부 임기 내에 9.19 공동성명과 6자회담이 소멸되는 것을 막기 위해 대북 유화책을 꺼내들었는데 그 대표적인 것이 바로 2007년 3월 소위 'BDA 조치' 철회와 2008년 10월 북한을 테러지원국 명단에서 해제한 것이다.[8]

BDA 조치는 2005년 9월 16일 미국이 마카오의 방코델타아시아은행BDA을 '돈세탁 우려 대상'으로 지정한 조치이다. BDA는 북한과 각종 불법 자금을 거래해 왔기 때문에 이의 여파로 북한은 각국 금융기관과 금융거래가 끊겼고 또한 BDA에 예치되었던 북한 자금 2,500여만 달러도 동결되었다. 이 조치로 북한은 크게 반발하였고 9.19 공동성명에서 이탈하여 핵실험까지 하며 반발한 것이다.

북한이 6자회담에의 잔류와 그간의 합의들을 지켜 나갈 것이라는 것을 가시적으로 보여 주려는 '정치적' 이벤트의 정점은 바로 2008년 6월의 북한 영변의 경수로 냉각탑 폭파이다. 전 세계가 보는 앞에서 북한은 냉각탑을 폭파하며 9.19 공동성명을 지킬 것이라는 믿음을 세계에 보여 주려 했다.[9] 그 이후 소위 10.3 합의가 나오고 미국은 북한을 테러지원국 명단에서까지 해제하였다. 따라서 부시행정부는 크리스토퍼 힐이 주도하여 북한을 9.19 공동성명과 6자회담의 틀 안에 묶어두기 위해 미국이 북한에게 한 가장 효과적이고 강력한 제재인 BDA 조치와 테러지원국 지정이라는 두 조치를 해제해 가면서까지 노력하였다. 그러나 그 효과는 몇 개월도 채 가지 못하였다. 북한은 부시 행정부가 끝나자마자 그 약속들을 헌신짝처럼 버리고 2009년 4월 소위 "광명성 2호"로 알려진 장거리 미사일을 발사하는가 하면, 곧바로 제2차 핵실험을 단행함으로써 6자회담과 9.19 공동성명에서 완전히 나가 버린다.

이명박-부시

부시 행정부의 마지막 1년은 이명박 정부와 겹치는 부분이다. 한국과 미국이 모두 보수 정부가 된 것이다. 이러한 1년 동안 부시 행정부는 어느 정도 대북 유화정책으로 갔지만, 이명박 정부는 표면상 이러한 미국의 리드에 크게 반발하지 않았다. 부시 행정부의 기본적 노선의 변화로 본 것은 아니기 때문이다. 더욱이 이명박 정부는 초기 미국 쇠고기 파동으로 정권이 휘청거리는 어려움을 겪었다. 그렇기 때문에 정권 초기는 그것이 대북정책이 되었든 대미정책이 되었든 자신의 색깔을 가진 정책을 추진할 동력이 생겨나지 못했다. 이명박 정부가 쇠고기 파동에서 겨우 벗어나서 새로운 대북정책의 시동을 걸려하는 시점에서 소위 금강산 관광객 피살 사건이 일어난다. 이로 인해 남북관계는 한순간에 냉각되고 곤두박질쳤다. 더욱이 2008년 8월 김정일이 뇌경색으로 쓰러지고 그것이 북한의 권력 내부에 심대한 영향을 미치게 된다. 이러한 일들이 이어지면서 부시 행정부와 이명박 정부의 짧은 1년의 조우는 끝나게 된다. 그리고 미국에서는 8년만에 다시 진보 정권인 오바마 정부가 출범하였다.

이명박-오바마

미국에서 대통령 선거가 끝나고 오바마 대통령이 당선되면서 새로 출범하는 민주당 정부인 오바마 정부의 대북정책에 대해 여러 가지 다른 관측들이 미국 내 뿐만 아니라 한국에서도 나왔다. 그럼에도 대체적인 관측은 오바마 행정부의 대북정책은 전임 부시 행정부보다 훨씬 유화적으로 갈 것이라는 쪽이었다. 대통령 선거 기간의 오바마 후보의 여러 가지 언급과 그를 보좌하는 외교안보 측근들의 성향으로 볼 때 아마도 같은 민주당 대통령이었던 클린턴 대통령의 재임 시 대북정책보다 더 진보적인 대북정책이 나올 것으로 관측했다. 무엇보다도 오바마 후보가 대통령에 당선되면 세계의 어떤 지도자와도 만나겠다고 언급한 것이 오바마-김정일 정상회담으로 이어질 수도 있다는 관측으로 이어져 미국의 대북정책에서도 일대 전환이 이루어질 것이라는 예상이 지배적이었다.

이러한 관측은 오바마 정부 출범 얼마 되지 않아서 빗나갔다는 것을 알게 되었다. 무엇보다도 오바마 행정부의 주요 외교 안보 관련 인사들의 기용부터가 그랬다. 자신의 경쟁자였던 힐러리 클린턴 후보를 국무장관에 앉혔고, 실무적으로 가장 중요한 포스트인 동아태차관보에 현실주의 학자이며 동아시아 전문가인 커트 캠벨Kurt M. Campbell을 임명하였다. 이들에 의해서 오바마 행정부의 대북정책인 "전략적 인내Strategic Patience" 정책이 탄생하게 된다. 전략적 인내 정책이 탄생하는 과정에서 한·미 고위 당국자 사이에 긴밀한 논의가 이루어진다. 따라서 오바마 행정부의 전략적 인내 정책은 이명박 정부의 '원칙 있는 대북정책'과 큰 틀에서 맥락을 같이 하는 것으로 한미는 실로 오랜만에 대북정책에서 같은 목소리를 내게 되었다. 한·미 양국의 고위 관료들 사이에서 '한·미관계가 이보다 더 좋을 수 없다'는 얘기가 나온 것도 우연이 아니다.

북한의 도발-대화-도발로 이어지는 습관적 행태도 한몫했다. 그리고 결정타는 2009년 4월의 장거리 미사일 발사, 5월의 제2차 핵실험이었다. 오바마 대통령이 자신의 새로운 구상인 '핵 없는 세상'을 막 캠페인 하고 있는 와중에 북한은 세계에다 대놓고 도발한 격이 된 것이다. 2009년 6월 워싱턴에서 열린 한·미정상회담에서 북한문제가 첫 의제로 올랐고 이명박 대통령과 오바마 대통령은 북한의 미사일과 핵실험 도발에 대해 향후 '도발-합의-보상-도발'의 반복 패턴의 고리를 끊어야 한다는 데 공감대를 형성했다.[10] 이러한 기조는 양 정부 내내 일관되게 유지되었다. 더욱이 북한의 2010년 천안함 폭침과 연평도 포격 도발은 남북관계뿐만 아니라 미북관계까지 파탄을 내었다.

오바마 행정부와 이명박 정부의 긴밀한 조우는 오바마 대통령이 추진한 가장 중요한 대세계정책인 'G-20 정상회담'과 '핵안보정상회의'에서 나타난다. 오바마 대통령의 적극 추천으로 한국이 이 두 정상회의의 두 번째 개최국을 맡게 된 것이다. 이러한 '대통령 외교'로 인해 한·미는 중요한 현안이었던 FTA, 전작권 반환 문제, 미사일 협정 개정 등을 타결하게 되었다.

박근혜-오바마

오바마 행정부 2기는 박근혜 정부와 정확히 겹친다. 이명박 정부 4년, 박근혜 정부 4년을 같은 행정부가 존재하는 것이다. 오바마 행정부 2기 팀들은 1기 팀과 크게 색깔이 다르지 않다. 2010년 10월부터 백악관 국가안보보좌관으로 일했던 톰 도닐런Tom Donilon에 이어 유엔 대사를 지낸 오바마 대통령의 최측근 수잔 라이스Susan E. Rice가 2013년 6월 국가안보보좌관으로 임명되었다. 국무장관으로는 민주당의 원로 상원의원인 존 케리John Kerry, 동아시아 외교정책에 실무자로는 대니얼 러셀Daniel russel이 국무부 동아태 차관보로 임명되었다. 이들의 정책 라인은 대북정책에 관한 한 1기와 크게 다르지 않다. 특히 라이스 안보보좌관은 유엔대사로 일하면서 대북제재를 주도했고, 더 나아가 인권문제에도 매우 강한 방점을 두고 있기 때문에 최근의 미국 행정부의 북한 인권에 대한 비판도 이러한 라이스의 성향과 무관하지 않다.

박근혜 정부는 소위 '한반도 신뢰프로세스'라는 아이디어로 대북정책을 재조명하고 있다.[11] '신뢰'라는 키워드로 남북관계를 재설정하고자 하는 것인데, 앞서서 살펴본 바와 같이 지난 20여 년의 긴 세월동안 진행되어온 북핵 위기와 그 속에서 나타난 고질적인 북한의 습관적 도발 행태, 그로 인한 남북관계의 파행 및 깊어지는 핵개발, 이 모든 것을 두고 '신뢰'로 이 난제들을 해결하고 미래를 건설하겠다는 것이다. 문제는 벌써 임기가 절반을 넘어 가고 있는 이때 이미 오랜 시간 깨어질 대로 깨어진 신뢰의 파편들을 다시 모아서 다시 온전한 본체를 만들 수 있다는 이상주의에 시간이 조금밖에 남아 있지 않다는 사실이다.

정부 밖의 관전자로서 오바마 2기와 박근혜 정부 사이의 대북정책에 관한 조율 실태를 정확히 진단하기는 힘들다. 표면적으로 그리고 결과적으로 보면 한·미 공조가 크게 이상 증세를 보이지는 않고 있다. 그러나 미국의 조야에서는 조심스럽기는 하지만 우려도 나오고 있다. 확실한 것은 오바마 1기에서 느껴지는 미국의 한국 정부에 대한 열정과 찬사는 찾아볼 수 없다는 점이다. 비판은 공개적으로 하고 있지 않지만, 그렇다고 칭찬도 하지 않고 있다는 것은 무언가 말할 포인트가 있다는 것이다. 이것이 현재의 한·미관계의 현주소이다. 그것이 대북정책에서 오든, 미국으로 볼 때 한국의 대중편향 정책에서 비롯된 것이든, 대일본 정책에서 오는 것이든, 미국은 한국 정부의 외교정책에 대해 대놓고 불만을 제기하고 있지는 않지만 불편한 점이 있다는 것이다. 그러는 사이 북한은 2013년 제3차 핵실험을 단행했고 올해인 2015년 어느 즈음인가 다시 장거리 미사일을 발사하고, 4차 핵실험을 단행할 것이라는 관측들이 나오고 있다. 한반도가 다시 긴장의 소용돌이 속에 들어가는 것이다.

소결을 짓자면 이렇다. 지난 20여 년 동안 북핵문제를 다루는 데 있어서 한·미 정부 사이에는 미묘한 미스매치가 있어 왔다는 사실이다. 이것이 북핵문제가 지금처럼 악화되게 된 주요한 원인이라고 단정하는 것은 아니다. 그러나 그런 미스매치가 북핵 위기처럼 정말로 살얼음판을 걷는 것처럼 조심스러운 상황에서는 매우 중요한 결과를 낳을 수 있다는 것이다. 북한의 비핵화는 한·미정부가 전력을 다해 굳건한 공조로 다뤄도 힘이 드는 그러한 사안이다. 더구나 우리는 한 팔을 묶고 경기하는 선수와 같다. 즉, 군사적인 옵션을 사용해서는 안 된다는 것이 우리 국민들의 대다수가 믿는 해결 방안이다. 북한이 그것을 어떻게 이용하든 우리는 그러한 한계 속에서도 문제를 해결해야 한다. 그럴 때 가장 중요한 옵션이 바로 굳건한 한·미공조이기 때문에 그렇다.

4_ 중국의 딜레마

북한의 비핵화 문제에 있어서 중국의 태도 여하가 해결의 실마리를 잡고 있다는 것이 이해당사국들의 대체적인 관점이다. 과연 중국은 북한을 억제할 능력이 있는가? 또 그러할 의사가 확실히 있는가? 능력은 있지만 의사는 없다는 견해와 의사는 있지만 마땅한 수단이 없다는 견해가 중국 스스로와 주변국들에서 나오고 있다. 여기에 대해서는 다음과 같은 몇 가지 관점이 있을 수 있다.

첫째, 중국은 북한의 비핵화를 지지하지만 북한 정권의 불안정성과 이로 인해 혹시 올지도 모르는 정권 붕괴 그리고 한반도 안보 환경의 변화가 중국 안보에 이해관계가 더 크다고 생각한다. 문제는 이 둘이 서로 양립할 수 없다고 보는 것으로 이렇게 보면 문제를 해결할 길이 없다. 이것이 중국의 안보 딜레마이다. 따라서 중국은 북한 핵문제가 재삼 불거질 때마다 주변국들로부터 좀 더 큰 역할, 즉 북한에 대한 강한 압박을 주문 받아도 항상 자신들의 영향력이 제한되어 있다고 변명한다. 이 견해는 중국이 실제로는 문제를 해결할 충분한 능력이 있으나 위와 같은 딜레마 때문에 결정적인 순간에 결정적 역할을 하지 못한다는 것이다.

따라서 바로 이 점 때문에 핵문제가 심각한 수준에 이를 때가지 중국은 결정적 행동을 취하지 않을 것이다. 그러나 우리와 국제사회는 이미 북한 핵문제가 위험 수위에 다다랐고 조금 있으면 문지방을 넘어서 그것이 중국이 되었든 누가 되었든 해결을 하려해도 이미 늦는다고 걱정하고 있다. 그나마 심각한 수준에 대한 판단의 문제라면 해결의 길이 열릴 수 있다. 비관론자들은 중국의 딜레마가 구조적이어서 결과적으로 중국이 북한의 안보적 인질이 된 상황을 염려한다.

두 번째 관점은 이와 연결되어 있다. 즉, 북한의 벼랑 끝 전술은 비단 남한이나 미국에만 행사하는 것이 아니라 중국에게도 행사한다. 북한은 남한이나 미국에게는 전쟁을 위협하고, 중국에게는 자폭을 위협한다. 자기 정권이 무너지면 중국에게도 좋을 것이 없다는 것이다. 북한과 중국은 소위 '혈맹 사이'지만 북한은 기본적으로 중국을 신뢰하지 않는다. 북한이 이러한 것을 그간 공공연하게 말해왔다. 다만 지금 의지할 유일한 곳이 중국이기 때문에 의존한다.

세 번째 연관된 관점은 실제로 이러한 중국과 북한 간의 인식의 차이는 시간이 갈수록 점점 더 커질 것이라는 점이다. 중국과 북한 간에는 공통점은 점점 더 사라지고 차이점은 더욱 커질 것이다. 중국은 여전히 공산당 일당지배체제이기는 하나 경제적으로는 거의 완벽한 시장경제체제이며, 더욱이 세계경제의 견인차 노릇을 하고 있다. 한반도 문제에 관해서 중국과 한국 사이의 차이점은 좁아지고, 중국과 북한 사이의 차이점은 시간이 가면서 벌어질 것이다. 한·중관계는 안보관계를 제외하고는 이미 북·중관계와는 비교의 차원을 넘어섰다. 더욱이 지금의 김정은 정권의 행태를 보아서는 중국의 북한 리더십의 합리성에 대한 의구심은 더욱 커질 것이다.

그러나 이와 같은 논리적 귀결에도 불구하고 중국의 행보는 그렇게 논리적으로 또 합리적으로 빨라지고 있지 않다. 더욱이 중국으로 볼 때 한반도 문제는 비단 중국과 남북한 간의 문제에 국한되지 않는다. 미·중관계와 국제질서 변화, 일본과 동아시아에서의 안보환경의 변화 등에 직접적인 영향을 받는다. 이 모든 것과 연동되어 북핵문제가 돌아가고 있다고 봐야 할 것이다. 따라서 중국의 행보는 굼뜬 소만큼이나 더디다. 중국은 전략적 이해를 재고 또 재고 있다. 더욱이 중국의 정치지도자들보다 군부는 더욱 느리게 변화하고 있다.

2010년 3월의 천안함 폭침에 대한 중국의 반응은 이러한 환경 속에서 나온 것으로 보인다. 당시 우리 정부는 천안함 폭침에 대한 조사의 객관성을 확보하기 위해 국제조사단을 꾸렸고 결과적으로 북한의 소행임을 밝혔다. 그러나 그 이후 유엔에서 안보리 의장 성명을 추진하는데 있어 중국은 마지막 순간까지 이의 서명을 미뤘다. G20 정상회담에서 열린 한·중 정상회담에서 이명박 대통령이 후진타오 주석에게 강력히 이의를 제기한 이후에야 중국은 의장 성명서 채택에 합의하였다.[12] 중국의 이러한 태도는 당연히 북한을 배려하는 측면이 있지만, 실제로 천안함 조사에 의구심을 품었을 수 있다. 중국은 '아마도' 천안함 폭침 이후 방중한 김정일로부터 천안함 폭침이 북한 소행임을 부인하는 발언을 들었을지 모른다. 그러나 그 후 어느 순간 북한의 부인이 거짓이었음을 깨달았다고 추론된다. 어쨌든 북한의 연평도 포격도발로 북한은 천안함 폭침도 거뜬히 할 수 있는 나라라는 것을 중국은 깨달았을 것이다.

연평도 포격도발은 어떤 의미에서 중국의 북한에 대한 생각을 재고하게 만드는 하나의 조그만 분수령이 되었다고 할 수 있다. 물론 그 당시 중국의 태도는 우리로서는 상당히 불만스런 것이었다. 중국은 당시 '양측'의 자제를 요청했다. 천안함 폭침에 이어 우리 국토가 북한으로부터 직접 공격을 당한 초유의 사태인 연평도 포격에 대해 우리의 더 이상의 대응 자제를 요청한 것이다. 중국의 외교담당 국무위원인 다이빙궈가 날아와 대통령을 면담하고 중국의 입장을 전달하였다. 물론 다이빙궈는 북한도 방문하여 중국의 우려를 전달하였고 이를 우리에게 전한 바 있다.[13] 그러나 어쨌든 중국의 당시의 입장은 양측의 자제를 요청한 것이고 우리는 이러한 자칫 양비론으로 보일 수 있는 상황에 대해 불만이 있었던 것도 사실이다.

이와 반대로 중국의 북한에 대한 태도는 더 빨리 식어 갔다. 2010년 5월 김정일의 중국 방문 이후 김정일은 두 번 더, 1년여 기간 동안 도합 세 번, 중국을 방문하였다. 매우 이례적이며 파격적인 것이다. 김정일이 그 당시 북한의 상황을 얼마나 화급하게 봤는가의 반증이다. 더욱이 김정일의 건강은 당시 한 번에 수천 킬로미터에 달하는 긴 기차 여행을 수차례 할 만큼 좋지 못했다. 더 큰 문제는 김정일의 방중의 성과가 별로 없었다. 북한이 원하는 전략물자를 충분히 중국으로부터 확약받지 못했다. 오히려 북한은 중국으로부터 경제의 개혁과 개방을 공개적으로 요구받았다. 김정일에게는 그러한 변화가 큰 충격이었음은 더 말할 나위가 없다.

박근혜 정부와 시진핑 정부 들어서 한중관계와 북중관계를 대비해 볼 때 가장 큰 차이점은 역시 정상 간의 대화일 것이다. 박근혜 대통령과 시진핑 주석 사이에는 이미 수차례 정상회담이 열렸다. 시진핑 주석과 김정은 사이에는 아직까지 단 한 차례의 정상회담도 열리지 않고 있다. 혈맹관계로서는 이것도 매우 이례적이다. 이상상태가 어떤 특정한 모양을 가지고 있는 것이 아니라 바로 이것이 이상상태이다. 시진핑 주석이 어떤 연유에서건 아직까지 김정은을 명실상부한 파트너로 인정하고 있지 않다는 반증이다.

더욱이 시진핑 정부는 '한반도의 비핵화'에 대해 공개적으로 천명하였다. 중국이 '북한의 비핵화' 대신에 '한반도 비핵화'라는 용어를 사용한 것에 대해 해석상의 논란이 있다. 그러나 표현된 것처럼 중국은 분명히 '한반도' 비핵화를 원한다는 것이다. 이것을 견강부회하여 북한의 비핵화와 똑같은 것이라 할 수 없다. 그렇다고 너무 이것을 평가절하할 필요도 없다. 중국은 북한의 비핵화도 원하지만 동시에 '한반도'라는 용어에 함축되어 있는 것처럼 어떤 다른—현재든 미래든—비핵화도 원한다는 것이다. 구체적으로 지칭하지 않았지만, 한국에 의한 핵개발, 또는 미국에 의한 핵 재배치의 기도도 분명 반대한다는 것을 표현하고 싶은 것이다. 다만 과거에는 '한반도 비핵화' 조차도 명시하기를 꺼렸다는 점에서는 진전이고, 이를 바탕으로 하여 중국을 어느 정도까지 구체적으로 '북한의 비핵화' 쪽으로 행동하게 만드느냐가 우리의 전략의 핵심이고 또 능력이다.

소결은 이렇다. 북중관계가 김정은 정권 들어 소원해지고, 반면에 한중관계가 일정 정도 진전이 있는 게 사실이다. 그러나 이것의 효과를 지나치게 과장하거나, 축소할 필요는 없다. 있는 그대로 보고 우리의 대책을 마련해야 한다. 북핵 문제로 볼 때 이러한 진전관계의 효과가 제대로 나타나고 있지 않다는 것이 보다 현실에 대한 정확한 진단이다. 따라서 '입술만을 보지 말고 전체의 움직임을 보는' 전략적 지혜가 필요하다. 중국의 북한의 비핵화에 대한 진정한 의지와 그 실천을 확인하고, 또 그렇게 견인하는 구체적인 노력이 필요한 시점이다. 북한 핵문제의 해결의 시간이 얼마 남지 않는 상황에서 우리는 중국을 어떻게 움직여야 할 것인지가 해결의 중요한 포인트이다.

5_ 정치한 억제전략

정리를 하자면 이렇다. 한반도와 동북아시아 안보 딜레마의 중핵적 이슈인 북한 핵문제는 북의 교묘하고 그칠 줄 모르는 핵개발 의욕, 그리고 우리의 적절한 수단의 부재, 우리 내부의 국론 불합치, 한·미 간의 미묘한 엇박자 및 중국의 미온적 태도로 말미암아 이대로 둔다면 조만간 북한의 핵개발 완성이라는 안보 발화점에 도달할 것이다. 이러한 사실들에 주목은 하면서도 이것을 멈추게 할 어떤 구체적인 전략적 행동의 실행을 위한 시도에는 매우 소극적인 것이 지금의 현실이다. 이러한 상황은 비관론을 확산시키고 있다. 그런데 그러한 비관론은 흥미롭게도 '대화'를 위한 구실로 작동하고 있다. 이러한 남북 간 대치국면을 타개하기 위해서, 또는 이 상태로 그대로 가느니, 북과 대화를 통해서 이 문제를 해결하기 위한 노력을 하는 것이 지금보다는 더 낫다는 유화론도 솔솔 고개를 들고 있다. 결국 그 대화는 무엇을 의미하는 것인가? 우리가 지난 십 수 년 지켜보았던 것처럼 그런 대화는 결국 북에 인센티브를 주겠다는 것인데 그 결과는 매번 북의 핵개발을 종식시키지 못하고, 오히려 북에게 시간만 벌어주는 결과를 가져오면서 기만당한 채 끝이 났다.

유화론자들의 주장의 요체는 다음과 같다. 어차피 북한이 이 정도까지 핵개발을 해왔고, 그것이 정권 존립 차원에서 추진하는 것이니만큼 이제 '완전 핵폐기'는 어렵다는 것이다. 따라서 가능한 현재의 상태에서라도 '동결'을 추진하는 것이 더 현실적이라는 주장이다. 그러기 위해서는 이제라도 북한을 대화의 장으로 끌어들여 협상을 하고 어느 정도의 인센티브를 주더라도 동결을 얻어 내야 한다는 것이다.

이러한 유화론자들의 주장을 받아들이면 어떻게 되는가? 가장 기본적인 것으로 '북한의 비핵화'는 물 건너간다. 이는 북한 핵문제에 대한 논란을 잠시 덮어둘 수는 있어도 근본적인 해결책은 아니다. 더욱이 북한은 그 기간 동안 더 자유롭게 핵을 개발할 시간을 벌 수 있다. 따라서 어느 순간 갑자기 더 진전된 핵개발의 실체를 드러내게 될 것이다. 이러한 과정이 지난 십수 년간 계속해서 반복되어 왔다. 그런데 지금에 와서도 이러한 과정을 되풀이하자는 주장은 합리적이지도, 지혜롭지도, 전략적이지도 않다.

대화는 수단에 불과하다. 우리가 '북한의 완전한 비핵화'를 기본으로 하고 그것의 실행을 위한 수단으로서의 대화일 때는 가치가 있다. 그러기 위해서는 현재의 난국을 타개하기 위한 보다 구체적이며 시급한 행동 계획들을 수립하고 실행에 옮기는 노력이 필요하다. 이것이 바로 '정치한 억제전략delicate deterrence'의 필요성이다.[14]

정치한 억제전략은 북한의 비핵화를 실행하기 위한 마지막 단계 및 미래를 대비하기 위한 정치적, 군사적, 국제적 노력의 결정체이다. 즉, 현재와 다가올 미래를 대비하기 위해 필요한 전략이 바로 정치한 억제전략이다.

정치전략

정치적으로는 첫째, 우리가 북한의 비핵화를 위해 모든 에너지를 소진할 때까지, 어떤 대가를 치르더라도 이를 관철하겠다는 의지를 재확인하는 것이다. 우리 정부가 어떤 계기를 통해서 이를 공개적으로 다시 한 번 구체적으로 '선언'해야 한다. 북한의 비핵화 문제에 대해서는 선택지는 한 가지이다. 즉 비핵화를 달성하느냐 못하느냐 둘 중의 하나이다. 이 둘 중의 어정쩡한 선택은 없다. 비핵화를 달성하지 못하면 한반도의 안보는 완전히 다른 차원으로 넘어간다. 지금의 상황이 아무리 어려워도 비핵화를 달성하지 못하면 결국 한반도의 안보는 코페르니쿠스적 변환의 순간을 맞이하게 된다. 우리가 지난 70여 년간 지속해 온 남북의 안보적 대치 상황의 기본적 개념이 완전히 바뀌게 된다. 그 후의 안보적 대가는 계산할 수 없는 정도가 된다. 따라서 '핵의 완전한 폐기'가 아닌 '동결'을 주장하는 '동결론자'들의 주장은 어쩔 수 없다는 현실론을 들고 있지만 틀렸다.

둘째, 우리가 지금과 같은 현실에서 할 수 있는 것 중의 하나는 북한의 다가올 행동에 대해 선경고先警告 하는 것이다. 구체적으로 '북이 만약 4차 핵실험을 강행한다면 우리와 국제사회가 이렇게 할 거다'라는 것을 경고하는 것이다. 여기에는 강도 높은 제재가 당연히 포함되는 매우 구체적인 행동강령이 되어야 한다. 지금까지의 패턴은 북이 핵실험을 강행하고 난 이후 거기에 대해서 국제제재를 추진했었다. 따라서 핵실험은 기정사실화 되었고, 유엔제재를 위한 과정은 중국 요인 등으로 어렵게 진행이 되었고, 결과적으로 제재의 강도는 협상을 통하다 보니 떨어졌다. 당연히 제재 효과는 반감되었다. 북한 핵실험이 거의 예고된 거나 마찬가지였음에도 불구하고 모든 것이 사후약방문격이 되었다.

지금도 북한의 '10월 핵실험설'이 돌고 있다. 여러 가지 징후와 상황으로 보아 이의 가능성이 없지 않다. 그렇다면 지금까지처럼 그것을 기다리면서 관전평이나 해야 할까? 갑작스럽게 일어난 상황이라면 어쩔 수 없이 상황에 대처할 수 밖에 없지만 지금처럼 거의 예고된 상황이나 다름이 없는데 이를 그냥 방치하고 있어서는 안 된다. 구체적인 행동방침을 예고해야 어느 정도의 예방효과도 기대할 수 있고, 또 설령 사후의 제재에도 국제적인 합의를 쉽게 이끌어 낼 수 있다. 무엇보다도 지금 북한의 핵개발 수준이 어떤 분수령을 넘어가고 있다. 그것이 3차 핵실험과 4차 핵실험의 차이일 수 있다. 북한이 이미 소형화에 성공했다고 공언하는 마당에 다음의 4차 핵실험에서 기술적인 도약이 확인되는 결과가 되면 핵폐기는 점점 더 어려운 국면으로 가게 되는 것이다.

셋째, 국내적으로도 북한의 비핵화에 대한 합의를 재확인하는 것이다. 국론통일 없이 북한 핵문제를 해결할 수 없다. 국내의 여러 정치세력들이 대북정책에 대해서 여러 가지 다른 견해들을 가지고 있지만, 극단적인 정치세력을 제외하고는 적어도 북한의 비핵화란 목적에 대해서는 동의를 하고 있다. 이를 사회적으로 합의하고 확약하는 것이 필요하다. 북한이 만약 또 다른 핵실험을 한다면 이를 좌시

하지 않겠다는 확약을 우리 사회가 일치된 모습으로 합의한다면 이것은 커다란 '예방효과'를 기대할 수 있다. 북한의 전형적인 수법이 바로 일을 저질러 놓고 소위 '남남갈등'을 유도하는 것이다. 따라서 이를 사전에 방지하는 하나의 방법도 된다.

군사전략

군사적으로는 어떠한 대비를 해야 될 것인가? 군사적으로는 이미 한국형 미사일 방어KAMD: Korea Air and Missile Defense 시스템의 완비와 소위 '킬체인Kill Chain'으로 상징화되는 선제타격 전략이 구체화되기 시작했다. 우리 국방부는 소위 '맞춤형 억제전략'을 위해 북한의 핵·미사일등 대량살상무기의 위협에 대응하기 위해 초기 대응능력을 강화하는 킬체인과 한국형 미사일방어시스템을 구축하고 있다고 밝히고 있다.[15] 이러한 전략의 구체화에는 많은 시간과 노력과 예산이 들어간다. 한순간에 되지 않는다. 2015년 작성된 국방중기계획(2016~2020)에 따르면 킬체인에는 6조, KAMD에는 2조 7000억이 들어가는 것으로 되어 있으나 실제로는 이보다 훨씬 많은 예산이 필요할 것이다. 더욱이 이러한 시스템이 계획에 따라 완비된다 하더라도 2020년경이라야 된다. 북한 핵문제의 시급성에 비추어 그때까지는 우리의 군사적 대비 태세가 매우 불비하다는 얘기가 된다.

킬체인이 제대로 작동되기 위해서는 그야말로 우리는 완벽한 위성시스템, 무인정찰기, 항공기, 미사일 등 체계적으로 작동되는 시스템이 필요한데 미국과의 협조 없이 이러한 시스템을 구축할 수 있는지도 의문이다.

킬체인에 바탕을 둔 선제타격 전략이 과연 한반도에서 북한의 핵 도발을 막을 수 있는 신뢰성 있고, 현실성 있는 전략이냐에 대한 논란도 있을 수 있다. 이론상으로라면 북한의 핵의 사용이 그야말로 바로 눈앞에 다가온 순간 우리가 선제타격을 통해 그것을 제압한다는 것이다. 즉, 우리의 정보 자산을 다 동원하여, 그리고 미국의 정보 자산까지를 다 동원하여 북한의 일거수일투족을 들여다보면서 그 순간임을 포착하고, 선제타격한다는 시나리오일 것이다. 이러한 시나리오의 현실적 타당성에 대한 논란에도 불구하고[16] 킬체인 전략은 나름대로의 장점도 갖는데 그것은 고도의 정밀타격능력을 배양할 수 있다는 점이다. 선제타격이 아니어도 똑같은 능력을 갖고 하는 것이니까 결국 억제에 도움이 되는 측면이 있다. 또한 이것이 갖는 심리적 측면이 있다. 북한은 좀 더 경계심을 가질 수밖에 없고 우리는 안보적으로 좀 더 준비되어 있다는 심리가 작용할 것이다.

KAMD는 우리가 독자적인 '한국형' 미사일 방어 시스템을 구축하겠다는 것인데 그 구성을 보면, 기본적으로 PAC-2, PAC-3을 기본으로 하면서 L-SAM장거리 지대공미사일을 개발하여 보완하겠다는 계획이다. 그러나 PAC-2나 이보다 업그레이드된 PAC-3조차도 북한의 미사일에 대한 저고도 방어망에 불과하며 방어지역도 25-30km에 불과함으로 상당히 제한적인 방어망이라 할 수 있다. 실제로 L-SAM의 개발을 위해서는 앞으로도 최소한 수년을 기다려야 하는 미래형 무기이다. 이것이 개발된다 하더라도 L-SAM조차도 고고도에서 날아오는 북한의 미사일을 방어할 능력이 없다. 또한 우리 해군의 이지스함이 보유하고 있는 SM-2는 기본적으로 반미사일antimissile을 위한 것이 아니다.

따라서 이를 보완하기 위해 사드THAAD의 배치가 필요하다. 사드는 일부 세간에 알려진 바와는 달리 중국의 안보에 위협적이 아니다. 사드의 레이더는 1,000km 정도이며 그 각도가 90도 밖에 되지 않기 때문에 휴전선 이남에 북쪽을 겨냥해 배치해 놓았을 경우 중국이 위협을 느낄 하등의 이유가 없다. 더욱이 주한미군이 이를 배치하겠다는 것을 우리가 막을 이유도 없다. 사드는 고고도 (150km)까지 커버하는 매우 유용한 반미사일 시스템anti-missile system이기 때문에 이것이 보완된다면 한국형미사일 방어망의 신뢰성은 한층 증가할 것이다.[17] 즉, PAC-2, PAC-3의 저고도, L-SAM의 중고도, 사드의 고고도 방어망을 다 가지고 있는 것이 되기 때문에 한층 견고한 방어시스템이 된다.

북한이 볼 때 우리가 고도의 정밀타격 능력과 방어 능력을 완비할 때 억지가 발휘될 수 있다. 이것은 또한 북한의 핵무기 사용에 대한 중요한 압박 수단이 된다. 이러한 전형적인 군사적 억제 수단 외에 사이버전 능력을 키우는 것도 앞으로 심도 있게 고려해야 할 것이다. 로이터가 최근 미국 국방부가 2010년부터 북한 핵시설에 스턱스넷Stuxnet을 이식하려던 시도가 실패로 돌아갔다는 보도를 했는데 이러한 노력은 앞으로 지속될 필요가 있을 뿐 아니라 한·미가 심도 있는 공조 방안을 마련할 필요가 있다.[18] 북한은 정찰총국하에 사이버전을 수행하는 5,000에서 6,000명에 이르는 사이버 부대를 이미 가지고 집요하게 대남 사이버전을 수행하고 있다. 이에 대한 방어 뿐 아니라 북한 핵에 대응하기 위한 수단으로서의 사이버 능력을 한·미가 공동으로 키우는 노력이 필요하다.

이와 같이 북한 핵에 대응하기 위해서는 우리가 가진 모든 군사적 수단을 동원하여 저지하겠다는 의지와 실천을 보여 주어야 한다. 군사적 억제 수단의 부재를 통해서는 핵문제를 해결할 수 없다.

외교전략

외교적으로는 무엇보다도 북핵 문제가 6자회담과 같은 협상을 통해서 해결하기는 어렵게 되었다. 이미 9.19 공동성명이 지켜지지 않음으로써 6자회담의 유용성은 크게 훼손되었다. 북한이나 국제사회가 이 회담 테이블로 돌아오기는 쉽지 않다. 북한은 선보상 없이, 그렇지 않더라도 최소한 지금까지 핵개발 한 것을 뒤로 돌리는 조치를 하면서까지 회담 테이블로 돌아오지 않을 것이다. 한·미는 북한이 6자회담의 합의를 깼고, 또 그 이후 계속해서 핵개발을 지속해 왔기 때문에 그 멈춘 시점으로 다시 돌아가는 정도의 조치 정도도 없이 아무 일도 없다는 듯이 지금 시점에서 다시 시작하는 협상은 할 수가 없다. 이것이 기본적으로 6자회담이 교착상태에 빠진 이유이다. 북한으로서는 회담 테이블로 돌아오지 않으면 시간을 벌 수 있다고 생각하고 있다. 반면 한·미는 어차피 완전한 비핵화가 아니라면 핵개발이 조금 더 가나 덜 하는 정도는 결과적으로 마찬가지라는 것이다. 따라서 어떤 모멘텀을 잡아 완전한 비핵화로 가는 전기를 잡아야 한다고 생각하고 있다. 그런데 북한이 진정성을 보이지 않은 상태에서 북한이 원하는 방식으로 회담의 테이블로 돌아와 봐야 결국 과거의 패턴이 재판될 수밖에 없다고 생각하고 있는 것이다.

미·북간의 양자회담도 교착상태에 빠져 있다. 이것은 지난 미국과 북한 사이 2011년 2.29 합의가 깨진 이후로 계속되고 있다. 즉 미국은 북한에 의해 철저히 기만당했다고 생각하고 있다. 2.29 합의의 파기는 김정일 체제하에서 일어난 것이지만, 미국의 오바마 행정부하에 일어난 일로, 미국이 농락당하고 체면만 크게 손상되었다고 생각하기 때문에 이러한 협상 시도는 다시 하기가 어렵다. 미국의 일부 조야에서 북한과의 대화가 없는 것보다 낫다는 견해를 계속 밝히고 있음에도 불구하고 미 행정부가 쉽사리 움직이지 못하는 이유는 바로 북한을 신뢰할 수 없기 때문이다. 또 다시 북한과 양자회담의 시도를 하고 성과를 못 얻거나, 또는 설령 2.29 합의처럼 합의를 하고도 곧 바로 파기될 운명의 협상을 하게 된다면 결국 오바마 행정부가 받는 타격이 너무 클 것이 자명하기 때문이다. 북한은 제네바합의도 깨고 나가고 9.19 공동성명도 깨고 나가고, 결국 미국과 다시 한 양자합의인 2.29 합의도 깼기 때문에 다자회담이든 양자회담이든 회담을 통한 합의를 하기가 현실적으로 매우 어렵게 되어 있다.

따라서 우리는 전체적인 해결의 수순을 완전히 다르게 생각해야 할 것이다. 즉 결과적으로는 마지막 수순에서는 협상을 통해서 문제를 해결해야 하겠지만, 현시점에서는 그게 6자회담이든 양자회담이든 회담의 기제를 통해서 북한을 대화의 테이블로 끌어 들여서 문제를 해결하는 방식은 현실적으로 수용하기 어려울 것이다. 6자회담이 실패한 과정을 다시 반복하는 것이 되기 때문이다. 그러나 제네바합의에 이르는 전체적인 과정은 다시 한 번 복기해 볼 필요가 있다. 제네바합의 자체는 불완전한 합의가 되어 버렸기 때문에 결국 모든 문제의 출발점이 되어 버렸는데 그 합의에 이르는 과정은 우리에게 시사점이 있다. 즉, 그 출발은 북한에 대한 강력한 압박—군사력 사용의 위협까지를 포함해서—에서 나왔다. 그런 상황에서 북한이 협상 테이블에 앉을 수밖에 없었고 결과적으로 합의가 나왔다. 물론 혹자는 북한의 핵개발 상황이 그 때와 지금은 비교할 수 없을 정도로 다르다고 지적할 수 있다. 그러나 국제사회, 특히 중국이 좀 더 적극적으로 참여할 수 있다면 상황은 상당히 달라질 수 있다.

그렇기 때문에 사전에 이 문제에 대해 한국과 미국 사이, 미국과 중국 사이, 한국과 중국 사이에 보다 조율된 상황 인식이 공유되어야 할 것이다. 한국과 미국 사이는 앞서 논의했던 '미묘한 부조화'를 없애는 노력이 필요하다. 한·미가 완벽한 정책 조율에 성공하지 못하는 한 북핵 문제를 풀기는 어렵다. 북핵 문제의 해결은 한반도의 미래를 설계하는 일과 직결되기 때문에 한반도의 평화통일이란 보다 큰 그림을 봐야 하기 때문에도 한·미의 긴밀한 공조가 필수적이다.

중국을 설득하기 위해서는 한국과 미국이 중국이 북한에 대해서 느끼는 안보 딜레마를 어느 정도 해소해 줄 수 있는 방안을 찾아야 할 것이다. 즉 북한의 비핵화에 한정된 압박 정책의 목표를 명확히 하는 것이다. 이것이 한·미·중 삼자 사이에 충분히 공유될 수 있으면 북핵 문제의 해결을 위한 중국 요인에 돌파구가 생길 수 있다. 다만 이것이 과연 기술적으로 가능할 것이냐에 의문이 제기될 수 있을 것이다. 그렇기 때문에라도 한·미·중이 북핵 해결 이후에도 한반도의 안정화를 위해 공동의 노력을 경주한다는 인식을 공유할 수 있다면 해결이 가능한 문제이다.

이를 위해서 한·중, 미·중, 및 한·미·중의 양자 및 삼자 채널을 가동시키는 다차원적 외교적 노력이 필요하다. 그리고 한·미·중 삼자 사이에는 지금의 6자회담 대표보다는 보다 격상된 외교 채널을 통해서 문제 해결에 나서야 한다. 장관급이 대표가 되는 '한·미·중 북핵 전략 대화' 같은 채널을 가동하는 것도 한 방법이 될 것이다. 동시에 중요한 것은 그런 시도를 위한 동력을 얻어야 하는데 이것은 어떠한 모멘텀momentum을 찾아야 한다는 말이다. 즉, 모멘텀 없이는 이 모든 과정을 시작하는 동력을 얻을수 없다. 그 모멘텀은 예를 들어 북한의 다음 핵실험과 같은 것이 될 수 있을 것이다.

정리하자면 6자회담처럼 대화 → 협상 → 합의의 과정이 아니라 사전경고 → 압박 → 협상 → 합의 → 이행검증의 과정이 되어야 한다. 북한의 다음 미사일-핵실험에 대해 사전경고를 하고, 만약 도발하면 국제사회와 함께 '모든' 옵션을 동원한 압박과 제재를 하고 이를 통해 북한을 협상 테이블로 끌어들여 여기서 비핵화에 대한 합의를 받아내는 것이다. 합의 못지않게 중요한 것은 합의 이행이고 그 이행을 위한 검증과 합의 불이행 시 강력한 제재가 전제되는 과정이어야 할 것이다. 국제사회가 그 정도로 강하게 하지 않는 한 북한 핵문제는 풀리기 어렵다. 북한을 대화의 상대로 인정하고 나이스하게 협상하면서 서로 주고받으면서 문제를 푸는 방식은 이미 실패한 방식임이 입증되었다. 북한은 국제사회의 여느 정상국가와 같지 않다. 그렇다면 진작 북한 핵문제는 풀렸을 것이다. 세계의 초강대국들이 다 포함된 6자회담에서 북한의 안보를 보장하고, 그 많은 인센티브를 다 주겠다고 명기해서 합의를 했는데도 이를 깨고 핵개발을 계속

[표 1] **정치한 억제전략 I : 현재**

조치	전략내용
정치적 조치	1. 북핵 철폐 관철 선언 2. 구체적 사전경고 3. 국내적 합의
군사적 조치	1. 맞춤형 억제 2. 사드 등 보완적 조치 3. 사이버 억제 조치
외교적 조치	1. 북핵 해결에 한정된 목표 설정 2. 한·미, 한·중, 미·중, 한·미·중의 양자 및 삼자의 다차원적 협의 (한·미·중 북핵 전략 대화) 3. 새로운 패턴 모색 (사전경고→압박→협상→합의→이행검증)

하는 나라다. 그와 같은 상대는 강하게 압박하지 않으면 아무것도 얻을 수 없다.

6_ '92년 체제' 후後

앞서 언급한 바와 같이 북한 비핵화를 위한 방안은 논리적으로 명확하게 정립할 수 있다. 문제는 우리가 이를 실천하기에 너무나 어려운 현실에 놓여있다는 것이다. 우리의 역량, 국제사회의 복잡한 상황과 상호간의 관계, 각국의 나름대로의 국내정치적, 전략적 고려, 북한의 집요한 생존전략 등이 어우러져 오늘의 독특한 현실을 만들어내고 있다. 이것이 북한 핵문제 해결의 비관론을 만들어내고 있다. 따라서 '만약 북한의 비핵화에 실패하면 어떻게 해야 하나'를 이제 전략적 고려 차원에 넣어야 할 때이다.

북한의 핵 보유가 만약 기정사실화된다면 어떻게 해야 할까? 그것은 지금까지의 남북한관계의 모든 가정과 전략이 다 바뀌는 것을 의미한다. 남북관계의 정치적인 면을 보면 현재까지는 남북이 아무리 군사적으로 대치하고 갈등이 첨예하다 해도 적어도 가정은 91년 '한반도 비핵화 공동선언'과 92년 '남북기본합의서' 시대에 우리는 살고 있다. 사실상 북한의 핵개발로 한반도 비핵화 공동선언은 이제 거의 사문화되었고, 남북기본합의서는 겨우 인공호흡기에 의존하는 형국이다. 북한의 핵 보유가 확실시되면 이러한 체제는 완전히 깨진다. 우리는 더 이상 한반도 비핵화 공동선언을 지킬 수가 없고, 또 지켜야 할 의무가 없고, 또한 남북이 서로를 인정하며 불가침을 선언했던 남북기본합의서도 지킬 수 없고 지켜야 할 의무도 없어진다. 지난 근 4반세기 남북관계의 가장 중요한 틀인 이 두 합의가 완전히 무효화되는 것이다. 다시 말하면 '남북관계의 92년 체제'가 완전히 깨지는 것이다.

'탈92년 체제'

이 '92년 체제'하에서는 정치적으로 보면 남북은 공존의 개념 하에 있었다. 그러나 새로운 체제('탈92년 체제')하에서는 우리는 지금의 '남북공존전략'을 '북한체제변화전략'으로 수정해야 할 것이다. 외교(협상)전략의 측면에서는 이렇다. 지금은 국제공조를 통한 '북핵포기전략'을 우리가 수행하고 있는 것이다. 앞서 논술한 모든 것도 이러한 북핵포기전략의 개념 하에서 고려되고 추진되는 사고인 것이다. 그러나 북한의 핵보유가 공인된다면 이러한 북핵포기전략은 더 이상 쓸모없게 된다. 따라서 '포스트 92년 체제'에서는 '북핵포기전략'이 '통일외교전략'의 중심이 될 수밖에 없으며, 북한의 체제변환을 목표로 하는 통일외교전략을 수행하는 방향으로 우리의 외교·통일전략을 수립하고 실행해야 한다.

군사전략적 측면에서는 지금은 소위 군사적으로 '핵위기대응전략'에 입각해서 전략을 구상하고 실행하고 있다고 볼 수 있다. 한국형미사일이니 킬체인이니 하는 것도 북핵 위기에 대응하는 우리의 재래식 대응전략이다. 이러한 것들의 유용성이 92년 이후 체제에서도 줄어드는 것은 아니나 기본적으로는 이러한 '재래식 억제전략conventional deterrence'에서 '핵억제전략nuclear deterrence'으로 전환되어질 수밖에 없다. 북한이 핵을 가지고 우리의 안보를 위협하고 있는 상황에서 우리는 재래식 무기로 대응하겠다는 것은 억제를 포기하는 것이다. 다만 여기서 우리의 핵 억제는 우리 스스로 할 것인가 아니면 미국의 핵억제 능력에 의존할 것인가 하는 그런 전략적 결정만이 남아 있게 될 것이다. 당장은 미국의 핵억제 능력에 기대는 수 밖에는 없을 것이다. 우리의 핵능력이 하루아침에 생겨나는 것도 아니고 또 그러한 방향으로 가는 과정도 결코 순탄치 않을 것이기 때문이다. 국내적으로도 합의가 필요할 뿐만 아니라 한미 사이에도 이 문제는 쉽사리 결론나기 어려운 문제이다. 중국도 매우 깊은 안보적 관심을 가지고 이를 지켜볼 것이기 때문이다.

바로 이러한 점에 있어서도 우리는 미국과 중국에 대해 현재의 북한 핵 문제를 해결하는 것이 미래에 발생할 수 있는 어쩌면 더 큰 동북아시아의 핵확산이란 난제를 피하는 첩경이라는 점을 보다 확실하게 각인시킬 필요가 있다. 북한이 핵보유국이 되는 순간 이것은 우리만의 문제가 아니고 동북아시아의 안보 지형이 근본적으로 변하는 문제이니 만큼 당연히 일본도 이에 영향을 받지 않을 수 없다. 주지하다시피 일본은 지금 핵무기 기본 물질인 플루토늄을 미국의 승인 하에 엄청난 양을 보유하고 있다. 일본의 아베정권의 안보적인 변신을 보면 일본이 비핵 3원칙에 영원히 머물러 있을 거라 보는 것은 현실적이지 않다. 지금의 북한 핵문제를 해결하는 것이 여러모로 훨씬 전략비용이 절감되고 현상유지적 방향이며 예측 가능한 일이지만 그러나 역사가 항상 이처럼 논리적이며 합리적으로만 가는 것은 아니

[표 2] **정치한 억제전략 II: '탈92년 체제'**

시기 / 전략	'92년 체제 (현재 +향후 수년)	탈92년 체제 (북핵 공인 시대)
정치전략	남북공존전략 (한반도비핵화 공동선언 및 남북기본합의서 바탕)	북한체제변화전략
외교(협상)전략	북핵포기전략 (국제공조바탕, 협상과 합의를 전제로 한 북핵해결 모색)	통일외교전략
군사전략	핵위기대응전략 (재래식 무기에 의한 군사적 대비태세 완비 바탕)	핵억제전략

기 때문에 우리는 그렇지 않을 가능성에도 대비할 수밖에 없다.

7_구체적 행동으로

북한 핵문제 해결에 주어진 시간이 얼마 남지 않았다. 우리가 이 시간을 그냥 보낸다면 한반도뿐만 아니라 동북아의 안보에 커다란 재앙적 변화가 우리를 기다릴 뿐이다. 이 문제를 이러한 시각에서 다루고 행동을 해야 할 주체는 바로 미국도 아니고 중국도 아닌 우리다. 주변 강대국들은 설령 일이 잘못되어 북한 핵이 현실화되고 그것이 새로운 안보적 골칫덩이가 된다고 하더라도 적어도 대처할 능력을 이미 가진 국가들이다. 우리는 그러하지 못하다. 때문에 누가 먼저 경종을 울리고 누가 이의 해결을 위해서 앞서서 뛰어야 하나? 너무나 자명하게도 바로 우리다. 우리가 바로 지금, 매우 구체적인 행동계획을 가지고, 주변 국가들을 설득해서, 우리와 국제사회가 가진 역량을 총동원하여, 북한 핵을 막아 내기 위해 총력을 기울이지 않는다면 결과는 너무나 자명하다,

현실안주형의 비관론은 우리가 지금 버려야 할 가장 큰 공적이다. '북한이 절대 핵을 포기할 일이 없어'라든가 '북한이 이미 이 정도 핵개발을 해왔으니 그 정도에서라도 동결이라도 시키는 것이 현실성이 있으니 대화로 전환해야'라고 하는 현실타협형 주장으로는 우리

의 안보 딜레마를 영원히 해결할 수 없다. 일시적 미봉책은 될 수 있을지언정 그것은 언제라도 터질 휴화산에 불과하기 때문이다.

북한 핵 문제의 완전한 해결만이 한반도의 평화를 가져오고 미래의 번영을 보장한다. 그러한 목표를 위해 앞서 제시한 정치한 억제전략을 과감히 추진해야 할 것이다. 그러나 만에 하나 북한 핵이 명목적으로나 실질적으로 현실화되면 우리는 즉각적으로 '92년 체제 후 전략'으로 전환해야 할 것이다. 북한의 체제 변화를 구체적으로 추진하고 통일외교 전략을 구사해야 하며 군사적으로 핵 억제 전략에 의존해야 할 것이다.

1991
1992
1993
1994
1995
1996
1997
1998
1999
2000
2001
2002
2003
2004
2005
2006
2007
2008
2009
2010
2011
2012
2013
2014
2015
2016
2017
2018
2019
2020

제8장

사드THAAD의 국제정치학

"사드 논란을 계기로 한국은 중국에 대해서 많은 것을 깨닫게 되었다. 그것이 사드 논쟁이 남긴 선물이라면 선물이다. 한국이 깨달아야 할 것은 우리에게 항상 좋은 전략적 선택지만은 없다는 것이며, 안보를 위해서는 대가를 치러야 한다는 것이다. 사드는 '늦었지만 빨리' 이러한 현실을 깨닫게 해 주었다."

국제정치에서 대량살상무기WMD와 대륙간 탄도 미사일ICBM을 제외하고 무기체계 하나가 국가 간의 관계를 뒤흔드는 경우는 흔치 않다.[1] 사드THAAD, 고고도미사일방어체계[2]의 한국 배치가 바로 그러한 예이다. 주지하다시피 사드는 한국 내뿐만 아니라 한·미 간, 한·중 간 그리고 미·중 간에 매우 첨예한 국제적 안보 이슈로 부상하였다.

사드를 둘러싼 이러한 갈등은 북한 핵과 미사일 문제 해결을 놓고 이해가 상충하는 한국, 미국, 중국의 전략적 시각차가 깊게 내재되어 있다. 그러나 보다 크게는 미·중 간의 국제정치 질서의 주도권을 놓고 힘을 겨루는 헤게모니 경쟁이라는 구조적 바탕이 깔려 있다. 여기에 물론 각국의 국내정치적 상황이 갈등을 증폭시키는 요인으로 작동하고 있다. 이러한 다양한 요인이 동시에 작용하면서 이들 국가 간 갈등의 소용돌이가 진화되지 않고 더욱 커지고 있는 것이 작금의 상황이다. 따라서 '사드의 국제정치학'은 국제정치의 구조적, 전략적, 정책적, 기술적, 그리고 국내정치적인 측면들을 모두 내포한 매우 포괄적인 현상이라 할 수 있다.

이 장에서는 이러한 사드의 국제정치학적 동학을 다루고자 한다. 그러기 위해서 첫째, 사드를 둘러싼 갈등의 증폭 과정을 살펴보고자 한다. 이를 위해 한국 내의 사드 논의 과정 및 변화, 한·미 간 사드 논의 과정, 그리고 마지막으로 중국 관련한 사드 논의를 다룰 것이다. 둘째, 사드 갈등은 전형적인 안보 갈등의 사례이다. 따라서 국제정치 이론적 함의가 작지 않다. 사드를 다자간 안보 딜레마 게임으로 보면서 이러한 중첩적 안보 딜레마 게임에서 각 행위자가 느끼는 심각성의 정도가 다를 때 행위자의 결정 패턴에 어떠한 영향을 끼칠 것이냐를 다룰 것이다. 이러한 논의의 목적은 특정한 국제정치적 이론의 관점에서 그 이론을 테스트하려는 것은 아니다. 국제정치 이론적 함의를 도출함으로써 그것을 통해 이 시점에서 한국이 택해야 하고 택할 수 있는 보다 구체적이며 근본적인 전략적 선택 방안을 제시하려는 것이다.

1_갈등의 증폭과정

지난 2017년 7월 28일 북한은 ICBM급으로 알려진 소위 "화성-14형" 2차 발사를 감행하였다. 이에 대응하여 문재인 대통령이 그간 한국 내로 반입은 되었으나 배치되지 않았던 4기의 사드를 임시배치하라고 명령함으로써 사드 문제는 새로운 국면으로 들어서게 되었다. 사드를 둘러싼 국내적, 국제적 갈등의 증폭 단계는 몇 시기로 나눌 수 있다. 첫째가 사드 배치를 둘러싼 국내적 논쟁 단계이다. 이는 박근혜 정부 초기부터 사드 배치를 결정한 2016년 7월 8일까지 기간이다. 둘째는 사드 배치 결정 이후부터 한미정상회담이 열린 2017년 6월 말까지의 기간이다. 주지하다시피 2017년 5월 10일 박근혜 대통령 탄핵으로 문재인 대통령이 선출되었고, 문대통령은 사드에 대해 매우 유보적 태도를 가졌던 기간이 포함되어 있다. 셋째는 지난 7월 28일 4기의 사드를 임시배치 하겠다고 한 결정 이후의 기간이다.

이 장에서는 이 과정을 전부 세세히 다루지는 않을 것이다. 다만 사드 배치 결정 이후 문재인 정부가 들어서고, 이 과정에서 사드를 둘러싼 국내적 논란—환경영향평가에 관련—과 연이어 한미정상회담의 개최 결정이 나면서 한·미간 이 문제에 대한 입장차가 어떻게 결론이 나는지에 대해 기술할 것이다. 그리고 마지막으로 중국과 연관하여 사드 문제를 살펴볼 것이다.

동맹결정

2016년 7월 8일 한미 양국이 사드배치를 결정하면서 미 국방부가 밝힌 성명에서 눈길을 끄는 단어 하나가 있는데 그것은 바로 "동맹결정alliance decision"이라는 표현이다.[3] 즉 사드는 미국이 일방적으로 결정한 것이 아닌 한·미 양국의 결정, 즉 동맹이 서로 합의해서 결정한 것이라는 뜻이다. 그냥 지나쳐 보면 이 지극히 평범하기조차 한 단어가 눈길을 끄는 이유는 바로 그러한 결정이기 때문에 우리 정부가 바꾸겠다고 해서 그냥 바꿀 수 없는 결정이라는 뜻도 된다.

문재인 정부가 들어서고 사드 문제에 대한 정책의 방향이 바뀌면서 한미 간 갈등이 증폭할 조짐이 나타났다. 미국의 조야는 한국의 새로운 정부의 사드에 대한 변화된 입장을 보면서 매우 우려하였다. 지난 2017년 6월 초 한국을 방문한 미국 상원 세출위원회 국방위원회 간사를 맡고 있는 딕 더빈 미국 민주당 상원 원내총무(일리노이주)가 문재인 대통령을 만나 "우리는 어려운 예산 상황에 직면해 많은 프로그램을 삭감하고 있는데 한국이 사드를 원하지 않는다면 9억 2,300만 달러(약 1조300억원·사드 배치 및 운용 비용)를 다른 곳에 쓸 수 있다고 말했다".[4] 그는 한국 내에서 왜 사드에 대한 거부감이 있는지 그런 정서를 이해할 수 없다면서 강하게 비판하였다. 더빈 의원뿐만 아니라 많은 미국의 조야 인사들도 문재인 정부의 변화된 입장에 대해서 비판적 견해를 보였다.

이러한 가운데 한미는 2017년 6월 말 한미정상회담을 갖기로 합의하였다. 문재인 대통령은 이에 따라 6월 28일 방미하여 29일 트럼프 대통령과 만찬, 30일 단독 및 확대 정상회담을 갖는 일정을 확정하였다. 문제는 과연 한미정상회담이 순조로이 진행될 수 있는가 하는 것이었다. 많은 관전자들은 지난 노무현-부시 정상회담을 떠올리면서 사드문제로 갈등이 증폭된 가운데 갖는 한미정상회담을 우려하고 있었다. 이뿐만 아니라 문재인-트럼프 정상회담은 트럼프 대통령의 "미국우선주의" 정책으로 인해 방위비 분담 문제, 한미 FTA 개정 문제 등 한미 간 껄끄러운 난제들이 산재해 있어 상호 조율이 쉽지 않을 것으로 전망 되었다. 한 미국 전문가는 "재앙만 아니면 성공적인 회담이다"라고 할 만큼 어두운 전망을 내리기도 하였다.[5]

특히 미국의 군부도 문재인 정부의 사드 배치 유보 결정에 대해서 공개적은 아니나 내부적으로는 많은 우려를 하고 있었다. 그들은 사드가 "동맹 결정"이며 이것이 번복되어서는 안 된다는 것이다. 한·미 간에는 그간 정권이 바뀔 때마다 정치적으로는 여러 갈등이 있었으나 한미의 군부는 한결같이 한미동맹의 굳건함에는 이견이 없었다. 그러나 사드 문제에 대해서는 미국의 국방부나 태평양사USPACOM,[6] 한미연합사의 주요 수뇌부가 한국의 새로운 정부가 사드 문제를 번복하지나 않을까 하는 매우 우려스런 시선으로 바라보고 있었다. 정상회담이 열리기 보름 전 미 의회 상원의 세출위원회 국방 소위에 참석한 제임스 매티스 미국 국방장관은 "우리는 이 문제를 해결하기 위해서 노력하고 있다"고 말했다. 한미 간에 의견 차가 있고 그것을 해결하기 위해서 노력하고 있다는 말이다. 다만 매티스 장관은 "우리는 앞으로 나갈 길을 찾을 것으로 생각한다. 우리는 앞길에 명료함을 가지고 있다"고 강조했다.[7] 문제가 있지만 해결책을 찾을 것으로 생각한다는 조심스러운 전망이다.

미국의 조야에서는 미국 안보 담당자들보다 훨씬 직설적인 화법으로 문재인 정부의 환경영향평가를 빌미로 한 사드 4기의 유보 결정에 대해서 훨씬 우려하는 분위기가 지배하고 있었다. 이대로 가면 한미정상회담에서 사드가 주요 의제가 될 수밖에 없었다. 그러면 불가피하게 한미 정상은 이 문제에 대해 직접적으로 언급하지 않을 수 없고 결국 견해차와 충돌을 피하기 어려운 상황으로 전개될 가능성이 커졌다. 당연히 양측의 입장차로 인하여 한미 정상이 처음 갖는 정상회담이 성공리에 마치기는 어려운 상황이 된 것이다. 이러한 상황에 처해서 한미의 조야는 양측의 수뇌부에 다양한 통로로 많은 조언을 하였고, 그러한 노력에 힘입어 사드를 정상회담의 의제에서 빼고 대신 물밑에서 조율하는 해법이 채택된 것으로 보인다.

임시배치 이후

문재인 대통령이 북한의 화성-14형의 2차 발사 직후 신속하게 사드 4기의 임시배치를 결정한 것은 현명한 판단이다. 이로써 적어도 한미 간에는 이 문제에 대해 갈등의 소지를 없애는 계기를 마련하였다. 사실 문재인 대통령으로 봐서는 사드 문제에 관련하여 국내, 한미, 한중의 세 측면의 갈등 요소가 잠재하고 있었는데 이 세 요소를 그대로 가지고 가기는 큰 부담이었을 것으로 보인다. 국내적 측면에서는 사드에 대해 여당과 친문 세력은 반대, 야당과 보수 세력은 찬성이라는 매우 극명한 찬반이 있다. 여기에 대선후보로서의 문재인 대통령은 사드 문제에 매우 비판적이었지만 대통령으로서의 문재인 대통령의 입장은 크게 달라졌다. 북한이 국제사회의 반대와 우려에도 불구하고 ICBM급 미사일을 쏘아대는 상황에서 대통령이 이에 대해 적극적으로 대응하지 않을 수 없게 된 것이 바로 문재인 대통령이 직면한 상황이었다. 사드의 임시배치는 그런 명분 속에 대통령이 안보에 대해 의지와 결단성을 보여주기 매우 적합한 소재이다. 역으로 생각해서 만약 그것이나마 없었더라면 하는 가정을 생각해 보자. 대통령이 어떤 안보적 카드를 가지고 이 상황을 헤쳐 나갈 수 있었을까?

중국의 계속되는 반대

중국은 한국 정부의 임시배치 결정에 대해서도 강하게 반발하며 이에 비판적인 견해를 보였다. 중국 외교부의 겅솽 대변인은 "중국은 한국의 관련 조치에 대해 엄중한 우려를 표한다. 미국의 한반도 사드 배치를 결연히 반대한다는 우리의 입장은 일관되고 명확하다"라며 '엄중한 우려' '결연히 반대' 등 강도 높은 표현을 쓰며 반대 의사를 표명했다.[8] 그렇다면 이처럼 강력한 반대를 표명하는 이유는 무엇일까? 그것은 중국 정부가 한국의 사드배치 방침을 밝힌 이래 누차에 걸쳐서 표명한 '중대한 안보 위해'일 것이다. 그런데 문제는 그 '중대한 안보 위해'의 실체에 대해서는 여전히 구체적으로 밝히지 않고 있다.

한국정부뿐 아니라 미국도 다양한 미·중 접속 시 한국 배치의 사드의 실체와 목적에 대해서 상당한 정도의 설명을 중국 측에 한 것으로 알려지고 있다. 즉 중국을 겨냥한 것이 아니라는 것이다.[9] 그럼에도 불구하고 중국은 계속해서 사드에 반대해 오고 있는 것이다. 중국이 우려하고 있는 것은 사드의 미사일보다 X-밴드 레이더로 알려진 레이더 시스템인데 한국에 배치하는 사드의 레이더는 종말 모드의 AN/TPY-2 레이더 1기이다.[10] 이 레이더는 탐지거리가 800km 정도의 레이더로 이것으로는 중국의 주요 도시와 미사일 기지를 탐지할 수 없다.

그렇다면 무엇이 이유인가? 무엇보다도 사드 논란은 시작부터 잘못되어졌다는 인상이다. 중국 측이 사드에 대한 잘못된 인식으로 시작부터 이에 부정적 인식을 가지게 되었고 이러한 오해가 중국 지도부, 특히 시진핑 주석의 인식을 고정시켜 놓았다고 보인다. 중국 지도부에 이러한 잘못된 정보를 애초에 제공한 전문가들의 잘못된 판단에 대해서 중국 내에서도 전문가들 사이에 이런 저런 얘기들이 나오고 있는 실정이다.[11] 그러나 시진핑 주석이 초기 '이것은 안 된다' 하니 현재의 중국 체제의 특성상 그 견해에 아무도 이의를 제기할 수 없게 된 것이다.

더구나 박근혜 정부의 사드 배치 결정 시점도 일정부분 중국 정부, 특히 외교부를 자극한 이유가 되었다. 남중국해 영유권에 대한 상설중재재판소PCA의 결정이 나오기 바로 직전에 한국이 사드 배치를 발표했고 이어서 나온 상설중재재판소의 판결 또한 중국에 대해 완패선언과 다름없이 나옴으로써 중국 외교부가 연이은 타격을 입은 꼴이 되었다. 중국으로서는 한국의 사드배치 발표가 상처에 소금을 끼얹은 행위처럼 비춰진 것이다. 중국의 왕이 부장이 사드에 대해 더욱 강경한 태도를 가지게 된 계기가 되었다는 것이다.

그럼에도 불구하고 이러한 것들은 중국의 국내정치적, 외교적 측면에서의 설명이 되는 것이지 가장 중요한 군사, 전략적 설명이 되는 것은 아니다. 중요한 것은 한국의 사드 배치가 중국이 주장하는 것처럼 어째서 "한반도의 전략적 균형을 심각하게 무너뜨리는 것"[12]이 되며 그것이 중국에게 그렇게 중요한 전략적 위해가 되는지에 대한 납득할 만한 설명이 있어야 한다.

중국의 기본적 인식

여기에는 중국 측의 태도를 이해하기 위해 두 가지 설명이 덧붙여질 수 있는데 하나는 현재보다는 미래의 전략 균형을 염두에 둔다는 것이고, 다른 하나는 미·중 헤게모니 경쟁 구도에서 이 문제를 보고 있다는 해석이다. 첫째, 미래의 전략 균형에 대해서는 한국의 사드 배치가 결국은 미국의 MD체제에 실질적으로 편입되는 첫 걸음이 아닌가 하는 것이다. 현재보다는 미래의 위험이 크고 그것 때문에 초기에 그 싹을 잘라야 한다는 논리이다. 둘째는 현재 미국과 중국이 헤게모니 경쟁이라는 보다 큰 국제질서 구도 싸움을 하고 있는데 한국이 미국과 중국 사이에 어떤 쪽에 설 것이냐를 사드 문제를 가지고 테스트하고 있다는 것이다. 중국이 볼 때 한국이 중국과의 관계에서, 특히 경제관계와 북한 문제 해결에 결정적인 의존을 하고 있는 마당에, 마냥 한미관계란 시각을 가지고 앞으로도 계속 갈 것이냐 하는 것이다. 따라서 이제 한국도 미·중 사이에 전략적 선택을 하라는 것이다.

첫 번째 문제는 한국의 미사일 방어 전략과 깊은 연관을 가지고 있는 문제이기 때문에 그것을 설명함으로써 일단의 해답을 내릴 수 있을 것이다. 즉, 한국 내에서도 한국의 MD 체제가 미국의 MD 체제와 같이 가느냐 아니냐에 대한 오랜 전략적 논쟁이 있어왔다.[13] 그러나 지난 김대중 정부는 이에 대해 명확한 정책을 밝히고 그것이 사실상 한국의 MD 정책이 되어왔다. 그것은 미국의 MD 체제에 들어가지 않고 한국의 독자적인 MD 체제의 구축이다. 그것이 바로 현재 한국이 취하고 있는 한국형 미사일 방어시스템, 즉 KAMDKorea Air and Missile Defense이다.[14] 즉, 미사일 방어시스템에 관한 한 한국형 미사일 방어시스템을 기본으로 하겠다는 것이다. 다만 "미국과 미사일 방어체계의 상호운용성을 강화하여 미사일 대응능력의 실행력과 신뢰성을 제고해 나가겠다"는 것이 한국 정부의 방침이다. 다만 북한의 미사일 위협이 갑작스레 점증하고 있는 현시점에서 한국형 미사일 방어체계가 계획하고 있는 L-SAMLong Range Surface to Air Missile, 장거리 지대공 미사일과 M-SAMMedium Range Surface to Air Missile, 중거리 지대공 미사일이 2020년대 중반이나 되어야 실전 배치될 예정이어서[15] 현실적으로 운용 가능한 고고도 미사일은 현재 미국의 사드 밖에 없는 현실이기 때문에 이러한 결정을 하게 된 것이다. 미국의 사드를 들여오더라도 그것이 한국이 미국의 MD체제에 들어가는 것을 의미하는 것이 아니다.

중국이 사드가 한반도의 전략 균형을 깬다고 보는 것도 문제이다. 실상은 사드가 '한반도의 전략 균형'을 깬다고 하면서 속내는 미·중간 '미래의 전략 균형'을 깨뜨리지 않을까 하는 우려가 더 큰 게 아닌가 하는 것이다. 중국이 한반도의 전략 균형을 원하는 현상유지세력이라면 오히려 한국의 사드 배치에 대해서 찬성해야 한다. 북한의 탄도 미사일 위협으로 인해 한반도 전략 균형이 깨어지는 판에 사드가 일정 정도 이를 보완하는 성격이 짙기 때문이다.

둘째는 중국이 미국 주도의 국제질서에 대해서 신형 강대국으로서 도전하고 있는 상황에서, 한국에 대해 기존의 한미동맹을 위주로 해서 미국 주도 질서에 계속 편승할 것인가 아니면 부상하는 새로운 세력인 중국 편에 설 것인가를 결정하라는 의미에서 사드란 이슈를 가지고 한국을 테스트하고 있다는 것이다. 만약 이것이 중국이 진심이라면 거기에 대한 해답은 현재로서는 없게 된다. 이것은 사드만이 문제가 아니라 앞으로 한국이 배치하는 모든 무기체제뿐 아니라 안보 문제 자체가 이것과 연관되어 있고 그렇다면 사드에 대한 해결책은 없게 되는 셈이다. 그러나 그것이 사실이든 아니든 간에 이번 사드와 관련된 논란은 한국에게 바로 이 점에 관해서 중대한 질문을 던졌다. 한국의 안보는 이제 싫든 좋든 간에 이 문제에 대한 근본적 질문과 해답을 요구하게 되었다. 이 문제에 관해서는 다음 4절에서 좀 더 구체적으로 살펴보려 한다.

사드 문제에 관해서 중국의 본심이 무엇이든 간에 확실한 것은 중국은 사드에 관해서 이미 선을 그었고, 그것을 쉽사리 바꾸려 하지 않는다는 것이다. 이로써 한국, 미국, 중국, 북한 간에는 안보 딜레마가 중첩적으로 작용하는 삼중, 사중적 안보 딜레마 게임이 진행되고 있다는 것이다. 이론적으로 보면 이러한 중첩적 안보 딜레마는 매우 특이한 현상이어서 좀 더 분석을 필요로 한다.

2_중첩적 안보 딜레마 게임

안보 딜레마라는 개념을 가지고 이를 이론적 측면에서 처음 의미 있는 시도를 한 학자는 로버트 저비스이다. 저비스는 그의 고전적 논문 "안보 딜레마 하에서의 협력"에서 기본적으로 무정부적 성격을 가지고 있는 국제정치에서 국가들이 안보 딜레마의 상황에서도 협력은 가능하다는 것을 밝혔다. 저비스는 "한 국가의 안보의 강화가 다른 국가의 안보의 약화"로 정의되는 안보 딜레마 상황에서 국가들이 방어보다 공격을 선호하고 안보를 팽창정책에 의존했을 때 안보 딜레마는 악순환을 거듭하며 커진다고 보았다. 이럴 때 현상유지를 원하는 국가마저 공격적인 행태를 보일 수밖에 없다는 것이다. 그러나 방어가 이 점이 있을 때는 현상유지 선호국가들은 다른 국가들 위태롭게 하지 않고 더욱 자신의 안전을 도모하려 한다는 것이다.[16] 이러한 저비스의 연구에 뒤를 이어 많은 연구들이 안보 딜레마, 공수 균형, 게임이론을 응용하여 무정부 상태의 국제정치에서 국가들이 어떻게 협력을 이끌어 내고, 또 실패하는가에 초점을 맞췄다.[17] 중국의 부상으로 인한 아시아의 안보 딜레마에 대해서도 학계에서 논란이 치열하다.[18]

안보 딜레마의 변형

저비스의 연구에 비추어 보면, 지금 한국, 미국, 중국 사이에 논란이 되고 있는 사드 이슈는 좀 특이하다. 이것은 북한이 공격적 의도를 가지고 공격용 무기를 개발하고 있는 가운데 이에 대해 기본적으로 방어적 의도를 가지고 방어적 무기를 배치하고자 하는 한국 및 미국과 북한 사이의 안보 갈등이라는 매우 전형적인 안보 딜레마 상황이라 할 수 있다. 그런데 정작 갈등은 그러한 무기 배치의 주된 대상이 아닌 중국이 그 무기가 자신의 안보를 해칠 수 있다면서 문제를 제기하면서 일어나고 있는 것이다. 지금까지 중국의 사드에 대한 발언을 보면 대체로 두 가지 맥락이 있다. 하나는 한·미의 사드 배치가 한반도의 전략 균형을 깬다는 것이고, 둘째는 사드 배치가 중국의 안보를 위협한다는 것이다. 이 두 가지는 연결되어 있으면서도 다소 맥락이 다르다. 사드가 한반도의 전략적 균형을 깬다는 생각에는 중국이 북한의 후견인이라는 성격이 강한 데서 오는 인식이며, 중국의 안보에 위해가 된다는 것은 사드 배치가 중국 안보에 직접적 위협이기 때문에 안보 당사자라는 인식이 있다.

중국이 북한의 후견인이란 입장에서 사드 문제를 보고 있다면 이것은 약간 변형된 안보 딜레마 상황이다. 즉 한편에는 북한과 중국이 다른 한편에서는 한국과 미국이 있는 2×2 게임 상황이 된다. 그러나 중국은 북한과 완전히 한편이 돼서 한국 및 미국과 대결하는 상황은 부담이 되는지 이것을 인정 안 하고 있다. 이러한 상황이라면 북한의 공격적인 정책과 공격무기의 개발이 한반도 전략 균형을 깨뜨리는 것이기 때문에 중국의 설명이 합리성이 사라지는 것이다. 중국은 이에 한발 물러나 자신은 '객관적 입장'에서 한반도 문제를 보고 있고[19] 그렇기 때문에 북한의 핵과 미사일 개발도 반대하지만 한국의 이에 대한 대응, 즉 사드 배치도 문제가 있다는 양비론적 태도를 취하고 있는 것이다. 이러한 양비론적 태도도 문제가 있다. 북한의 핵과 미사일 개발에서 오는 위협과 이에 대응하는 사드 배치가 그 경중 면에서 상호 비례하지 않기 때문이다. 그렇기 때문에 상황을 전부 무시하면서 서로 대응을 자제하라는 중국의 주장은 설득력이 없는 것이다. 더구나 미국의 안보 전문가 브루스 베넷에 의하면 중국도 북한의 미사일에 대응하기 위해 산둥반도에 사드와 비슷한 S-400 미사일 방어 시스템을 배치해 놓고 있다는 것이다. 이것은 중국도 한편으로는 북한으로부터의 위협에 대비하고 있다는 것이다. 이런 논리라면 미국이 북한으로부터의 위협을 대비하기 위해 사드를 배치하는 것이 무엇이 문제인가 하는 의문을 제기하는 것이다.[20]

사드가 실제로 중국의 안보에 위협이 되기 때문에 이에 반대한다면 이것은 한편에는 중국이 다른 한편으로는 한국과 미국이 있는 2×2 매트릭스가 성립된다. 그런데 이 안보 상황이 이해가 되려면 한국과 미국이 무엇 때문에 바로 이 시점에서 사드라는 특정한 무기 체제를 중국을 겨냥해서 배치해야 하는가가 설명되어야 한다. 중국의 주장은 사드를 중국을 겨냥한 것이라는데 그러면 중국의 어떠한 안보 위협에 대응하기 위해 한국과 미국이 서로 협력하여 이에 대한 대응을 그것도 사드라는 방어적 무기를 통해서 하고자 하는 것이냐는 것이다. 첫째, 중국이 느끼는 위협이 어떠한 것인지 전혀 특정되지 않고 있고, 특히 한국은 중국을 안보의 위협으로 인식하지 않고 있고 그렇기 때문에 중국이 어떠한 안보적 조치—그것이 어떠한 무기 체제이든—를 하는 지에 대한 인식 자체가 없다.[21] 오히려 중국이 한반도의 안보 상황에 지금까지 기여해 왔다는 측면에서 중국을 한반도의 '안보 도우미'라는 시각에서 보고 있다. 대표적인 것이 한국은 그간 중국이 6자회담 등에서 북핵문제의 해결에 많은 공헌을 해온 점을 높게 평가하고 있다.

이것이 아니라면 각도를 틀어서 중국은 매우 방어적이고 또한 현상 변화를 취하려는 어떠한 조치도 안 하는 상황에서 한국과 미국이 중국에 대해서 매우 공격적인 행동을 취하고 있다는 입장에서 보자. 그렇다면 첫째는 한·미의 안보정책에서 반중국적 입장이 명확해야 하고, 둘째 그에 대해 매우 공격적인 무기 배치란 결정이 따라야 할 것이다. 그러나 사드는 아시다시피 상대방의 공격적 행동, 즉 미사일 위협에 대응하는 방어적 무기이다. 이러한 논리라면 왜 사드란 무기를 선택했는지 이해가 되지 않는다. 보다 공격적인 무기, 예를 들어 정교한 중거리 탄도 미사일 정도라도 배치하는 결정이었어야 한다.[22] 한국과 미국이 의도적으로 사드를 배치했다고 가정해보자. 그것을 통해 중국에 대해서 최대한 할 수 있는 것은 중국이 한국에 대해 미사일 공격을 했을 경우 그것을 초동에 탐지할 수 있는 정도이다. 더구나 800km 정도밖에 되지 않는 탐지거리로는 중국 본토도 제대로 보지 못한다.[23] 그렇다면 왜 한국과 미국이 중국을 대상으로 그런 무기 체제를 배치할까 하는 질문에 대한 논리적 답은 궁색해진다. 밤거리를 다니는 여성이 치한으로부터 자신을 보호하기 위해 테이저 건을 구입했다 치자. 그 테이저 건은 물론 그 치한뿐 아니라 불특정 다수로부터 그 여성을 보호하는 수단이 될 수 있다. 그러나 그 불특정 다수가 단순 치한 정도가 아니라 강력한 무력을 행사할 수 있는 자라면 테이저 건 정도가 그 무슨 보호 수단이 될 수 있는가? 그렇다면 그 여성은 애초에 그러한 상대를 겨냥해 테이저 건을 구입했을까? 사드가 중국을 대상으로 하는 것이 아닌데 중국이 사드에 대해 문제를 제기하면 할수록 자신의 정체성을 규정해야 하는 딜레마에 빠지게 될 것이다.

안보 딜레마의 심각성 정도

이러한 논리에도 불구하고 중국은 계속해서 한국의 사드 배치가 중국의 안보에 위해가 된다면서 이의 철회를 주장하고 있다. 중국은 쉽사리 이 문제에서 물러날 것 같지 않다. 그렇다면 사드 배치 시 한국, 미국, 중국이 얻고 또 잃을 수 있는 전략적 결과가 어떠한 것인지, 또 배치를 철회할 경우 얻고 잃을 수 있는 결과가 어떠한 것인지를 고려해야 할 것이다. 동시에 그렇다면 이 시점에서 한국은 사드 배치의 결정을 철회할 수 있는가? 그리고 철회했을 경우 어떠한 결과가 나올 수 있는가? 결론부터 말하면 각국 간 '안보 딜레마의 비대칭성'이 존재한다는 것이다. 한국, 미국, 중국이 얻고 잃을 것에 대한 대가가 각기 다 다르다는 것이다. 특히 한국의 경우 그 결과는 안보적으로나 국내 정치적으로 매우 치명적이 될 것이라는 점이다.

〈표1〉에서 보는 바와 같이 한 국가의 안보에 얼마나 위협적인지에 관해서 다섯 단계 정도로 나눠 볼 수 있다. 즉 치명, 심각, 보통, 취약, 미약이 그것이다. 이것을 스케일로 환산해 보면 치명은 10을 전체, 즉 최고의 위협으로 보았을 때 9-10 정도이고, 심각은 7-8, 보통은 5-6, 취약은 3-4, 그리고 마지막으로 미약은 1-2정도로 표시할 수 있다고 하자. 구체적으로 국가안보에 있어서 치명은 상대방의 핵무장에 무방비 상태(핵 대응 수단이 없는 상태)로 볼 수 있다. 심각은 상대방의 재래식 안보의 심각한 위협(전략무기로 인한)에 대응 수단이 없을 경우를 들 수 있다. 중간 정도의 위협인 보통은 예를 들어 북한의 장사정포 위협을 들 수 있다. 수도권이 모두 사정권에 들어있기 때문이다. 취약의 경우 저강도 분쟁의 경우 정도가 해당된다. 예를 들어 원자로 등 국가 주요 시설의 적의 공격에 취약한 경우 또는 소규모 테러의 경우 등이다. 미약의 경우 일상적 안보 위협이 해당될 것이다.

사드 배치의 지속과 철회는 한국, 미국, 중국에 각각 다른 국내 정

[표 1] **안보와 국내정치에서 취약성 정도**

정도	9-10	7-8	5-6	3-4	2-1
심각성	치명 (매우 강함)	심각 (강함)	보통 (약함)	취약 (매우 약함)	미약
안보 (예)	핵 vs 비핵	재래식 안보의 심각한 불균형	수도권 방위 심각한 노출	저강도 분쟁 위험 증가	일상적 안보위협
국내정치 (예)	탄핵, 정권교체	내각 총 사퇴에 이를 정도의 정치적 혼란	주요 정책 실패로 인한 정치 혼란	정부나 리더의 정치적 실수 또는 스캔들에서 발생하는 정치 혼란	정치적 가십 정도의 흠집

치적 결과도 가져온다. 이것의 대가가 어떠할 것이냐에 대해서도 그 정도를 구분해 볼 수 있다. 예를 들어 가장 강한 정치적 결과, 즉 치명은 탄핵이나 정권교체 같은 것이다. 심각은 국내정치적으로 심각한 논란이 되는 경우, 즉 그 결과가 내각 총 사퇴에 이를 정도의 정치적 사태 정도를 말한다. 보통 정도의 사태는 주요 정책 실패로 인한 정치 혼란, 또는 논쟁을 말할 수 있겠다. 취약은 정부나 정치 리더의 정치적 실수나 스캔들에서 오는 일상적인 정치적 논란 정도이고, 마지막으로 미약은 정치적 가십 정도의 흠집이라 할 수 있다.

안보 딜레마의 비대칭성과 교착상태 게임Deadlock Game

이러한 정도를 가지고 사드 배치 또는 철회로 인해서 생기는 안보 딜레마의 결과는 한국, 미국, 중국 간 비대칭적이다. 〈표2〉에서 보는 바와 같이 한국은 사드 배치를 철회하면 안보적으로는 심각한 정도의

[표 2] **안보딜레마의 비대칭성**

	한국 (철회시)	**미국** (철회시)	**중국** (철회시)
안보	매우 심각	심각	약함
국내	심각	약함	미약
예상	• 동맹 심대 타격 • 자주국방 상실 • 위협대응 부재	• 동맹 타격 • 주한 미군 철수논의 부상 • 대북강경 선회로 군사적 옵션 부상	• 국제적 프레스티지 일부 상실 • 국내적 여론 수습 노력 필요
결과	가장 큰 타격	일정 정도 타격	타격 미약

대가를, 국내정치적으로도 심각한 정도의 타격을 입을 것이다. 무엇보다도 북한의 미사일 위협에 대한 대응 수단이 현재 배치하고 있는 패트리어트 밖에 없어서 매우 취약한 상태가 된다. 북핵문제에 대한 대응도 안보 위협에 대한 대응 수단의 부재로 더욱 취약해질 수 밖에 없다. 한국 정부의 '배치 후 철회'라는 오락가락 우유부단한 결정에 대해 미국의 신뢰를 심각하게 상실할 가능성이 있다. 한·미 간에는 카터의 주한미군철수 결정 이후의 최대의 신뢰 상실 계기로 작동할 가능성이 크다. 국내정치적으로도 심각한 정쟁의 대상이 될 것이다. 보수 야당이 이에 대해 극도로 비난할 것이며 여론도 보수, 진보로 나뉘어 국론의 심각한 분열 양상을 빚을 게 뻔하다.

미국도 안보적으로는 한국 정도는 아니지만 심각하게 받아들이게 될 것이다. 북한의 ICBM의 우려가 점증하고 있는 상황에서 이에 대응하는 수단의 부재가 가져오는 안보 불안도 가중될 것이다. 특히 주한미군의 방어 수단의 부재를 미국은 가장 우려할 것이다. 특히 미국 군부가 이에 대해 강력한 반발할 가능성이 크다. 지금까지 미국이 작전적으로 가장 이상적이라고 생각하는 한미연합전력이 이로 인해 균열될 가능성이 크다. 미국 국내 여론은 한반도에서의 미군의 철수를 거론할 가능성이 크다. 주한미군의 경우를 제외하면 미국이 군사적으로 가진 옵션은 다양할 수 있기 때문에 안보적으로 패닉 상태는 아니다. 미·소의 냉전시대의 핵대결도 견딘 미국이다. 다만 미국 국내적으로는 이것이 논쟁거리는 될 수는 있으나 미국 트럼프 정부가 받는 정치적 타격은 매우 제한적이 될 것이다.

중국은 한국과 미국에 비해서 사드의 철회나 배치의 경우 그 심각성의 정도가 상당히 다르다. 사드 자체가 중국에게 얼마 정도의 군사적 위협이라는 것이 실지로 증명되지 않는 상황에서 사드의 철회나 배치가 중국 안보에 갖는 심각성은 상당히 제한적일 수밖에 없다. 앞서 중첩적 안보 딜레마 게임에서 만약 중국이 '한반도의 전략적 균형'을 가장 중요시하는 것이라면 사드 배치가 북한의 미사일 위협에 대해 한국과 미국이 일정 정도 대응 수단을 가지는 것이기 때문에 엄밀히 말하면 중국이 말하는 한반도의 전략 균형에는 오히려 플러스가 된다. 그러나 실제로 중국이 한반도의 전략 균형을 추구한다 하면서도 그 결과에 대해서는 반대로 말하고 있기 때문에 중국 입장은 논리적 모순이 있다. 따라서 중국은 여전히 북한의 후견인적 자세로 이 문제를 보고 있다. 그것이 아니고 사드가 중국에게 직접적인 안보적 위협이라는 시각에서 문제를 보고 있다면 실제로 그 위협이 어떤 것인지 구체적 설명이 있어야 할 것이다.

또한 중국이 어떤 시각에서 문제를 보고 있든 객관적으로 보았을 때 현재 배치되는 1개 포대의 사드 정도가 중국에게 안보적으로 심각한 위협이라는 인식은 '과장이 되어도 한참 과장된' 것임에 틀림이 없다. 그렇기 때문에 사드의 배치나 철회 어느 쪽도 중국 안보에 실질적 타격은 없을 것이다. 다만 중국은 한국이 중국의 요구대로 사드를 철회하는 경우 상당한 국제적 프레스티지를 얻을 가능성이 있다. 중국은 한국이 동아시아에서 중국의 입김을 거부할 수 없는 '어쩔 수 없는 중소국'이란 이미지를 심을 수 있고, 또한 한미동맹의 균열을 세계에 보여 줌으로써 부상하는 중국의 파워를 과시할 계기로 삼을 수도 있을 것이다. 한국이 사드 배치를 고수했을 경우 중국이 국내정치적으로 입을 타격은 어느 정도가 될 것인가? 이것을 수치로 측정하기는 매우 어려운 일이다. 중국이 완전한 민주주의 국가라면 여론조사 같은 것을 통해서 대체적인 추이를 알아볼 방법이 있다. 그러나 시진핑 시대의 중국은 그러한 나라가 아니다. 국내 여론, 특히 대외관계에 관해서는 중국 정부가 매우 타이트하게 여론을 관리하고 있는 것으로 보인다. 중국의 여론 매체들이 정부와 다른 독자적인 견해를 갖기란 매우 어렵다. 이는 역으로 중국 정부가 마음만 먹는다면 중국 여론을 돌려놓을 수도 있다는 말이 된다. 한마디로 문제의 수습도 그리 어렵지 않게 될 수 있다는 것이다.

〈표2〉에서 보는 바와 같이 이처럼 한국, 미국, 중국 사이에는 안보딜레마의 비대칭성이 존재한다. 사드의 배치나 철회에서 얻는 이익이나 손해가 각국에게 똑같지 않다는 말이다. 한국이 가장 심각하고 중국은 가징 미약하다. 이러한 비대칭성 속에서 중국이 계속해서 한국의 사드 배치 결정의 번복을 요구하고 앞으로도 당분간 이러한 입

장에서 선회할 것 같지는 않다는 것이 현재 한국이 처한 상황이다. 중국의 이러한 요구가 부당하더라도 그것이 국제정치에서 약소국이 처한 상황이기 때문에 이를 상수로 두고 문제 해결의 방법을 찾을 도리 밖에 없다.

이것의 이론적 함의는 무엇일까? 바로 이러한 안보 딜레마의 비대칭성의 결과 때문에 각국의 선택이 달라질 수밖에 없다는 것이다. 한국의 경우 철회에서 오는 결과가 가장 심각하기 때문에 결국 한국은 배치로 가는 선택 외에는 다른 선택지가 없게 된다. 사드의 게임 모델은 그런 점에서 '죄수들의 게임Prisoner's Dilemma Game'이나 '치킨 게임Chicken Game'이라기보다는 '교착상태 게임Deadlock Game'에 가깝다.[24] 상대가 북한이라면 북한의 선택, 즉 북한 핵과 미사일 개발의 진전 또는 이의 철회에 따라 한국의 선택이 달라질 수 있다. 즉 죄수들의 게임이나 치킨 게임으로 갈 것이다.[25] 그러나 중국이 대상이 되었기 때문에 게임의 성격이 완전히 뒤바뀐다. 중국이 한국에 대해 보복이란 선택을 해도 한국은 사드 철회란 선택이 가능하지 않다. 한국에게는 사드 배치라는 한 가지 선택지 밖에 없는 교착상태 게임에 가깝기 때문이다. 따라서 이것은 이론에서 말하는 '안보 딜레마하에서의 협력'을 어렵게 만든다.

3_ 한국의 전략적 선택

이러한 이론적 함의가 한국이 실제 전략적 선택을 하게 되었을 때 주는 교훈은 무엇인가? 한국이 사드에 대한 향후 선택지가 매우 좁다는 것이다. 중국의 요구대로 이를 철회하기는 이미 늦었고 또한 그것이 한국에게 전략적 이득도 되지 않는다. 그러나 중국은 계속해서 이를 빌미로 한국을 압박할 태세이다. 이미 한국에게 상당한 정도의 외교적, 경제적 압박을 가하고 있다. 한국이 중국에게 줄 외교적 협상 카드가 만만치 않은 상태에서 중국이 순순히 물러날 것 같지 않다. 돌이켜 보면 지난 박근혜 정부 당시 중국의 전승 기념일에 박 대통령의 참석 같은 정도의 외교적 카드도 지금 문재인 정부에게는 없다. 당시 그런 카드를 잘 활용하지 못한 아쉬움이 크다. 또한 문재인 정부 출범 당시에 이 문제를 한중관계의 현안에서 털고 갈 기회가 그나마 있었는데 오히려 문제가 더욱 커진 모양새가 되었다. 한중이 2017년 수교 25주년을 맞이하는 해가 되었지만 한중관계에서 이 정도의 문제를 해결할 공식, 비공식 채널도 아직 구축하지 못하고 있다는 것이 우리의 외교 현실이다.

중국 의존의 취약성

따라서 사드 문제를 해결하기 위해서 시간이 좀 더 필요하고, 한국은 앞으로도 당분간 중국으로부터의 외교적, 경제적 압박과 그로 인한 피해를 감수할 수밖에 없다. 그간 중국과의 관계에서 너무 '중국환상론'에 빠져 있었던 것이 아니냐는 자성이 당연히 나올 수밖에 없다. 특히 한국은 경제관계를 위주로 해서 급속 성장을 해 온 한중의 지난 20여년의 밀월 관계에 너무 취해 있었다. 그로 인하여 이 지역의 복잡한 지정학적 현실과 그 속에서 복잡 미묘해질 수밖에 없는 한중관계를 외면해 온 결과이다. 국제정치에서 공짜 점심은 없다. 받으면 줘야 하고, 또 주면 당연히 대가를 생각하는 것이 국제정치의 본질이다. 한·중 수교 이후 특히 경제관계는 폭발적인 증가세를 보여 왔다. 이는 물론 일방적인 관계는 아니다. 처음 10~15년은 중국도 한국과의 경제관계에서 많은 이득을 보았다. 한국이 중국 경제발전의 한 모델이기도 하고, 많은 부분 한국의 기술력이 중국 경제발전에 상당한 도움이 되었다. 그러나 중국은 2000년대 들어 한국 경제보다 훨씬 큰 경제로 성장하였다. 특히 2007~08년 미국의 경제위기 이후에는 중국이 미래 어느 시점에 미국보다도 더 큰 경제국으로 성장할 수 있다는 자신감이 붙은 이후의 중국은 완전히 달라졌다.[26] 한국은 중국에게 더 이상 이상적인 경제모델도 아니고, 중국 경제의 불가분의 요소도 아닌 존재가 되었다. 반대로 한국은 중국 경제에의 의존도가 어느 때보다도 높아졌다 '중국이 아니라면 한국경제가 온전하겠나'라는 생각이 중국에게 생겨 나기 시작했다. 국제정치학자들이 강조해오던 '경제적 상호의존의 취약성'이 바로 그것이다. 한국 경제가 중국에의 의존도가 너무 커져서 취약성 또한 비례적으로 커지게 된 것이다.[27] "무역-안보 딜레마"가 바로 그러한 것이다.[28]

또한 외교, 안보적으로도 그간 중국에의 의존도가 지나치게 커졌다. 북핵문제의 해결에 중국에게 운전대를 맡긴 것이 바로 6자회담이다. 한반도 문제의 해결에 중국을 초대한 것이 바로 우리이다. 한때 6자회담을 통해 북핵문제가 해결될 수 있다는 희망에서 여기에 많은 노력과 기대를 걸었다. 중국에게 많은 '립 서비스'를 해 가며 그 역할을 맡겼다. 결과는 2005년 '9.19 공동성명'으로 나타났으나 이것은 합의 후 얼마 지나지 않아 곧바로 사문화되었다. 북한의 합의 불이행에 대한 확실한 보장 장치가 없었기 때문이다. 6자회담이 실패한 이후 북한이 핵실험을 계속하자 유엔안보리에서 북한에 대한 제재를 결의하였다. 그러나 그 제재는 중국의 확실한 협조 없이는 무용지물인 것이다. 중국은 자신의 안보 딜레마를 이유로 여전히 북한에 대한 결정적 제재에 미온적이다.

이러한 와중에 하나 확실해진 것은 중국이 이제 북한 문제의 해결에 완전히 상수로 등장했다는 것이다. 중국이 볼 때는 한국도 미국도 중국의 협조 없이는 북한문제 해결이 가능하지 않게 된 것이다. 한반도 문제의 해결에서 중국이 변방에 있다가 어느덧 안방으로 들어오더니 가장 중요한 아랫목을 차지한 꼴이 되었다. 당연히 이렇게 되면 어느 시점에서 계산서를 내밀 것이라고 예상해야 한다. 사드가 그 계산서 중의 하나이다. 따라서 중국은 그것이 논리가 되었든 아니든 간에 일단 그러한 방침을 정하였고 물러서지 않겠다고 하는 것이다. 배경이 이러함으로 문제의 해결도 쉽지 않다.

한국의 정책적 대안 I: 사드 대처 방안

사드에 대해서 한국의 선택지는 매우 좁아졌다. 한국정부가 그나마 할 수 있고 해야 되는 것은 다음과 같은 것들이다.

미국이 나서도록 해야

첫째, 미국이 이 문제에 대해 좀 더 적극적으로 나서도록 한국 정부가 노력해야 할 것이다. 사드 문제를 한·중의 구도에서 일정 부분 미·중의 구도로 바꾸는 것이 현재로서는 가장 현실적인 해결 방안이다. 사실상 문재인 대통령의 사드 4기의 임시 배치 결정으로 한·미 간의 사드 문제에 대한 갈등은 일단락된 셈이다. 따라서 이러한 결정을 바탕으로 미국이 좀 더 이 문제에 대한 해결에 적극적으로 나서도록 설득해야 한다. 지금까지는 한국의 신정부가 사드에 미온적이라는 인상을 트럼프 행정부에 주었기 때문에 문재인 정부는 사드 문제를 가지고 한·미, 한·중과 이중적 줄다리기를 한 셈이다. 이제 한 쪽을 정리했으니 나머지 한쪽의 문제를 해결하는 데 집중할 수 있다. 또 그것이 현재로서는 유일한 해결 방향이다. 사드는 그 자체가 미국 무기이고 한국에서의 사드 배치는 미군을 보호할 목적도 있는 것이니까 미국도 당연히 나서야 한다. 중국이 한국에 대해서는 외교적으로 고자세를 보이고 있지만 미국에 대해서는 그러지 못한다. 미국이 한국의 동맹국이기 때문에 이 문제에 나서는 것이 아니라 '미국 자신의 문제'로서 이 문제에 나서도록 해야 한다. 이런 관점에서 한·미 간 긴밀한 상호 조율이 필요하다.

한·중정상회담 서두를 필요 없어

둘째, 한·중정상회담을 서두를 필요가 없다. 문재인 정부가 새로이 출발했기 때문에 당연히 주변국가로서 중국과의 정상회담을 추진하는 것은 자연스럽고 필요한 일이다. 이미 제3국에서나마 상호

조우했기 때문에 정식 상호방문을 통한 정상회담의 부담도 약간은 덜었다. 실제로 그러한 정상회담은 사드 문제의 해결 가닥을 잡지 않고서는 회담 추진이 어렵고 무리하게 회담을 위해 서두르다 보면 저자세 외교가 나올 수 있다. 중국도 올해 하반기 시진핑 체제의 향후 5년을 결정하는 중요한 정치일정인 제19차 당 대회를 앞두고 있기 때문에 그 전에 성공적인 회담이 될 가능성이 없는 회담을 굳이 할 필요성을 느끼지 않을 것이다. 따라서 한국이 사드 배치를 철회할 것이 아닌 바에야 이를 서둘러서 한들 정치적 소득이 없을 가능성이 매우 크다. 시진핑 주석의 중요한 정치 일정이 끝나고 난 뒤 좀 더 정치적으로 여유로워진 이후에 추진하는 것이 현명할 것이다.

중국 보복에 일희일비 말아야

셋째, 중국의 경제적 보복, 외교적 압박에 일희일비 말아야 한다. 중국의 경제적 보복은 앞으로도 당분간은 지속될 가능성이 크다. 여기에 일희일비하여 반응하는 것은 결국 중국에게 말려드는 것이다. 우리 정부뿐만 아니라 언론도 여기에 해당된다. 중국의 조그만 행위를 침소봉대하여 '모든 것이 사드와 연관된 것처럼' 과대 해석을 해서는 안 된다. 사드는 한·중의 여러 사안 중의 하나에 불과하다는 냉정하고 균형적인 시각이 필요하다. 중국 정부도 국제적 여론이 있기 때문에 한국에 대해 무차별적인 보복은 하기 힘들 것이다. 정부로서 할 일은 중국에게 경제 보복을 당하는 기업들을 도와줄 방법을 찾으면서 인내하는 것이다. 외교, 안보적 사안 때문에 우리 기업들이 '부차적 피해collateral damage'를 당하고 있다면 당연히 정부는 그에 대해 해결책을 강구해 줘야 할 것이다.

사드 불가피론 설득하며 인내하고 기다려야

넷째, 중국에 대해서는 계속해서 사드의 불가피론을 설득하면서 기다릴 수밖에 없다. 향후의 한반도의 상황은 북한 김정은 정권의 무모한 도발로 인해 사드 이슈가 묻히는 상황으로 발전할 가능성이 크다. 즉, 사드 문제가 한국과 중국이 티격태격할 정도의 이슈가 아닌 정도가 될 수 있다. 북한의 추가적인 핵실험, 장거리 미사일 발사 성공, 새로운 SLBM 실험 등 다가올 안보 이슈가 산적해 있다. 이러한 이슈들 속에서 사드를 얘기하는 것이 새삼스러울 것이 없을 그런 상황이 될 가능성이 크다. 그러면 사드 이슈는 자연스레 해결될 전기를 찾을 수 있다. 더 큰 파도가 작은 파도를 덮는다. 그게 자연스런 일이고 해결의 한 방안이 될 수 있다. 핵을 장착할 수 있는 ICBM 앞에서 사드는 그저 한갓 작은 이슈에 지나지 않는다.

한국의 정책대안 II: 4대 전략 선택 방안

사드의 국제정치학에서 근본적인 문제는 사드란 하나의 무기 체제에 대한 논란과 해법에만 관련된 것이 아니라는 사실이다. 사드의 논란에는 그보다 더욱 거시적이며 구조적인 문제가 도사리고 있다. 기실은 그것들이 더 크고 중요한 문제이며 근원적 문제이다. 그 두 가지는 첫째, 북한 핵과 미사일 문제이다. 당연히 사드가 배치되게 된 근본적 이유들이다. 둘째는 점증하는 미·중의 헤게모니 경쟁이란 국제정치 환경 하에서 한국이 그 자신의 안보 미래를 위해서 구체적으로 어떠한 전략적 선택을 해야 하는가의 문제이다.

북한 핵과 미사일 문제가 이 모든 문제의 근원이다. 한국에게는 북한의 장거리 미사일이나 단거리 미사일이나 별반 차이가 없다. 물론 장거리 미사일은 고각도 발사가 가능하기 때문에 좀 더 위협적이다. 문제는 핵의 소형화이다. 북한이 장·단거리 미사일에 장착 가능할 정도의 정교한 소형화에 성공한다면 그것은 한반도와 동아시아 안보 지형에 코페르니쿠스적 변환을 야기할 것이다. 그 시기가 바로 코앞에 다가와 있는 것이 지금의 현실이다. 한국에게는 북한이 소형화에만 성공하면 내일이라도 직접적 위협에 직면하게 된다. 그것은 수년의 문제가 아니다. 이미 카운트다운에 들어가 있다. 이제 소형화는 확실해졌고 그것을 가정한 전략적 대비를 해야 할 것이다.

따라서 이것은 북한의 핵무장에 대한 한국의 전략적 대응 방안의 논의를 가속화시키는 계기가 되고 있다. 핵시대가 한반도에 열리는 것이다. 여기에 대응하는 한국의 전략은 제7장에서 언급한 "정치精緻한 억제 전략"이어야 한다.[29] 핵시대에 어떠한 핵억지로 갈 것이냐를 국론으로 결정해야 한다. 여기에는 대체로 세 가지 방안이 논의되고 있다. 첫째가 자체 핵개발, 둘째, 미국의 전술핵 도입, 그리고 셋째가 지금의 확장 억제에 바탕을 둔 전략을 좀 더 강화하는 방안이다. 둘째와 셋째는 둘 다 미국의 핵우산을 강화하는 방법인데 둘째는 그것을 전술핵 재도입라는 것으로 특정화했다는 데 차이점이 있다.

위기 고조 시 전술핵 배치 신중 고려

이미 정치권의 일보와 전문가들 사이에 한국의 핵무장의 필요성이 제기되고 있다. 북한의 핵무장이 현실화가 된 상황하에서 언제까지 한국이 비핵정책을 고수해야 하느냐에 대한 당연한 주장이 제기되고 있는 것이다. 다만 이 문제는 수십 년간 한국안보를 한미동맹의 틀 속에서 발전시켜 온 한국의 입장에서 "동맹결정"을 통하지 않고 한국이 독자적으로 결정하는 것은 엄청난 부담을 안게 되는 문제이다. 따라서 이런 상황 변화 속에서 그러한 논의를 진전시키되 첫째는 국내적 합의를 이끌어 내는 충분한 논의가 이루어져야 하고, 둘째는 미국을 설득하여 '동맹결정화' 하는 보다 성숙한 자세가 필요하다. 충분한 숙성기간이 필요하다는 말이다. 그러한 기간 동안에라도 핵억지를 강화하기 위해 첫째, 즉각적인 미국의 전략무기의 한국 순환 배치가 필요하다. 둘째, 위기 고조 시 전술핵의 한국 배치를 공약하는 확고한 미국의 '대한對韓 핵억지 방위공약'을 천명해야 한다. 전술핵의 상시 배치는 아니더라도 위기 시 '전술핵의 수시 배치'를 통해 핵억지를 한층 강화하는 것이다. 이를 위해서는 국내에 최소 2~3곳에 이를 위한 시설이 사전에 완벽히 마련되어야 할 것이다. 즉 사일로silo의 강화hardening를 위한 준비가 필요할 것이다. 전략적으로는 전술핵무기의 한국 직접 배치 없이도 충분히 기존의 괌과 하와이의 전략무기를 통해 북한 핵무기에 대해 억지를 할 수 있다. 하지만 한국의 전술핵과 괌과 하와이의 전략무기 사이에는 그 거리만큼이나 '심리적 거리'가 있다. 억지deterrence는 그 개념 자체가 심리적인 것이다.[30] 북한의 핵무장에 대해 한국에 배치된 소량의 전술핵만으로도 억지를 높이는 심리적 효과를 발휘할 수 있다. 위기 시 전술핵 수시 배치는 상시 배치에 비해 국내적 거부감이 적을 것이며 미국도 상시

배치보다는 부담을 덜 수 있는 방안이다.

한미 미사일 협정: 사거리와 탄두 중량 모두 개정해야

이와 더불어 북한의 미사일 개발이 생각보다 훨씬 빨리 가고 있는 것에 대응하기 위해 한미 미사일 협정을 재개정해야 한다.[31] 지금 일각에서 탄두 중량을 1톤 정도로 늘리는 방안이 거론되고 있다. 하지만 북한이 핵을 가지는 마당에 재래식 탄두를 1톤 정도로 못 박는 것은 아무런 의미가 없다. 1톤이든 2톤이든 큰 차이가 없기 때문이다. 사거리 제한도 800km로 제한한 것도 없애야 한다. 최소한 제주도 최남단에서 북한의 최북단을 '충분히' 타격할 수 있는 정도의 거리를 확보해야 한다. 기실 사거리 제한을 없앤들 한국이 수천 km 나가는 중·장거리 미사일을 개발할 인센티브가 없다. 미국이 한국의 자체 방위력 개선 노력을 사거리 얼마, 중량 얼마로 제한하는 것 자체가 시대에 맞지 않는다. 한국을 성숙한 민주주의 동맹국가로 믿고 있다면 기본적으로 재래식 탄두를 장착하게 될 미사일에 사거리와 중량을 제한하는 것 자체가 문제가 있는 것이다. 그런 정도는 한국에 맡겨둬도 필요한 만큼 알아서 개발할 정도가 되었다고 본다.

핵추진 잠수함 추진 고려

북한의 잠수함탄도미사일에 대응하는 것도 시급하다. 북한의 잠수함 탄도미사일 개발은 북한의 핵과 장거리 미사일과 더불어 한반도의 전략 균형에서 보아 또 하나의 '게임 체인저game changer'가 될 가능성이 크기 때문에 이에 조속히 대응하여야 한다. 이런 이유로 한국의 핵추진 잠수함이 하나의 대안으로 거론되고 있다.[32] 이에 대해 안보 전문가와 정부가 보다 심층적 논의와 검토가 있어야 할 사안이긴 하지만 북한이 SLBM을 노골적으로 개발하고 있는 상황에서는 불가피하게 핵추진 잠수함 개발이 대안이라고 본다.[33] 다만, 그것을 위한 두 가지 문제에 대해서 합의가 필요할 것이다. 하나는 국내적 합의인데 핵추진 잠수함은 전략적, 기술적 문제를 차치하고라도 비용의 문제이다. 이를 위해 막대한 비용(최소 수 조원)이 필요하고, 그 비용을 감당할 수 있다 하더라도 무기 소요의 우선순위 문제가 생긴다. 즉, 시급하고 필요불가결한 다양한 무기 소요에서 그만한 비용을 핵추진 잠수함에 '우선적으로' 써야 하느냐의 문제이다. 예를 들어 한정된 제원 속에서 사드처럼 시급한 다층미사일방어방 구성에 제원을 우선적으로 투입해야 한다는 주장이 힘을 얻을 수 있다. 이것에 대한 국내적 합의가 기본적으로 있어야 한다.

둘째는 대미 설득인데, 핵추진 잠수함은 우리 정부가 2015년 4월 개정된 한미 원자력 협정으로 20% 미만의 저농축 우라늄에 대해 "장래에 미국산 우라늄을 이용한 20% 미만의 저농축이 필요하게 되면 한·미 간 협의를 통해 합의하여 추진할 수 있도록 경로를 마련하였다"고[34] 한 만큼 협정상으로도 미국과 합의를 통해 추진할 수 있게 되었다. 현재 한국의 군사기술로 보아서 3,000톤급 정도의 잠수함 건조 기술은 가능하고 잠수함에 탑재할 수 있는 핵추진 원자로도 기술적으로 가능하다고 전문가들은 보고 있다. 다만 미국을 어떠한 논리로 설득해야 하는가 하는 문제가 생긴다. 물론 20% 미만의 저농축 우라늄은 미국에서 직접 수입하지 않고 국제 시장에서 사오면 된다는 주장도 있으나 이것은 기본적으로 미국과 문제 해결을 통해서 헤쳐 나가야 할 사안으로 본다. 따라서 개정된 한미원자력협정에서 한미는 상설 고위급위원회를 통해 핵안보 등 4개 실무그룹을 가동하기로 한 만큼 한국 정부는 먼저 핵추진 잠수함에 관한 방향을 조속히 결정하고, 그에 따라 한·미 간 고위급위원회를 가동하여 이 문제를 논의해 나가야 할 것이다.

국방비 GDP 3% 수준으로

앞서 언급한 것처럼 문제는 안보소요와 이를 충당할 수 있는 비용의 문제이다. 지금의 한국의 국방비 수준으로 이처럼 시급한 안보 소요를 충당할 수 없다. 그렇다면 이에 대해서도 특단의 대책이 세워져야 한다. 안보는 급하고 그러나 비용은 부담하기 싫다면 취약한 안보 속에서 살아갈 방법밖에 없다. 우리가 북한에 비해서 가장 확실한 우위에 있는 것은 경제력이다. 북한이 아무리 핵무장을 한들 이 싸움에서 승자는 우리이다. 군사력의 근간은 경제력이기 때문에 이를 통해 북한에 대해 충분히 억제력을 쌓아 갈 수 있다. 지금이 지난 수십 년 동안 가장 우리 안보가 취약한 시기이다. 이러한 시기에 안보에 관해 특단의 대책이 없다면 안 된다. 총액 규모로는 한국의 국방비는 세계 10위권이나[35] GDP 대비로는 미국이 2016년 기준으로 3.3%, 주변국과 긴장 국면에 있는 사우디가 10.4%, 이스라엘이 5.8%이다. 영국이 1.9%이고, 프랑스가 2.4%, 인도가 2.4%로 우리와 비슷한 실정이다. 2003~04년 이라크 전쟁 당시 이스라엘의 국방비는 8.5% 정도까지 상향되었으며, 영국도 2.5%, 프랑스도 2.5%의 국방비를 지불하였다.

미국은 말할 것도 없이 2009~10년까지도 4.6%의 높은 국방비를 지불하고 있었다.[36] 따라서 한국이 지금의 GDP 2.4% 정도의 국방비로서는[37] 새로운 국방 소요를 충당할 수 없기 때문에 이를 GDP 3% 정도까지라도 우선적으로 올리는 대책을 강구해야 한다.

한국의 전략 기본 대강

전략적 고려 사항 중에서 두 번째 문제는 한국 외교.안보 전략의 대大방향 설정의 문제이다. 작금의 국제정치가 기본적으로 변화하고 있고 이런 상황 속에서 한국은 어떠한 전략적 좌표를 그려야 하는가의 문제이다. 구체적으로 미·중 헤게모니 경쟁 속에서의 한국의 전략적 방향 설정을 어떻게 해야 하는가의 문제이다. 무엇보다도 미국과 중국 가운데 어느 하나를 선택하는 양자택일의 선택으로 가지 않아야 한다. 전략 선택에 있어서는 두 가지 카테고리에서 볼 수 있다. 하나는 그것이 '바람직하냐 아니냐의 문제desirability problem'이고, 다른 하나는 '가능하냐 아니냐의 문제feasibility'이다. 바람직하지만 가능하지 않을 수 있고, 그 역일 수도 있다. 가장 최선의 선택은 바람직하고 가능한 것을 선택하는 것이다. 한국이 미국과의 동맹을 돈독히 하면서 중국을 그야말로 "전략적 동반자 관계"하에서 파트너로 만드는 것이다. 그러나 이번 사드 논란에서 여실히 보여주듯 중국은 한국에게 양자택일식 선택을 강요하고 있는 것이다. 그렇다고 해서 한국이 그것을 따를 수는 없다. 그렇기 때문에 지금 한국에게는 최상의 전략적 옵션을 선택하기 어렵게 되었다. 그렇다 하더라도 최악의 선택은 피해야 한다. 미·중 사이에 양자택일하는 것, 그리고 그중에서도 동맹을 버리고 중국을 선택하는 것이 한국에게는 최악의 선택이다.

이 문제는 이제 시작에 불과하다. 미중의 헤게모니 경쟁이 앞으로 더 치열해질수록 한국에 대한 중국의 요구도 갈수록 커질 것이다. 한국이 북한 핵문제와 한반도 통일에 관해서 중국의 도움 없이는 이의 실현이 불가능하다는 결정적 약점이 있기 때문이다. 그러나 양자택일식 선택을 하여 중국을 선택했다고 치자. 과연 북한 핵문제는 해결될 것이며 한반도 통일은 한국 주도로 달성할 수 있는가? 그것이 아닌 것이 자명하기 때문에 동맹을 등지고 중국을 선택하는 양자택일의 전략적 선택은 바람직하지도 또 해서도 안 된다. 그렇다고 해서 중국에 등을 지는 선택도 바람직하지 않다. 그렇기 때문에 갈 길은 하나이다. 동맹을 강화하면서 중국도 계속 설득하는 것이다. 그 길은 어려운 길이다. 약소국의 외교 역량이 그 어느 때보다도 중요한 시기가 되었다.

이번 사드 논란을 계기로 한국은 중국에 대해서 많은 것을 깨닫게 되었다. 그것이 사드 논쟁이 남긴 선물이라면 선물이다. 즉, 중국이 그저 경제적으로 넓은 자기 시장이나 내주고 허허 웃는 마음씨 좋은 아저씨만은 아니라는 사실이다. 오히려 중국 지도부의 국제정치적 인식은 19세기와 20세기를 풍미했던 제국주의와 힘의 정치에 기반한 지정학에 가깝다. 즉, 고전적 현실주의의 시각에 중국적 상황을 접미한 전략적 관점이다. 시진핑 시대의 중국의 중심적 외교 전략은 이러한 사고의 산물이라고 생각되며 한반도에 대한 전략도 예외는 아니다.[38]

따라서 한국이 깨달아야 할 것은 첫째, 한·중관계에서 이러한 전략적 사고가 반영되는 냉엄한 현실을 직시해야 하며, 둘째, 우리에게 항상 좋은 전략적 선택지만은 없다는 것이며, 셋째, 안보를 위해서는 대가를 치러야 한다는 것이다. 사드는 '늦었지만 빨리' 이러한 현실을 깨닫게 해 주었다.

4_ 전략적 함의

사드의 국제정치학은 매우 포괄적이며 복잡한 국내, 국제정치적 역학을 반영한 현상이다. 국내적으로는 다급해진 북한의 핵과 미사일 위협에 대응하는 한 방안으로 마련된 전략방안에 대해 진보, 보수로 갈려진 이데올로기적 성격의 논쟁을 불러일으켰다. 국제적으로는 중국이 한국의 사드 배치 방침에 반대하면서 한중관계의 최대 안보 현안으로 부상하였다. 정작 그 대상은 북한의 미사일 위협인데 북한을 제쳐 두고 제삼자격인 중국이 당사자인양 나서고 있는 것이다. 주객이 전도된 안보 딜레마 갈등이 된 것이다.

이 장에서는 이러한 사드의 국제정치학을 이론적으로 또한 전략적으로 검토하였다. 이론적으로는 첫째, 사드 갈등을 안보 딜레마 현상으로 이해하였다. 안보적 이해가 상충하는 국가끼리 안보 딜레마가 일어나고 이것이 심하면 전쟁으로 비화하는 것이 일반적인 국제정치 현상이다. 이러한 안보 딜레마에 직면한 국가들이 어떻게 그러한 안보 딜레마를 해결하기 위해 협력하느냐에 대해 많은 이론적 논의가 있어 왔다. 사드의 국제정치학의 경우 북한과 한·미 간 안보 딜레마 갈등이 변형되어 중국과 한·미 간 안보 딜레마 갈등으로 전이됨으로써 한층 복잡한 양상의 양자 게임화하였다. 따라서 단순한 양자 게임이 아니라 중첩적 안보 딜레마 게임이다. 셋째, 이러한 중첩적 안보 딜레마 게임에서 각국은 다양한 수준의 안보 딜레마를 갖게 된다는 것이다. 이 장에서는 이러한 정도를 구분하였다. 그리고 넷째, 안보 딜레마 비대칭성이 생긴다는 것이다. 한국이 가장 심한 타격을 입고, 그 다음 미국, 그리고 중국은 가장 경미하다. 따라서 이것은 게임의 상황에 비추어 보면 한국에게는 선택 여지가 없는 '교착상태 게임Deadlock Game'과 같은 것이다.

이러한 매우 좁아진 선택지에서 한국의 사드에 대한 전략적 대안은 네 가지이다. 첫째, 미국이 나서도록 해야 한다는 것이다. 사드는 한국의 문제이기도 하지만 주한미군을 두고 있는 미국의 문제이기도 하다. 더구나 중국이 문제를 제기하는 근본적 이유는 미국의 MD 체제가 자신의 안보를 위협하고 있다는 생각이다. 따라서 이 문제는 미국이 좀 더 나서서 해결하는 노력을 보여야 한다. 둘째, 한국이 매우 좁아진 선택지에서 한·중정상회담과 같은 외교적 현안을 조기에 성사시키려고 해서는 안 된다는 것이다. 무리한 외교 일정 추진으로 한국이 치러야 할 대가가 너무 클 수 있다. 셋째, 중국의 경제적, 외교적 보복에 일희일비해서는 안 된다. 어느 정도의 대가를 치를 생각을 해야 하고 감내하면서 해결 노력을 기울여야 한다. 중국도 한국에 가하는 제재가 언젠가 부메랑이 되어서 돌아올 것을 알기 때문에 마구

잡이로 할 수는 없을 것이다. 넷째, 그렇기 때문에 인내하고 기다려야 한다. 한국으로서는 이것이 교착상태 게임과 같은 것이기 때문에 다른 선택지가 없다. 지금의 한반도 상황으로는 사드보다 더 큰 문제들이 앞에 즐비하게 있다. 그런 문제들이 닥쳐올 때 사드 문제는 자연스레 해결될 전기를 찾을 수 있다.

사드의 국제정치학의 전략적 함의는 이보다 더 근본적인 전략적 선택 앞에 한국이 놓여 있다는 것이다. 이러한 문제들은 첫째, 사드 배치의 근본 이유인 북한의 핵과 미사일 위협에 어떻게 근본적으로 대처해야 하는가의 문제이다. 둘째, 한국 안보의 미래를 위해서 변화하는 동아시아의 전략 지형에서 어떠한 선택을 해야 하는가 하는 문제이다. 특히 미·중의 헤게모니 경쟁이 날로 치열해지고 있고, 이러한 와중에 중국은 지정학적으로 매우 미묘한 위치를 차지하고 있는 한국에게 전략적 선택을 요구하고 있는 실정이란 배경이 있다.

먼저 북한 핵과 미사일 위협에 대해서는 다음 네 가지 대안을 추구해야 한다. 첫째, 북한 핵무장 시 확고한 핵억지가 이루어지도록 해야 할 것이다. 특히 위기 시 미국 전술핵의 수시 배치 방안이 마련되어야 한다. 둘째, ICBM 성공으로 진화하고 있는 북한 미사일 개발에 대응하기 위해서 한미 미사일 협정을 재개정해야 하며 특히 사거리와 중량 모두 제한을 철폐하는 방향으로 가야 한다. 셋째, 북한의 SLBM이 또 다른 전략적 '게임 체인저Game Changer'가 될 가능성이 크기 때문에 이에 대한 대비도 시급하다. 그러한 의미에서 핵추진 잠수함 개발을 고려해야 한다. 이에 대한 국내적 합의를 만들어 나가는 동시에 미국과는 한미 원자력 협정에 근거한 한미 간 상설 고위급 위원회를 조속히 가동하도록 노력해야 한다. 넷째, 핵추진 잠수함을 비롯해서 사드와 마찬가지로 미사일 다층 방어망 구성 및 다양한 긴급한 국방소요를 충족시키기 위해서 현재 GDP 2.4% 수준의 국방비로는 매우 부족하다. 최소한 단기적으로 한국의 국방비를 GDP 3% 수준으로 올리도록 해야 할 것이다.

미·중 헤게모니 경쟁하에서 한국의 전략적 선택 문제는 첫째, 어떠한 상황에서도 한국이 양자택일하는 우를 범해서는 안된다. 다양한 선택지에서 최상의 선택이 불가능하면 차상의 선택을, 그것도 힘들면 차악의 선택이라도 해야 하는 것이 합리적 선택이다. 따라서 한국은 동맹을 최대한 강화하면서 중국을 계속 설득하는 방향으로 모든 외교적 노력을 기울여야 한다. 한국의 외교 역량이 진정으로 테스트받는 시대가 되었다는 의미이다.

사드 사태는 만약 한국이 이러한 전략적 방안들을 매우 현명하게 실현한다면 한국에게 자신이 처한 냉엄한 지정학적 현실을 적나라하게 깨닫게 해주는 '좋은 쓴 약'이 될 수 있다. 문제는 이러한 사태가 마지막이 아니라 시작이라는 사실이다. 제2, 제3의 사드 사태가 앞으로 얼마든지 나올 수 있고 그때마다 한국은 안보적 홍역을 어김없이 치러야 한다. 그것이 사드의 국제정치학이 가르쳐 주는 가장 중요한 교훈이다. 지정학적으로 매우 미묘한 위치를 점하고 있는 한국이 한반도와 국제정치의 근본적 변화 속에서 어떻게 생존해 나가느냐를 테스트하는 그러한 시대가 열리고 있는 것이다.

제9장

빅딜big deal과 미·북 핵협상

"북핵 협상의 파시波市가 끝나면? 결국 남는 것은 해결되지 못한 북한 핵과 미국의 신뢰 상실과 한국의 옵션 소실뿐이다."

제7장에서는 북핵문제에 대해서 '탈92년 체제'를 대비해야 한다고 결론을 내렸다. 그러나 그 후 미국에서는 '미국우선주의'를 부르짖는 트럼프 행정부가, 한국에서는 다시 진보정권인 문재인 정부가 출범하는 대내외적 환경 변화가 일어났다. 더욱이 트럼프 행정부는 2017년 말 전례없는 군사적 압박을 가하고 국제적 제재도 더욱 그 고삐를 조이며 북한을 몰아부쳤다. 이러한 상황에서 2018년 한국에서는 평창동계올림픽이 개최되는 역사적인 이벤트가 일어났다. 여기에 북한이 이를 위기 상황을 돌파하는 계기로 삼으면서 북핵문제의 극적 반전의 계기가 마련되었다. 이것이 과연 극적 반전의 기회가 될 것인가? 아니면 또다시 북핵 협상이란 시계추가 과거로 돌아갈 것인가? 이 장은 2018년 1월 상황에서 북핵문제를 진단하고 조망하였다.

평창에서 올림픽 성화가 활활 타오르고 있다. 2018년 1월 한반도의 남쪽 평창에서는 지구촌의 겨울 축제라고 할 수 있는 동계 올림픽이 막 막을 올리며 세계인들의 관심과 감동을 끌어 모으고 있다. 그러나 지금은 올림픽이란 잔치가 한창이어서 잠시 가려져 있지만 이것이 끝나면 마치 계기일식이 잠깐 지나가면 이글거리는 태양이 원래 모습을 드러내듯, 한반도 상황의 본모습이 나타나게 될 것이다. 그 본모습이 무엇일까? 그것은 불행히도 북한 핵과 장거리 미사일 문제로 악화된 한반도 위기의 실상일 것이다.

이러한 한반도의 위기 상황을 다음의 세 가지 주제를 집중적으로 살펴봄으로서 평창동계올림픽 이후 한반도의 상황을 점검해 볼 수 있을 것 같다.

- 평창동계올림픽과 南과 北: 무엇을 얻고 무엇을 잃었는가?
- 평창 이후 한반도 위기는 올 것인가?
- 위기의 해법은 있는가?

1_ 평창동계올림픽과 南과 北: 무엇을 얻고 무엇을 잃었는가?

데자뷰 (기시감)

이번 평창 올림픽에 즈음하여 북한이 보여준 행태를 보면서 맨 먼저 떠오르는 키워드key word는 바로 데자뷰deja vu이다. 기시감이라는, 어디서 본 듯한 느낌이라는 표현인데 멀리 갈 것도 없이 바로 몇 년 전인 2014년 인천 아시안 게임 때 북한은 황병서, 최룡해, 김양건 등 북한의 소위 2, 3인자와 남북관계의 최고 실세를 한꺼번에 파견하여 평화공세를 퍼부었던 기억과 오버랩된다. 이번에도 북한의 김정은은 김영남 최고인민회의 상임위원장, 즉 명목상의 국가수반뿐만 아니라, 자기의 여동생 김여정을 파견하는 초강수를 두었다. 이것은 기본적으로 북한의 '전형적인 판 흔들기 전략'이 바탕에 깔려 있으면서 여기에 약간 새로운 버전으로 상황에 맞게 진화시킨 평화대공세로 볼 수 있다. 김정은은 김여정이 참석한 청와대 만찬에서 구두 친서를 통해 문재인 대통령을 평양으로 초청함으로써 이것은 어디서 본 듯한 전형적인 북한의 수순을 재현한 것이다. 2009년 김대중 대통령 서거 시 김정일은 당시 당 비서 김기남과 통전부장 김양건을 조문 사절단으로 파견하였다. 이들은 청와대에서의 이명박 대통령과의 면담에서 김정일의 친서를 전달하였다.[1] 따라서 평창동계올림픽에서의 북한의 행태는 거의 과거의 판박이 수법이라 할 수 있다. 즉, 북한은 남북한 관계에서 성공한 사례는 반드시 성공한다는 확신을 가지고 이를 재탕한다.

이렇게 한다는 것의 가장 중요한 의미는 김정은이 대남관계를 뒤에서 직접 진두지휘하고 있다는 말이 된다는 것이다. 김여정의 파견과 문재인 대통령 평양 초청 같은 카드는 김정은의 재가 없이는 될 수 없는 사안이기 때문이다. 이처럼 북한이 평창동계올림픽을 계기로 남북관계의 판을 흔들고 있는 것의 의미는 첫째, 겉으로는 매우 공세적으로 보이지만, 역설적으로 북한이 상황의 심각성을 깊이 느끼고 있다는 것이다. 위기의식의 발로에서 수세적 상황을 타개하기 위한 매우 적극적 움직임이라 할 수 있다. 2017년 트럼프 행정부 출범 이후 미국과 국제사회의 대북제재가 날로 심각해지고, 아마도 2017년 말 즈음 그 부정적 영향을 피부로 느끼기 시작했던 것이다. 더구나 도널드 트럼프Donald Trump 대통령의 대북 강경발언은 식을 줄 모르고 있었다. 미국이 매우 저돌적인 군사적 대비태세를 보여 주었고, 미국의 주요 전략 무기들이 한반도 상공에 수시로 날아들던 때이다. 실제로 북한에 대한 선제타격론이 미국에서 급격히 부상하고 있기 때문에 북한이 이것에 위기를 느끼지 않는다면 오히려 이상한 것일 정도였다.

둘째로, 북한은 그들의 평화공세가 남한에게 먹힐 것이라는 자신감에서 시도한다. 남북을 고리로 위기에서 빠져나가려고 하는 것이다. 실제로 북한은 자신들의 위기 시에 과거에도 몇 차례 그런 시도를 했고 그것이 효과적으로 먹혔다. 그러나 물론 이것도 여러 번 하여 점점 그 신선감이 떨어지고 있다는 것도 한편으로는 사실이다. 예를 들어 이번 평창동계올림픽에서 미녀 응원단 파견, 삼지연 악단의 공연, 공동 입장 같은 카드는 이미 식상감이 드는 카드였다. 주지하다시피 아이스하키 공동 선수단은 남측인 우리가 받았다가 우리 젊은 세대들의 반발에 혹독한 신고식을 치뤘다. 한국에서 세대가 바뀌고 남북관계를 보는 젊은이들의 시각도 많이 변했다는 것을 남북이 다 간과했기 때문이다. 이번에 그래도 언론의 조명을 가장 많이 받은 것은 김여정의 방남이었다. 단순히 보면 새롭기 때문이다. 깜짝 카드였기 때문이다. 김영남 카드를 꺼냈다가 우리 언론의 반응이 별로라 판단했던지 김여정 카드를 꺼내 들었다. 김여정도 미처 올 줄을 몰랐다 하니 전격적으로 결정한 것으로 보인다. 그런 의미에서 보면 평창동계올림픽을 계기로 한 북한의 전략적 선공先攻은 김정은이 뒤에서 매우 세심하게 챙기며 정권의 명운까지는 아니라 하더라도 적어도 중대고비라고 생각하고 수를 던진 것으로 보아야 할 것이다. 거기에 김여정은 강수를 던진 것이다. 평화공세를 영어로 peace offensive, 또는 charm offensive라 한다. 김여정이 온 것은 분명 평화공세이고 우리가 이것을 받았기 때문에—그것도 열렬히—북한의 평화공세는 시작하기도 전에 대성공을 예고하는 것이었다. 그러나 김여정이 "charm"한 것(매력)까지를 보여 줬는지는 모르겠다. 필자가 열심히 언론을 모니터했는데 체크를 못한 부분이 있는지 모르겠지만 김여정이 우리 언론에 공개적으로 말을 한마디도 하지 않았다. 외국이라고 치자. 그 지도자의 패밀리가 특사로 와서 언론에 대고 육성으로 "안녕하세요"라고 말 한마디 안한 것은 매우 이례적이다. 깜짝 카드로 우리를 놀라게 해 주었으나 매력적인charm 것을 보여 주지는 못했다. 젊은 세대답게 활달하게, 자유분방하게 말하고 행동했더라면 어떻게 됐을까? 아마도 우리 SNS가 불이 났을 것이다. 물론 사전에 그렇게 하지 않도록 북쪽 내부적으로 조율했을 것으로 본다. 북한의 체제 특성 상 김여정 자체가 그렇게 길들여졌고—로열 패밀리의 일원이기도 하고 또 북한은 언론이 없으니까—북한 체제의 실무자들도 감히 김여정에게 그렇게 하도록 권유를 못했을 것이다. 그렇기 때문에 이번 김여정의 방남을 통한 평화공세는 반쪽짜리밖에 안 되었다고 생각한다. 그게 바로 북한체제의 한계이다.

하이재킹 hijacking

두 번째 떠오르는 키워드는 하이재킹이다. 이것은 미국이 이번의 일련의 북한의 평화공세를 보는 시각을 대변하는 말이다. 이번 평창동계올림픽에 참가한 미국의 마이크 펜스Mike Pence 부통령의 말과 행동에서 모든 것이 나타났다. 펜스 부통령은 한국에 오기 전부터 이번 방한의 목적과 의미를 분명히 했다. 그것은 평창동계올림픽이 북한의 평화대공세에 의해 하이잭 되어서는 안 된다는 것이다. 펜스 부통령은 공개적으로도 보여진 것처럼 문재인 대통령의 조심스런 권유에도 불구하고 평창동계올림픽 리셉션에서 북한의 김영남과 조우조차도 거절했다. 같이 서 있는 그림조차도 언론에 내보내고 싶지 않다는 강한 메시지였다. 그리고 천안함 전시 현장을 방문했다. 지금까지 해온 대북 압박과 제재의 강도가 계속 이어져야 한다는 묵언의 행동인 것이다. 이것은 분명히 북한에게 강한 메시지를 주는 것이지만, 우리 한국정부에게도 강한 메시지를 주는 것이다. 북한에게는 "너희들이 아무리 남북관계를 매개로 평화공세를 해도 우리는 믿지 않아. 계속 공세적으로 갈거야"하는 것이고, 우리에게는 그러니 '너무 나가지 마라'라고 하는 것이다. 미국 본토에서 스티븐 므누신Steven Mnuchin 재무장관은 조만간 더욱 강력한 대북제재를 발표할 준비를 하고 있다고 하면서 펜스 부통령의 행동을 뒷받침하고 있었다. 이것이 미국 행정부의 대북 시각이었다. 우리가 간과해서는 안 될 포인트인 것이다. 한미가 같은 자리에 서서 다른 시선을 던지고 있다는 것은 매우 우려스러운 것이라고 할 수 있다.

파시波市

세 번째 키워드는 파시이다. 이것은 현재는 찾아보기 매우 어려우나 수십 년 전에는 어떤 특정 어획물, 조기 같은, 성어기가 되면 일정 기간 시장이 형성된다. 시장이 형성되면 거기에는 각종의 상행위가 이루어지는 일시적 취락이 또한 형성되며 그 지역은 잠시나마 각종의 사람들로 붐비고 심지어 투전판과 취객까지 함께 어우러지는 장이 서게 되는 것이다. 그런데 파시가 끝나면? 썰물에 남아 있는 것이라고는 빈 조개껍질만 덩그러니 남은 모래사장처럼 되는 것이다. 지금은 남북관계의 파시이다. 오랜만에 큰 장이 선 것이다. 김여정입네, 남북정상회담 가능성입네 하고 마치 남북관계가 앞으로 이것을 계기로 획기적으로 바뀔듯한 착시현상에 빠져 있다. 그러나 이것에서 깨어나서 우리가 곧 맞닥뜨리게 될 현실은 그렇게 녹록지 않을 것이다. 첫째는 강력한 대북제재가 가로 놓여 있고, 둘째는 무엇보다도 북한이 비핵화로는 "꿈도 꾸지마라"며 단 한 발자국도 움직일 생각이 없고, 셋째는 미국은 상황이 하이잭 당할까 봐 눈을 부릅뜨고 지켜보면서 동시에 군사적 옵션을 만지작거리고 있다. 그리고 조만간 더욱 강력한 제재로 북한을 강력히 압박하겠다고 하고 있다.

어떻게 이 난국을 헤쳐 나가야 할까?

위기는 진정 피하기 어려운가?

아니면 대전환이 이루어져 진실로 한반도 평화의 새로운 길이 열릴 수 있을까?

그야말로 솔로몬의 지혜가 절실히 필요한 시점이다.

2_ 평창 이후 한반도 위기는 올 것인가?

평창 이후

평창 이후 어떻게 전개될 것인가? 우리가 흥미를 갖고 있는 이슈가 이미 몇 가지 나와 있다.

- 당장 한미연합훈련을 어떻게 할 것인가?
- 평창에서 물꼬가 터진 남북대화는 향후 어떻게 전개되어 갈 것인가?
  - 우리 정부는 대북특사 같은 것을 고려할 것인가?
  - 특히 남북정상회담은 어떻게 될 것인가?
- 미국의 대북제재는 말 그대로 더욱 강화될 것인가?
- 미국이 대북제재를 강화하더라도 북한은 남북대화를 지속하면서 대화의 모멘텀을 살릴까?
  - 아니 더 나아가 북·미 대화를 견인하기 위한 획기적인 태도 변화로 나올까?
  - 아니면 도로 돌아서서 다시 핵, 미사일 실험 등으로 맞설까?
- 미국은 설로만 돌고 있는 군사적 옵션을 진짜로 실행할 수 있나?

이러한 문제에 답하기 위해서는 그 문제의 본질이 무엇이냐를 살펴보는 것이 가장 중요하다. 그러한 바탕 위에서 구체적으로 위의 문제들을 살펴보도록 하자.

위기의 본질

이 모든 위기, 문제의 본질은 바로 북한의 핵, 장거리 미사일이 완성 단계에 와 있다는 것이다.

시간이 얼마 남아 있지 않다

첫째는 그 시간이라는 것이 몇 년이 아니고 몇 개월이라는 것이 미국 조야의 인식이다. 가장 비관적인 전망은 전 유엔 대사인 존 볼턴에게서 나온다. 그는 그게 지난 2017년 12월부로 3개월 정도라고 했다. 그렇다면 그게 2018년 3월 말 정도인데 그런 시각에서 보면 지금 가장 중요한 시기가 속절없이 지나가고 있다는 말이 된다. 그런 사람들 눈에는 이번 평창동계올림픽에서 북한의 평화공세로 아무것도 못하고, 오히려 대북제재 분위기가 더 느슨해지는 것이 통탄스러운 것이다. 아마도 지금 트럼프 대통령 행정부 수뇌부의 생각도 꼭 3개월은 아니더라도 얼마 남지 않았고, 하여간 지금의 이 소중한 시간이 지나가고 있다는데 생각을 같이할 것이라고 추측되는 것이다. 그게 이번 펜스 부통령의 말과 행동에서 드러난 것이다.

북한은 핵 포기 의사가 없다

둘째는 북한은 핵 포기 의사가 없다는 사실이다. 김정은 신년사에서 이것을 명확히 했고, 또 지난 2018년 2월 8일 북한의 건군절 행사에서도 분명히 밝혔듯이 북한은 핵을 포기할 의사가 눈곱만큼도 없다는 사실이다.

미국이 군사 옵션을 저울질하고 있다

셋째는 미국은 이를 묵과할 수 없다며 군사적 옵션을 거론하고 있다. 소위 코피 전략bloody nose이 회자되고 있는 것이다. 미국이 북한 핵과 미사일에 대해서 이렇게 강경하고 민감하게 반응하는 것은 21세기 국제안보의 현실을 알아야 이해가 될 것이다. 지금 미국에게는 이란이나 아프칸, 또 IS 등의 테러 문제보다도 더욱 심각한 문제가 바로 북한 문제라고 보는 것이다. 그리고 북한이 핵과 장거리 미사일을 완전히 성공하는 날 그것은 북한에 국한되지 않고 전 세계로 확산될 것이라고 보는 것이다. 북한의 핵과 미사일 개발 과정 자체도 국제적인 연계를 가지고 진행되었지만 완성 이후도 이러한 국제적 연계가 작동할 것이기 때문에 이란, 시리아 등의 중동 국가 및 궁극적으로는 테러집단에게까지도 이것이 확산되는 것은 시간문제라고 보고 있다. 국제적 핵 비확산 체제가 근본적으로 깨지는 것이다. 또한 아직은 북한의 사이버 안보 테러 문제가 핵과 미사일 문제처럼 부상되지는 않았지만 이것도 조만간 21세기 국제안보를 흔드는 문제가 될 것이다. 따라서 현재 북한 핵문제는 한반도와 동북아시아의 안보 패러다임이 바뀌는 정도의 문제가 아니라 그야말로 국제안보 그 자체의 패러다임의 근본적 변화로 보고 있는 것이다. 그렇기 때문에 이것은 다시 말하면 북한이 지금 미국뿐 아니라 서방국가들에게 가장 심각하고 국제안보적 여파가 가장 큰 문제의 대상이 되는 것이다. 또 중요한 것은 미국의 이러한 인식과 강경한 태도를 중국도 드디어 인식하게 되었다는 것이다. 지금 엄청난 파워를 가지게 된 중국의 시진핑도 미국의 압력에 못 이겨 대북제재에 동참하고 있는 현실은 그만큼 사태가 심각하다는 것을 웅변으로 말해 주고 있다.

위기의 고조 (삼파론三波論)

이런 본질에서 어떻게 위기가 고조되나? 미국이 군사적 옵션을 쓸 가능성은 어떻게 커지게 되나? 여기에 비유적으로 삼파론을 얘기하는 것이 의미가 있다 하겠다. 이 삼파론은 무슨 심오한 국제정치적 이론이 아니라 필자가 오래전에 어떤 조그만 어선의 선장에게서 들은 얘기인데 그 의미가 지금 한반도 상황에 비유적으로 적절할 것 같아 '론論'자를 붙여 말하는 것이다. 삼파론은 간단한데 배가 큰 파도를 연달아 세 번 정도 맞으면 침몰할 가능성이 크다는 것이다. 먼저 1파가 배전을 때린다. 통상 1파로 끝나면 배가 곧 바로 복원되어 안전하다. 그러나 악천후가 되어 1파를 때리고 배가 복원되기 전에 큰 2파가 연이어 때리면 배가 위험해진다. 상당히 기울게 되었기 때문이다. 그러나 엄청난 악천후에는 배가 2파를 견디고 복원되기 전에 3파마저 때려 버리면 그냥 넘어간다는 것이다. 위기도 이와 마찬가지이다. 하나의 위기는 그래도 견딜 수 있다. 그러나 하나의 위기가 도래하고 채 극복되기도 전에 두 번째 위기가 도래하면 그때는 매우 위험한 순간이다. 그러나 거기다 세 번째 위기까지 닥치면 그야말로 완전한 난파의 위험에 처하게 되는 것이다. 그것이 안보이든, 경제이든 개인의 위기이든 마찬가지일 것이다. 한꺼번에 삼파가 몰아치면 위기를 극복하기 힘들다. 이것이 필자의 삼파론이다.

이런 비유를 통해서 미국의 군사적 옵션의 사용이라는 한반도에서의 위기 고조는 다음의 세 가지 요소의 조합에서 올 것이다.

Ⓐ 한·미 균열의 심화

Ⓑ 북한의 도발 지속

Ⓒ 미국 국내 여론의 합의

이 세 가지 요소가 합쳐지고 거기에다 군사적 대비태세가 갖춰지면 매우 위험해지는 것이다. 이 세 가지 요소는 유기적으로 결합되어 있어서 각자 따로 단계적으로 벌어지는 것이 아니라 동시에 일어나기 때문에 위기는 전격적일 수 있다. 여기서 첫 번째와 두 번째 요소는 당연히 중요하다. 거기에는 길게 설명할 필요가 없을 것이다. 그러나 세 번째 요소는 보통 간과하는 수가 많다.

미국의 대외정책 결정에 있어서 필요충분 요소는 바로 세 번째 요소인 대내적인 합의이다. 특히 전쟁 같은 중요한 군사적 결정에 있어서 국내적인 합의 없이 힘들다. 트럼프 행정부가 아무리 강경하다 하더라도 국민적 지지가 뒷받침되지 않으면 안 된다. 오히려 트럼프 행정부는 지금 대내적 지지가 낮기 때문에 더욱 국내적 여론의 지지가 필요하다. 삼파론의 마지막 삼파는 그래서 미국 내 북한에 대한 부정적 여론이 얼마나 커지느냐 하는 것이다. 북한이 장거리 미사일을 개발하는 것은 조금 추상적인 것이다. 그러나 만약 북한이 이를 미국을 위협한답시고 예를 들어 하와이 근처에다 떨어뜨린다면 그런 것들로 인해서 미국 국민은 북한의 위협, 실체적 위협을 피부로 느끼게 될 것이다. 1962년 쿠바 미사일 위기는 13일 동안 고조된 위기였다. 거기에는 여러 가지 다른 시각의 학문적 분석이 있으나, 당시 케네디 행정부가 봉쇄blockade라는 초강수를 둘 수 있었던 것은 미 국민이 케네디 행정부를 강력히 지지했기 때문이다. 2001년 부시 행정부는 9.11 사태라는 미국 초유의 안보적 재앙을 겪었다. 여기에 대해 미국은 즉각 아프간을 공격했고, 이어서 이라크 전쟁을 치러서 사담 후세인을 완전히 제거했다. 미국이 전쟁을 치르면 미 국민도 희생을 치러야 한다. 그러나 초기 여론은 완전히 부시 행정부를 지지했다.

3_ 평창 이후가 더욱 불안하다

삼파론에 견주어 볼 때 평창 이전과 평창 이후는 어떻게 달라질까? 평창 이전은 한·미가 어느 정도 견고한 공조체제를 이루어 왔다. 문재인 정부도 북한의 행태를 비난하면서 한국의 독자 제재까지 취하는 모양새를 취하였다. 북한은 연이어 도발적 행태를 보여 왔다. 그러니까 북한의 도발은 커졌지만 한·미 합의도 또한 큰 상태이기 때문에 위기를 억누르는 요인으로 작용한 것이다. 그러나 평창을 계기로 이 요소들의 내용이 바뀌게 되었다. 북한의 평화대공세로 인해 한·미 간 균열이 심화될 가능성이 커졌다. 물론 북한도 한동안은 도발을 자제할 것이다. 한·미가 어떻게 나오나 가늠질할 것이다. 그러나 반응이 시원치 않으면 다시 도발로 응수할 가능성이 크다. 그때는 Ⓐ + Ⓑ 가 합쳐져서 위기로 치달을 가능성이 있다. 그리고 앞서 지적한 것처럼 북한이 무모하게 미국을 직접 겨냥하는 도발을 하면 미국 내 여론이

들끓게 될 것이다. 삼파가 조합되는 순간이다. 그래서 평창 이후 남북대화의 길이 열렸다고 반드시 상황이 낙관적인 것만은 아니다. 이것은 한국에게는 커다란 딜레마가 될 가능성이 크다.

한국의 딜레마

이번 평창동계올림픽에서의 북한의 평화대공세가 어느 정도 성공했다는 반증의 하나는 한·미가 북한의 참가를 놓고 겉으로 드러난 것보다 더 심한 의견의 갈등을 보였다는 것이다. 펜스 부통령의 평창동계올림픽에서의 말과 행동에 대해 세계 언론의 여러 가지 평가가 있는 것도 사실이지만, 한 가지 분명한 것은 한국은 북한의 참가를 환호했고, 미국은 불편해 했다는 것이다. 더욱이 펜스 부통령은 전 미 유엔대사인 존 볼턴John Bolton이 개막식에 김영남과 김여정을 문재인 대통령 바로 뒤에 좌석 배치를 한 것을 두고 "프로파간다 가식a propaganda charade"이라고 비판하면서 "펜스 부통령이 북한인들과 악수하지 않은 것은 잘한 일"이라고 칭찬했다. 여기에 대해 펜스 부통령은 트위터에 "존 볼턴 대사, 말 잘했다. 미국은 세계 무대에서 도전받지 않으려는 북한 정권의 프로파간다 가식을 허용하지 않을 것이다. 세계는 김씨 정권의 억압과 위협에 눈을 감을 수 없다"고 썼다. 이것은 대단히 이례적인 일이다. 펜스가 누구인가? 전직도 아니고 현직 미국 부통령이다. 보통은 이런 일은 다양한 외교적 해석이 나오게끔 내버려둔다. 그러나 펜스는 그것을 직설적으로 언급했다. 그 언급은 북한을 향한 것이나 결국 평창동계올림픽 행사에 대한 것이기 때문에 간접적으로 우방인 한국을 비난한 것이다. 말하자면 북한이 선

전극을 하도록 해준 것은 바로 한국이기 때문이다. 이것을 모를 리 없는 펜스인데 그것을 그냥 적나라하게 표현했다는 것은 정말 중요한 신호이다. 한국이 해석했을 때 불편한 말을 직설적으로 했다는 것은 한국에게 “불편하다”라고 말하는 것이다.

이것은 한국이 해결해야 할 숙제로 그대로 남는다. 더구나 평창 이후는 이러한 견해차가 더욱 벌어질 가능성이 있다. 한국은 남북관계를 고리로 대화로 문제를 풀어 나가려는 시도를 더욱 하려 할 것이고 이것이 진행될수록 미국과의 견해차는 커질 가능성이 있다. 지금의 남북관계는 단순한 일차원적 관계가 아니다. 남북관계는 한미관계 및 북미관계와 다 같이 맞물려 있다. 매우 다차원적이고 복잡한 관계이다. 더구나 그 핵심이 북핵문제이고, 장거리 미사일 문제이기 때문에 국제 구조와 맞물려 있다. 따라서 남북이 무엇을 결정한다고 해서 다 되게 돼 있지 않다. 북한은 국제제재하에 놓여 있다. 평창동계올림픽은 올림픽이라는 대의가 있기 때문에 북한의 참가 과정에서 발생했던 여러 가지 제재 위반의 문제를 이번만 예외로 해 달라 이렇게 할 수 있었지만 이제 그러한 보호막이 사라졌다. 앞으로 남북대화를 진행해나가려면 이러한 일이 숱하게 일어날 것이다.

대화의 조건?

북한은 이번 평창대공세가 성공했다고 생각할 것이다. 남한을 흔들었다고 생각할 것이다. 일단 우리의 뒷덜미에 고리를 걸어 놓았고 거기다 남북정상회담 카드까지 던져 놓아서 빠져나오지 못하게 단단히 얽어매었다 생각할 것이다. 남북대화를 진전시키겠다 하면서 여러 가지 요구를 요소요소에서 할 것이다. 대화하면서 왜 군사훈련 하느냐며 예정된 한미연합훈련의 연기 및 중단을 요구할 가능성이 크다. 한국이 단행한 대북제재를 풀라고 요구할 가능성이 크다. 미국제재 및 국제제재가 걸리면 그것 때문에 남북대화를 진행하지 못하겠다고 우리에게 떼를 쓸 가능성이 크다. 중국도 벌써 거들고 있다. 쌍중단(한미연합훈련 중지와 핵.미사일 실험 중지)을 요구하면서 '정상적이라면 4월에는 실시해야 될' (아직 한미가 공식적으로 발표를 하지 않았음으로) 한미연합훈련의 중단을 요구하고 있다. 우리 내부 일각에서도 남북대화의 걸림돌이 된다면서 한미연합훈련의 연기, 축소를 주장하는 견해가 있어 왔고 앞으로 더욱 심해질 것이다. 남남갈등이 심해질 것은 뻔한 이치이다. 사드 문제에서 우리는 이미 보았다. 누군가 이것을 정치이슈화 할 가능성이 있고 이 문제가 정치이슈화되면 배가 산으로 가는 현상이 나올 수 있다. 좌고우면 하지 않고 그냥 쿨cool하게 "훈련은 훈련, 대화는 대화" 이렇게 결정해 버리면 될 일을 가지고 좌고우면하기 시작하면 대내외적 공세가 심해지고 일단 이슈화되어서 일이 커져 버리면 점점 수습하기가 어려워진다. 북한이 이것을 가지고 대화 못 하겠다 하면 그런 대화는 안 하는 게 낫다. 싹수가 없기 때문이다. 북한은 그보다도 더한 것이 있어도 자기들이 대화하고 싶고 대화해야 한다면 아무렇지 않게 한다. 그래서 한편으로는 북한의 대화의 진정성을 테스트해 볼 수 있는 일차 관문이 될 수도 있다.

한국 정부가 재삼 복기해야 할 일이 있다. 그것은 과연 왜 대화를 해야 하는가 하는 질문이다. 우리가 익히 '대화를 위한 대화를 하지 말아야 한다'는 말은 목적과 수단을 혼동하지 말아야 한다는 뜻이다.

더구나 그 목적은 북한의 완전한 비핵화라는 정말로 어려운 목적이다. 수단은 남북정상회담뿐 아니라 그 이상 가는 것도 있을 수 있다. 그렇기 때문에 흥분하지 말고, 자기가 선 자리를 항상 확인하고, 냉철히 한 발자국씩 앞으로 나가야 한다. 작은 대화가 모여서 큰 대화가 되지 않는다. 큰 대화는 단번에 된다. 그것만이 큰 결과를 만들어낸다. 그렇기 때문에 그런 큰 대화 앞에서 무슨 전제조건을 걸고 자질구레하게 하는 것은 이미 실패로 가는 대화의 증좌이다. 이 문제는 마지막 해법 부분에서 좀 더 자세하게 언급하도록 하겠다.

문재인 정부의 한반도 운전자론의 허와 실

거대한 체스판

문재인 정부가 한반도 운전자론을 얘기했을 때 일부에서, 특히 소위 보수적 시각을 가진 측에서, 많은 비판이 있었던 것도 사실이다. 이게 과거 노무현 정부에서 회자되었던 한국의 동북아 균형자론을 연상시켜서 그런 것 같다. 현실주의적 관점에서 보면 약소국이 강대국들이 즐비한 국제정치에서 이들을 상대로 힘의 균형을 맞추는 역할을 하기란 정말로 어렵다. 그야말로 “나이브하다”고 비판받는 것이다. 그러나 한반도 문제에 관해서 당사자인 한국이 운전대에 앉아 차를 움직이겠다는 것은 원칙적으로 잘못된 것은 아니다. 그 반대로 우리의 운명이 걸려 있는 문제를 그냥 강대국들이 하자는 대로 할 수는 없는 문제이다. 다만 이것은 객기나 의욕, 좋은 뜻만을 가지고 되는 일이 아니다. 그래서 주위에서 과연 운전을 할 수 있기나 하는 것이냐 하고 의문을 제기하는 것이다. 국제정치는, 특히 북핵문제를 둘러싼 국제정치는 거대한 체스판 같은 것이다. 미국, 중국, 러시아, 일본 등 소위 초강대국들인 주요한 플레이어들뿐만 아니라, 유엔이라는 국제무대에 올려져서 웬만한 유럽의 강대국들이 다 관심을 갖는 그야말로 국제정치의 본질적 이해관계가 얽히는 초미의 관심사가 되었다. 여기에 남북만이 강대국이 아니다. 북한은 문제 유발자이다. 이렇게 보면 결국 한국이 이들 모든 국가를 상대해야 하는 것이다. 운전자로서 말이다. 얼마나 어려운 일이냐? 이것을 모르고 나섰다면 그야말로 무모한 것이고, 알고 나섰다면 이제 한국은 외줄타기나 살얼음판에 선 것이나 다름이 없다. 국가의 총 역량을 모두 동원해도 될까 말까 하는 중차대한 역할을 자임한 것이다. 이것이 잘못되면? 상상하기 싫지만 모든 국제적 비난은 한국에게로 돌아올 것이다. 이것은 그냥 정권적 차원의 문제가 아니다. 국가적 차원의 문제이다. 그래서 더욱 염려가 되는 것이다. 이런 점에서 적어도 우리 정부가 다음의 두 가지 정도는 기본적으로 인지하면서 상황을 헤쳐 나가야 할 것이다.

국제적 눈높이

첫째는 북한에만 눈높이를 맞추는 일차원적 전략적 안목으로는 문제를 풀기 어려울 것이다. 앞서 지적한 바도 있지만, 북핵문제는 이미 거대한 체스판 위에 놓여 있다. 체스판의 장기가 초반도 아니고 거의 마지막 판에 와 있다. 여기에 결정적인 말을 쓰려고 하는 것이다. 장기판 전체를 보지 못하고 북한만을 보다가는 결정적 패착을 하기 십상이다. 남북대화는 상황을 반전시킬 수도 있는 카드이지만, 그 반대일 수도 있다.

지난 몇 개월을 한번 복기해 보자. 북한이 6차 핵실험을 하고, 장거리 미사일 실험을 수차례 하면서 핵 국가를 공언하고 장거리 미사일로 미국 본토를 때릴 수 있는 능력을 가진 것으로 거의 판명되었다. 이에 대해 한·미는 더욱 강한 제재로 대응해 왔다. 미국은 중국에 대해서도 강력한 압박을 넣어 중국도 싫지만 실질적인 제재에 동참을 시작했다. 미국이 없다면 중국을 어떻게 움직이겠나? 사드 문제 하나로 우리를 얼마나 괴롭히고 있나? 그 제재의 효과가 막 나타나기 시작했다. 동시에 미국은 선제타격의 카드를 흘리면서 북한을 압박해왔다. 이 중차대한 순간에 평창동계올림픽이라는 국제적인 이벤트가 한국에서 열리게 되었다. 한국 정부 입장에서는 이것의 평화적 개최라는 명분이 생겼고 북한이 이를 이용하여 평화공세를 편 것이다. 이렇게 해서 남북대화 카드가 한국의 손에 쥐어지게 된 것이다. 그러나 이것은 너무도 분명하게 양날의 칼이다. 잘못 쓰면 내가 베일 수 있다. 따라서 북한 눈높이에 맞춰서 문제를 해결하려고 하면 단연코 실패할 것이다. 판을 더 위에서 보고 미국과 긴밀한 협조를 하는 가운데 대화든 압박이든 해야 돌파구가 열릴 것이다.

우리 역량, 평가를 정확히 해야

이처럼 해야 하는 이유는 우리 역량의 문제 때문이다. 우리가 완전히 독자적으로 운전하려면 북한과 국제사회 양측을 공히 충분히 움직일 수 있는 역량이 있어야 한다. 그 역량이라는 것은 다름 아닌 제재와 인센티브incentives이다. 즉, 말을 듣도록 필요하면 강력히 제재할 수 있고, 또 유인할 수 있는 인센티브가 있어야 한다. 우리가 가진 제재 역량은 이제 거의 소진하여 얼마 남아 있지 않다. 인센티브는 어느 정도 가지고 있는데, 예를 들어 북한이 필요로 하는 식량, 비료, 현금 지원 등이 있을 수 있다. 기존의 제재 해제를 통한 인센티브(개성공단과 금강산 관광 재개 등)도 있을 수 있다. 그러나 이것은 현재 유엔결의에 의해 국제제재로 다 막혀 있기 때문에 안 된다. 앞으로 남북대화를 하더라도 예전과는 달리 이러한 인센티브를 북한에 제공하지 못한다. 이것이 우리가 처한 엄연한 현실이다. 그래서 북한이 과거처럼 남북대화를 하면서 전제조건을 내걸고 무엇을 달라 하면 대화의 출발 자체가 힘들게 되어 있다. 그렇기 때문에 남북대화를 위해서도 미국과 긴밀하게 상의할 수밖에 없게 되었다. 이게 지금 한국의 운전자로서의 처한 현실이고 역량이다.

4_ 해법은 있는가?

현안문제

먼저 현안문제부터 몇 가지 짚고 넘어가도록 하자.

한미연합훈련

지금 상태에서 가장 시급한 현안문제는 아마 한미연합훈련에 관한 것이다. 정부가 어떻게 결정할지는 모르겠지만 이것은 더 이상 연기하거나 또 규모를 축소하기가 어려울 것이다. 무엇보다도 실익이 하나도 없다. 이것이 남북대화의 조건이 되는 그런 남북대화는 결과를 안 봐도 뻔할 만큼 성과가 없을 것이기 때문이다. 지금 한미연합훈련 정도를 가지고 북한이 시비를 걸면서 남북대화를 할지말지 잴 정도의 상황이 아니다. 북한이 2월 8일 건군절 행사를 그냥 진행했듯이 우리가 한미연합훈련을 예정대로 하면 된다. 연례훈련이고 그나마 올림픽 한다고 한번 연기해 준 것이니 여기에 대해서는 재론의 여지가 없을 정도이다. 여기에서 좌고우면하고 또 북한 눈치 보면서 행동하게 되면 한미동맹이 파열음이 나기 시작할 것이다. 미국 조야의 여론이 매우 비판적으로 돌아설 것이다. 한미연합훈련 이슈는 현안 중에 가장 초기의, 그나마 다루기 쉬운 이슈이다. 앞으로 더 까다롭고 어려운 이슈가 줄줄이 있다.

대북특사와 남북정상회담

대북특사와 남북정상회담은 하나로 연결된 이슈이다. 대북특사를 보낸다는 것은 현재로는 남북정상회담을 위한 것일 수밖에 없다. 그렇기 때문에 대북특사를 보내는 문제도 상당히 숙고해야 하는 문제이다. 그냥 덜컥 보낼 수가 없다. 상대방의 의중을 듣자고 보내는 것은 그냥 하책 중의 하책이다. 대북특사가 갔을 때는 무엇을 결정하기 위한 것이다. 대북특사가 갔는데 빈손으로 돌아오면 모양이 아주 이상하게 되어 버린다. 그렇기 때문에 신중해야 하고 사전 준비를 많이 해야 한다. 문재인 대통령이 김여정을 통한 김정은의 평양 초청에 "여건을 만들어서"라는 단서를 달아서 답을 한 것은 적절해 보인다. 저쪽이 카드를 낸 것이기 때문에 자연스레 받은 셈이 되었고, 또 일단 공을 북쪽에 넘겨서 여러 가지 검토할 여유가 생겼기 때문이다. 2009년 김대중 대통령 조문 사절로 온 김기남 비서, 김양건 통전부장이 청와대를 예방하였을 때도 김기남 비서가 김정일의 초청장을 구두로 전했다. 그 후 남북 간의 정상회담에 대한 후속 대화도 있었지만 결국 북한이 비핵화에 대한 결단을 내리지 못한데서 무산된 경험이 있다. 앞으로 남북정상회담이 열릴지에 대해서는 현 정부가 고도의 전략적 판단을 가지고 결론을 내릴 사안이라 이에 대한 답을 내리기는 힘들다. 그 판단을 하는 데 아마도 가장 어려운 사안은 북한의 비핵화에 대한 입장을 어느 정도까지 받아낼 수 있느냐 하는 것이다. 다만 지금은 북한 핵문제가 과거 그 어느 때보다 훨씬 악화되었고, 바로 그것을 해결하기 위해 남북대화를 하겠다고 한 마당이니 북한의 비핵화에 대한 성과가 담보되지 않는 남북정상회담은 그 후폭풍이 만만치 않을 것이다. 그리고 현 정부가 생각하는, 남북대화를 북미대화로 연결시켜서 북한 핵문제 해결의 단초를 마련한다는, 그런 전략에도 어긋나는 것이다. 그렇기 때문에 남북대화의 앞날은 험난하다고 할 수 밖에 없다. 곳곳이 지뢰밭이고 잘못 디디면 역사에 오명을 남길 수 있다. 어떻게 이 난국을 헤쳐 나가야 하나?

협상의 마지노선과 빅딜

한 가지 실낱같은 희망이 있다면 미국도 북한과의 대화를 완전히 포기한 것은 아니라는 것이다. 미국이 최대의 압박 전략을 구사하면서 군사적인 옵션을 테이블 위에 올려놓고 저울질하면서도 다행히 협상의 여지를 남기고 있다. 즉, 렉스 틸러슨Rex Tillerson 미 국무장관이 북한과의 대화를 염두에 두고 몇 가지 조건 같은 것을 말하고 있다. 그중 가장 중요한 것은 레짐 체인지regime change를 안 하겠다는 것이다. 이것은 생각하기에 따라 획기적인 미국의 정책 변화이다. 지금까지 미국이 북한 정권에 대해 이와 같이 분명하게 정권의 향방에 대해서 얘기한 적은 없다. 부시 행정부는 공공연히 레짐 체인지를 얘기했고, 오바마 행정부에서도 레짐 체인지를 안 하겠다고 공언한 바는 없다. 가장 강경한 트럼프 행정부가 북한에게 레짐 체인지를 안 하겠다고 공언한 것이다. 매파가 득실한 트럼프 행정부 내에서도 온건파인 틸러슨 장관이 명맥을 유지하는 것은 그래도 트럼프 대통령이 균형을 잡아주고 있어서 그렇다고 해석된다.

이것이 해결의 단초가 될 수 있다. 협상의 마지노선은 미국의 '노 레짐 체인지no regime change'와 북한의 완전한 비핵화를 맞바꾸는 그런 빅딜big deal이 될 수 있다. 명칭이야 빅딜이든 '그랜드 바겐Grand Bargain'이든 '대타협'이든 어쨌든 한 번에 모든 것이 타결되는 큰 합의여야 한다. 가능성이 큰가? 아니다. 가능성은 바늘구멍만큼 작아 보인다. 그렇지만 이 마지노선에서 타협하는 게 거의 유일한 해결책이라고 생각한다. 미국의 조야에서는 이 안이 인기가 없다. 이것보다 훨씬 강경한 분위기이다. 한국 내의 보수적 시각에서 보아서도 그렇다. 반대로 북한의 입장에서 레짐 체인지 안 하겠다는 게 무슨 인센티브가 되느냐 반문할 수 있다. 지금 북한은 핵 국가를 공언하고 있는 마당에 미국과 협상이라면 당당히 핵 국가로 인정받고 거기다가 레짐을 인정받는 그런 협상이 되어야 한다고 생각할 것이다. 적어도 지금까지는 그런 입장을 바꾸지 않고 있다고 본다. 그러나 미국이 그럴 가능성은 제로이다. 우리도 허용할 수가 없다.

북한이 협상을 안 하면? 그럼 북한은 지금 속도로 보아 좀 지나면 핵개발, 장거리 미사일 개발이 완성될 것이다. 북한의 협상력이 여기서 더 커질 것 같은가? 아니다. 미국이 북한의 핵미사일이 미국 본토에 도달할 능력을 지녔다고 해서 북한의 협박에 못 이겨 "예, 그럼 핵국가로 인정해드리지요. 그럼 그런 차원에서 협상할까요?" 이렇게 할 것 같은가? 미국은 그 엄혹한 미·소 냉전도 견뎌서 이긴 나라이다. 북한이 임계점을 넘었다고 판단되면 미국은 더욱 강력한 제재로 맞설 것이다. 정치적으로는 레짐 체인지를, 군사적으로는 선제타격 카드를, 외교적으로는 더욱 강화된 제재 조치를 꺼내들 것이다. 그것도 무기한이 될 가능성이 크다. 북한과는 가망이 없다고 생각하여 중국과 빅딜을 시도할 가능성도 열려 있다. 이러한 모든 상황이 북한 정권에 득이 될까? 북한도 이번 평창 카드를 던진 것이 자신에게 이런 것들이 조여 오고 있다는 위기의식에서 비롯된 것이다.

과일이 너무 익으면 떨어져 버린다. 너무 익기 전에 따서 좋은 상품을 만들어야 한다. 북한은 지금 그 마지막 시기에 와있다. 북한 핵과 미사일을 협상용으로 만들었다고 생각하지는 않는다. 그러나 현실적으로 정권의 생존이 걸리면 협상할 수밖에 없다. 김정은이 지금의 이 형세를 어떻게 판단하고 있는지는 본인 외에는 아무도 모를 것이다. 평창동계올림픽을 계기로 평화대공세를 펼치는 것이 단지 상황을 모면하려는 잔꾀라면 그것은 조만간 드러날 것이다. 우리 정부가 여기에 휘말려 따라가다가 체면 잃고 빈손이 되어 허탈해질지도 모르지만 그것도 조만간 드러날 것이다. 그러나 그렇다고 해서 바뀌지 않는 것은 우리가 처한 현실이다. 한반도 위기는 더욱 심화될 것이고, 북한 정권의 미래는 더욱 불투명해질 것이다.

빅딜은 처음 나온 독창적인 아이디어가 아니다. 과거에도 이와 유사한 아이디어들이 비슷한 이름으로 여러 번 제시되었다. 그렇지만 이것을 지금 꺼내는 이유는 그 어느 때보다도 이것이 필요하고 절실해졌다는 것이다. 김정은 정권도 이성적이라면 받아야 한다고 생각한다. 그러나 그런 정도로 이성적이고, 전략적이며, 미래를 내다보고 있다고 생각하지는 않는다. 그렇기 때문에 이 제안이 받아들여질지는 확신이 없다. 아마도 받지 못할 가능성이 더 크다. 그러면 왜 하느냐? 그게 지금으로서는 유일한 안이고 단 한 번의 마지막 기회라고 생각하기 때문이다.

빅딜의 조건

빅딜을 위해서는 다음의 몇 가지 구체적인 내용이 필요하다.

'정교한 로드맵'이 필요하다

무엇보다도 정교한 로드맵road map이 필요하다. 이 로드 맵에는 남·북대화, 북·미대화, 그리고 필요하면 중간에 한·미·북 삼자대화, 그리고 대타협이 될 경우 이를 추인하기 위한 확대대화 같은 안들이 포함될 수 있을 것이다. 그리고 이러한 대화들이 어떤 순서와 내용을 가지고 어떻게 전개될 것인지의 경우의 수들이 상세하게 검토된 안이다. 무엇보다도 이러한 로드맵을 작성하기 위해 한미가 충분히 사전에 심도 있는 논의를 해야 할 것이다. 그리고 시작할 때 이 로드맵을 가지고 시작해야 한다. 이렇게 되면 적어도 한미 간에는 의견 충돌이 일어날 가능성이 없다.

시간을 정해야

협상을 과거처럼 2~3년 끌 수는 없다. 2~3개월이면 충분하다고 본다. 따라서 협상의 시작과 종결의 시간을 정해야 한다. 과거에 중동 평화 협상은 이보다 훨씬 짧은 시간에도 대타협을 이뤄낸 바 있다. 그래야 합의가 되든지, 아니면 각자의 길로 돌아갈지를 빨리 결정할 수 있다. 이렇게 해야 협상이 탄력을 받을 수 있다. 하려고만 한다면 이 시기 안에 남북정상회담이든, 미·북 간의 고위급 회담이든 뭐든 다 할 수 있다. 결단의 문제이지 시간의 문제는 아니라고 본다. 이것은 회담이 시간을 끌기 위한 수단으로 이용될 수 있다는 의심을 덜어주고, 회담에 임하는 진정성을 높여 주는 것도 된다. 더구나 해결할 시간이 얼마 남지 않았다는 것이 제일 중요하다.

전제조건을 달지 말아야

남북대화를 하게 되면 북한은 과거에 했던 것처럼 매너리즘에 빠져 온갖 조건들을 내걸 가능성이 크다. 이러면 대화는 해보나 마나이다. 북한에게 전제조건을 달지 말라고 쿨cool하게 말해야 한다. 전제조건을 달기 시작하면 협상은 배가 산으로 가는 격이 된다. 하나 해결하면 다음 것이 나오고 그것 해결하면 또 다른 것이 나온다. 협상

전까지는 현재의 대북제재를 그대로 유지할 수밖에 없다. 협상의 분위기를 위해서 우리 내부에서 기존의 제재를 풀어야 한다는 얘기도 나올 수 있고, 북한도 그런 것을 요구할 수도 있다. 이런 것이 걸림돌이 되기 시작하면 본 협상은 들어가지도 못하고 끝날 가능성이 크다. 예를 들어 조그만 제재 하나 풀려 해도 국제적 합의가 필요한 것이 지금의 현실이다. 이런 것을 북한이 요구하는지 아닌지도 북한의 의도를 판단하는 중요한 잣대가 될 수 있다. 빅딜을 하고자 하는 마당이다. 어차피 협상이 잘 되면 제재는 모두 풀린다. 그래서 시간도 짧은 시간에 해야 한다는 것이다.

합의를 깼을 때 제재 명시해야

만에 하나 합의가 되었다고 생각하면 그 합의문에는 합의를 이행하지 않을 시에 대한 구체적인 제재를 명기해야 한다. 지난 2005년의 9.19 공동성명은 상당히 좋은 합의였으나 북한이 이를 걷어차 버리면서 무산되었다. 합의 불이행에 대한 구체적인 제재가 없었기 때문이다. 또한 비핵화에는 여러 가지 정치적, 군사적, 기술적, 경제적 조항들이 들어간다. 이 구체적인 이행과정에 대한 시기와 방법 및 검증과정이 필수적으로 합의안에 들어가야 한다. 결과적으로 이 합의는 한반도 안보의 새로운 디자인이 될 것이다.

마지막으로 질문은 이렇다.

북한의 김정은은 과연 이런 것을 해낼 정도의 정치적 상상력과 담대한 결단력이 있을까?

한국 정부는 과연 이런 대大외교를 해낼 능력이 있을까?

한반도호가 격랑 속에 지금 마지막 삼파三波를 타고 있다.

후기

'혹시나가 역시나'의 트럼프식 대북접근

2018년 4월부터 2019년 10월까지의 미국 트럼프 행정부의 대북 접근을 한마디로 표현하자면 시쳇말로 '혹시나 했더니 역시나' 같은 것이다. 축구 경기로 비유하자면 골을 넣기 위해 중원에서부터 잘 압박해 들어가다 페널티 에어리어 근처에서 고질적인 '뻥차기' 병이 도져 마지막 순간에 공을 하늘로 날려 버린 느낌이다. 트럼프 대통령은 출범 이후 매우 단호한 대북정책을 선언하면서 "클린턴도 하지 못했고, 부시도 하지 못했고, 오바마도 하지 못했으나 나는 할거다"라며 북핵문제 해결에 강한 자신감을 표명했다. 그리고 2017년 말까지 한반도에 전례 없는 대규모 군사동원을 통해 북한을 압박해 들어갔다. 북한의 김정은이 당시 어떤 정도의 압박을 받았는지는 알 길이 없다. 다만 그간의 경험으로부터 추측해 보면 상당한 정도의 압박을 느꼈을 수밖에 없을 것이다. 그간 사실 클린턴 정부도, 부시 정부도, 오바마 정부도 북한에게 그런 정도의 군사적 압박을 가한 정부는 없었다. 말이 아닌 행동을 보여 준 정부는 없었다. 북핵문제는 북한에게는 그야말로 사활이 걸린 문제인데 이를 해결하고자 하는 측에서 사활적 해결 방법을 취하겠다고 하지 않는 이상 그에 대한 해답을 내리겠다고 할 수 없다. 한반도에서의 전쟁은 누구도 원치 않으나 김정은 스스로가 자신의 정권의 명운이 걸렸다고 생각하지 않는 이상 그 문제에 대한 해답을 내려하지 않을 것은 자명한 이치이기 때문이다.

2017년 말의 김정은 정권이 처한 현실을 복기해 보면 무엇보다도 국제적으로는 완전히 고립되어 있었고, 또한 강한 국제적 제재에 직면하고 있었다. 중국으로부터도 사실상 외면당하고 있었다. 남북 간에도 적당한 명분이 없어서 숨구멍이 열리지 못하고 있었다. 미국으로부터는 강한 군사적 압박을 받고 있었다. 사방이 다 막혀 있는 형국이었다. 특히 미국에서는 역대 어떤 대통령과도 다른 트럼프 대통령이 출현하였고, '미국 우선주의'를 표방하면서 북한에 대해서도 전례 없이 강한 군사적 압박정책을 구사하고 있었다. 무언가 저지를 태세라고 판단할 수밖에 없다. 그래서 김정은은 이 난국을 타개하고자 평화공세로 전환한다. 평창동계올림픽을 계기로 김정은은 고립에서 탈출할 명분을 찾았다. 2018년 1월 1일 신년사를 통해 북한의 핵강국을 강조하면서도 평창동계올림픽에의 참가를 선언하면서 남북이 잘 해보자고 손을 내밀었다. 전형적인 북한의 수법이었다. 그 이후 전개된 상황은 다시 논할 필요는 없다.

2018년 4월에 열린 남북정상회담의 결과를 미국에 전하러 간 정의용 안보실장의 얘기를 듣고 트럼프 대통령은 즉석에서 자신도 김정은을 만나겠다고 선언한다. 그러한 결단이 매우 신중한 전략적 고려에서 나온 것 같지는 않다. 말로만 듣던 '트럼프식 지르기'를 북한

관계에서 처음 확인하는 계기가 되었다. 그리고 그해 6월 싱가포르 정상회담이 전 세계의 이목을 집중시키면서 일어났다. 그러나 그 결과는 너무도 실망스러운 것이었다. 김정은의 국제적 데뷔만을 도와준 내용 없는 '외교쇼'로 끝나고 말았다. 그 이후 2019년 2월 하노이 정상회담이 열렸다. 실무회담에서의 논의가 성숙되지 않았다는 관측이 있는 가운데 열린 하노이 회담은 트럼프 대통령이 마지막 순간에 자리를 박차고 나감으로써 사실상 실패로 끝이 났다. 그 이후 북한에서 벌어진 일은 언론 보도를 통해 보는 것처럼 실무자들의 숙청이다.

2019년 6월 트럼프 대통령의 트윗이 또 한 번 전 세계를 놀라게 했다. "만날까?"였다. 정상회담을 이처럼 캐주얼하게 제의하는 것은 매우 드문 일이다. 그리고 다시 트럼프-김정은의 만남은 이번에는 한반도의 판문점에서 이루어졌다. 전 세계의 이목을 집중시키는 데는 성공했으나 결과는 아무것도 없는 만남이었다. 물론 트럼프 대통령은 이러한 평가에 반대할 것이다. 어쨌든 세계의 이목을 끄는 데 성공했고, 김정은을 정상회담의 테두리에 묶어놓는 데 성공했다고 할 것이다. 그리고 북한은 2019년 12월을 기한으로 미국에게 "새로운 계산법"을 들고 나오라고 압박하기 시작했다. 판문점에서 트럼프가 김정은에게 무엇인가를 약속했다는 투이다. 그 후 김정은은 이를 더욱 압박하기 위해서 각종의 미사일을 동해상에다 쏘아대기 시작했고, 여기에 대해서 트럼프는 일관되게 '북한이 약속을 어긴 것은 아니다'라는 입장을 반복하고 있다. 더욱이 자신의 안보 보좌관인 존 볼턴John Bolton을 해임하면서 그의 북한에 대한 강경정책 때문이라는 점을 공개적으로 밝히는 전례 없는 일까지 벌어졌다. 어떡하든 김정은을 회담에 묶어 두기 위한 제스처로 보인다. 이러한 노력 때문인지 미국과 북한은 2019년 10월 다시 실무협상의 자리에 마주 앉게 되었다.

이러한 일련의 과정에서 가장 간과해서는 안 될 점은 이렇게 진행되는 협상에서 북한 핵문제는 과연 해결될 수 있을 것인가 하는 질문이다. 여기에 대한 해답은 매우 부정적일 수밖에 없다. 정상회담에서 이 문제를 해결하고자 하는 것은 정상끼리의 '대담한 담판'을 통해 실무자들이 결심하지 못하는 것을 해결하는 것이다. 그것이 바로 빅딜을 하는 이유이다. 그래서 이름도 빅딜이라고 붙이는 것이다. 그런데 지금까지 3차에 걸쳐 트럼프-김정은 회담이 진행되었지만 '완전한 북한의 비핵화'에 대한 합의는 너무도 요원하다. 실무자들이 참여한 6차회담을 통해 2년여 회담 끝에 결과를 도출한 2005년의 9.19 공동성명의 내용보다도 훨씬 못한 합의 아닌 합의 정도가 나온 것뿐이다. 지금 회담이 진행형이라고 얘기할지는 모르나 '될성부른 나무는 떡잎부터 알아 본다'고한 것처럼 이미 이처럼 흘러가는 회담은 결과도 보나 마나 뻔한 것이다. 트럼프 대통령은 국내정치에 정신이 없고 어떡하든 김정은이 내년 대선까지 회담 트랙에서 벗어나지 않기만을 바라고 달래기를 계속할 것이다. 이를 모를 리 없는 김정은은 이때다 하고 온갖 조건을 걸면서 비핵화는 시늉만 하고 제재 국면에서 벗어나려 할 것이다. 결과는 우리가 지난 20여 년을 보아온 것과 크게 다를 바 없는, 아니 더욱 상황이 악화되어 가는 모습이 될 것이다.

그런데 이 결과가 장기적으로 꼭 김정은에게 좋은 것일까? 트럼프식 북한 접근방법은 기실 햇볕정책도 아니다. 그렇기 때문에 북한이 제대로 된 비핵화를 하지 않으면 미국의 북한에 대한 접근도 매우 제한적일 수밖에 없다. 트럼프 대통령도 그나마 햇볕정책 같은 비전을 가진 지도자가 아니고, 미국 의회는 한국 국회보다 훨씬 대통령에게 강한 영향력을 가지고 있다. 북한의 시늉만 하는 비핵화에 대해 전면적인 지원을 미국이 결정한다는 것은 환상에 가깝다. 그렇다면 이 모든 것이 의미하는 바는 북한 핵문제는 해결되지 않고 그대로 간다는 것이다. 그런 북한에 대해 미국이 제재를 완전히 풀기 어렵게 된다. 시계추가 왔다 갔다 하는 것처럼 다시 원래 상태, 문제의 미해결의 상태로 돌아가는 것이다. 그리고 한 가지 더, 그 이후는 협상으로 문제를 풀기 더 어려워진다. 미국 대통령까지 나서서 했는데 협상이 되지 않았다면 그다음은 방법이 없다는 얘기가 된다.

2018년 4월 이후 지금까지 전개된 북핵 상황은 '빅딜로 간 미·북이 어렵게 문을 찾아갔으나 제대로 자리를 찾지 못한 격'이 되었다고 표현할 수밖에 없다. 안타깝게도 양측이 제사보다 젯밥에 더 눈독을 들인 탓에 방향을 잃었다는 것이 북핵 협상의 현주소이다. 2018년 평창동계올림픽을 계기로 북핵 협상이라는 파시가 서게 되었고, 이 파시에 트럼프 대통령이 끼어들면서 장이 커졌다. 그리고 주지하다시피 이 파시의 세 주인공인, 트럼프, 김정은, 문재인 대통령이 각기 다른 이해와 셈법을 가지고 흥정함으로써 '딜'이 제대로 이루어지지 않는 결과를 낳게 생겼다. 파시가 끝나면? 결국 남는 것은 해결되지 못한 북한 핵과 미국의 신뢰 상실과 한국의 옵션 소실뿐일 것이다.

이 모든 것이 의미하는 바는 무엇인가? 안타깝게도 북핵 해결의 비관론이다. 이 비관론은 이미 2015년경에 뚜렷하였다. 그래서 필자는 제7장에서 이 비관론을 근거로 해서 소위 '정치한 억제전략'을 제기하였다. 그러나 미국에서 그야말로 매우 '비전형적'인 미국 대통령인 트럼프 대통령이 집권하였고 그에 의해 매우 '비전형적'인 대북 접근이 이루어지면서 '혹시나'하는 생각이 들었던 것이 사실이다. 그러나 지난 1년 반 정도의 진행 과정은 실낱같은 희망을 무산시켜 버리기에 매우 충분한 시간이 되었다. 아직 여전히 국면이 진행 중이기 때문에 필자의 결론이 성급하다고 할지는 모르나 필자는 이미 오랜 경험을 통해서 불행히도 이것이 잘 안될 것이라는 확신을 가지게 되었다. 필자의 판단과 정말 다른 결과가 나온다면 너무나 다행스러울 것이다.

제10장

헤게모니의 미래

“향후 헤게모니 경쟁 시대는 모든 것을 무기화하는 시대로 변모할 것이다. 우방이라는 개념도 약화되고 국제환경은 그야말로 강자만이 살아남는 약육강식의 환경에 더 가깝게 될 것이다. 이런 환경 속에서 ‘헤게모니 변방 국가’들은 더욱 살아남기 힘들어진다.”

2020년 이후의 국제정치의 미래는 무엇일까? 그것은 현재보다는 세계질서와 특히 동아시아 질서의 불안정성이 훨씬 심화된 미래일 것이라고 결론지어 말할 수 있다. 글로벌한 차원에서는 미국의 헤게모니의 퇴조로 인해서 헤게모니 순환 사이클이 본격적으로 시작되는 시대이다. 이 사이클 속에는 소위 '미·중전쟁'이라고 불리는 헤게모니 경쟁이 심화될 것이다. 이 과정이 미·소 냉전과 다른 점은 지역적 차원에서의 국제정치 안정성이 사라진다는 것이다. 러시아가 헤게모니의 도전세력은 되지 못하지만 지역 질서를 어지럽히는 훼방꾼spoiler 노릇을 할 가능성이 크고 유럽 정치는 더욱 안정성을 잃어갈 것이다. 동아시아도 미·중경쟁이 심화로 불안정성이 급격히 심화될 것이다. 이 모든 것이 앞으로 적어도 30~50년 전개될 헤게모니 경쟁의 미래이다.

1_미국의 헤게모니는 퇴조하나 완만하고 연착륙한다

미국이 절대적 힘에 있어서는 퇴조하고 있다는 데 대해서는 미국의 일극주의를 주장하는 학자들까지도 동의하고 있는 사실이다. 그러나 그 퇴조의 끝이 그야말로 미국이 국제질서 주도 국가의 지위까지 완전히 상실할 정도인가 하는 것은 아니다. 또한 그러한 현상이 향후 10~20년 안에 일어날 가능성도 극히 희박하다. 미국은 역사상 헤게모니를 이뤘던 그 어떤 국가보다도 천혜의 조건을 갖춘 나라이다. 유럽 국가들에 비해서 광대한 영토, 스스로 대륙인 독자적인 지리적 위치, 유럽의 어떤 국가보다도 많은 인구, 각종의 천연자원이 매장된 땅, 그리고 여전히 지지 않는 하이테크 기술, 금융과 무역의 중심지, 세계 최고의 교육 시스템, 세계적 문화와 담론의 중심지이다. 이것은 세계의 어떤 국가가 되었던 모두 갖기 힘들고, 한꺼번에 이루기 힘든 천혜의 조건들이다. 20세기와 21세기 초에 걸친 이러한 미국의 국제사회에서의 지위는 니얼 퍼거슨이 말한 문명의 조건과 일치한다.[1] 스티글리츠가 말하는 GDP가 전부가 아니라는 인식과도 유사하다.[2]

따라서 미국이 진정한 의미의 헤게모니냐 아니냐는 엄밀한 정의를 통해서 보면, 지난 20여 년의 국제정치학계에서의 헤게모니 논쟁에서 나타난 것처럼 충분히 논쟁적일 수 있다. 이것은 물론 미국의 헤게모니가 퇴조하고 있느냐에 대한 논쟁에 대해서도 마찬가지이다. 하나 분명한 것은 이 모든 논쟁에도 불구하고 20세기 후반과 21세기 초반의 국제정치가 여전히 '미국 주도의 시대'라는 것은 누구도 부인하기 어렵다. 미국을 빼고는 이 시대의 국제정치를 논할 수 없다. '모든 길은 워싱턴으로 통한다'하면 '과연 그런가?' 할 수 있지만, 워싱턴을 언급하지 않고서는 국제정치, 경제를 논할 수 없게 된다. 그런 의미에서 이 시대의 국제정치는 미국 주도의 시대이고 그런 의미에서 폭넓게 현재의 국제체제를 '(유사) 미국 헤게모니 시대'라고 보는 것은 큰 무리가 없다 하겠다.

그러나 다른 한편으로 미국이 서서히 퇴조하고 있는 것 또한 분명하다. 더욱이 2007년에 시작된 미국의 경제 위기를 보면 미국의 퇴조를 실감할 수 있다. 그것은 거대한 사자가 갑자기 찾아온 급성 병에 어쩔 줄 몰라하는 모습과도 같았다. 2007년 소위 서브프라임 모기지sub-prime mortgage 사태로 불리는 미국의 거대 주택담보대출 회사들의 연이은 파산으로 시작된 재정위기는 미국의 헤게모니 퇴조란 관점에서 매우 상징적이다. 2008년 9월 200여 년 역사를 가진 미국의 4대 투자은행 중 하나인 리먼 브라더스Lehman Brothers Holdings, Inc가 파산하면서 미국 및 전 세계에 큰 충격을 안겨 주었다. 이러한 사태에 직면하여 당시 미국 재무부와 특히 이러한 것을 총괄하는 미국 연방준비제도Federal Reserve의 사태 해결 능력에 모든 시선이 쏠렸다. 1907년 미국의 공황 문제를 해결하기 위해 1913년에 태어난 연방준비제도는 그 이후 거의 90년 만에 일어난, 어쩌면 제2의 경제공황이 될 수도 있는 사태에 직접 부딪치게 된 것이다.

이러한 위기에 직면하여 당시 연방준비제도이사회 의장인 벤 버냉키Ben Bernanke는 그의 자서전에서 자신과 미국의 수뇌부가 당시 이 문제에 대해서 얼마나 흔들리고 있었는지를 자세히 밝히고 있다.[3] 버냉키는 AIG에 구제금융을 지원하고, 또 미국의 주택담보의 거의 절반을 차지하는 패니매Fannie Mae와 프레디 맥Freddie Mac을 미국 정부가 인수토록 했을 뿐 아니라 가장 논란이 되는 "양적완화정책quantitative easing"을 과감히 시행했다. 이 양적완화 정책은 오바마 행정부의 거의 전 기간에 걸쳐 이루어졌다. 오바마 정부가 미국의 경제위기를 해결하기 위해 매달리면서 그 당시의 미국의 대외정책은 매우 수세적으로 변하였다. 이때만 보면 미국이 헤게모니인가 싶을 정도였다. 그리고 전대미문의 헤게모니에 의한 '돈풀기'가 벌어지고 국제경제는 요동쳤다. 국제경제를 안정시켜야 할 헤게모니가 오히려 국제경제의 불안정성의 주범이 된 격이다. 물론 미국 자체가 문제이기 때문에 주변을 돌아볼 여유가 없는 것이다. 양적완화정책은 한 번에 끝난 것이 아니라 2008년부터 2015년에 걸쳐 무려 세 차례나 시행되었고, 수조 달러의 돈이 투입된 후에야 끝이 났다. 양적완화 초기 미국이 그렇게 많은 돈을 풀고 문제를 수습할 수 있느냐 하는 회의론도 있었지만 결국 달러가 넘쳐 나면서도 달러를 대체할 화폐가 없는 현실에서 결국 양적환화정책은 결과적으로 미국 경제 위기를 해결하기 위한 매우 성공적인 수단이 되었다. 이것은 역설적으로 미국의 헤게모니로서의 지위를 확인한 것이기도 하다. 미국을 대체할 나라가 없고 미국의 달러를 대체할 화폐가 없다는 것을 여실히 보여주었기 때문이다.

그러나 미국을 벗어나서는 사정이 완전히 달라진다. 미국의 재정위기와 양적완화 정책은 전 세계의 경제를 흔들어 놓았다. 유럽에서는 경제 체력이 허약한 나라들이 흔들리기 시작하였다. 이러한 경제

위기는 그리스 등 작은 나라뿐만 아니라 유럽의 주요국들, 스페인, 이태리, 심지어 프랑스까지 흔들어 놓으면서 유럽의 위기를 불러일으켰다. 미국에서 시작된 파동이 전 세계적으로 퍼진 것이다. 킨들버거가 얘기한 "헤게모니 안정이론"과는 정반대의 현상이 일어난 것이다. 킨들버거는 헤게모니가 국제경제의 공공재를 제공할 수 있을 때 국제체제는 안정성을 가진다고 주장했다. 1900년대 초 국제체제는 그 당시 국제경제체제가 필요로 하는 공공재를 헤게모니의 부재로 어떤 국가도 제공하지 못했기 때문에 결과적으로 강대국끼리의 전쟁이 발발했다는 것이다.[4]

2007년의 미국의 재정위기는 1900년대의 현상과는 정반대이다. 1945년 이래로 국제경제질서의 안정적인 추 역할을 해오던 미국이 오히려 국제경제질서를 헤집어 놓은 문제의 원인이 된 것이다. 이러한 위기는 자연히 해결사 없는 국제경제의 현실이 되었다. 유럽과 신흥경제는 이에 연동이 되어 심각한 타격을 받게 된 것이다. 유럽에서 일부 국가들은 이러한 여파로 정권이 무너지는 정치적 타격을 입게 되었고, 유럽은 이후 시리아 난민 사태까지 겹치면서 극심한 혼란에 빠지게 된 것이다.

그러나 어쨌든 미국은 양적완화 정책으로 살아 돌아왔다. 미국은 여전히 세계의 가장 큰 경제이고, 따라서 미국은 다른 어떤 경제도 갖지 못한 다양한 극복 수단이 있다. 미국의 양적완화 정책도 그러한 수단 중의 하나이고 중국과의 경제전쟁도 그러한 수단 중의 하나이다. 미국이 80년대 그 당시 가장 떠오르는 경제인 일본에게 했던 정책들 또한 그러한 수단 중의 하나였다. 트럼프 행정부에 들어와서 미국 우선주의America First의 캠페인하에서 벌리고 있는 미국의 정책은 과거 18세기, 19세기에서 유럽의 주요 강대국들이 하던 중상주의의 성격을 가지고 있다. 신중상주의로 불릴 만한 내용이다. 물론 다른 점은 경제적 이득을 위해 식민주의를 추구하지는 않는다는 점에서 과거의 중상주의정책과는 다르다. 어쨌든 이의 함의는 미국이 어려워지면 이러한 정책도 불사한다는 것이다. 이러한 정책의 국제정치적, 국제경제적 부정적 영향이 다분히 있는 것도 사실이지만, 한 가지 확실한 것은 미국의 헤게모니가 갑자기 경착륙하는 모습으로 퇴조하지는 않을 것이라는 점이다. 미국 정도의 거대 경제가, 그것도 기술적 쇠락과 주요 산업의 붕괴를 수반하지 않고 갑작스럽게 급격히 퇴조하기는 어렵다. 여전히 미국은 정보기술, 인공지능, 사물인터넷 등의 신산업에서 세계 선도국가이고, 항공 우주, 에너지, 바이오 산업의 최강자이고, 미국의 대학, 연구기관은 이를 위한 기초과학적 소스를 무한 제공하고 있다. 향후에도 이러한 경향이 단기간에 사그러들지 않을 것이기 때문에 미국은 퇴조한다 하더라도 오랜 시간을 거쳐 서서히 연착륙해 갈 것이다.

2_미·중 헤게모니 경쟁, 향후 30년 간다

지난 30년의 국제체제의 특징은 '힘의 행사'라는 관점에서 보면 마치 '헤게모니 없는 헤게모니체제'와 같은 특징을 가지고 있다. 즉, 탈냉전 이후 국제체제의 변화 속에서 미국이 상대적으로 가장 강한 국가로 남게 되었지만 미국이 헤게모니와 같은 매우 적극적 개입정책을 바탕으로 한 대외정책을 편 것은 아니다. 90년대 클린턴 행정부는 냉전 시 미·소 간의 대결의 후유증으로 미국이 국제적으로 적극적인 역할을 하는 데 피로감을 느끼는 현상이 미국의 대외정책에 나타났다.[5] 미국이 헤게모니의 '행사'에 매우 소극적이었다는 말이다. 미국 스스로도 "미국은 이제 세계의 경찰국가가 아니다"라고 공언할 만큼 적극적인 역할을 하지 않았다. 물론 2000년대 들어 9.11 사태 이후 부시 행정부는 아프간 및 이라크와 전쟁을 치르면서 매우 공격적인 대외정책으로 전환하였다. 그러나 이것은 헤게모니 국가로서의 행태라기보다는 국가테러리즘에 대항하는, 사후 대응하는 성격의 것이었다. 오바마 행정부에 있어서는 주지하다시피 미국의 경제위기로 인하여 국제정치에서 매우 수세적인 대외정책으로 일관하였다. 오바마 행정부는 '핵 없는 세계'를 주창하고 G-20 창설을 주도하였지만 이것은 본질은 다자주의multilateralism이다. 다시 말하면 일극주의적 행태와는 상반된 것이다. 그렇지만 국제체제 전체로 보면 미국은 여전히 헤게모니 국가와 같은 지위를 가지는 것으로 세계국가들이 인식하고 있었고 그러한 분위기 속에서 국제체제의 안정성이 유지되었다. 그런데 이러한 와중에 중국이 부상하고 있었다. 금융위기가 도래한 세계 최강국 미국이 스스로의 문제에 부딪쳐 비틀거리는 모습을 보이는 와중에 세계의 다른 한편에서는 그 이전 10여 년을 견실하고, 초고속 성장한 경제를 바탕으로 중국이 부상한 것이다. 국제체제의 중심국가가 흔들리면 그 국제체제는 구조적 변화를 할 수 밖에 없다. 더구나 도전자의 입장에서 보면 그것이 국제체제를 변화시킬 절호의 기회라고 생각하게 되어 있다.

중국의 굴기

2007~08년의 미국의 경제위기를 목도하면서 중국의 지도자들은 어떠한 생각을 가졌을까? 이제 노쇠해져 다시 일어나기 힘든 사자의 모습을 본 것은 아닐까? 대조적으로 당시 중국은 엄청난 외환보유고에, 그러한 큰 덩치의 경제가 이루는 것으로는 믿기 힘들만큼의 두 자리 수의 경제성장률을 구가하고 있었다. 그것을 보면서 새로 출발한 시진핑 정부는 미국에게 소위 "신형대국관계"를 요구했다.[6] 그러나 그것은 어떤 의미에서는 하나도 이상할 것이 없었다. 그 만큼 당시 미국의 문제는 심각했고 중국은 떠오르는 헤게모니로서의 꿈을 꿀만했다.

2012년 개최된 중국의 제12기 전국인민대표회의에서 중국의 새로운 지도자로 추대된 시진핑 주석은 폐막연설을 통해 "중국몽中國夢"을 9차례나 언급하면서 대국으로서의 중국의 미래의 꿈을 역설했다.[7] 그 이후로 중국몽은 21세기 중국의 미래를 상징하는 대표적인 용어로 자리매김하였다. 중국몽은 물론 초강대국으로서의 꿈을 말한다. 국민통합을 통해서 군사대국, 경제대국을 만들고 과거 중국의 찬란한 영광을 되찾는, 말하자면 21세기 제국을 꿈꾸는 것이다. 이것의 기초는 물론 경제성장이 되겠지만 이 목표는 비단 경제대국 중국을 넘어서 헤게모니로의 총체적인 목표를 지향하는 것이다.

시진핑 주석이 중국몽을 얘기한 2013년 3월은 말하자면 중국의 경제 상황이 최상의 상태의 마지막쯤 와 있었던 때이다. 중국은 2000년부터 2005년까지는 연 평균 9.8%의 경제성장을, 그리고 2006년부터 2010년까지는 연 평균 무려 10.8%의 기록적인 경제성장을 구가하고 있었다. 2011년과 2012년에는 이보다 다소 낮아지기는 했어도 각각 9.3%, 7.7%로 여전히 높은 경제성장률을 기록하고 있었다.[8] 따라서 중국은 이런 정도의 경제성장률이 앞으로도 지속적으로 유지할 수 있다면 중국몽의 실현을 꿈꿀 수 있는 것이다. 시진핑 주석의 취임이 바로 이러한 때에 이루어졌다. 그는 중국의 새로운 지도자로 자리매김하고 싶었다. 그것은 중국몽을 실현한 지도자이다. 즉 미국과 어깨를 나란히 하는, 어쩌면 미국의 세계적 지위를 중국으로 바꾸는 중국의 미래를 실현한 지도자인 것이다.

시진핑 주석이 신형대국관계를 역설할 때 오바마 행정부의 반응은 '의도적 무시'에 가까운 것이었다. 중국의 의도를 분명히 알았지만 미국의 경제 상태가 그것에 정면 대응하여 미·중관계를 갈등관계로 몰고 갈 만큼 여유가 없었다. 대신 오바마 행정부는 중국과 매우 유연하고 소프트한 접근방법으로 대응했다. 미·중전략대화를 만들고 미·중이 그야말로 모양새로는 대등한 양자적 관계를 향유하는 것이라는 착각을 불러일으킬 만큼 신중하게 대처했다.[9] 그 사이 미국경제는 위기에서 벗어나서 2015년 마지막 양적완화 정책에서 긴축정책으로 선회하였다. 이에 반해 그즈음 중국의 경제는 하강하기 시작하였다. 2015년 중국의 경제성장률은 연 6.9%로 1990년 3.9%이래 가장 낮은 성장률을 보였다. 더구나 경제성장률이 6%대로 떨어지면서 중국 경제 비관론자들 사이에는 중국 경제의 경착륙 주장도 나오기 시작했다. 2014년 시진핑 주석은 이러한 중국 경제의 상황을 새로운 정상상태, 즉 "신창타이新常態"로 표현하면서 중국경제 경착륙의 가능성을 경계하였다.[10]

중국 경제의 (연)경착륙 논쟁은 앞으로도 당분간은 지속적으로 논쟁의 초점이 될 것이다. 이것은 미국의 헤게모니 퇴조론에 대한 논쟁과 비슷한 것이다. 어느 정도가 중국 경제의 연/경착륙을 규정하느냐의 문제이다. 절대적 기준은 없다. 중요한 것은 그것이 미국과의 헤게모니 경쟁에서의 관계이다. 중국 경제가 연평균 경제성장율 4~5%만을 가지고도 충분히 미국과 경쟁할 만하다면 그것은 가공할 수준이다. 여기서 중요한 점은 중국은 경제성장률이 연평균 거의 10%에 있을 때 미국에 공개적으로 도전장을 내밀었고, 그 후 경제성장률이 6%대에 머물러 있고, 향후 전망은 그보다 더 밑돌 것이라는 사실이다. 중국이 미국과의 헤게모니 경쟁에서 사실상 공개적 도전장을 '먼저' 던졌고 미·중 헤게모니 경쟁의 구도가 공식화되었다는 점이다.

트럼프의 반격

미국의 반응은 앞서 얘기한 것처럼 오바마 행정부에서는 이를 인정하지 않으려는 의도적 무시 정책이었다. 그러나 트럼프 행정부에 와서는 미국의 정책이 완전히 바뀌었다. '미국우선주의'를 표방한 트럼프 행정부의 대외정책에 대해서 초기에는 '신고립주의'다 또는 '아니다'의 논란이 있었다. 트럼프 행정부의 첫 1년의 대외정책이 이처럼 비춰진 것에 대해서는 여러 가지 원인 중에서도 트럼프 행정부의 초기 각료 인사 인선과 혼선에서 찾아볼 수 있을 것 같다. 즉, 초기 백악관 참모 중에서 극단적 미국 우선주의를 부르짖는 스티브 배넌Steve Bannon과 같은 참모가 백악관에 있었다. 그가 백악관 내부 권력투쟁으로 인해 물러나고, 또 미국 외교정책의 삼두마차라 불릴 수 있는 국가안보보좌관, 국무장관, 국방장관에 미국 정통외교의 맥을 잇는 인사들이 지명되면서 트럼프 대통령이 원했던 정책을 펼 수 없었다. 특히 상무장관에도 비둘기파로 알려진 윌버 로스를 지명함으로써 대중정책에서도 비교적 온건한 정책이 유지되었다. 그러나 트럼프 대통령은 이들을 점차로 바꾸면서 자기 색깔의 대외정책, 대중정책을 펼 인적 기반을 완성하였다. 특히 대중 경제전쟁을 지휘할 핵심 각료들을 강경파로 임명함으로써 내부적 기반을 다졌다. 그리고 관세를 중심으로 하는 중국과의 경제전쟁을 선포하였다.

미·중 경제전쟁은 미·중 헤게모니 전쟁의 서막이다. 이 전쟁에서 미국이 중국에게 어떻게 승리할지는 앞으로 좀 더 두고 보아야 한다. 미·소 냉전에서 미국은 조지 케넌George Kennan이라는 천재적 전략가가 당시의 국제정치의 맥락을 정확히 짚어 내며 봉쇄전략의 기초 아이디어를 제공했다.[11] 미국의 각 행정부들은 이러한 전략적 가이드라인을 따라 적절한 전략을 꾸준히 구사함으로써 냉전을 종식시킬 수 있었다. 지금 "미국 우선주의"로 회자되는 트럼프 시대의 정책은 그러한 정교한 전략을 바탕으로 추진되고 있는지 의심스럽다. 더구나 미국 내의 국민적 합의를 가지고 진행되고 있는지는 의문이다. 미국의 전략가들도 여기에 대해서 쉽게 이견을 드러낸다. 미·소냉전 시대에 봉쇄전략에 대해 수정주의자들을 제외하고는 미국의 전문가들이 그러한 이견을 드러낸 적이 거의 없다. 트럼프 행정부의 어떤 전략가도 '미국 우선주의'에 대해, 그 강령과 전략의 내용에 대해, 정확히 설명한 바가 없다. 트럼프 대통령의 입과 트위터를 통해 정책화되는 과정에서 세계의 국민들은 그 실체를 애매하게 이해할 뿐이다. 트럼프의 미국우선주의 정책은 트럼프를 지지하는 미국의 일부 지지층은 열광할 얘기지만, 세계의 우방 국민들도 때로 매우 곤혹스럽다. 미국의 리더십에 상처가 나고 있다. 그 와중에 가장 큰 전선은 중국과 형성되고 있다. 미중 경제전쟁이 심화되고 있는 것이다.

미중 경제전쟁은 경제 분야를 넘어 전방위적으로 확대 재생산될 것이다. 그 본질이 헤게모니 전쟁이기 때문이다. 이 전쟁은 1, 2년의 전쟁이 아니다. 기존의 헤게모니 국가와 부상하는 헤게모니 국가의 전형적인 싸움이다. 이것이 물리적인 충돌, 즉 전쟁으로까지 비화할 것이냐는 앞으로 논쟁의 대상이 될 것이지만 이것이 단기간에 끝나지 않을 것만은 분명하다. 미·중 헤게모니 경쟁은 적어도 30년 정도 가는 긴 싸움이 될 것이다. 여기서 왜 20년이 아니고, 또 40년이 아니고, 30년이냐 하는 것에는 물론 정확한 과학적 근거가 없다. 이것은 적어도 역사의 사이클에서 보아 단기적이라 할 수 있는 10년, 20년에 끝날 싸움이 아니라는 말이다. 물론 30년도 역사의 사이클에서 보면 긴 기간은 아니다. 그러나 냉전체제가 40년 정도 유지되었고, 탈냉전 이후 30년 정도가 지나면서 탈냉전 체제의 변화가 감지되는 것처럼, 30년 정도면 그 국제체제의 (비)안정성이 변화될 수 있음을 감안해서이다. 미·중 헤게모니 경쟁이 본격화, 공식화되면서 향후 30년 정도면 그 결과를 감지할 수 있는 기간이 될 수 있다고 보기 때문이다. 미·중이 헤게모니 경쟁이 소위 '경제전쟁'으로 시작하였지만 그 전선은 군사적으로, 그리고 종국적으로 체제전쟁으로 비화할 것이다. 그리고 21세기 국제체제가 어떤 문명으로 대체될 것인가를 가름할 문명 전쟁이 될 것이다.

3_중국, 헤게모니로의 길

미·중 헤게모니 경쟁의 가장 중심 화두는 부상하는 중국이 결국 미국을 대체할 수 있는가이다. 중국의 자신감은 경제력의 산장에서 나온다. 신형대국관계라는 것도 결국 중국의 경제적 자신감의 발로이다. 중국의 지난 20여 년의 GDP 성장은 그야말로 눈부신 것이다. 중국의 경제성장률이 10%에 달하던 2010년경에는 중국의 GDP가 2020년에 가면 미국을 능가할 것이라는 전망치가 나오기도 하였다.[12] 물론 이러한 전망치는 중국의 GDP가 그 이후 6%대로 주저앉으면서 2030년경으로 미뤄지기는 했지만 그래도 여전히 가공할 성장치인 것이다. 더구나, 수출과 외환보유고, 그리고 미국의 국채보유액 등으로 중국은 경제적 수치에서 미국을 위협하는 정도로 성장했다.

동맹과 제도

중국의 성장은 자연스레 중국을 G2 국가로 인식하기 시작했다. 여기에 그치지 않고 중국은 신형대국관계를 미국에 요구함과 때를 같이하여 이를 구체적으로 실현하기 위한 전략을 구사하기 시작했다. 그것이 즉, 일대일로 전략이다. 중국이 미국의 헤게모니 시대를 엄밀히 검토하면서 미국에게 배운 것은 '동맹'과 그것을 뒷받침할 '제도'가 없이는 헤게모니로 등극할 수 없다는 것이다. 그래서 중국판 동맹과 제도를 갖추어 미국을 추월하겠다는 것이다. 중국의 전략가들이 생각해낸 것은 역시 중국의 과거 제국이었던 시절의 전략이다. 일대일로는 현대판 몽골 제국의 세계 재패 전략이다. 중국이 가장 강성하던 몽골 제국의 침략전쟁의 루트를 따라 현대판 실크로드를 만드는 것이다. 다만 다른 것은 과거의 몽골 제국이 군사적 침략과 정복의 루트였다면 지금의 실크로드는 그야말로 새로운 건설과 창조를 통해 국가 협력을 이루겠다는 것이다. 해양을 통해서는 중국이 가장 강성했던 15세기 '정화鄭和 원정'에서 아이디어를 얻어 해상루트를 통해 실크로드를 만드는 작업이다.[13] 21세기 중국이 어떻게 하면 대제국이 되느냐를 중국의 과거 제국이었던 시절의 역사적 사례와 지금의 미국의 헤게모니 체제를 융합하여 중국판 전략을 만들어 낸 것이 바로 일대일로이다. 이것은 '거대한 중국의 영향력 지대'이다. 지리적 면적과 지역으로만 보면 미국이 냉전체제 이후 만들어 낸 동맹체제의 그것과도 결코 뒤지지 않는 거대한 것이다.

미국의 헤게모니 체제의 가장 중요한 두 요소는 동맹과 이를 뒷받침하는 제도인데 제도란 글로벌 자본주의 체제를 지탱하는 제도를 말한다. 즉, 국제무역체제와 국제금융체제이다. 21세의 어느 나라도 이러한 글로벌 자본주의 체제하에서 서로 경쟁하며 협력한다. 중국도 예외는 아니다. 미국이 궁극적으로 만든 가장 미국적 제도 속에서 미국과 경쟁해야 한다. 물론 가장 이상적인 것은 이를 대체할 새로운 국제 제도를 만들고 세계의 주요국들을 그 제도 속으로 끌어들여 거기서 협력이든 경쟁이든 하게 만드는 것이다. 그런데 이것은 원천적으로 불가능하다. 중국의 현재의 부富는 이 체제 속에서 만들어진 것이다. 이것이 중국의 헤게모니라는 관점에서 생각할 때 본질적 약점이다. 아무리 해도 대체가 되지 않는 대체제이다. 그렇지만 아무것도 하지 않는다면 이러한 본질적 약점을 조금이나마 보충할 수 없다. 그래서 일대일로라는 거대한 전략을 뒷받침하기 위해 만들어 낸 제도가 바로 아시아인프라투자은행Asian Infrastructure Investment Bank, AIIB이다. 즉 글로벌 자본주의(제도)의 한 형태나마 중국이 움직일 수 있는 것을 갖겠다는 구상이다. 중국이 '절대 자본'을 댐으로서 중국의 영향력 확대는 물론 이를 통해 미국의 제도하에 있는 국가들에게도 일정 부분 견제적 영향력을 행사하겠다는 것이다. 이것은 중국의 대전략을 생각하는 관점에서는 갈 수밖에 없는 길이기도 하다.

G1으로 가는 중국

이러한 구상이 성공하면 어떨까? 그것은 그야말로 상당한 파급 효과가 있을 것이다. 그러나 이의 시행 몇 년의 평가는 아직 유보적이다. 실패다 성공이다 할 수 없는 중간적 상황이다. 중국은 일대일로 전략을 굉장히 의욕적으로 추진하였고, 초기 일부 국가에서 여기에 대한 호응도 대단했다. 그러나 이미 터키나 말레이시아 경우에서 보듯 부작용도 만만치 않다. 그리고 일대일로 전략은 생각만큼 진척되지 있지 않다. 실크로드를 지나는 국가들의 각각의 정치적, 경제적 사정이 다 다르기 때문이다. 중앙아시아 국가들은 과거 소련의 영향력하에 있는 국가들이고, 지금도 러시아의 영향력이 남달라서 쉽사리 중국과 손을 덥썩 잡기가 어렵다. 중동 국가들은 국제 정치적 사정이 복잡하고, 터키도 마찬가지이다. 유럽은 중국의 손을 쉽게 뻗치기 어렵다. 또한 일대일로를 통한 이들 국가들과의 협력도 과거 냉전 초기 미국이 유럽에 했던 것과는 매우 다르다. 미국은 트루먼 독트린을 통해 그리스와 터키를 지원했고, 더욱이 마셜 플랜을 통해 유럽에 천문학적 액수의 지원을 했다. 작금의 중국의 일대일로의 실행에서 잡음이 나는 것을 보면 그것은 기본적으로 중국판 마셜 플랜이라기 보다는 대규모 이익 투자에 가까운 냄새가 난다. 이것이 향후 성공이냐 실패냐를 결정할 것이다. 그러나 이미 일대일로에 대한 초기 기대나 환상 같은 것이 이미 많이 사그러져 있는 것이 현재의 실상이다.

AIIB는 현재 진행형이기 때문에 좀 더 지켜보아야 할 것이다. 이것이 미국의 기존의 제도를 위협할 정도로 커질 가능성이 생길 경우 미국이 어떻게 대처하는지도 앞으로의 관전 포인트이다. 국제무역제도에 있어서는 중국이 '역내 포괄적 경제 동반자 협정Regional Comprehensive Economic Partnership, RCEP'에 많은 공을 들이고 있다. 현재까지는 일본이 주도하던 '환태평양 경제동반자 협정Trans-Pacific Strategic Economic Partnership, TPP'을 미국이 걷어차는 바람에 상대적으로 RCEP에 아시아 국가들이 많이 관심을 기울이고 있다. 이것이 제대로 출범하면 중국이 주도하는 경제 동반자 협정이 작동하게 되는 것이다. 이것이 기존의 여러 다자간, 양자 간 자유무역지대를 대체하는 것은 아니지만 보완적으로 작동하는 기제가 된다. 그리고 중국이 일정 부분 이니셔티브를 쥐는 최초의 국제무역제도가 되는 것이다. 그럼에도 불구하고 이러한 제도들이 향후—예를 들어 4반세기 안에—국제제도의 중심적 기제가 될 것인가에 대한 질문에 대해서는 답은 매우 유보적이다. 이러한 제도들이 완벽히 성공하더라도 그것은 기존의 미국 중심적 질서를 약간 정도 보완하는 수준이지 그것을 완전히 대체하는 수준이 되지는 않을 것이다. 이렇게 본다면 중국이 헤게모니를 향한 시도는 '전략은 창대하고, 그 방향도 대체로 잘 잡았으나 실행은 쉽지 않다'고 결론지을 수 있다. 그러나 여기서 그 목표는 분명하다. 그것은 이제는 G2에 만족하는 것이 아니고 G1을 향해 간다는 것이다. 여기서 미국과의 충돌이 불가피하게 되었다.

헤게모니를 향한 중국의 질주에서 중국 스스로도 부족하다고 느끼는 것은 역시 질적 경제력이다. 즉, 첨단 기술력이 부족하다. 경제적 규모로서는 중국의 거대 인구에 힘입어 미국과 필적할 정도의 규모의 경제를 이룩할 수 있으나 그 내용은 여전히 헤게모니 경제에 걸맞는 것이 아닌 것이다. 중국은 후발신흥경제국이다. 전 세계의 주요 산업군에서 중국이 최첨단 기술로 압도적으로 앞선 산업이 단 하나도 없다. 이것이 헤게모니를 추구하는 중국의 현 실상이다. 바로 이러한 점 때문에 중국은 "중국제조 2025"을 2015년 발표하였다. 중국의 기술혁신을 3단계로 나눠 2015~2025년 1단계, 2025~2035년 2단계, 그리고, 2035~2045년 3단계로 하고 궁극적으로 2045년경에는 미국과 맞먹는 기술 패권을 달성하겠다는 것이다. 이를 위해 9대 과제와 10대 전략 산업을 집중 육성하겠다는 야심찬 계획을 수립하였다. 이 10대 전략 산업에는 차세대 정보 기술, 고정밀 수치제어 및 로봇, 항공우주장비, 해양장비 및 첨단 기술 선박, 선진 궤도교통설비, 신소재, 바이오의약 등등 그야말로 거의 모든 신산업 부분에서 중국이 세계 선두에 서겠다는 것이다.[14]

미·중 경제전쟁

이러한 중국의 야심찬 헤게모니로의 야망이 트럼프의 미국 우선주의와 만난 것이 지금의 미·중 경제전쟁의 실상이다. 80년대 미국의 경제문제는 일본이었다. 그러나 그 당시 일본과 지금의 중국의 가장 큰 차이는 당시의 일본은 가장 급속도로 부상하는 경제대국이었지만 그러나 헤게모니의 야망이 없었다는 것이다. 그리고 미국의 가장 가까운 우방으로서 미국의 안보 우산 속에서 급속도로 성장한 경제대국이었다. 지금의 중국은 그와는 완전히 다르다. 중국은 굴기를 선언했고 미국에 정식으로 도전장을 낸 상태이다. 미국의 중국에 대한 경제전쟁 선포는 세 가지 포인트를 중심으로 진행되고 있다. 첫째는 관세, 둘째는 중국의 제조업, 특히 반도체 굴기를 막겠다는 것이고, 셋째는 환율 전쟁이다.

어떻게 될까? 장기적으로 중국은 기술 패권에 성공할 것인가? 중국은 건실한 경제성장률을 앞으로도 계속 유지할 수 있을까? 미국의 공세에 맞서 관세 문제를 해결하고 환율을 안정시키면서 계속해서 수출을 지속시킬 수 있을까? 이것에 대한 해답은 쉽게 내릴 수 없다. 그러나 어느 일방의 완전한 패배나 승리로 결말이 나지 않을 거라는 해답은 내릴 수 있다. 중국이 상당한 타격을 받을 수 있지만 일방적인 패배로 끝나지는 않을 것이다. 다만 중국의 경제 굴기를 어느 정도 늦추는 효과는 분명히 있을 것이다. 중국의 기술 굴기가 자신들의 단계 분석상 현재는 영국, 프랑스, 한국 등의 제3그룹에 속해 있는 수준이고 여기에 미국이 공격을 시작한 것이니 독일과 일본 수준의 제2그룹으로의 도약이 당연히 늦을 수밖에 없을 것이다. 미국이 중국의 기술 도약의 다양한 수단을 지금 적극적으로 차단하고 있다. ZTE 사태가 그렇고 화웨이에 대한 공격도 그 일환이다. 미국의 주요 대학들이 중국 유학생들을 배척하고, 미국의 주요 IT 기업에서 중국 출신 연구원들을 원천적으로 막기 시작한 것도 이의 일환이다. 심지어는 사회과학자들에게도 비자 발급을 거부하는 사태도 벌어지고 있다. 중국의 해킹에 대한 경각심도 연일 불러일으키고 있다. 미국의 지적 재산권에 대한 철저한 보완을 요청하고 중국으로의 원천기술 유출을 철저히 감시하기 시작하였다. 그러나 이러한 노력에도 불구하고 미국과 중국이 기업들 사이에 상호의존성은 이미 완전히 차단하기에는 상당히 심화되어 있다. 중국이 자신들의 분류대로 제3그룹에서 제2그룹으로 가는 문턱에 있는 지금이 기술패권으로의 가능성의 문지방에 있다 할 것이다. 중국이 미국으로부터의 공격을 여하히 막아 내느냐가 관건이다. 막아 낸다면 앞으로 시간의 문제는 있을지언정 기술패권으로의 여정을 진행할 수 있을 것이다. 아니면 중국은 미국과의 '기술적 초격차'를 이겨 내지 못하고 일차로 경제적 헤게모니의 야망을, 종국에는 헤게모니로의 야망을 접어야 할 것이다.

4_헤게모니 전쟁

중국이 헤게모니로 갈 것인가를 놓고 또 하나 분석해야 할 중요한 변수는 바로 군사적 굴기이다. 중국이 기술 패권으로의 여정을 갈 수 있다 하더라도 군사적 굴기 없이는 헤게모니 국가가 되기 힘들다. 헤게모니 전쟁론에 따르면 헤게모니 국가의 변환에는 반드시 헤게모니 전쟁이 불가피하다 하였다. 그렇다면 미국과 중국 사이에는 헤게모니 전쟁이 불가피할 것인가? 과연 중국은 미국을 군사적으로 대적할 정도의 군사력을 가지고 있는 것인가?

투키디데스 함정

미국의 저명한 국제정치학자인 그래엄 앨리슨Graham Allison은 미·중의 헤게모니 전쟁의 심각성을 그의 최근 저서에서 밝히고 있다. "전쟁으로 갈 운명: 미국과 중국은 투키디데스 함정을 피할 수 있을까?Destined for War: Can American and China Escape Thucydides's Trap?"에서 그는 미·중이 초래할 21세기 헤게모니 전쟁의 심각성을 파헤치고 있다.

물론 앨리슨은 미·중이 반드시 투키디데스의 함정에 빠진다고 결론짓는 것은 아니다. 투키디데스 이래 헤게모니 전쟁의 사례를 연구한 결과 16번의 사례 중 12번은 전쟁으로, 4번은 전쟁으로 가지 않는 사례가 있었다고 밝힌다. 3억의 인구에다 5천 년의 역사를 가진 중국은 고쳐져야 할 문제가 아니라 세기를 거쳐 관리되어야 할 조건으로 보면서 앨리슨은 양국의 지도자와 대중 사이의 깊은 이해만이 전쟁을 피할 수 있다고 주장한다.[15]

투키디데스의 함정은 세기가 아니라 밀레니엄을 뛰어넘은 역사적 함의를 가지고 있기 때문에 오늘날에도 담론의 중심으로 대두하고 있다. 물론 지난 냉전의 해체와 그 이후의 국제정치에서 초강대국끼리 경쟁이 전쟁으로 결과하겠는가는 매우 회의적이다. 그것의 실현은 단지 헤게모니의 교체가 아닌 국가의 완전한 멸망과 소멸을 의미하고 더구나 전지구적 멸망으로까지 비화할 수 있는 파괴력을 가진 때문이다. 냉전의 경우 미국과 소련은 핵능력에 있어서는 거의 대등한 능력을 가진 두 나라였지만 결국 헤게모니 경쟁이 핵전쟁으로까지 비화하지 않았다. 아니할 수 없었다는 것이 더 정확할 것이다. 물론 1962년의 쿠바 위기처럼 일촉즉발의 상황이 없었던 것은 아니나 미국과 소련은 핵전쟁이 양국은 물론 전 지구를 궤멸로 몰고 갈 재난임을 인지하고 있었기 때문이다. 오늘날의 중국의 핵능력은 당시의 소련과 지금의 러시아보다는 훨씬 약하기 때문에 미국과 핵전쟁을 하지 못한다는 의미는 아니다. 중국의 핵능력은 어느 선에 이르러서는 미국에 대해 억지력을 충분히 가질 만큼 성장할 것이다. 그러나 그 단계에 이르러서도 여전히 핵전쟁이 상호 완전 파괴라는 핵전쟁의 본질에서 벗어날 수 없다.

미·중 전쟁 가능성

2014년 제1차 세계대전의 100주년이 되는 해에 학계에서는 미·중 사이에 제1차 세계대전의 역사적 사례가 재현될까 하는 매우 흥미 있는 학술적 연구들이 나왔다. 종과 홀Ja Ian Chong and Todd H. Hall은 당시의 영·독 관계와 지금의 미·중 관계는 보기보다는 매우 다르다면서 이들 사이에는 지전략적geostrategic, 기술적, 사회역사적 맥락에서 중요한 차이점이 있다고 주장한다. 첫째, 지전략적 측면에서 당시 독일은 영국뿐만 아니라 프랑스·러시아 동맹으로부터도 위협에 직면하고 있었으나 지금의 중국은 독일에게 러시아와 같은 거대한 위협세력이 없다. 둘째, 기술적 측면에서 당시는 재래식 전쟁이 가능한 시대였으나 지금 핵시대에서는 이것이 불가능하다. 셋째, 제1차 세계대전 당시 정치가들은 국가가 생존을 위하여 전쟁에 돌입하는 것이 불가피하다는 사회적 다윈주의Social Darwinism에 빠져 있었으나 지금은 그러한 사상이 매우 약하다. 더욱이 당시 강대국들이 식민지 정복을 놓고 싸웠으나 지금은 중국조차도 세계 자본주의의 동반자이다.[16]

이와 더불어 국내정치적 연합에 주목하는 연구도 있다. 즉, 국내의 정치연합이 국제경제와 더욱 연동하려는 국제주의적 성향을 가지면 전쟁을 피하려 하고, 그 연합이 국제경제와 덜 연동하려는 내부지향적이면 전쟁에 덜 회피적이라는 것이다. 당시 독일은 국내정치 연합이 내부지향적이어서 초국가주의, 보호주의 및 팽창주의에 사로잡혀서 전쟁을 피하지 않았다. 따라서 당시 독일과 현재의 중국을 같이

보는 것은 잘못되었다고 본다.[17]

물론 여기에 신중론도 제기된다. 미국 안보의 상반된 두 주장, 즉 '깊은 개입주의deep engagement'나 '역외균형론offshore balancing' 둘 다 낙관주의적 견해에 빠져 있어서 문제가 있다고 지적하면서 몽고메리Evan Braden Montgomery는 중국의 위협에 대해 보다 진지한 접근이 필요하다고 주장한다. 즉 중국은 현재 대규모 전쟁은 불가능하나 제한전은 얼마든지 가능하다고 주장하면서 타이완 해협, 동중국해 영토분쟁, 남중국해 등에서 중국의 군사적 위협을 간과해서는 안 된다고 본다. 즉 중국은 A2/AD Antiaccess/Area Denial: 반접근/지역거부전략을 세우고 급격한 군사력 증강을 해 온 결과 미국의 태평양 지역에 배치된 고정 타겟을 공격할 수 있는 능력을 갖췄다는 것이다. 따라서 미국은 자신의 군사적 우위를 과대평가하지 말고 ① 효과적인 장거리 타격능력, ② 새로운 항모 개발, ③ 잠수함 능력 ④ 해외기지 강화, ⑤ 미사일 방어능력 향상 및 ⑥ 사이버전 능력 향상에 더욱 진력을 다해야 할 것을 주장한다.[18] 사실상 안보 딜레마가 가져오는 군사적 경쟁이 동아시아에 구조적으로 뿌리를 내리고 있는 가운데 미국과 중국 사이의 경쟁의 점화는 미래의 불확실성, 상호 오해, 전략적 불신 및 자제의 실패로 상황이 급격히 긴장으로 갈 수 있다는 점을 전문가들은 걱정하고 있다.[19]

이러한 전문가들의 진단과는 달리 이미 미국과 중국은 경제전쟁으로 돌입하였고, 한 치의 양보도 없이 격돌하고 있다. 미국과 중국이 군사적인 측면에서 전면전을 치를 가능성은 현재도 물론 당분간은 어려울 것이다. 제1차 세계대전의 사례를 현재의 중국과 비교하기는 어렵다고 필자도 보고 있다. 한 가지만 비교를 해보면, 과거 독일은 비스마르크에 의한 통일 이후 엄청난 국력을 축적하였고 종국에는 영국에 필적하는, 아니 그를 능가하는 전력을 보유하게 되었다는 점이 현재와는 가장 큰 차이점일 것이다. 중국이 핵력은 차치하고라도 재래식 군사력에 있어서 미국에 필적할 만한 군사력을 가질 수 있느냐, 또 언제쯤이면 그런 수준에 도달할 수 있느냐가 관건이 되겠다. 중국의 반접근/지역거부 전략의 의미하는 바는 적어도 동아시아 지역에서는 중국이 확실히 자신의 국가적 이익을 지키겠다는 것인데 이것은 다른 말로는 아직 글로벌한 전략까지 중국의 군사적 능력이 가 있지 못하다는 반증이기도 하다.

동아시아 지역에서 중국이 군사적으로 개입할 수 있는 네 가지 분쟁 요소가 있는데 ① 타이완 해협, ② 남중국해, ③ 동중국해, 및 ④ 한반도이다. 이들 중 어느 하나라도 분쟁이 일어난다면 미국이 개입하지 않을 지역은 없다. 이 4개의 분쟁 지역 위험도를 따지는 것은 어려운 일이나 아무래도 타이완 문제와 남중국해가 현재로서는 분쟁의 가능성이 다른 두 지역보다도 상대적으로 높다 하겠다. 동중국해의 경우 분쟁은 영토문제로서 이것으로 인해 양국이 실질적 군사적 분쟁으로 비화하기는 다소 현실적이지 않다. 한반도 문제도 중국이 당사자로서 처음부터 분쟁에 뛰어드는 시나리오는 상정하기 어렵다. 한반도에서 남북 간의 어떤 분쟁의 상황이 발전되어 미국이 개입하고 동시에 중국이 개입하는 보다 복잡하고 단계적 발전에 따라서 이뤄져야 할 시나리오이다. 그러나 어쨌든 미국과 중국이 헤게모니 경쟁을 공개적이고 본격적으로 하는 상황은 그렇지 않은 상황보다는 훨씬 위험하고 걱정스러운 것이 사실이다. 미래가 과거보다도 더욱 동아시아는 안보딜레마에 놓이게 되고 불확실성이 증가하며 국가 간의 불신과 오해로 인해 상호 이해와 협력이 아니라 공격적인 외교, 강압외교에 의존할 가능성이 커진다.

5_헤게모니의 미래

종합해 보자면 그럼 헤게모니의 미래는 어떻게 될까? 그것은 다음의 다섯 가지 시나리오 가운데 하나일 가능성이 크다.

다섯 가지 시나리오

① 미국 퇴조 후 재상승 — 미국 헤게모니 유지

② 미국이 퇴조하나 중국과의 격차를 유지하면서 가는 경우 — 미국 우위적 유사 양극체제

③ 헤게모니 변환이 일어나나dead cross 미국의 점진적 퇴조가 진행되는 경우 — 미·중이 바뀐 유사양극체제

④ 헤게모니 변환 후 미국의 급격한 퇴조가 일어나는 경우 — 중국 헤게모니 체제

⑤ 헤게모니 전쟁을 통해서 헤게모니 변환이 일어나는 경우 — 미국 또는 중국 헤게모니 체제

[도표 1] **미국 헤게모니 유지**

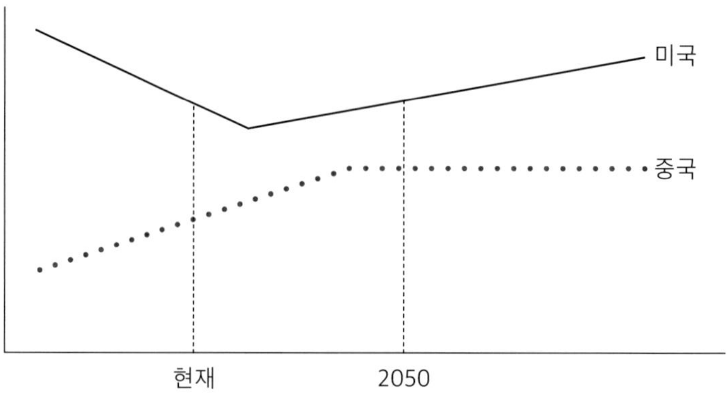

* 미국의 퇴조 후 재상승—미국의 헤게모니 유지

[도표 2] **헤게모니의 퇴조 (미국 우위적 양극체제)**

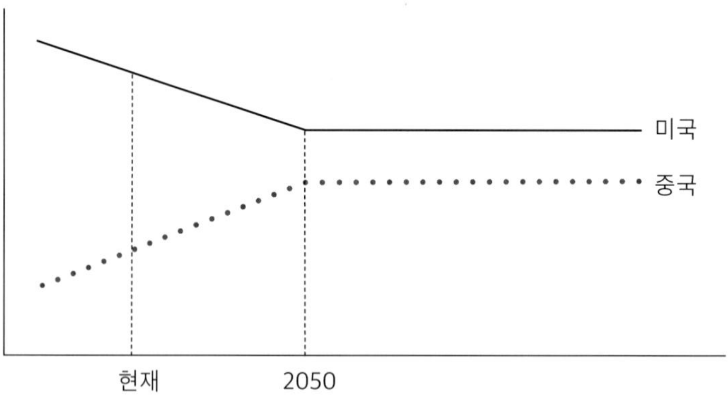

* 미국이 퇴조하다 중국과 격차를 유지. 미국 우위적 양극체제

[도표 3] **헤게모니 변환 1**

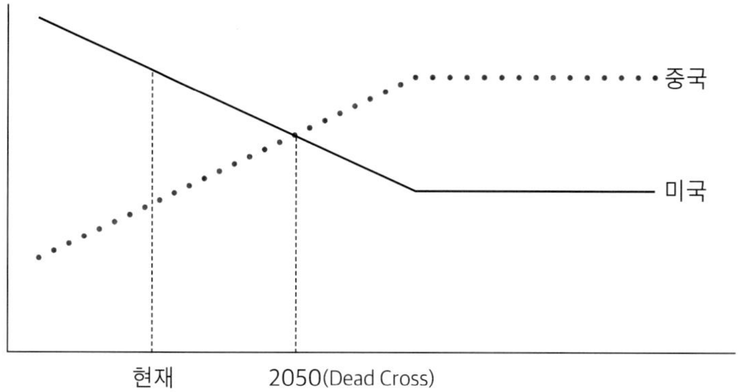

* 헤게모니의 변환이 일어나지만, 그 후 급격한 변동이 아니라 미국의 점진적 퇴조가 일어나는 경우 (중국 우위적 양극체제)

[도표 4] **헤게모니 변환 2**

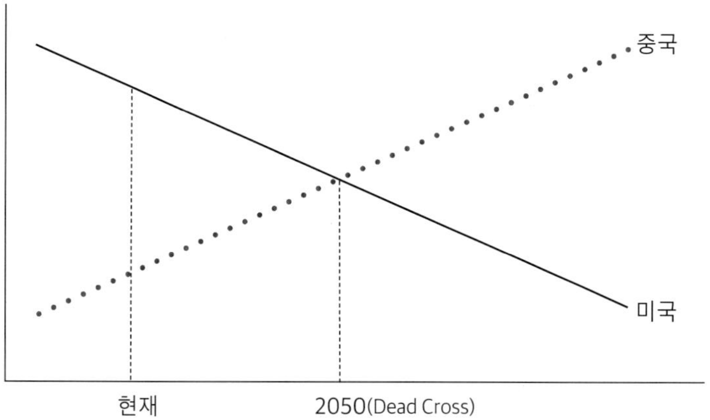

* Dead Cross 이후(헤게모니 변환), 미국의 급격한 퇴조 (중국의 헤게모니)

[도표 5] **헤게모니 전쟁의 경우**

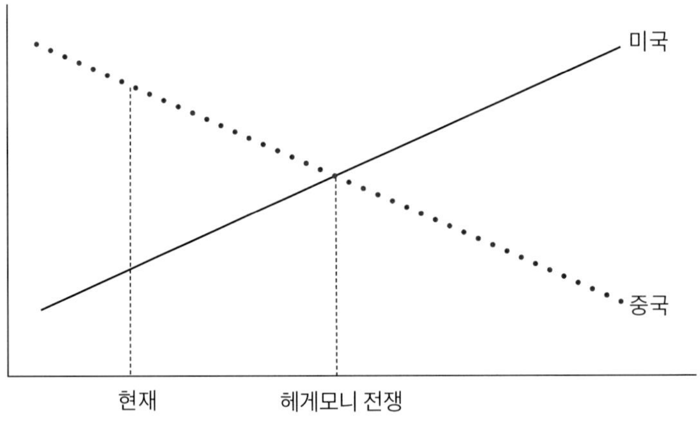

* 헤게모니 전쟁의 경우

① 중국이 이기면 - 중국 헤게모니 ② 미국이 이기면 - 미국 헤게모니

여섯 가지 변수

이러한 헤게모니 미래의 다섯 가지 시나리오를 결정하는 변수는 다음과 같이 대략 여섯 가지 요인을 생각해 볼 수 있다.

① 4차 산업혁명에서의 획기적 성공 여부

② 세계경제의 안정화

③ 글로벌 자본주의를 지탱하는 국제 제도의 안정화

④ 동맹의 회복

⑤ 군사 혁신의 성공

⑥ 정체政體의 안정적 발전

첫째, 4차 산업혁명에서의 획기적 성공 여부는 미국과 중국에게 공히 중요하다. 전술한 바와 마찬가지로 중국이 2045~50년경에 기술 패권에 성공한다는 의미는 신산업의 거의 전 분야에서 미국과 버금가는 기술적 수준을 이룬다는 의미이다. 미국이 4차 산업혁명에 획기적으로 성공한다는 것은 지금의 기술적 초격차를 미래에도 유지한다는 의미이다. 미국이나 중국 공히 이러한 4차 산업혁명의 성공이 아니고서는 헤게모니를 꿈꾸기 어렵다.

둘째, 세계경제의 안정화는 지난 30년 진행되어 온 세계화의 문제점들이 해결되면서 유럽이 보다 안정되며 동반 상승하는 것을 의미한다. 유럽은 전후 미국 헤게모니 체제를 뒷받침하는 매우 중요한 기반이기 때문에 유럽이 흔들리면 미국의 헤게모니 체제는 안정성을 잃는다. 미국과 유럽은 문명적으로도 한 뿌리이고, 체제적으로도 기반이 같다. 유럽이 없는 미국은 지리적, 지정학적으로도 고도孤島의 큰 대륙에 불과하다. 글로벌 헤게모니 체제가 될 수 없다.

셋째, 국제제도의 안정화는 앞서서도 자세히 설명한 것처럼 자본주의 체제를 뒷받침하는 국제무역체제와 국제금융체제가 여하히 안정성을 갖느냐 하는 것이다. 미국 헤게모니 체제의 가장 큰 강점은 이러한 체제를 미국이 만들었다는 것이고 글로벌 자본주의 체제는 어떠한 국가도 이러한 체제 속에서 생존해야 한다는 것이다. 이것을 계속 유지할 수 있다면 미국 헤게모니 체제는 큰 힘을 받는 것이고 중국이 대체제를 마련한다면 헤게모니 변환에 유리하게 된다.

넷째, 동맹의 회복이다. 미국이 정치, 군사적으로 글로벌 헤게모니의 역할을 할 수 있는 것은 바로 동맹이다. 더욱이 이 동맹은 역사와 가치로 묶여 있어서 가장 단단한 형태의 정치, 군사적 결합체가 되었다. 다른 어떤 수단, 즉 경제적 이득이나 혜택만을 가지고 단시일 내에 만들 수 없는 공동체이다. 중국이 일대일로에 성공해서 이와 같은 정치, 군사적 공동체를 만들 수 있다면 그것은 중국 헤게모니의 가장 중요한 성공 요인이 될 것이다.

다섯째, 군사 혁신의 성공이다. 헤게모니는 헤게모니 전쟁이 있든 없든 군사력의 부재로는 안 된다. 강력한 군사력이 뒷받침되지 않고서는 궁극적으로 경제적인 우위에 있어도 헤게모니로의 전환이 어렵다. 향후 군사력에서의 획기적인 변화를 추구해야 되는 이유이다. 미래는 핵시대를 뛰어넘는 새로운 군사 혁신이 나올 수 있는 시대이고, 이를 누가 먼저 쟁취하느냐가 미래의 군사 부분에서의 경쟁이다.

마지막으로 정체政體의 문제이다. 즉, 국내정치의 안정화가 미국과 중국에 공히 중요하다. 어떤 의미에서는 가장 중요한 변수이다. 냉전 시 미·소의 대결에서 소련은 동맹의 결속이나 군사력에서 결코 미국에 뒤지지 않았으나 결국 체제 내부의 문제로 인하여 미국에 굴복하였다. 소련의 전체주의 체제가 인류의 발전을 담보할 수 없는 체제였기 때문이다. 현재의 중국 정치체제가 인류발전에 긍정적인 체제로 전환할 수 있느냐가 향후 헤게모니 경쟁에 가장 중요한 변수가 될 것이다.

미국 유사헤게모니 체제의 지속

이러한 관점에서 헤게모니 미래에 관해 여러 시나리오에 대해서 결론을 내려 보면, 첫째, 미국에 대해서 가장 낙관적인 시나리오이다.

위의 여섯 가지 변수들에 대해서 모두 긍정적인 결과가 올 때 나타날 수 있는 시나리오이다. 이것이 성공하기 위해서는 미국이 4차 산업혁명에서 그야말로 혁명적 성공을 통해 중국을 포함해서 후발주자들과 '초격차'를 만들어 내고, 그를 바탕으로 미국의 지지자들을 위해 공공선을 아낌없이 행하면서 국제경제의 안정화에 기여한다면 가능하다. 40년대 말 50년대의 미국의 모습이다. 그러나 지금의 트럼프 행정부는 그 반대방향으로 달려 가고 있다. 신중상주의 정책을 통해 미국이 먼저 살겠다고 유럽과 아시아의 우방들은 압박하고 있다. 이러한 미국의 정책이 바뀌지 않는 한 이 시나리오는 실현되기 힘들다.

두 번째, 미국이 퇴조하나 중국과의 일정한 격차를 유지하면서 세력균형에 가까운 모습으로 가는 경우이다. 2050년경 미·중의 힘은 어느 한 쪽이 완벽한 우위를 점하지 않는 양극체제와 가까운 체제를 상정하는 것이다. 중국이 현재의 소위 미·중 경제전쟁에서 살아날 수 있다면 가장 실현성이 큰 시나리오인 것이다. 미·중이 이미 상당한 정도의 상호의존을 보이는 상황에서 어느 일방이 완전한 승리나 패배가 없다면 어떤 선에서 서로 타협할 수밖에 없기 때문에 그 이후의 발전은 중국이 미국의 국력에 완만하게 따라가는 시나리오가 될 것이다. 이러한 상태가 30여 년 정도 지속되고 미국과 중국이 상대방을 헤게모니의 대등한 경쟁자로 의식하는 상황에서 계속 경쟁하는 사이라면 그것은 양극체제와 유사한 형태의 국제체제일 것이다.

세 번째는 중국이 어느 시점에서 미국을 능가하고 그 이후 상당 기간 동안 미국과 중국이 경쟁하는 시나리오이다. 헤게모니 변환dead cross이 일어나기는 하지만 미국의 완전한 퇴조가 아닌 상태인 것이다. 두 번째 경우가 뒤바뀐 정도의 변화이다. 이 경우도 미국이 완전히 퇴조하지 않기 때문에 양극체제와 유사한 시나리오가 될 것이다.

네 번째 시나리오는 헤게모니 변환 이후 미국이 급격한 퇴조가 이루어지는 경우이다. 미국과 중국이 헤게모니를 완벽히 교체하는 경우이다. 이러한 변환이 이루어지는 것은 앞서 얘기한 여섯 가지 조건에서 미국은 거의 실패하고 중국은 거의 완벽히 성공하면 일어날 수 있는 시나리오이다. 현실성이 다소 떨어지는 시나리오이기 때문에 실현될 가능성은 거의 없다.

다섯 번째 시나리오는 헤게모니 전쟁에 의해서 헤게모니 교체가 일어나는 경우이다. 과거 역사적 사례에서 나온 헤게모니 교체는 거의 예외 없이 모두 헤게모니 전쟁에 의한 것이다. 그러나 핵시대의 개막 이후 전쟁을 통한 헤게모니 교체가 공멸을 의미하는 것이기 때문에 전면적 군사적 충돌을 통한 헤게모니 교체 시도는 실현성이 매우 낮다. 군사적 충돌의 가능성까지를 완전히 부정할 수는 없지만 헤게모니 장악을 위해 핵전쟁까지도 불사하는 것은 그 위험성이 너무 크기 때문에 시도하기 어렵다.

이렇게 본다면 향후 30년 정도 이후 헤게모니의 미래는 미국이 여전히 지금의 '유사 헤게모니 체제', 또는 '헤게모니 없는 헤게모니 체제'를 유지하든가 아니면 미국과 중국이 2강 체제를 이루는 유사 양극체제일 가능성이 가장 크다. 미국이 현재의 어려움을 극복하고 신중상주의적 정책에서 벗어나서 보다 가치, 동맹, 제도에 바탕을 둔 전통적인 미국의 대외정책으로 전환한다면 지금과 같은 '유사 헤게모니 체제'를 유지할 수 있다고 본다. 다만 그 전제는 4차 산업혁명에서의 성공이라 할 것이다. 또한 앞서의 여섯 가지 전제조건을 여하히 수행하느냐에 따라 그 외의 다른 결과도 나올 수 있다는 개연성도 전혀 배제하기는 어렵다는 점도 분명히 인식해야 할 것이다.

6_한국의 미래

한국에게는 험난한 미래가

이러한 헤게모니의 미래가 한국에게는 어떠한 함의를 가지고 있는가? 한국에게는 향후 이전보다 훨씬 험난한 미래가 기다리고 있다는 것을 의미한다. 국제적 환경이 보다 더 불안정성이 증가하고 한국의 외교안보적 환경이 불확실성과 예측불가성이 현격하게 증가할 것이다. 미국의 헤게모니가 퇴조함에 따라 미국이 강대했던 시절 동맹국에 매우 관대하던 정책은 점점 더 사라져 갈 것이다. 중국이 미국의 헤게모니에 도전함에 따라 한국은 중국과 인접한 지정학적 환경 때문에 매 사안마다 미·중 사이를 선택해야 하는 딜레마에 빠질 가능성이 커졌다. 이미 사드 문제가 그렇고 이것은 끝이 아니고 시작일 뿐이다. 거의 모든 안보 사안마다 이러한 사례가 반복될 가능성이 커졌다. 한국의 경제도 마찬가지이다. 미국, 중국, 일본이 한국에 경제적으로 가장 비중이 큰 나라인데 2019년 7월 일본의 한국에 대한 수출 규제에서 보듯 이제는 경제도 무기화하는 시대가 되었다. 향후 헤게모니 경쟁 시대는 모든 것을 무기화하는 시대로 변모할 것이다. 우방이라는 개념도 약화되고 국제환경은 그야말로 강자만이 살아남는 약육강식의 환경에 더 가깝게 될 것이다. 이런 환경 속에서 '헤게모니 변방 국가'들은 더욱 살아남기 힘들어진다. 그렇게 본다면 한국은 과거 70여 년 매우 선택받은 우호적 국제환경 속에 놓여 있다고 말할 수 있다. 미국이 세계를 주도한 국제체제에서 미국과 동맹 국가로서 안보에 저비용으로 고도의 경제성장을 이룰 수 있었다. 앞으로는 이러한 조건은 더 이상 존재하지 않을 가능성이 크다. 한국에게는 다시 매우 도전적 환경이 놓이게 될 것이다. 그렇다면 대안은 무엇인가?

헤게모니 변방국

대안을 찾기 위해서는 가장 먼저 한국의 지정학적 위치와 지위를 먼저 정확히 파악해야 한다. 한국의 국력은 경제력으로만 따지면 세계 12~13위권의 국가이다. 절대적으로만 보면 결코 작지 않은 국가이다. 따라서 한국의 이러한 국력을 바탕으로 한 논의들이 학계에서 나온다. 한국이 중견국이다 강소국이다 하는 주장들이다. 이런 주장들이 틀린 주장들은 아니나 같은 중견국이나 강소국이라 하더라도 지정학적 위치에 따라서 그 처지가 완전히 달라질 수 있다. 한국은 중견국이나 호주와 같은 처지의 중견국은 아니다. 한국은 남미의 브라질 같은 국가도 아니다. 경제력으로만 따지면 한국은 유럽의 이탈리아나 스페인과 비교될 수 있을지 모르나 이들 국가와도 처지가 완전히 다르다. 한국은 세계의 최강대국들에 둘러싸인 중견국 또는 강소국이다. 이들과의 국제정치의 '힘의 정치'의 정점에 서 있다. 헤게모니 전쟁의 경계에 서있다. 즉, 헤게모니 변방국이다. 역사가 그렇고 현재가 그렇고 미래가 그럴 것이다. 한국은 역사 이래로 지역 헤게모니 쟁패의 전란에서 벗어나 본 적이 없다. 한국 역사 자체가 그대로 지역 헤게모니 전쟁의 역사이다. 한마디로 그로부터의 수난사이다. 미래는 달라질 수 있는가? 국력이 변하지 않는 이상 이 구도가 달라질 수 없다.

헐쉬만Albert O. Hirschman의 고전古典《나가든지, 싸우든지, 충성하든지Exit, Voice, and Loyalty》[20]에서 설파한 것처럼 개인이나 조직이나 국가가 어려움에 처할 때 선택할 수 있는 옵션 세 가지를 얘기한 것이다. 예를 들어 개인이 직장에서 상사와 부딪칠 때 선택할 수 있는 옵션은 세 가지이다. 즉, 회사를 나가든지, 상사와 싸우든지, 아니면 그에게 충성하는 것이다. 회사라면 어떨까? 시장에서 나가든지, 아니면 가격 경쟁을 끝까지 해보든지 아니면 새로운 환경에 적응하여 견뎌 나가는 수밖에 없다. 국가는 어떠한가? 세력균형을 위한 경쟁에서 국가들의 선택도 마찬가지이다. 싫으면 세력경쟁에서 벗어나든지, 싸우든지, 아니면 그 체제에 충성하든지 하는 것이다. 그러나 벗어나는Exit 옵션은 아무에게나 주어지는 것은 아니다. 역사적인 예를 보면 제1차 세계대전에서 러시아가 취한 태도가 바로 그것이다. 러시아는 볼셰비키 혁명의 발발로 바로 전쟁에서 물러나 내부 투쟁에 휩싸이게 되었다. 그러나 러시아가 아니라면 어떤 국가가 엑싯 옵션이 가능할까? 제2차 세계대전에서 폴란드라면 그러한 선택이 가능할까? 가능하지 않을 것이다. 그것이 약소국의 운명이다. 헤게모니 경쟁국이라면 어떠한 선택도 가능하다. 그러나 헤게모니 경쟁에 휩싸인 약소국, 또는 헤게모니 변방국은 옵션이 제한되어 있다. 자발적으로 물러날 옵션은 주어지지 않는다. 따라서 싸우든 충성하든 두 가지 옵션 중에서 선택해야 한다.

헤게모니 변방국으로서의 한국도 마찬가지이다. 역사의 그 어느 곳에서도 우리가 싫다고 해서 물러날 수 있었던 시대가 있었던가? 따라서 싸우든 충성하든 두 가지 옵션밖에 없다. 싸우려면, 그러나, 국력이 강해야 한다. 싸워서 지켜 낼 수 있다면 최상이다. 국가의 중요한 이해관계를 지켜 낼 수 있다. 왜 국가가 국력을 키우기 위해서 최선의 노력을 해야 하느냐에 대한 해답은 너무도 자명하다. 국력을 충분히 키우지 못했으면 별 도리 없이 제3의 대안 즉, 충성을 선택할 수밖에 없다. 만약 헤게모니 국가가 '호혜적 헤게모니 국가benevolent hegemon'라면 상황은 훨씬 낫다. 그 국가의 보호 아래 안보적, 경제적 이해를 어느 정도 지켜 낼 수 있다. 그러나 반대로 매우 강압적 헤게모니 국가가 지배하는 체제라면 역사에서 보았듯이 영토 침탈과 수탈의 역사가 시작된다. 헤게모니 변환의 시대도 변방 국가에게는 매우 어려운 시기이다. 변화 속에서 선택을 강요받고 자칫 잘못하면 또 새로운 수난사가 시작될 수 있다.

21세기 초반에서 중반을 접어 들어가는 시점에서 한국은 어떠한 처지에 놓여 있는가? 지난 수십 년간 한국은 경제적으로 엄청난 성공 시나리오를 써 왔지만 숙명과도 같이 여전히 헤게모니 변방국으로서의 지위에서 벗어나지 못하고 있다. 주변을 돌아보면 여전히 중국, 일본, 러시아가 한결같이 우리의 이해와 충돌하고 있다. 지난 수십 년의 안보의 안정화와 경제성장도 그나마 호혜적 헤게모니 역할을 해온 미국의 도움으로 상당부분 가능했다고 할 수 있다. 이제 목도하는 바와 같이 미·중의 헤게모니 경쟁이 막을 올렸다. 불확실성의 시대가 전개되는 것이다. 지금까지 해왔던 것처럼 해서는 안 된다는 신호인 것이다. 새로운 세계가 도래하고 있고 그것이 한국에게는 호혜적 환경이 아니라는 것만은 너무나 자명한 사실이 되었다. 그냥 미국만 의지해서 마냥 갈 수 없는 시대가 도래하였다. 미국 자신도 헤게모니 경쟁을 해야 하는 처지가 되었기 때문에 여유가 없는 것이다. 그러나 헤게모니 경쟁 속에서 다시는 희생되는 일이 있어서는 안 된다. 그렇다면 어떻게 해야 하나?

'국력 충분성'에 바탕을 둔 '안보 탄력성 전략'으로

그 대안은 바로 헤게모니가 되기 위한 조건에서 찾아야 한다. 총론적으로는, 한국이 헤게모니 국가가 되기는 힘들지만 헤게모니 경쟁 속에서 주변국으로서 살아남기 위해서는 역으로 헤게모니 조건들을 검토하고 그것을 최대한 실행함으로써 강한 국가로 남아야 한다. 헤게모니의 조건들이란 어떤 국가가 강한 국가가 되느냐의 조건들의 다름 아니다. 헤게모니 변방에서 살아남기 위해서는 헤게모니 국가들의 관점에서 국제관계를 보며, 그들의 눈높이에서 국가관계를 이해해야 살아남을 수 있다. 국력도 그들과 대등해지지는 못하더라도 그 중심 요소에서 독자생존을 위해 충분한 정도의 국력을 쌓아야 한다. 그 기준은 매우 모호하지만 군사, 경제적으로 상대가 우리를 타격했을 때 상대방에게 비례적으로 타격할 수 있는 수준은 아니라 하더라도, 그들의 핵심 이익의 부분이라도 손상될 수 있는 정도의 반격bounce back이 가능함으로써 쉽사리 우리의 핵심이익을 해치지 않는 수준 정도라야 할 것이다. 따라서 목표는 '국력 충분성'이 되어야 하고 전략은 '안보 탄력성security resilience'이 되어야 한다. 여기서 안보는 군사적인 것일 뿐만 아니라 경제적인 것까지를 포괄하는 개념이다. 즉 충분한 국력을 쌓고 안보경제적 이익이 침해되었을 때 반격할 수 있는 능력을 보유해야 한다.

G7 정도의 국가 되어야

따라서 보다 구체적으로는 첫째, 제1조건, 즉 4차 산업혁명에 혁명적 성공을 위해 국가 전략을 짜고 매진해야 한다. 한국도 기술적 부분에서 적어도 독일, 일본과 어깨를 나란히 하고 어떤 부분에서는 미국을 능가하는 산업을 가져야 한다. 중국제조2025에서 중국이 말하는 제2그룹을 넘어 제1그룹에 가깝게 다가가야 한다. 지금 우리가 세계적인 기술적 우위를 가지고 있는 반도체, 전자, 통신 등의 부문과 더불어 몇 개의 부문을 더 보태서 이러한 기술적 우위를 향후에도 지속적으로 유지할 수 있다면 이것은 이런 산업에서의 단순한 비교우위를 갖는 것만을 의미하는 것이 아니다. 헤게모니 경쟁국가들이 헤게모니 경쟁을 이유로 그 변방 국가를 압박할 때 경제적 무기를 사용함을 어느 정도 억제시킬 수 있다. 이러한 산업·기술적 첨단성을 바탕으로 만약 경제 산업적으로 보았을 때 한국이 미국, 독일, 일본, 영국, 프랑스, 중국과 더불어 G7 국가를 이룰 수 있다면 어떤 헤게모니 경쟁 시대에서도 한국이 적어도 경제적 부분에서는 종속 변수가 되어서 희생되는 일은 일어나지 않을 것이다.

자유무역과 세계화 지속의 중심국가

두 번째와 세 번째 요소는 한국으로서는 외생적 변수이다. 즉, 한국 스스로가 이것을 바꾸거나 변화시키기 어려운 주어진 요소이다. 다만 한국이 할 수 있는 것은 국제체제가 반세계화로 회귀하지 않도록 하는 꾸준한 노력이다. 한국이야말로 세계화에 가장 큰 덕을 본 나라이다. 경제의 상당 부분을 수출에 의존하고 있는 국가로서 세계화의 길이 막힌다면 우리 경제의 주된 숨통이 조여지는 것이나 마찬가지이다. 그렇기 때문에 자유무역에 대한 확고한 신념을 가지고 계속해서 국가 간의 무역 장벽의 해소를 위해서 노력해야 한다. 일례로 지리적으로 멀리 떨어져 있어도 유럽의 경제 침체는 전 세계와 한국에게도 깊은 영향을 미친다. 유럽통합의 부정적 전망이나 브렉시트 같은 이슈도 물론 매우 중요하다. 한국의 지난 반세기는 주로 동아시아, 그것도 동북아시아에 초점을 맞춘 전략을 세워 왔고 특히 한반도에 관심이 대부분 매몰되어 왔다. 시야를 전 세계로 확대하고 헤게모니 경쟁국가들의 수준과 관점에서 세계문제를 바라다보고 전략을 세우는 것이야 말로 동아시아의 중소국가에서 벗어나는 길이다. '경제적 G7'만이 아니고 '정신적 G7'이 되어야 한다. 세계 문제를 주도하고 담론에 참여해야 한다. 국제 문제의 단순한 '팔로워follower'가 아닌 '선도자leader'가 되어야 한다. 21세기 중반의 국제정치는 지금의 국제정치와는 완전히 다른 환경을 제공할 것이다. 그런 환경 속에서 전 세계 국가들이 따를 수 있는 가치 기준을 제시하는 것이야 말로 헤게모니 국가가 아니어도 할 수 있는 일이고 그럴 때 정신적 헤게모니 국가에 버금가는 국가가 되는 것이다.

한미동맹은 자주 문제가 아닌 안보의 중심적 필요사항

네 번째는 동맹 문제이다. 향후 헤게모니의 미래가 적어도 2050년 정도까지는 미국 우위적 국제체제가 변함이 없고 그 이후도 본고에서 분석한 것처럼 미·중이 유사양극체제로 경쟁하는 국제체제라면 미국과의 동맹은 여전히 한국에게는 축복이다. 역사적 사례로 볼 때도 100여 년을 건강하게 지탱하는 동맹은 그리 많지 않았다. 물론 그 동맹의 내용은 향후 질적으로 달라질 것이다. 아니 달라져야 한다. 한국이 세계 최빈국이었을 때 맺은 동맹이 세계 10위권 이내 들어가는, 바람직하게는 미래의 새로운 G7 국가의 일원일 때와는 당연히 내용이 달라질 수밖에 없다. 동아시아의 안보환경도 매우 달라져 있을 것이다. 다만 동맹은 한국이 향후 안보적으로 더욱 자주적이 되더라도 있으면 좋은 것이다. 영국이 안보 군사적으로 독립적이 아니어서 미국과 동맹을 맺는 것이 아니다. 작게는 영국의 안보를 지키는데 도움이 되는 측면이 있고, 크게는 세계 안보 문제에 미국과 같이 기여하겠다는 것이다.

한미 안보동맹이 한반도의 전쟁 억지에 그치는 것이 아니라 지역적 갈등을 억제하는 데도 중요하다. 미·중이 안보적으로 경쟁하는 대상은 앞서 분석한 것처럼 단순히 한반도뿐만 아니다. 동아시아에는 적어도 4개의 안보 충돌의 포인트가 있고 이들은 서로 밀접하게 연결되어 있다. 이 지역의 안정화가 결국 한국 안보의 안정화에도 직결된다. 따라서 미래에도 동맹전략을 한국 안보의 축으로 삼아서 동아시아의 안보 안정화를 이루는 바탕으로 삼아야 한다. 한미동맹을 '중심축linchpin'이라는 수사를 쓰는 것도 그것을 없애버리면 전체가 허물어지는 정도로 중요하기 때문이다. 한미동맹은 자주냐 아니냐의 이념의 문제가 아니라 한국안보의 중심적 필요의 문제이다. 한국안보의 외부적 환경이 세기적 전환이 오지 않는 이상 우리 스스로가 이것을 변경하여 그 이후 올 엄청난 불확실성을 초대할 필요는 없는 것이다.

강한 국가만이 살아남아

다섯째, 동맹과 연계하여 군사력의 증강은 필수불가결한 것이다. 한국 안보는 기본적으로 북한의 위협에 대비하는 것이 가장 기본적인 것이고, 향후에는 동북아시아의 불확실성에도 동시에 대비해야 한다. 한반도를 둘러싼 국가들이 모두 초강대국들이고 그들의 헤게모니 경쟁 때문에 앞으로 안보 불확실성은 상상 이상 커질 것이다. 이러한 초불확실성의 동북아의 미래에서 보다 자주적인 국가로 살아남기 위해서는 최소한 독자생존이 가능한 정도의 군사력을 가져야 한다. 한미동맹을 축으로 한국안보의 틀을 구상하면서도 모든 가능성을 대비하여 스스로 생존할 수 있는 능력이 미래에 필요한 것이다. 따라서 지금 수준의 군사비 지출을 가지고는 향후의 안보 불확실성을 대비할 수 없다. 적어도 GDP 3% 정도의 군사비를 지출하는 노력을 기울여야 한다. 이를 통해 군사 혁신을 이루고 미래를 대비해야 할 것이다. 단순히 억지력을 넘어서 능동적, 선제적으로 위협에 대응할 수 있는 수준이어야 불확실성을 줄일 수 있다.

한국이 상당한 정도의 독자적 군사력을 가질 경우에만 동맹으로부터 오는 연루, 포기의 안보 딜레마를 극복할 수 있다. 그것은 동맹으로부터의 탈피가 아니라 동맹을 더욱 견고하게 하는 방편이 되기도 한다. 주니어 파트너가 보다 독자적인 군사력을 가질 때 시니어 파트너 또한 연루의 딜레마로부터 보다 자유로워진다. 더구나 주변 국가들로부터 오는 안보의 불확실성은 급격하게 커질 가능성이 있다.

앞서의 장에서 보았듯이 앞으로의 동아시아의 안보 변화는 매 순간마다 우리의 선택을 요구할 것이다. 안보 딜레마가 일상화되는 시대가 될 것이다. 이러한 순간마다 국가의 운명이 바람 앞에 놓인 촛불이 되게 할 수는 없다. 곳간에 식량이 넉넉해야 어려움에도 마음이 놓이는 법이다. 안보란 이처럼 넉넉해야 한다. 그와 같지는 않더라도 적어도 어려워도 배가 곯지는 않겠다는 계산이 나와야 한다. 그래서 평시에도 미래를 위해서 식량을 비축하는 것이다. 그런데 더욱이 국가는 안보를 도박할 수는 없다. 오천만 국민의 생명과 재산과 미래가 걸려 있기 때문이다. 어떤 지도자도—어떤 이념을 가지거나, 어떤 정책을 선호하거나 상관없이—이것 하나만은 지켜야 한다. 멀지 않은 우리의 역사가 이것을 지키지 못했을 때 어떠했는가를 너무도 여실히 보여 주고 있지 않은가? 더욱이 앞으로 전개될 미래는 헤게모니 경쟁이 더욱 치열해지는 초불확실성의 미래이다. 지난 100여 년 전 허약한 국가가 어떻게 되고, 그 국민은 어떠한 희생을 치렀는지 우리는 너무도 생생히 기억하고 있다. 100년 전의 과거가 한국의 미래가 되게 할 수는 없다.

아니 좀 더 적극적으로 사고해 보자. 한국의 미래는 한국의 과거에는 없는 미래를 만들어야 한다. 즉, 지정학의 딜레마를 극복한 한국이다. 그 지정학의 딜레마를 극복하기 위한 선결 조건은 무엇보다도 강한 국가이다. 강한 국가는 우선 강한 군사력을 가질 때 기본 조건을 갖추게 되는 것이다. 혹 강한 군사력을 강조하니 그럼 군사적 모험주의로 가자는 것이냐 하고 반문할 수 있다. 군사적 모험주의 국가나 제국주의 국가는 그러한 군사력을 '어떻게 쓰느냐'에서 나오는 것이지 그 군사력 자체의 문제는 아니다. 강한 군사력을 가지고 안정과 평화를 지키겠다는 것은 군사적 모험주의도 제국주의도 아니다. 더욱이 우리는 그러한 것으로부터 우리를 지키고자 하는 것이다. 동북아시아에서 우리가 원하는 정도의 강한 군사력을 가져도 주변에 우리보다 약한 군사력을 가진 국가는 없다.

고도의 자유민주주의 국가로

여섯 째, 정체의 문제이다. 한국이 자유민주주의를 계속 발전시키면서 유럽의 선진국의 어느 나라에도 뒤지지 않는 정치체제를 유지할 때 동아시아에 가장 빛나는 국가가 될 것이다. 아시아의 최빈국에서 자유민주주의와 산업화를 이룬 나라일 뿐만 아니라 세계 최정상의 안정된 정체를 가진 나라라는 또 하나의 신화를 만들게 된다. 이것의 세계의 정치, 외교, 안보, 경제, 및 문화에의 함의는 결코 작지 않다. 한국이 일본, 중국 등을 포함하여 동아시아 지역의 어느 나라에 비해서도 뒤지지 않을 분야가 바로 정치발전의 문제이다. 한국의 자유민주주의를 향한 여정은 결코 순탄치 않았으나 그 결과는 항상 드라마틱하며 변증법적 발전을 이뤄 왔다. 이것에 비추어 볼 때 향후에도 더 높은 단계의 민주주의와 정치 안정성을 이룩할 수 있는 가능성은 매우 크다고 할 수 있다. 중국의 헤게모니의 가장 큰 걸림돌은 바로 정체의 문제라는 점을 앞서 지적한 바 있다. 헤게모니 국가가 바로 그 시대의 문명의 수준임을 나타내는 것임을 상기해 볼 때 왜 중국이 미래의 헤게모니 국가로서 미흡하느냐에 대한 해답을 바로 얻을 수 있다. 경성 국력hard power이 아무리 강한들 연성 국력soft power이 약하고 특히 정체에서 뒤처져 있을 때 그 국제체제의 일원이 어떻게 헤게모니 국가를 진정으로 따르겠는가? 한국이 주변의 초강대국들에 둘러싸여 있으면서도 고도의 안정된 자유민주주의를 향유하는 나라라면 주변 국가들과 국민들이 함부로 대할 수가 없다. 도덕적으로, 정의에 있어 앞서 있는 국가를 단지 무력이 강하다고만 해서 윽박지를 수가 없는 것이다.

문명 선도국

마지막으로 정체와 더불어 중요한 연성 국력이 바로 문화력이다. 이 둘을 연성 국력이라 해도 좋고 문명력이라 해도 좋을 것이다. 한 시대를 선도하는 문명력이야말로 헤게모니 국가에게 필요하고 중요한 것인데 그것은 꼭 헤게모니 국가에게만 중요한 것이 아니다. 한국같이 지역의 초강대국에 둘러싸여 지정학적 딜레마에 빠져 있는 국가에게 더 필요한 덕목일 수 있다. 한국이 산업이 되었든, 문화가 되었든 어느 한 분야에서만이라도 세계를 선도할 '문명적 첨단성'을 가진다면 그것이 바로 문명력이다. 세계의 국가들은 그러한 창을 통해 한국을 이해하고 평가한다. 그것이 바로 보이지 않는 국력이다. 그 희망이 이제 보이고 있기 때문에 이는 그냥 꿈과 같은 것만은 아니다. 한국의 반도체는 세계 최고이며, 가장 좋은 휴대 전화를 만들고 있고 케이팝에 전 세계의 젊은이들이 환호한다. 과거는 오랫동안 중국 문명을 따랐고, 어느 한 때 일본의 제국주의에 의해 강제로 들여진 제도들에 의해 사회가 움직여졌다. 이 속에서는 문명적 첨단성이 나오기가 매우 힘들었다. 한국이 독자적이며 독창적인 문화를 만들고 선도해 나갈 때 세계는 경계심 없이 이를 받아들일 수 있다. 아무도 이를 헤게모니의 침탈이나 그 기도로 보지 않기 때문이다. 동아시아의 '문명 선도국', 이것이 한국이 향후 꿈꾸고 이뤄 나가야 할 목표이다.

【주】

1장_탈냉전의 미지의 세계

1 이 장은 소련이 독립국가연합(CIS)으로 변하기 전인 지난 1991년 11월경에 쓴 글임을 밝혀 둔다.

2 브라운은 냉전체제 이후에 다두정(polyarchy)을 하나 덧붙이고 있다. Seyom Brown, *New Forces, Old Forces, and the Future of World Politics* (Glenview, Illinois: Scott, Foresman and Company, 1998).

3 Stanley Hoffmann, *Dead Ends: American Foreign Policy in the New Cold War* (Cambridge, Massachusetts: Ballinger Publishing Company, 1983).

4 Pekka Sivonen, "European Security: New, Old and Borrowed," *Journal of Peace Research,* Vol. 27, No.4(November 1990), p. 388.

5 냉전체제에 관한 다양한 시각—전통주의적 시각, 수정주의적 시각 등—에 대한 이론적 분류는 Deborah Welch Larson, "Introduction," in *Origins of Containment* (Princeton : Princeton University Press, 1985) 참조.

6 Joseph S. Nye. Jr., "Nuclear Learning and US-Soviet Security Regimes," *International Organization,*Vol. 41, No.3(Summer 1987). 안보 레짐의 일반 논의는 *International Organization,*Vol. 36, No. 2 (Spring 1982).

7 Robert Jervis, "Cooperation Under the Security Dilemma," *World Politics,*Vol. 30, No.2 (January 1978).

8 John Lewis Gaddis, *The Long Peace Inquiries into the History of the Cold War* (New

York: Oxford University Press, 1987).

9 John J. Mearsheimer, "Back to the Future: Instability in Europe After Cold War," *International Security,* Vol. 15, No. 1 (Summer 1990); Stephen Van Evera, "Primed for Peace: Europe After the Cold War," *International Security,* Vol. 15, No. 3 (Winter 1990/91).

10 Mearsheimer, "Back to the Future," pp. 42-48.

11 Mearsheimer, "Back to the Future," p. 48.

12 T. Clinton Morgan and Sally Howard Campbell, "Domestic Structure, Decisional Constraints, and War," *Journal of Conflict Resolution,* Vol. 35, No. 2 (June 1991).

13 Mearsheimer, "Back to the Future," p. 51.

14 Mearsheimer, "Back to the Future," pp. 6-8.

15 Kenneth N. Waltz, *Theory of International Politics* (Reading, Mass: Addison-Wesley, 1979).

16 Hedley Bull, *The Anarchical Society* (New York: Columbia University Press, 1977).

17 Waltz, *Theory of International Politics,* pp. 79-128.

18 Joseph M. Grieco, "Anarchy and Cooperation," *International Organization,* Vol. 42, No. 3 (Summer 1988).

19 그리코에 의하면 자유주의적 제도주의는 1940년대와 50년대 초의 기능이론, 1950년대와 60년대의 신기능주의적 지역통합 이론, 그리고 70년대의 상호의존이론을 포함한다고 보고 있다. Grieco, 앞의 글, p. 486 참조.

20 신자유주의적 제도주의를 논한 저서들은 Robert Axelrod, *The Evolution of Cooperation* (New York; Basic Books, 1984); Axelrod and Robert O. Keohane, "Achieving Cooperation Under Anarchy: Strategies and Institutions," *World Politics* 38 (October 1985); Keohane, *After Hegemony: Cooperation and Discard in the World Political Economy* (Princeton, N.J.: Princeton University Press, 1984); Charles Lipson, "International Cooperation in Economic and Security Affairs," *World Politics* 37 (October 1984); Arthur Stein, "Coordination and Collaboration: Regimes in Anarchic World," in Stephen D. Krasner, ed., *International Regimes* (Ithaca, N.Y.: Cornell University Press, 1983), Grieco, 앞의 글 참조.

21 Stanley Hoffmann, Robert O. Keohane and John J. Mearsheimer, "Back to the

Future, Part II: International Relation Theory and Post-Cold War Europe," *International Security,* Vol. 15, No. 2 (Fall 1990).

22 Karl W. Deutsch and J. David Singer, "Multipolar Power Systems and International Stability," *World Politics*, Vol. 16, No. 3 (April 1964); Richard Rosecrance, "Bipolarity, Multipolarity, and the Future," *Journal of Conflict Resolution*, Vol. 10, No. 3 (September 1966); Kenneth N. Waltz, *Theory of International Politics*; Thomas J. Christensen and Jack Snyder, "Chain Gangs and Passed Bucks: Predicting Alliance Patterns in Multipolarity," *International Organization*, Vol. 44, No. 2 (Spring 1990).

23 Stanley Hoffmann, Robert O. Keohane and John J. Mearsheimer, "Back to the Future, Part II: International Relation Theory and Post-Cold War Europe," *International Security* (Fall 1990).

24 Ted Hopf, "Polarity, the Offense-Defense Balance and War," *American Political Science Review*, Vol. 85, No. 2 (Summer 1991).

25 Bruce M. Russett, Thomas Risse-Kappen and John J. Mearsheimer, "Back to the Future, Part III: Realism and the Realities of European Security," *International Security,* Vol. 15, No. 1 (Summer 1990).

26 Richard Ned Lebow, *Between Peace and War* (Baltimore and London: The Johns Hopkins University Press, 1981).

27 *Soviet Military Power*, p. 34.

28 *The Military Balance*, p. 16.

29 Robert L. Pfaltzgraff, Jr., "The Emerging Global Security Environment," *The Annals* (September 1991), p. 21.

30 Bjorn Hettne, "Security and Peace in Post-Cold War Europe," *Journal of Peace Research,* Vol. 28, No. 3 (August 1991), p. 286.

31 Stephen D. Kranser, "State Power and the Structure of International Trade," *World Politics*, Vol. 28 (April 1976).

32 Bruce Russett, "The Mysterious Case of Vanishing Hegemony: Or, Is Mark Twain Really Dead?" *International Organization*, Vol. 39, No. 2 (Spring 1985).

33 Keohane Robert O. and Joseph S. Nye, *Power and Interdependence: World Politics in Transition* (Boston: Little, Brown, 1977), p. 44.

34 George Modelski, *Long Cycles in World Politics* (Seattle, Washington: University of Washington Press, 1985); Richard Rosecrance, "Long Cycle Theory and International Relations," *International Organization*, Vol. 41, No. 2 (Spring 1987).

35 Mearsheimer, "Back to the Future," pp. 13-14.

36 Samuel P. Huntington, "The U.S.-Decline or Renewal?" *Foreign Affairs* (Winter 1988/89), p. 76.

37 Paul Kennedy, *The Rise and Fall of Great Powers: Economics Change and Military Conflict from 1500 to 2000* (New York: Random House, 1987); David P. Calleo, *Beyond American Hegemony* (New York: Basic Books, 1987).

38 Huntington, "The U.S.-Decline or Renewal?"

39 Joseph S. Nye, "Soft Power," *Foreign Policy*, Vol. 18 (Fall 1990).

40 Joseph Lepgold, *The Declining Hegemon: The United States and European Defesne, 1960~1990* (New York: Praeger Publisher, 1990).

41 Robert Gilpin, *War and Change in World Politics* (Cambridge: Cambridge University Press, 1981), chapter 5.

42 Charles P. Kindleberger, *The World in Depression 1929~1939* (Berkeley: University of California Press, 1973); Robert O. Keohane, "The Theory of Hegemonic Stability and Changes in International Economic Regimes, 1967~1977." in Ole R. Holsti, Randolph M. Siverson and Alekander L. George(eds.), *Change in the International System* (Boulder, Colo.: Westview, 1980); Arthur Stein, "The Hegemon's Dilemma: Great Britain, the United States, and the International Economic Order," *International Organization*, Vol. 38 (Spring 1984); Duncan Snidal, "The Limits of Hegemonic Stability Theory," *International Organization*, Vol. 39 (Autumn 1985).

43 Robert J. Art, "A Defensible Defense: America's Grand Strategy After the Cold War," *International Security* (Spring 1991).

44 Robert L. Pfaltzgraff, Jr., "The Emerging Global Security Environment," *The Annals* (September 1991).

45 Ilana Kass, "The U.S.-Soviet Strategic Relationship," *The Annals* (September 1991).

46 Bernard Brodie, *Strategy in the Missile Age* (Princeton: Princeton University Press,

1959); Albert Wohstetter, "The Delicate Balance of Terror," *Foreign Affairs* (January 1959); William Kaufmann, *The Requirements of Deterrence,* the Princeton Center of International Studies (November 1954); Herman Kahn, *On Thermonuclear War* (Princeton: Princeton University Press, 1960); Thomas Schelling, *The Strategy of Conflict* (New York: Oxford University Press, 1963).

47 Fred Kaplan, *The Wizards of Armageddon* (New York: A Touchstone Books, 1983).

48 D. Ellsberg, "The Crude Analysis of Strategic Choices," *American Economic Review Papers and Proceedings*, 1961.

49 Laurence Seidman, "Crisis Stability," *The Journal of Conflict Resolution* (March 1990).

50 Robert Jervis, "Deterrence Theory Revisited," *World Politics*, 1978.

51 Robert Jervis, Richard Ned Lebow and Jaince Gross Stein(eds.), *Psychology and Deterrence* (Baltimore and London: The Johns Hopkins University Press, 1985).

52 Aron L. Friedberg, "The Evolution of U.S. Strategic Doctrine, 1945~1980," in Samuel P. Huntington, ed., *The Strategic Imperative New Policies for American Security* (Cambridge: Ballinger Publishing Company, 1982).

53 SIOP는 Single Integrated Operational Plan의 약자이다.

54 Desmond Ball and Robert C. Toth, "Revising the SIOP," *International Security,* 1990.

55 Fred C. Ikle and Albert Wohlstetter, *Discriminate Deterrence: Report of The Commission On Integrated Long-Term Strategy* (January 1988).

56 Graham T. Allison and Federic A. Morris, "Armaments and Arms Control: Exploring the Determinants of Military Weapons," *Daedalus* (Summer 1975).

57 Lawrence Freedman, *The Evolution of Nuclear Strategy*, 2nd ed. (New York: St. Martin's Press, 1989).

58 Mearsheimer, "Back to the Future."

59 Stephen Van Evera, "Primed for Peace: Europe After the Cold War," *International Security* (Winter 1990/91).

60 Charles A. Kupchan and Clifford A. Kupchan, "Concert, Collective Security, and the Future of Europe," *International Security* (Summer 1991).

61 Robert P. Berman and John C. Baker, *Soviet Strategic Forces Requirements and Re-*

sponse (Washington, D.C.:The Brookings Institutions, 1982).

62 Stephen M. Meyer, "The Source and Prospects of Gorbachev's New Political Thinking on Security," *International Security,* 1988.

63 Kenneth N. Waltz, "The Emerging Structune of International Politics," *International Security,* Vol.18, No.2(Fall 1993), pp. 44-78.

2장_새로운 국제정치 담론과 국가

1 Henry Kissinger, *Diplomacy* (New York: Simon & Schuster, 1994).

2 Francis Fukuyama, "The End of History?" *The National Interest,* No. 16 (Summer 1989); his *The End of History and the Last Man* (New York:The Free Press, 1992).

3 Fukuyama (1989), p. 4; Fukuyama (1992), xi~xxiii.

4 Gertude Himmelfarb, "The Dark and Bloody Crossroads: Where Nationalism and Religion Meet." *The National Interest,* No. 32 (Summer 1993), pp. 58-89.

5 Samuel Huntington, "No Exit: The Errors of Endism," *The National Interest,* No. 17 (Fall 1989).

6 Francis Fukuyama, "A Reply to My Critics," *The National Interest,* No. 18 (Winter 1989/90).

7 Robert W. Tucker, "Masterwork," *The National Interest,* No. 36 (Summer 1994).

8 Charles W. Kegley, Jr., "The Neoidealist Moment in International Studies?: Realist Myths and the New International Realities," *International Studies Quarterly* (1993), Vol. 37.

9 Kenneth Waltz, *Theory of International Politics* (Reading, Massachusetts: Addison-Wesley, 1979), chapter 5.

10 Robert Gilpin, *War and Change in International Politics* (Cambridge: Cambridge University Press, 1981).

11 Rey Koslowski and Friedrich V. Kratochwil, "Understanding Change in International Politics: The Soviet Empire's Demise and the International System," *International Organization,* Vol. 48, No. 2 (Spring 1994).

12 *Ibid.* p.218; 이것과 연관해서 John Mearsheimer, "Back to the Future: Instabil-

ity in Europe after the Cold War," *International Security,* Vol.15 (Summer 1990); Fred Chernoff, "Ending the Cold War: The Soviet Retreat and the U.S. Military Buildup," *International Affairs,* Vol. 67 (January 1991); Kenneth Waltz, "The Emerging Structure of International Politics," *International Security,* Vol. 18 (Fall 1993).

13 Thomas Risse-Kappen, "Ideas Do Not Float Freely: Transnational Coalitions, Domestic Structures, and The End of the Cold War," *International Organization,* Vol. 48, No. 2 (Spring 1994).

14 Rey Koslowski and Friedrich V. Kratochwil, *op. cit.,* p. 241.

15 *The National Interest,* No.31 (Spring 1993) 특집 중에서, Francis Fukuyama, "The Modernizing Imperative"; Myron Rush, "Fortune and Fate"; Stephen Sestanovich, "Did the West Undo the East"; Vladimir Kontorovich, "The Economic Fallacy"; Charles Fairbanks, "The Nature of the Beast"; and Peter Reddaway, "The Role of Popular Discontent."

16 Fred Kaplan. *The Wizards of Armageddon* (New York: A Touchstone Book, 1983), pp. 9-10.

17 덜레스의 대량보복전략(Massive Retaliation), 1960년부터 시작된 단일통합작전계획(the Single Integrated Operation Plan), 슐레진저의 유연반응전략(Flexible Response), 카터의 PD-59, 레이건의 SDI 등의 전략이 그들의 사고를 반영하는 것이다. 미국의 핵전략의 변천에 대한 개괄적인 참고를 위해서는 Lawrence Freedman, *The Evolution of Nuclear Strategy*(2nd Ed.), (New York: St. Martin's Press, 1989)와 Fred Kaplan, *op. cit.*

18 Eric K. Graven, "Superpower Nuclear Minimalism in the Post-Cold War Era?," *Arms Control,* Vol. 13, No. 3 (December 1992).

19 Benjamin Frankel, "The Brooding Shadow: Shadow: Systemic Incentives and Nuclear Weapons Poliferation," *Security Studies,* Vol. 2, No. 3/4 (Spring/Summer 1993).

20 Kenneth N. Waltz, "The Spread of Nuclear Weapons: Afore May Be Better," *Adelphi Paper,* No. 171 (London: International Institute for Strategic Studies. 1981).

21 John J. Mearsheimer, "Back to the Future: Instability in Europe After the Cold War," *International Security,* Vol. 15, No. 1 (Summer 1990); Stephen Van Evera,

"Primed For Peace: Europe After the Cold War," *International Security,* Vol. 15, No. 3 (Winter 1990/90).

22 John J. Mearsheimer, "The Case for a Ukrainian Nuclear Deterrent," *Foreign Affairs,* Vol. 72, No. 3 (Summer 1993); Barry R. Posen, "The Security Dilemma and Ethnic Conflict" *Survival,* Vol. 35, No .1 (Spring 1993).

23 Kenneth N. Waltz, "The Emerging Structure of International Politics," *op. cit.*

24 Bruce Bueno de Mesquita and William H. Riker, "An Assessment of the Merits of Selective Nuclear Proliferation," *Journal of Conflict Resolution,* Vol. 26, No. 2 (June 1982); 이러한 확산론의 위험을 강조한 것으로 Scott D. Sagan, "The Perils of Proliferation: Organization Theory, Deterrence Theory, and the Spread of Nuclear Weapons," *International Security,* Vol. 18, No. 4 (Spring 1994).

25 Scott D. Sagan, *op. cit.*

26 Richard Betts, "Paranoids, Pygmies, Pariahs and Nonproliferation Revisited," *Security Studies,* Vol. 2, No. 3/4 (Spring/Summer 1993).

27 Peter Wallensteen and Karin Axell, "Conflict Resolution and the End of the Cold War, 1989-93," *Journal of Peace Research,* Vol. 31, No .3 (August 1994).

28 여기서 무력갈등이란 최소한 25명 이상의 사망자가 발생하고 한편이 적어도 한 국가의 정부가 개입이 되며 두 당사자가 무력을 사용한 정부와 영토에 관계된 갈등으로 보고 소규모의 무력갈등은 전 갈등의 과정에서 1,000명 이하의 사망자가 발생한 경우, 중규모의 무력갈등은 전 과정에서 1,000명 이상의 사망자가 발생하고 특정한 한 해의 사망자가 25명 이상 1,000명 이하인 경우이며, 전쟁은 한 해에 1,000명 이상의 사망자가 발생한 경우로 분류했다. Peter Wallensteen and Karin Axell, *op. cit.,* p.333 참조.

29 *Ibid.*

30 *Ibid.,* pp.334-337.

31 *Ibid.,* pp.336-337.

32 Michael W. Doyle, "Liberalism and World Politics," *American Political Science Review,"* Vol. 80, No.4 (December 1986).

33 David E. Sprio, "The Insignificance of the Liberal Peace," *International Security,* Vol. 19, No. 2 (Fall 1994); Christopher Layne, "Kant or Cant: The Myth of the Democratic Peace," *International Security,* Vol. 19, No. 2 (Fall 1994).

34 Samuel P. Huntington, "The Clash of Civilizations?," *Foreign Affairs*, Vol. 72, No. 3 (Summer 1993).

35 *Ibid.*, pp. 22-23.

36 *Ibid.*, pp. 25-29.

37 *Ibid.*, pp. 29-35.

38 *Ibid.*, p. 48.

39 *Ibid.*, p. 49.

40 Fouad Ajami, Kishore Mahbubani, Robert L. Bartley, Liu Binyan and Jeane J. Kirpatrick, "Comments: Responses to Samuel P. Huntington's 'The Clash of Civilizations'?," *Foreign Affairs*, Vol. 72, No. 4 (September/October 1993).

41 James Kurth, "The Real Clash," *The National Interest*, No. 37 (Fall 1994).

42 Samuel P. Huntington, "If Not Civilizations, What?," *Foreign Affairs*, Vol. 75, No. 5 (November/December 1993).

43 Samuel P. Huntington, "No Exit: The Errors of Endism," *The National Interest*, No. 17 (Fall 1989).

44 Marshall McLuhan, Quentin Fiore, and Jerome Angel, *War and Peace in the Global Village* (New York: Bantam, 1967).

45 Mark D. Alleyne, "Thinking about International System in the 'Information Age': Theoretical Assumptions and Contradictions," *Journal of Peace Research*, Vol. 31, No. 4 (November 1994).

46 Sanford J. Ungar, "The Role of a Free Press in Strengthening Democracy," *Democracy and the Media* (New York: Cambridge University Press, 1990); Mark D. Alleyne, *op. cit.*, p. 411.

47 US Senate, *Final Report of the Select Committee to Study on Governmental Operations with Respect to Intelligence Activities*, Book One, 94th Congress, 2nd session, report No. 94-755 (Washington DC: US Government Printing Office, 1976); Mark D. Alleyne, *op. cit.*, p. 417.

48 William A. Henry III, "History as It Happens: Linking Leaders as Never Before CNN Has Changed the Way the World Does Is Business," *Time*, January 6, 1992; Mark D. Alleyne, *op. cit.*, p. 420.

49 Paul Protor, "Transfer Policy Boosts U.S.-Asian Projects," *Aviation Week and*

Space Technology, November 7, 1994.

50 *Ibid.*

51 Raymond Vernon and Ethan B. Kapstein, "National Needs. Global Resources," *Daedalus* (Fall 1991).

52 Aaron L. Friedberg, "The End of Autonomy: The United States After Five Decades," *Daedalus* (Fall 1991), pp. 69-71.

53 Richard J. Samuels, "Reinventing Security: Japan Since Meiji," *Daedalus* (Fall 1991), pp. 47-54.

54 이른바 '미국승리론'은 알트(Art)의 주장이고 '일본승리론'은 존슨(Johnson)의 시각이다. William R. Nester, *American Power, the New World Order and the Japanese Challenge* (London: The Macmillan Press Ltd., 1993) p. 3.

55 Charles Krauthammer, "The Unipolar Moment," *Foreign Affairs*, Vol. 70, No. 1, 1990/91.

56 Christopher Layne, "The Unipolar Illusion," *International Security*, Vol. 7, No. 4 (Spring 1993).

57 카첸스타인과 오카와라는 일본정치개혁이 시작되기 바로 전에 쓴 논문에서 일본의 구조와 규범이 변하지 않기 때문에 안보정책이 변하지 않는다고 주장했다. Peter J. Katzenstein and Nobuo Okawara, "Japan's National Security: Structures, Norms, and Policies," *International Security*, Vol. 17, No. 4 (Spring 1993).

58 Yoichi Funabashi, "Japan and the New World Order," *Foreign Affairs* (Winter 1991/1992); Joseph S. Nye Jr., "Coping with Japan," Foreign Policy, No. 39 (Winter 1992/93).

59 Kenneth Waltz, "The Emerging Structure of International Politics," op. cit.

60 Gerrit W. Gong, "China's Fourth Revolution," *The Washington Quarterly* (Winter 1994).

61 *Ibid.*, p. 35.

62 Denny Roy, "Hegemon on the Horizon? China Threat to East Asian Security," *International Security*, Vol. 19, No. 1 (Summer 1994).

63 Martin Feldstein, "Why Maastricht Will (Still) Fail," *The National Interests*, No. 32 (Summer 1993).

64 Charles L. Glaser, "Why NATO is Still Best: Future Security Arrangements for Europe," *International Security*, Vol. 18, No. 1 (Summer 1993).

65 Henry Kissinger, *op. cit.*, p. 835.

66 Francis Fukuyama, *Trust: The Social Virtues and the Creation of Prosperity* (New York, NY: the Free Press, 1995). 한국어 번역판은 프랜시스 후쿠야마 지음, 구승회 옮김, 《트러스트》, (한국경제신문사, 1996) 참조.

67 Francis Fukuyama, *The Great Disruption: Human Nature and the Reconstruction of Social Order* (New York, NY: the Free Press, 1999). 한국어 번역판은 프랜시스 후쿠야마 지음, 한국경제신문 국제부 옮김, 류화선 감역, 《대붕괴 신질서》 (한국경제신문, 2001) 참조.

68 Francis Fukuyama, *State Building: Governance and World Order in the Twenty-First Century* (Cornell University Press, 2004). 한국어 번역판은 프랜시스 후쿠야마 지음, 안진환 옮김, 《강한 국가의 조건》 (황금가지, 2005) 참조.

69 Francis Fukuyama, *America at the Crossroads* (Yale University Press, 2006).

70 Francis Fukuyama, *The Origins of Political Order: From Prehuman Times to the French Revolution* (New York: Farrar, Straus and Giroux, 2011); *Political Order and Politcal Decay: From the Industrial Revolution to the Present Day* (New York: Farrar, Straus and Giroux, 2014).

71 Samuel Huntington, *Political Order in Changing Societies* (Yale University Press, 1968).

72 Scott Mainwaring and Fernando Bizzarro, "The Fates of Third-Wave Democracies," *Journal of Democracy*, Vol. 30, No. 1 (January 2019).

73 Ivan Krastev, "Eastern Europe's Illiberal Revolution," *Foreign Affairs*, May/June 2018.

74 Roberto D'Alimonte, "How The Populist Won In Italy," *Journal of Democracy*, Vol. 30, No. 1, (January 2019).

75 Ivan Krastev, 위의 글, p. 54.

76 Jacques Rupnik, "The Crisis of Liberalism," *Journal of Democracy*, Vol. 29, No. 3 (July 2018), p. 36.

1 여기서 '전쟁'이라 함은 국가 간의 군사적인 충돌로 한해 사망자가 1,000명 이상인 경우를 말한다. 이 기준은 다소 인위적인 것이나 대체로 학계는 스몰과 싱어의 이 기준을 받아들이고 있다. Melvin Small and J. David Singer, *Resort to Arms: International and Civil War, 1816-1929* (Los Angeles: Sage Publications, 1982).

2 Nils Peter Gleditch, "Democracy and the Future of European Peace" *European Journal of International Relations,* Vol. 1, No. 4, 1995, pp. 549-550. Gleditch는 이 통계를 다음의 자료로부터 밝히고 있다. David J. Singer and Melvin Small, "Wages of War, 1816-1980: Augmented with Disputes and Civil War Data(ICPSD 9044)," Ann Arbor, MI: Inter-University Consortium for Political and Social Research, 1984; David J. Singer and Melvin Small, "Correlates of War Project: International and Civil War Project: International and Civil War Data, 1816-1992 (ICPSR 9905)," Ann Arbor, MI: Inter-University Consortium for Political and Social Research, 1994; Peter Wallensteen and Margareta Sollenberg, "After the Cold War: Emerging Pattern of Armed Conflict, 1989-94," *Journal of Peace Research,* Vol. 32, No. 3, 1995, pp. 345-360.

3 제2차 세계대전은 태평양전쟁과 함께 일어난 것으로 진정한 의미의 세계대전이라 할 수 있다. 그러나 1차 세계대전은 세계대전이라기보다는 유럽 전쟁이라 하는 게 옳다.

4 Rummel의 연구에 의하면 금세기의 인민학살은 전체주의적 소련체제(1917-1987) 하에서 6천2백만, 사회주의의 중국 체제(1947-1987) 하에서 3천5백만, 나치 독일(1933-1945)의 치하에서 2천백만 등 유럽에서 최대의 학살이 일어났다. Rudolph J. Rummel, "Focus On: Power, Genocide and Mass Murder," *Journal of Peace Research,* Vol. 31, No. 1, 1994, pp. 1-10; 그리고 Gleditch, 앞의 책, p. 540.

5 Michael Doyle, "Liberalism and World Politics," *American Political Science Review,*Vol. 80, No. 4, (December 1986), pp. 1151-1169. 보다 자세한 글은 Michael Doyle, "Kant, Liberal Legacies, and Foreign Affairs," Parts I and Ⅱ, *Philosophy and Public Affairs,*Vol. 12, No. 3 (Summer 1983), pp. 205-235, and No. 4 (Fall 1983),

pp. 323-353.

6 칸트의 저술의 번역본은 다음의 두 가지에 의존했다. 칸트,《영구평화를 위하여》, 정진 역(정음사), 그리고 Immanuel Kant, *Kant's Political Writings* (edited by Hans Reiss, translated by H. B. Nisbet), (Oxford: Oxford University Press, 1970).

7 K. 야스퍼스,《칸트, '영구평화를 위하여'》, p. 119.

8 칸트, 같은 책, p. 23.

9 K. 야스퍼스, 앞의 책, p. 119.

10 칸트, 앞의 책, p. 25.

11 같은 책, p. 26.

12 K. 야스퍼스, 앞의 책, pp. 123-124.

13 칸트, 앞의 책, p. 29.

14 칸트는 지배의 형식과 통치의 방식을 구별했다. 지배의 형식은 통치권을 장악하고 있는 자에 의해 구분하는 것으로 군주제, 귀족제, 그리고 민주제로 나눠지며 통치의 방식은 헌법력을 행사하는 방식에 관계된 것으로서 공화제와 전제적 체제로 나눠진다. 따라서 보통 혼용되고 있는 민주제와 공화제를 엄격히 구분하고 있다. 칸트, 같은 책, p. 30 참조.

15 Daniele Archibugi, "Immanuel Kant, Cosmopolitan Law and Peace," *European Journal of International Relations*, Vol. 1, No. 4 (December 1995) p. 430.

16 참고로 이 문장을 영역본에서는 다음과 같이 번역해 놓고 있다. "The Right of Nations shall be based on a Federation of Free States." International Kant, *Kant's Political Writings*(edited by Hans Reiss, translated by H. B), Nisbet, p. 102.

17 칸트, 앞의 책, p. 39.

18 K. 야스퍼스, 앞의 책, p. 129.

19 칸트, 앞의 책, p. 43.

20 Francis Fukuyama, "The End of History?," *The National Interest,* No. 16 (Summer 1989), pp. 3-18. 이에 대한 반론은 Samuel P. Huntington, "No Exit: The Errors of Endism," *The National Interest,* No. 17 (Fall 1989).

21 Bruce Russett, *Grasping The Democratic Peace: Principles for a Post-Cold War World* (Princeton, New Jersey: Princeton University Press, 1993).

22 같은 책, p. 11.

23 여기서 전쟁은 앞서 지적했던 것처럼 국가 간의 대규모의 치명적 폭력이 행

사된 경우로 1,000명 이상의 사망자가 발생한 경우(물론 1982년의 영국과 아르헨티나 사이의 포클랜드 전쟁의 경우 공식 사망자는 950명이었으나 이것은 전쟁으로 간주된다), 국가 간의 전쟁이란 양쪽이 국제적으로, 또는 다른 국가에 의해 인정되는 주권국가의 경우, 민주주의 국가란 달(Dahl, 1971)의 다원적 민주주의의 개념과 유사한 것으로 보인다. Russett, pp. 12-16; Robert A. Dahl, *Polyarchy: Participation and Opposition* (New Haven, Conn.:Yale University Press, 1971).

24 제1차 세계대전 당시의 독일의 성격에 대해서는 많은 논란이 있다. 도일은 그 당시 독일은 공화제를 가진 자유주의 국가이긴 하지만 외교정책에 대해서는 빌헬름 2세의 역할이 중심적이였기 때문에 시민세력의 외교정책에 대한 역할은 미미했다는 이유로 민주주의 국가에서 제외한다. Michael Doyle, "Kant, Liberal Legacies, and Foreign Affairs," Part I, pp. 216-217. n. 8.

25 Russet, 앞의 책, p. 19.

26 같은 책, pp. 24-38.

27 같은 책, chapter 6.

28 John J. Mearsheimer, "Back to the Future," *International Security*, Vol. 15, No. 1 (Summer 1990), pp. 48-51.

29 레인은 '민주주의 국가끼리는 전쟁을 하지 않는다'는 명제를 가진 '민주평화 이론'은 이론이라기보다는 가설이라고 주장한다. 민주평화'이론'은 민주적 정치문화란 독립변수와 민주주의 국가끼리의 전쟁이라는 종속변수 사이의 인과관계를 제시하나 이러한 인과관계가 증명되거나 적절히 설명되지 않았다는 것이다. Christopher Layne, "Kant or Cant: The Myth of the Democratic Peace," *International Security*, Vol. 19, No. 2 (Fall 1994), p. 5.

30 Mearsheimer, "Back to the Future," p. 50.

31 David, E. Sprio, "The Insignificance of the Liberal Peace," *International Security*, Vol. 19, No. 2 (Fall 1994), pp. 50-86.

32 R. J. Rummel, *Understanding Conflict and War: Vol. 4: War, Power, Peace*, (Thousand Oaks CA: Sage, 1979); Rummel, "Democracies Are Less Warlike Than Other Regimes," *European Journal of International Relations*, Vol. 1, No. 4 (December 1995), pp. 457-479.

33 Thomas Risse-Kappen, "Democratic Peace—Warlike Democracies? A Social Constructivist Interpretation of the Liberal Argument," *European Journal of In-*

ternational Relations, Vol. 1, No. 4 (December 1995), pp. 491-517.

34 Karl W. Deutch, *Political Community and the North Atlantic Area* (Princeton, NJ: Princeton University Press, 1957).

35 Risse-Kappen, "Democratic Peace—Warlike Democracies? A Social constructivist Interpretation of the Liberal Argument," p. 510.

36 Nils Petter Gleditsch, "Democracy and the Future of European Peace," *European Journal of International Relations*, Vol. 1, No. 4 (December 1995), p. 541.

37 같은 책, pp. 541-542.

38 대표적인 학자로는 Kenneth Waltz, *Theory of International Politics* (Reading, MA: Addison-Wesley, 1979); Robert Gilpin, *War and Change in International Politics* (Cambridge: Cambridge University Press, 1981); John J. Mearsheimer, "Back to the Future."

39 Gleditsch, 앞의 책, p. 543.

40 같은 책, pp. 555-556.

41 민주정체의 분류에서 보스니아는 지금 전환 중의 국가이며 모나코와 산마리노를 포함하는 4개국은 매우 작은 소국이기 때문에 정체에서 제외되었다. 이러한 민주정체의 연구는 Keith Jaggers and Ted R. Gurr, "Transitions to Democracy: Tracking the Third Wave with Polity Ⅲ Indicators of Democracy and Autocracy," *Journal of Peace Research*, Vol. 32, No. 4, 1995. 이상은 Gleditsch, 앞의 책, pp. 558-559 참조.

42 Edward D. Mansfield and Jack Snyder, "Democratization and the Danger of War," *International Security*, Vol. 20, No. 1 (Summer 1995), pp. 5-38.

43 같은 책, p. 6.

44 같은 책, pp. 7-8.

45 Reinhard Wolf, Erich Weede, Andrew J. Enterline, Edward D. Mansfied and Jack Snyder, "Correspondence: Democratization and the Danger of War," *International Security*, Vol. 20, No. 4 (Spring 1996), pp. 176-207.

46 맨스필드와 스나이더는 '결국 안정된 민주주의 확대가 평화의 전망을 높일 것이다'라고 주장함으로써 그들이 민주주의 국가끼리는 전쟁을 하지 않는다는 '대다수의 견해'에 도전하는 것은 아니라는 점을 밝히고 있다. 같은 책, p. 196.

47 Ted Robert Gurr, "Polity Ⅱ: Political Structures and Regime Change, 1800-

1986, Computer File," (Boulder, Colo.: Center for Comparative Politics, 1990).

48 Henry S. Farber and Joanne Gowa, "Politics and Peace," *International Security,* Vol. 20, No. 2 (Fall 1995), pp. 123-146.

49 같은 책, pp. 145-146.

50 칸트, 《영구평화를 위하여》, 13쪽.

51 Wojciech Gebicki and Anna Marta Gebicka, "Central Europe: A Shift to the Left?," *Survival*, Vol. 37, No. 3 (Autumn 1995), pp. 126-128.

52 같은 책, p. 138.

53 Ronald D. Asmus, Richard L. Kugler and F. Stephen Larrabee, "NATO Expansion: The Next Steps," *Survival*, Vol. 37, No. 1 (Spring 1995), p. 7에서 인용.

54 Michael E. Brown, "The Flawed Logic of NATO Expansion," *Survival*, Vol. 37, No. 1 (Spring 1995), p. 34.

55 같은 책.

56 Christopher Lyane, "Kant or Cant: The Myth of the Democratic Peace," p. 47.

57 Zbigniew Brezinski, "A Plan for Europe," *Foreign Affairs*, (January/February 1995), p. 40.

58 Leszek Buszynski, "Russia and the West: Towards Renewed Geopolitical Rivalry?" *Survival*, Vol. 37, No. 3 (Autumn 1995), pp. 104-125.

4장_북한 붕괴론의 허와 실

1 '남북 사이의 화해와 불가침 및 교류·협력에 관한 합의서'는 제1장 남북화해, 제2장 남북불가침, 제3장 남북교류협력, 제4장 수정 및 발효조항 등 모두 25조로 이루어져 있다.

2 당시 미국 정부는 한국에서의 전술핵 철수를 결정한 후 통보하는 형식을 취한 것으로 알려져 있다.

3 물론 이러한 생각은 북한이 핵무기를 보유하고 있지 않다는 가정에서 하는 것이다.

4 본고의 원문에서는 이를 참여정책으로 번역하였으나 나중에 이에 대한 통일을 기하고자 개입정책으로 쓴다.

5 The White House, "A National Security Strategy of Engagement and Enlargement," February 1995.

6 New York Times, "Excerpts from President Clinton's State of the Union Message," January 26, 1994, p. A17.

7 Anthony Lake, "From Containment to Enlargement," U.S. Department of State, Bureau of Public Affairs, *Dispatch*, Vol. 4, No. 39, September 1993.

8 제임스 T. 레이니, "남북한: 억제를 넘어서," 아시아 소사이어티 연설문, 1996. 5. 11.

9 '억제를 넘어서'가 아니라 '봉쇄를 넘어서' 또는 '대결을 넘어서'로 했더라면 더욱 적절했을 것 같다. 억제는 군사·안보적 개념을 더욱 강조하는 것이며, 넓게 보면 개입정책은 안보우위의 목적을 가지고 있으므로 억제전략을 포용하고 있다.

10 공세적 외교로 보는 대표적 논의는 박재규, 《북한의 신외교와 생존전략》(나남, 1997) 참조.

5장_현실주의 대논쟁과 그 이후

1 Richard Ned Lebow and Thomas Risse-Kappen, "Introduction: International Relations Theory and the End of the Cold War," in Richard Ned Lebow and Thomas Risse-Kappen(eds.), *International Relations Theory and the End of the Cold War* (New York: Columbia University Press, 1995), Chapter one.

2 Kenneth N. Waltz, *Theory of International Politics* (Reading, MA: Addison-Wesley, 1979).

3 Robert Gilpin, *War and Change in International Politics* (Cambridge: Cambridge University Press, 1981).

4 탈냉전의 국제정치 변화에 대해서는 현인택, "탈냉전과 평화"; 현인택, "세계화 시대의 국제정치," (김경원, 임형진 공편, 《세계화의 도전과 한국의 대응》, (서울: 나남출판, 1995))을 참조.

5 Kenneth N. Waltz, "The Emerging Structure of International Politics," *International Security*, Vol. 18, No. 2 (Fall 1993), pp. 44-79.

6 Waltz(1993), p. 50.

7 Waltz(1993), p. 66.

8 Waltz(1993), p. 67.

9 일본의 잃어버린 10년에 대해서는 *The Washington Quarterly* (Autumn 2000) 특집, "Japan after the 'Lost Decade'"를 참조.

10 일본에 대해서는, 현인택, "일본의 파워: 그 허상과 진실," 《계간사상》 여름호(1991); 현인택, "일본의 정치개혁과 대아시아정책 변화," 《일본평론》 가을·겨울호(1993)를 참조.

11 Waltz(1979) 참조.

12 Kenneth N. Waltz, "Structural Realism after the Cold War," *International Security*, Vol. 25, No. 1 (Summer 2000), pp. 5-41.

13 월츠는 무정부적 체제가 계층적 체제로 바뀌는 것도 체제변화라 보았지만 국가들 사이의 능력의 배분에서의 변화도 체제변화라고 보았다. Waltz(1979), pp. 99-101 참조.

14 Waltz(2000), p. 6.

15 Robert O. Keohane, "Institutional Theory and the Realist Challenge after the Cold War," in David Baldwin(ed.), *Neorealism and Neoliberalism* (New York: Columbia University Press, 1993).

16 Robert Gilpin, *War and Change in World Politics* (Cambridge: Cambridge University Press, 1981).

17 이 점에 대해서는 William C. Wohlforth, "The Stability of Unipolar World," *International Security*, Vol. 24, No. 1 (Summer 1999), pp. 5-41.

18 월츠는 이미 이전부터 그러한 주장을 해왔다. Waltz, "Nuclear Myths and Political Realities," *American Political Science Review*, Vol. 84, No. 3 (September 1990).

19 John J. Mearsheimer, "Back to the Future: Instability in Europe After the Cold War," *International Security*, Vol. 15, No. 1 (Summer 1990).

20 John J. Mearsheimer, "The False Promise of International Institutions," *International Security* Vol. 19, No. 3 (Winter 1994/95), pp. 5-49.

21 이에 대한 반대견해는 Robert O. Keohane and Lisa L. Martin, "The Promise of Institutionalist Theory," *International Security*, Vol. 20, No. 1 (Summer 1995) 참조.

22 John J. Mearsheimer, *The Tragedy of Great Power Politics* (New York: W.W. Norton &

Company, 2001), chapter 1.

23 Mearsheimer(2001), chapter 10.

24 Aaron L. Friedberg, "Ripe for Rivalry: Prospects for Peace in a Multipolar Asia," *International Security,* Vol. 18, No. 3 (Winter 1993/94), p. 5.

25 William C. Wohlforth, "Realism and the End of the Cold War," *International Security,* Vol. 19, No. 3 (Winter 1994/95), pp. 91-129.

26 Wohlforth(1994/95), pp. 91-100.

27 Chalmers Johnson and E. B. Keehn, "The Pentagon's Ossified Strategy," *Foreign Affairs,* Vol. 74, No. 4 (July/August 1995).

28 Johnson and Keehn(1995), p. 110.

29 Christopher Layne, "The Unipolar Illusion: Why New Great Powers Will Rise," *International Security,* Vol. 17, No. 4 (Spring 1993), pp. 45-47.

30 Layne(1993), p. 49.

31 Layne(1993), p. 49.

32 Christopher Layne, "From Preponderance to Offshore Balancing," *International Security,* Vol. 22, No.1 (Summer 1997), p. 119.

33 William J. Crowe Jr. and Alan D. Romberg, "Rethinking Security in the Pacific," *Foreign Affairs,* Vol. 70, No. 1, America and World 1993 (annual special issue); Barry Buzan and Gerald Segal, "Rethinking East Asian Security," *Survival,* Vol. 36, No. 2 (1994), pp. 3-21.

34 Samuel P. Huntington, *The Clash of Civilizations and the Rethinking of Wolrd Order* (London and New York: Touchstone Books, 1998).

35 Huntington(1998), p. 29.

36 Francis Fukuyama, "The End of History," T*he National Interest* 16 (Summer 1989).

37 헌팅턴은 이러한 시각을 가진 학자로 두 사람을 지목한다. 즉, 브레진스키와 모니한이 그들이다. Zbigniew Brzezinski, *Out of Control: Global Turmoil on the Eve of the Twenty-first Century* (New York: Scriber, 1993); Daniel Patrick Moynihan, *Pandemonium: Ethnicity in International Politics* (Oxford: Oxford University Press, 1993).

38 Huntington(1998), p. 36.

39 Pierre Hassner, "Morally Objectionable, Politically Dangerous," *The National Interest* (Winter 1996/97), pp. 63-69.

40 Hassner(1996/97), pp. 63-64.

41 Wang Gungwu, "A Machiavelli for Our Times," *The National Interest* (Winter 1996/97), pp. 69-73.

42 Wang(1996/97), pp. 312-318.

43 Huntington(1993), p. 316.

44 국제정치에서 문화(culture) 논의는 90년대 중반 일기 시작한 새로운 담론으로서 대표적인 학자는 케첸스타인(Katzenstein)을 들 수 있다. Peter Katzenstein(ed.), *The Culture of National Security: Norms and Identity in World Politics* (New York: Columbia University Press, 1996); Peter J. Katzenstein and Noburo Okawara, "Japan's National Security: Structures, Norms, and Policies," *International Security*, Vol. 17, No. 4 (Spring 1993). 또한 전반적인 리뷰는 Michael C. Desch, "Culture Clash: Assessing the Importance of Ideas in Security Studies," *International Security*, Vol. 23, No. 1 (Summer 1998)를 참조.

45 John F. Vasquez, "The Realist Paradigm and Degenerative versus Progressive Research Programs: An Appraisal of Neotraditional Research on Waltz's Balancing Proposition," *American Political Science Review* 91 (December 1997).

46 Jeffrey W. Legro and Andrew Moravcsik, "Is Anybody Still a Realist?" *International Security*, Vol. 24, No. 2 (Fall 1999), pp. 5-55.

47 대표적으로는 Alexander Wendt, *Social Theory of International Politics* (Cambridge: Cambridge University Press, 1999). 그리고 그의 "Anarchy Is What States Make of It: The Social Construction of Power Politics," *International Organization*, Vol. 46, No. 2 (Spring 1992); "Collective Identity Formation and the International State," *American Political Science Review*, Vol. 88, No. 2 (June 1984); Dale C. Copeland, "The Constructivist Challenge to Structural Realism," *International Security*, Vol. 25, No. 2 (Fall 2000) 참조.

48 Steve Smith, "The Self-Image of a Discipline: A Genealogy of International Relations Theory," in Ken Booth and Steve Smith(eds.), *International Relations Theory Today* (Cambridge: Polity Press, 1995), pp. 1-37.

49 구성주의는 알렉산더 웬트에 의해 집대성되는 이론으로서 다음의 저서를

참조. Alexander Wendt, "Anarchy Is What State Make of It: The Social Construction of Power Politics," *International Organization*, Vol. 46, No. 2 (Spring 1992), pp. 391-425; Ted Hopf, "The Promise of Constructivism in International Relations Theory," *International Security*, Vol. 23, No. 1 (Summer 1998), pp. 171-200; Alexander Wendt, *Social Theory of International Politics* (Cambridge: Cambridge University Press, 1999); Stefano Guzzini and Anna Leander(eds.), *Constructivism and international Relations: Alexander Wendt and his Critics* (London and New York: Routledge, 2006)

50 Steve Smith, 위의 논문, pp. 24-30.

51 Daniel Maliniak, Amy Oakes, Susan Peterson and Michael J. Tierney, "International Relations in the US Academy," *International Studies Quarterly*, 2011, Vol. 55, pp. 437-464.

52 Tim Dunne, Lene Hansen, and Colin Wight, "The End of International Relations Theory?" *European Journal of Political Science*, 2013, 19(3) pp. 405-425.

53 David A. Lake, "Theory is dead, long live theory: The end of the Great Debates and the rise of eclecticism in International Relations," *European Journal of International Relations*, 2013, 19(3) pp. 567-587.

54 John Mearsheimer and Stephen Walt, "Leaving Theory Behind: Why Simplistic Hypothesis Testing Is Bad for International Relations," *European Journal of International Relations*, 2013, 19(3) pp. 425-457.

55 Joseph S. Nye, Jr., "International Relations: the Relevance of Theory to Practice," in Christian Reus-Smit and Duncan Snidal(eds.), *The Oxford Handbook of International Relations* (Oxford: Oxford University Press, 2008), pp. 648-662.

6장_동북아국제질서의 불완전한 변환

1 Aaron L. Friedberg, "Europe's Past, Asia's Future?" *SAIS Policy Forum Series*, No. 3 (October 1998).

2 Amitav Acharya, "Will Asia's Past Be Its Future?" *International Security*, Vol. 28, No. 3 (Winter 2003/04), pp. 149-164.

3 Eugene Gholz, Daryl G. Press and Harvey M. Sapolsky, "Come Home, America: The Strategy of Restraint in the Face of Temptation," *International Security*, Vol. 21, No. 4 (Spring 1997), pp. 5-48.

4 Stephen G. Brooks, G. John Ikenberry and William C. Wohlforth, "Don't Come Home, America: The Case against Retrenchment," *International Security*, Vol. 37, No. 3 (Winter 2012/13), pp. 7-51.

5 Denny Roy, "Hegemon on the Horizon?: China's Threat to East Asian Security," *International Security*, Vol. 19, No. 1 (Summer 1994), pp. 149-168.

6 Arvind Subramanian, *Eclipse: Living in the Shadow of China Economic Dominance* (Washington, DC: Peterson Institute for International Economic, 2011).

7 지난 2013년 6월 미국 캘리포니아 란초미라지에서 열린 미중 정상회담에서 중국의 시진핑 주석이 미국과의 관계에 대해서 천명한 중국의 대미정책.

8 David C. Kang, "Getting Asia Wrong: The Need for New Analytical Frameworks," *International Security*, Vol. 27, No. 4 (Spring 2003), pp. 57-85.

9 Kent Calder and Min Ye, The Making of Northeast Asia (Stanford, California: Stanford University Press, 2010), chapter 1.

10 여기에는 지난 수십 년 동안 진화해 온 현실주의, 자유주의, 그리고 그에 비하면 비교적 최근인 구성주의 등의 다양한 이론적 시각들이 있다. 이들 이론들과 저자들에 대해 상세히 기록하는 것은 생략하기로 한다.

11 Paul Kennedy, *The Rise and Fall of the Great Powers: Economic Change and Military Conflict from 1500-2000* (New York: Vintage, 1987).

12 Kennedy (1987), pp. 514-535.

13 Charles Krauthammer, "The Unipolar Moment," *Foreign Affairs*, Vol. 70, No. 1 (Winter 1990/91).

14 Christopher Layne, "The Unipolar Illusion: Why New Great Powers Will Rise," *International Security*, Vol. 17, No. 4 (Spring 1993).

15 Layne (1993), p. 7.

16 Layne (1993), pp. 45-51.

17 Joseph S. Nye, "The Case for Deep Engagement," *Foreign Affairs*, Vol. 74, No. 4 (July/August 1995), pp. 90-102.

18 SIPRI, *SIPRI Yearbook 2009* (Stockholm: SIPRI, 2009), p. 232.

19 Sameul P. Huntington, "The U.S.: Decline or Renewal?," *Foreign Affairs* (Winter 1988/89); Joseph S. Nye, "Softpower," *Foreign Policy* (Fall 1990).

20 William C. Wohlforth, "The Stability of a Unipolar World," *International Security*, Vol. 24, No. 1 (Summer 1999).

21 Nuno P. Monteiro, "Unrest Assured: Why Unipolarity Is Not Peaceful," *International Security*, Vol. 36, No. 3 (Winter 2011/12), pp. 9-40. 여기서 방어적 지배는 역외 균형잡기(Offshore Balancing), 선택적 개입(Selective Engagement), 그리고 집단안보(Collective Security) 전략을 말하고, 공격적 지배는 우월추구(primacy) 전략을, 그리고 불개입 전략은 고립주의(isolationism)를 말한다. Monteiro(2011/2012), p. 14; Barry Posen and Andrew L. Ross, "Competing Visions for U.S. Grand Strategy," *International Security*, Vol. 21, No. 3 (Winter 1996/97), pp. 5-53. 참조.

22 Stephen M. Walt, *The Origins of Alliances* (Ithaca, NY: Cornell University Press, 1987) 참조.

23 Stephen M. Walt, "Keeping the World 'Off-Balance': Self-Restraint and U.S. Foreign Policy," in G. John Ikenberry(ed.), *America Unrivaled: The Future of the Balance of Power* (Ithaca and London: Cornell University Press, 2002).

24 월트에 의하면 자제전략은 다음의 7가지 구체적인 행동강령으로 구체화할 수 있다고 설명한다. 즉, 1) 미국의 능력을 유지하고, 2) 불가피하게 무력을 행사할 때도 신중을 기하고, 되도록 다자적 맥락에서 다른 국가들의 동의를 얻어가면서 하고, 3) 항상 자제하고, 4) 다른 국가들이 위험한 행동을 하지 않도록 잘 통제하며, 5) 잠재적 위협국가들을 완전히 적으로 몰아 위협하지 말고, 6) 방어를 강조하되 공격을 피하고, 7) 미국의 우월함의 정통성을 방어하라는 것이다. Walt(2002), pp. 141-152.

25 G. John Ikenberry, "Conclusion: American Unipolarity: The Sources of Persistence and Decline," in G. John Ikenberry(ed.), *America Unrivaled: The Future of the Balance of Power* (Ithaca and London: Cornell University Press, 2002), pp. 284-310.

26 미국은 19세기 말과 20세기 초 유럽 세력들과는 달리 지리적으로 주요 세력들과 떨어져 있기 때문에 오히려 동맹국들에게는 지배보다는 방기의 위협이 더 클 수 있다고 본다. 미국은 또한 후발 초강대국이기 때문에 과거의 헤게모니 국가들과는 달리 식민지 지배 같은 영토적 야심이 없고 따라서 상대적

으로 강압적이지 않고 제국주의적이지 않은 헤게모니 국가로서의 이미지를 강화할 수 있다고 본다.

27 G. John Ikenbbery, *Liberal Leviathan* (Princeton, N.Y.: Princeton University Press, 2011).

28 Joseph S. Nye, Jr., *The Future of Power* (New York, NY: Public Affairs, 2011).

29 Roy(1994).

30 David Shambaugh, "China Engages Asia: Reshaping the Regional Order," *International Security*, Vol. 29, No. 3 (Winter 2004/05), pp. 64-99.

31 Shambaugh(2004/05), pp. 64-72.

32 Shambaugh(2004/05), pp. 73-99.

33 Nicholas Khoo and Michael L. R. Smith and David Shambaugh, "Correspondence: China Engages Asia?: Caveat Lector," *International Security*, Vol. 30, No. 1 (Summer 2005), pp. 196-213.

34 Aaron L. Friedberg, *A Contest for Supremacy* (New York, NY: W.W. Norton & Company 2011).

35 Arvind Subramanian, "The Inevitable Superpower: Why China's Rise Is a Sure Thing," *Foreign Affairs*, Vol. 90, No. 5 (September/October 2011), pp. 66-78; *Eclipse: Living in the Shadow of China's Economic Dominance* (Washington, DC: Peterson Institute For International Economics, 2011).

36 Michael Beckley, "China's Century?: Why America's Edge Will Endure," *International Security*, Vol. 36, No. 3 (Winter 2011/12), pp. 41-78.

37 David C. Kang, *China Rising: Peace, Power, and Order in East Asia* (New York: Columbia University Press, 2007).

38 John Lee, "Pitfalls of an Aging China," *The National Interest* (January/February 2013), pp. 54-63.

39 Lee(2013), pp. 55-56.

40 Lee(2013), pp. 57-61.

41 Eric X. Li, "The Life of the Party: The Post-Democratic Future Begins in China," *Foreign Affairs* (January/February 2013), pp. 34-46.

42 Yasheng Huang, "Democratize or Die: Why China's Communists Face Reform or Revolution," *Foreign Affairs* (January/February 2013), pp. 47-54.

43 Huang(2013), p. 48.

44 대표적인 학자로는 John J. Mearsheimer, *The Tragedy of Great Power Politics* (New York, NY: W.W. Norton & Company 2001).

45 Andrew J. Nathan and Andrew Scobell, "How China Sees America," *Foreign Affairs*, Vol. 91, No. 5 (September/October 2012), pp. 32-47.

46 Wang Jisi, "China's Search for a Grand Strategy," *Foreign Affairs*, Vol. 90, No. 2 (March/April 2011), pp. 68-79.

47 Wang(2011), p. 71.

48 Claude Meyer, *China or Japan: Which Will Lead Asia?* (New York: Columbia University Press, 2011).

49 Meyer(2011), pp. 141-153.

50 The World Bank, "data," http://data.worldbank.org/inc (검색일: 2013년 7월 10일).

51 이 부분은 중국과 일본을 비교하는 것이기는 하나 논문 전체의 내용이 동북아 4개국을 다루는 것이기 때문에 참고로 미국 및 한국과 관계된 통계에 대해서도 비교를 위한 의미로 첨부하여 놓는다.

52 The World Bank, "data," http://data.worldbank.org/inc (검색일: 2013년 7월 10일).

53 Abby Joseph Cohen, "Innovational Economic Growth," http://goldmansachs.com/our-thinking/archieve/index.html (검색일: 2013년 7월 24일).

54 SIPRI, *SIPRI Yearbook 2011* (Stockholm: SIPRI, 2011), p. 183. 중국의 공식 군사비 지출은 787억 달러이나 SIPRI는 1,190억 달러로 보고 있다. SIPRI(2011), p. 159.

55 SIPRI(2011), p. 208.

56 Peter J. Katzenstein and Nobuo Okawara, "Japan, Asian-Pacific Security, and the Case for Analytical Eclecticism," *International Security*, Vol. 26, No. 3 (Winter 2001/02), pp. 153-185; Thomas U. Berger, *Cultures of Antimilitarism: National Security in Germany and Japan* (Baltimore, Md.: Johns Hopkins University Press, 1998); Yasuhiro Izumikawa, "Explaining Japanese Antimilitarism: Normative and Realist Constraints on Japan's Security Policy," *International Security*, Vol. 35, No. 2 (Fall 2010), pp. 123-160.

57 Joseph Nye, *Soft Power: The Measures to Success in World Politics* (New York: Public Affairs, 2004).

58 Thomas U. Berger, "Japan in Asia: A Hard Case for Soft Power," *Orbis* (Fall 2010), pp. 565-582.

59 Robert Gilpin, *War and Change in World Politics* (Cambridge: Cambridge University Press, 1981).

60 Fareed Zakaria, *The Post-American World* (New York, NY: W.W. Norton & Company, 2011).

61 Zbigniew Brzezinski, *Strategic Vision* (New York, NY: Basic Books, 2012).

62 Brzezinski(2012), pp. 46-55.

63 Hillary Clinton, "America's Pacific Century," *Foreign Policy* (November 2011).

64 Henry A. Kissinger, "The Future of U.S.-Chinese Relations: Conflict Is a Choice, Not a Necessity," *Foregin Affairs*, Vol. 91, No. 2 (March/April 2012), pp. 44-55.

65 Brzezinski(2012), p. 192.

66 Daniel Sneider, "Japan's Daunting Challenge," *The National Interest* (March/April 2013), pp. 37-46.

67 《중앙일보》, 2013. 8. 4.

68 Gerald L. Curtis, "Japan's Cautious Hawks: Why Tokyo Is Unlikely to Pursue an Aggressive Foreign Policy," *Foreign Affairs* (March/April 2013).

69 현인택, 김성한, 이근 공편, 《동아시아 환경안보》(서울: 오름 2005); William T. Tow, Ramesh Thakur and In-Taek Hyun(ed.), *Asia's Emerging Regional Order: Reconciling Traditional and Human Security* (Tokyo: United Nations University Press, 2000).

7장_북한 핵문제 재조명 : 정치한 억제전략으로

1 대한민국 국방부, 《2014 국방백서》 (서울: 대한민국 국방부, 2014), p. 28.

2 김영삼 대통령은 후일 이 문제에 대해 "당시 동해안에 영변을 때리려고 미 해군군함 33척과 항공모함 2척이 와 있었다"며 '그것을 내가 강력히 반대했

다"고 말했다. 이어 "(북한) 국경선의 포가 남쪽을 보고 있는데 (영변을 공격할 경우) 서울이 불바다가 된다"며 "전쟁을 막아야겠다는 생각이 있었기 때문에 빌 클린턴 미 대통령에게 전화로 반대했다"고 밝혔다. 박만식, 〈YS '1차 북핵위기 때 美항모 등 35척 영변 공격 준비'〉《한국일보》, 2009. 4. 14, http://www.hankookilbo.com/v/68732326d787426a800294e5abdc990c(2015. 8 .4).

3 In-Taek Hyun, "Strategic Thought toward Aisa in the Kim Young-sam Era," in Gilbert Rozman, In-Taek Hyun, and Shin-wha Lee(eds.), *South Korean Strategic Thought toward Asia* (New York: Pagrave Macmillan, 2008), p. 60.

4 *Ibid.*

5 현인택, 〈기로에 선 대북정책〉, 《신아세아》, 제8권, 제3호 (2001), pp. 49-50.

6 대한민국 외교부, http://www.mofa.go.kr/introduce/organization/announcements/employment/i(2015.8.6).

7 대한민국 외교부, 〈9.19/2.13/10.3 합의문 비교표〉, http://www.mofa.go.kr/trade/hanbando/nuclear/sixp(2015.8.6).

8 대한민국 외교부, 〈북핵문제관련주요일지〉, http://www.mofa.go.kr/trade/hanbando/nuclear/talks (2015.8.6).

9 크리스토퍼 힐 전 국무부차관보는 자신의 회고록《전초기지: 미국외교 최전방의 삶(Outpost: A Diplomat at Work)》에서 북한 영변 냉각탑 폭파는 자신의 아이디어라고 밝혔다.《연합뉴스》, 2014. 10. 9.

10 이명박, 《대통령의 시간》, 2008-2013, (서울: 알에이치코리아, 2015), pp. 213-216.

11 한반도 신뢰 프로세스에 대해서는, 대한민국 통일부, 〈한반도 신뢰 프로세스〉, http://www.unikorea.go.kr/content_do?cmid=1420(2015.8.7); 대한민국 외교부, 《2014 외교백서》 (서울: 대한민국 외교부, 2015), pp. 32-40.

12 이명박, *op cit.*, p. 345.

13 *Ibid.*, pp. 345-346.

14 여기서 '정치한(delicate)'의 의미는 미국의 초기 핵전략가인 Albert Wohlstetter의 논문 "The 'Delicate' balance of terror"에서 아이디어를 얻은 것이다. 물론 Wohlstetter는 이 용어를 미국의 주요 핵시설이 소련의 핵공격에 취약하기 때문에 '공포의 핵균형(balance of terror)'이 '자동적'으로 주어지지 않고 따라서 미국은 제2차 공격력을 가져야 한다는 의미로 썼다. 핵억제에 있어

서 억제는 상대의 공격에 반격하는 능력에 좌우된다는 의미이다. 이 논문에서는 '정치한 억제'의 의미를 억제가 단순히 군사적 능력을 키우는 데서 생겨나는 것이 아니라 정치, 군사, 외교적인 능력까지를 일체화해서 대응함으로써 억제를 보다 높이는 전략의 의미로 쓰인다. Albert Wohlstetter, "The Delicate balance of terror," *Foreign Affairs*, Vol. 37, No. 2 (1959); Lawrence Freedman, *The Evolution of Nuclear Strategy*(2nd ed.), (New York: St. Martin's Press, 1989), pp. 134-138.

15 대한민국 국방부, 《2014 국방백서》, (서울: 대한민국 국방부, 2014), p. 39.

16 미국에서도 레이건 행정부 시절 소위 '별들의 전쟁(Star Wars)' 계획에 대한 많은 논란이 있었는데 그 중 하나는 미국의 Star Wars 계획이 전략적으로 소련의 선제타격의 유혹을 불러일으키는 나쁜 전략이라는 반론이 있었다. 그러나 레이건 대통령은 이를 밀어붙였고 (결국에는 실현시키지는 못했지만) 그것이 미·소 사이의 핵경쟁에서 소련의 인식을 바꾸는 한 계기가 되었다는 주장이 설득력 있게 받아들여지고 있다.

17 사드에 대해서는, Bruce Klingner, 〈한국이 사드를 배치해야 하는 필요성〉, 행복세상2015 국가위기관리정책토론회 자료집, 《새로운 도전 속의 대한민국 안보》, pp. 59-80, 2015. 6. 24, 한국프레스센터 20층 국제회의장.

18 부형욱, 〈창조국방과 북한 핵·미사일 대응〉, 《한국국방안보포럼 안보학술세미나》, 2015. 8. 27, p. 88.

8장_사드THAAD의 국제정치학

1 대량살상무기(WMD: Weapons of Mass Destruction)와 대륙간 탄도미사일 (ICBM: Intercontinental Ballistic Missile) 외에 대미사일 방어시스템(ABM: Anti-Ballistic Missile)이 냉전 시 미·소 간에 주요 이슈가 되었다. 1972년에 이를 제한하는 ABM 조약이 체결된 바 있다.

2 사드는 "Terminal High Altitude Area Defense(THAAD) ballistic missile system," 즉 고고도미사일방어체계의 한국식 표현으로 미국의 레이시온(Raytheon) 사가 개발한 대미사일방어시스템을 말한다.

3 원문을 그대로 옮겨놓으면 "미국과 한국은 주한미군에 사드 1개 포대를 배

치하기로 '동맹 결정'을 하였다"(Based on recent consultations, the United States and South Korea have made an alliance decision to deploy a Terminal High-Altitude Area Defense missile battery to U.S. Forces Korea as a defensive measure to ensure the security of South Korea and that of its people, and to protect alliance military forces from North Korea's weapons of mass destruction and ballistic missile threats, according to a Defense Department news release issued July 7.).

4 "韓 사드 원치 않으면 예산 다른 데 쓸 수 있다고 文대통령에 전해", 《연합뉴스》, 2017. 6. 1, http://www.yonhapnews.co.kr/bulletin/2017/06/01/0200000000AKR20170601119200014.html(2017년 8월 2일 검색).

5 2017년 6월 23일 미국 호놀룰루에서 열린 한미전략대화에서 한 미국 참가자의 발언, Northeast Asia History Meeting held in Honolulu, June 22-23, 2017, sponsored by Pacific Forum CSIS and Northeast Asian History Foundation.

6 미국 태평양사(USPACOM)는 미국의 아태지역의 안보를 총괄하는 사령부로서 예하에 육·해·공 및 해병대 사령부를 두고 있고 주일미군사령부와 주한미군사령부도 이에 속해 있다. 미국의 6개 지역 사령부 중의 하나이지만 담당하는 지역이 미국의 서부로부터 인도에 이르기까지 가장 방대하고 미군의 가장 중요한 핵심 전력을 거느린 사령부이기 때문에 가장 중요한 전략 사령부라 할 수 있다. 특히 한반도를 직접 관장하고 있기 때문에 주한미군사령부와 더불어 한국에게도 매우 중요한 사령부이다. "USPACOM Area of Responsibility", http://www.pacom.mil/About-USPACOM/USPACOM-Area-of-Responsibility/, 2017년 8월 12일 검색. 이는 2018년 5월 30일 미국 인도-태평양 사령부로 개명되었다.

7 http://www.yonhapnews.co.kr/bulletin/2017/06/15/0200000000AKR2070615144100009.HTML, 2017년 8월 3일 검색.

8 "北도발 보고도… 中 "사드 반대" 러 "ICBM 아니다"", 조선일보, 2017년 7월 31일, http://news.chosun.com/site/data/html_dir/2017/07/31/2017073100073.html, 2017년 8월 3일 검색.

9 The Heritage Foundation, Missile Defense Event, "What a North Korean Ballistic Missile Threat Means for the U.S. Missile Defense System," July 26, 2017. www.heritage.org/missile-defense/event/what-north-korean-ballistic-missile-threat-means-the-us-missile-defense, 2017년 8월 3일 검색.

10 미 Raytheon사가 개발한 미사일 방어시스템. "Army Navy/Transportable Radar Surveillance(AN/TPY-2)," http://www.raytheon.com/capabilities/products/antpy2/, 2017년 8월 3일 검색.

11 중국 내 전문가들 사이에는 구체적인 이름이 거명되면서 거론되고 있다.

12 유엔안보리에서의 류제이 유엔주재 미국대사 사드 관련 발언, 연합뉴스, 2017. 8. 6.

13 1990년대 초 미국이 '지역 미사일 방어 시스템(TMD: Theater Missile Defense)'을 강조할 당시부터 동북아에서 일본과 더불어 한국의 참여 방안이 거론되었을 당시부터 논란이 되어왔다.

14 대한민국 국방부, 《2016 국방백서》, 58-60쪽.

15 위의 책, 58쪽.

16 Robert Jervis, "Cooperation Under the Security Dilemma," *World Politics*, Vol. 30, No. 2(January 1978), pp. 167-214. 이외에도 안보 딜레마에 관한 이론적 논의는 다음을 참조. Charles L. Glaser, "The Security Dilemma Revisited," *World Politics*, Vol. 50, No. 1 (October 1997); Evan Braden Montgomery, "Breaking Out of the Security Dilemma: Realism, Reassurance, and the Problem of Uncertainty," *International Security*, Vol. 31, No. 2 (Fall 2006).

17 여기에 대해서 광범위한 이론적 연구들이 있지만 대표적으로는, Kenneth A. Oye(ed.), *Cooperation Under Anarchy* (Princeton, N.J.: Princeton University Press, 1986); Robert Axelord and Robert O. Keohane, "Achieving Cooperation Under Anarchy: Stratergies and Institutions," *World Politics* 38 (October 1985), pp. 226-254; David A. Baldwin(ed.), *Neorealism and Neoliberalism: The Contemporary Debate* (New York: Columbia University Press, 1993).

18 Adam P. Liff and G. John Ikenberry, "Racing toward Tragedy? China's Rise, Military Competition in the Asia Pacific, and the Security Dilemma," *International Security*, Vol. 39, No. 2 (Fall 2014), pp. 52-91; Ronan Tse-min Fu, David James Gill, Eric Hundman, Adam P. Liff and G. John Ikenberry, "Correspondence: Looking for Asia's Security Dilemma," *International Security*, Vol. 40, No. 2 (Fall 2015), pp. 181-204.

19 중국의 한반도 정책 3원칙, 즉 조선반도(한반도)의 평화·안정 수호, 한반도 비핵화 실현, 그리고 대화와 협상을 통한 문제해결의 입장에서 중국은 줄곧

'공정하고 책임있는 자세'를 보여 왔다고 주장하는 것이 그 예이다.

20 Bruce W. Bennett, "Why THAAD Is Needed in Korea," *the Korea Times*, August 7, 2017, https://www.rand.org/blog/2017/08/why-thaad-is-needed-in-korea.html.

21 한국 정부의 어떠한 공식 성명에서나 국방백서, 외교백서 등의 정부 문서 어느 곳에서도 중국이 한국 안보에 위협이라는 인식은 없다.

22 냉전 시대에 소련이 SS-20나 미국이 서독에 배치했던 퍼싱 II(Pershig II) 미사일이 그 예이다. 둘 다 핵탄두를 탑재한 중거리 탄도 미사일로 미·소의 INF 조약의 결과로 전면 폐기되었다.

23 일부 중국 전문가들의 사드에 대한 이해는 우리 정부가 설명하는 것과는 상당히 다르다. 즉 사드의 탐지거리가 2,000km이고 따라서 한국 배치 사드는 중국의 화북, 화동, 발해, 황해, 동중국해뿐 아니라 러시아의 극동지역까지 사드의 사정거리 안에 두겠다는 미국의 전략이라고 보고 있다. 중국 정부는 그 이유를 한번도 제대로 밝힌 적은 없지만 이러한 중국 전문가들의 견해가 반영된(중국 정부의 입장이 중국 전문가들에 의해서 반영된다고 봐야 하겠지만) 것이라고 볼 수 있다. 이러한 것은 한국에 배치된 사드의 제원에 대한 오해에서 비롯된 것이다. 류주안, "사드 배치는 미국의 또 다른 아태지역 전략," 《중평사》, 2016. 7. 22. CSF중국전문가포럼, 2016년 8월 1일자 참고. http://csf.kiep.go.kr/expertColr/M004000000/view.do?articleId=19188, 2017년 8월 5일 검색.

24 Robert Jervis, 위의 글 참조. 특히 pp. 170-183. 사드의 경우 이의 철회로서 한국이 얻는 이익이 없기 때문에(중국으로부터의 압력은 사라지나 그의 최초의 목적인 북한에 대한 안보 위협은 그대로가 된다) 한국이 철회를 택할 수 없게 된다. 따라서 교착상태(deadlock)만이 선택지이다.

25 합리적 이론을 바탕으로 하는 죄수들의 게임이나 치킨 게임에서는 상대의 선택에 따라 자신의 선택이 달라지는데, 죄수들의 게임에서는 각 행위자는 차악의 선택을 함으로써 군비경쟁의 결과를 낳으며, 치킨게임에서는 최악을 피하는 선택을 함으로써 군비통제가 가능하다고 보았다.

26 이 시점에서 중국이 미래에 미국을 제치고 세계 제일의 경제대국, 더 나아가 헤게모니가 된다는 주장들이 봇물처럼 나오기 시작했다. 제6장 동북아 국제질서의 불완전한 변환 참조.

27 Robert Keohane과 Joseph S. Nye가 이론적으로 처음 지적한 이후 이에 대해 많은 연구들이 행해져 왔다. Keohane and Nye, *Power and Interdependence*(4th ed.), (Boston: Longman, 2012), pp. 10-12. 이외에도 Kenneth N. Waltz, *Theory of International Politics* (Reading, Mass.: Addison-Wesley, 1979), chapter 7; Richard Rosecrance, *The Rise of the Trading State: Commerce and Conquest in the Modern World* (New York: Basic Books, 1986); Katherine Barbieri, *The Liberal Illusion: Does Trade Promote Peace?* (Ann Arbor: University of Michigan Press, 2002); Edward D. Mansfield and Brian M. Pollins, "Interdepence and Conflict: An Introduction," in Mansfield and Pollins(eds.), E*conomic Interdependence and International Conflict* (Ann Arbor: University of Michigan Press, 2003), pp. 1-30.

28 "무역-안보 딜레마"(the trade-security dilemma)에 대해서는 Dale C. Copeland, *Economic Interdependence and War* (Princeton, N.J.: Princeton University Press, 2014), pp. 10-12.

29 여기에 대해서는 현인택, 〈북한의 김정은 정권과 대북정책 재조명: 전략적 선택의 기로〉, 《신아세아》, 제22권, 제3호 2015년, pp. 42-71; In-Taek Hyun, "An Enduring Dilemma on the Korean Peninsula: The North Korean Nuclear Conundrum and South Korea's Strategic Cholices," *The Korean Journal of Defense Analysis*, Vol. 28, N0. 2, June 2016.

30 억지(deterrence)의 개념을 세운 Bernard Brodie 이후 많은 학자들이 억지의 심리적 측면을 강조한다. Glenn Snyder, *Deterrence and Defense* (Princeton: Princeton University Press, 1961); Alexander George and Richard Smoke, *Deterrence in American Foreign Policy: Theory and Practice* (New York: Columbia University Press, 1974); Patric Morgan, *Deterrence, A Conceptual Analysis* (Beverly Hills: Sage Library of Social Science, 1977); Robert Jervis, "Deterrence Theory Revisited," *World Politics*, Vol 31, No. 2 (1979); Lawrence Freedman, *The Evolution of Nuclear Strategy* (New York: St. Martin's Press, 1981)

31 한미 간 미사일 협정은 이명박 정부 시절인 2012년 10월 7일에 마지막으로 발표된 '신미사일 지침(NMG: New Missile Guideline)'이다. 그 주요 내용은 탄도미사일, 순항미사일, 무인기에 관련된 것인데 탄도미사일의 경우 중량은 500kg, 사거리 800km, 무인 항공기의 경우 탑재 중량을 2.5톤으로 제한하고 있다.

32 핵추진 잠수함에 관해서는 문근식,《왜 핵추진 잠수함인가: 문근식의 잠수함 세계2》(플래닛미디어, 2016).

33 전략적으로는 핵추진 잠수함의 경우 북한 핵무장 시 억지를 위한 '제2차 공격력(second-strike capability)'의 중요 전력이 될 수 있다. 따라서 이는 북한의 SLBM에 대칭적인 무기 이상의 중요한 의미를 갖는다.

34 관계부처합동 보도자료, "한미원자력전면개정," 2015. 4. 22, http://www.mofa.go.kr/webmodule/htsboard/template/read/korboardread.jsp?boardid=235&typeID=6&tableName=TYPE_DATABOARD&seqno=354696, 2017년 8월 7일 검색.

35 영국의 IISS가 발행하는 *The Military Balance 2017*에 따르면 2016년 기준 각국의 국방비 지출은 미국 6,045억 달러, 중국 1,450억, 러시아 589억, 사우디 569억, 영국 525억, 인도 511억, 일본 473억, 프랑스 472억, 독일 383억 그리고 한국이 338억 달러 등이다. https://www.iiss.org/-/media//images/publications/the%20military%20balance/milbal%202017/final%20free%20graphics/mb2017-top-15-defence-budgets.jpg?la=en, 2017년 8월 13일 검색.

36 SIPRI 2017, *Military expenditure by country as percentage of gross domestic product, 2003-2016*. https://www.sipri.org/sites/default/files/Milex-share-of-GDP.pdf, 2017년 8월 12일 검색.

37 국방부에 의하면 국방비의 GDP 대비 점유율은 2015년 2.4%, 2016년 2.39%, 2017년 2.4%로 평균 2.4%이다. http://www.mnd.go.kr/mbshome/mbs/mnd/subview.jsp?id=mnd_010401010000, 2017년 8월 12일 검색. 국방비 점유율은 산정하는 방식에 따라 다소 달라질 수 있다. 참고로 SIPRI 계산 방식으로는 한국의 현 국방비를 2.6% 정도로 보고 있다. 위의 SIPRI 2017 참고.

38 필자의 견해로는 중국의 대미정책, 즉 "신형대국관계"정책을 비롯하여 신(新)실크로드 전략, 남중국해 정책 등이 이러한 고전적 현실주의에 기반한 전략의 반영이다.

9장_빅딜big deal과 미·북 핵협상

1 필자도 당시 통일부 장관으로서 그 자리에 참석하였다.

1 Niall Ferguson, *Civilization: The West and the Rest* (New York: Penguin Books, 2012).

2 Joseph E. Stiglitz, Amartya Sen and Jean-Paul Fitoussi, *Mismeasuring Our Lives: Why GDP Doesn't Add Up* (New York: The New Press, 2010).

3 "(…) 만약 AIG가 론을 받고도 일어서지 못한다면 재정적 패닉은 심화될 것이다. 위기를 통제할 연방 준비제도의 능력에 대한 시장의 자신감은 상실될 것이다. 더욱이 연방준비제도 자체의 미래에도 거대한 위험이 될 것이다. 상원의 다수당 지도자인 레이드(Reid)는 연방준비제도가 하는 이 조치에 대해 의회는 책임이 없다고 분명히 선을 그었다. 부시 대통령은 우리를 변호할 것이지만, 그러나 몇 달 후면 퇴임할 것이다. 만약 우리가 실패하면 성난 의회는 우리를 가만두지 않을 것이다. 나는 연방준비제도를 파멸로 몰고 간 결정을 한 인물로 기억되고 싶지 않다." Ben S. Bernanke, *The Courage to Act: A Memoir of a Crisis and Its Aftermath* (New York, NY: Norton, 2015), pp. ix-xiii.

4 Charles P. Kindleberger, *The World in Depression 1929-1939* (Berkeley: University of California Press, 1973)

5 빌 클린턴 지음, 정영목, 이순희 옮김, 《빌 클린턴의 마이 라이프》 (물푸레, 2004).

6 미중정상회담. 2013년 6월 7–8일, 미국 캘리포니아 랜초미라지.

7 2012년 11월 15일 중국공산당 제18기 1중전회 시진핑 연설.

8 연합뉴스, "중국경제성장률전망," 2015. 3. 5.

9 미중전략경제대화는 2009년 7월 워싱턴에서 처음 열린 이후 오바마 행정부에서는 계속 열렸다.

10 신창타이는 시진핑 주석이 2015년 보아오포럼 총회에서 처음 썼다.

11 조지 케넌은 미국의 봉쇄정책의 기본적 아이디어를 제시한 미국전략의 전설적 인물이다.

12 Arwind Subramanian, *Eclipse: Living in the Shadow of China's Economic Dominance* (Washington, DC: Peterson Institute For International Economics, 2011).

13 정허는 1407년부터 1434년까지 7차에 걸쳐 동남아, 인도, 아라비아반도를 거쳐 아프리카까지 진출했던 중국 역사 상 가장 위대한 원정가였다. https://ko.wikipedia.org/wiki/%EC%A0%95%ED%99%94_(%EB%AA%85%EB%

82%98%EB%9D%BC).

14 강지연, 〈중국제조 2025〉《산업정책해설》, http://www.kiet.re.kr/kiet_web/main.jsp?sub_num=679&state=view&idx=50878&recom=1852&ord=0

15 Graham Allison, *Destined for War: Can America and China Escape Thucydides's War?* (Boston and New York: Houghton Mifflin Harcourt, 2017).

16 Ja Ian Chong and Todd H. Hall, "The Lessons of 1914 for East Asia Today," *International Security,* Vol. 39, No. 1 (Summer 2014), pp. 7-43.

17 Etel Solingen, "Domestic Coalitions, Internationalization, and War," *International Security,* Vol. 39, No. 1 (Summer 2014), pp. 44-70.

18 Evan Braden Montgomery, "Contested Primacy in the Western Pacific: China's Rise and the Future of U.S. Power Projection," *International Security,* Vol. 38, No. 4 (Spring 2014), pp. 115-149.

19 Adam P. Liff and G. John Ikenberry, "Racing toward Tragegy?: China's Rise, Military Competition in the Asia Pacific, and the Security Dilemma," *International Security,* Vol. 39, No. 2 (Fall 2014), pp. 52-91.

20 Albert O. Hirschman, *Exit, Voice, and Loyalty: Responses to Decline in Firms, Organizations, and States* (Cambridge, Massachusetts, and London: Harvard University Press, 1970).

[참고문헌]

본 저서의 제1장에서 제9장까지의 원문은 다음의 출처에서 원용했음을 밝힌다.

제1장: 〈탈냉전과 평화〉, 이상우·하영선 편, 《현대국제정치학》(서울 : 나남, 1992), pp. 233-275.

제2장: 〈세계화 시대의 국제정치〉, 김경원, 임현진 공편, 《세계화의 도전과 한국의 대응》(서울: 나남출판, 1995), pp. 174-202.

제3장: 〈민주평화, 전쟁, 유럽안보의 미래〉《유럽통합과 신유럽 안보질서》(민음사: 1998)

제4장: 〈북한의 대외정책과 체제보존〉《사상》, 1997년 가을호(통권 제34호), pp. 192-218.

제5장: 〈탈냉전의 현실주의, 비관론, 그리고 동아시아〉《정치적 현실주의의 역사와 이론》(화평사, 2003), pp. 117-150.

제6장: 〈동북아 국제질서의 불완전한 변환: 이론적 사고와 전략적 함의〉《국제관계 연구》, 2013년 가을호 (통권 18, 제2호), pp. 5-47.

제7장: 〈북한의 김정은 정권과 대북정책 재조명: 전략적 선택의 기로〉《신아세아》, 2015년 가을호 (제22권, 제3호), pp. 41-71.

제8장: 〈사드의 국제정치학: 중첩적 안보 딜레마와 한국의 전략적 대안〉《신아세아》, 2017년 가을호 (제24권, 제3호), pp. 38-71.

제9장: 〈평창동계올림픽 이후 한반도는?〉, 동아일보 부설 화정평화재단 강연, 2018. 2. 19.

헤게모니의 미래

초판 발행 1쇄 2020년 1월 30일

지은이 현인택
펴낸곳 고려대학교출판문화원
www.kupress.com
kupress@korea.ac.kr
(02841) 서울특별시 성북구 안암로 145
Tel 02-3290-4230, 4232
Fax 02-923-6311
찍은곳 한국컴퓨터인쇄정보

ISBN 979-11-90205-18-4 93340

값 22,000원
※ 잘못 만들어진 책은 바꿔드립니다.